复旦大学中文系——编

张世禄先生诞辰 120 周年纪念文集

中国出版集团　东方出版中心

张世禄(1902—1991)

中華民國二十一年八月廿二日

茲敦聘

張世祿先生為本校中國文學系教員

復旦大學校長李登輝

時期 民國廿一年八月一日起 廿二年七月卅一日止

1932 年复旦大学聘书

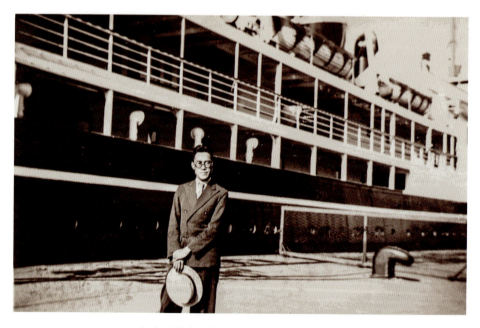

1934 年张世禄先生赴日本讲学,摄于上海航运码头

1938 年张世禄先生与夫人张瑞云的结婚照

1940 年张世禄先生(中)在昆明云南大学与夫人张瑞云(右)及同事(左)合影

1943 年初春在重庆沙坪坝张世禄
先生与夫人张瑞云及子女合影

1954 年春张世禄先生与家人在复旦大学新教学楼（第一教学楼）前合影

1959年上海社会主义教育学院第一届学员结业合影,后排是张世禄(右二)、伍蠡甫(右四)、许士骐(右五)、徐中玉(左二)

1980年张世禄先生(左)与杨伯峻教授(右)在湖南长沙合影

1980年张世禄先生（后排右二）在第九宿舍家中授课后，和严修先生（后排左二）及研究生黄志强（后排左一）、刘志成（前排左一）、丁根生（后排右一）、钟敬华（前排右二）、李恕豪（前排右一）合影

1980年12月1日张世禄先生80岁寿辰与严修教授和研究生合影，前排是张世禄（左）、严修（右），后排是黄志强（左）、丁根生（中）、刘志成（右）

1982 年张世禄先生在书房工作

1982 年张世禄先生在青岛参加山东省方言研究会成立大会

1982 年张世禄先生摄于复旦
大学正门,时年 80 岁

1982 年夏张世禄先生(中)、张瑞云师母(左)和学生李行杰(右)在青岛海滨

1982 年夏张世禄先生和方言讲习班教师在青岛海滨

吴语研究学术会议全体代表留影 1982.9.27

1982 年 9 月在复旦大学举办的吴语研究学术会议代表合影,二排左六是张世禄先生

1982 年张世禄先生与夫人张瑞云讨论稿子

1986 年 10 月张世禄先生的全体学生在上海市政协合影

1986 年张世禄先生和张瑞云师母在博士生申小龙家里欢聚合影,照片中人物依次是申小龙父亲申二伽(左一)、申小龙(左二)、陈望道先生的秘书邓明以(左三)、张瑞云(右二)、张世禄(右一)

1987 年张世禄先生关门弟子申小龙的博士论文答辩委员会合影,后排是严修教授(左一)、胡竹安教授(左二)、许威汉教授(左三)、答辩委员会主席郭在贻教授(右二)、何乐士教授(右一),前排是朱东润先生的博士生、答辩秘书李祥年(左),张世禄(中),申小龙(右)

1972年张世禄先生书法　　　　　　1987年春节张世禄先生为郑逸梅书"老当益壮"

1973年张世禄先生书法

学贯中西

世禄学长执教六十年纪念

吕叔湘敬贺

1986 年吕叔湘先生贺词

黉门遗泽

辟苑流芳

纪念张世禄先生论文集出版志庆

苏步青题

1986 年苏步青校长贺词

祝贺

张世禄先生教学65周年

叶籁士

1986 年叶籁士先生贺词

序

严 修

今年(2022年)是张世禄先生诞辰120周年,不久前《张世禄全集》也由东方出版中心出版了,复旦大学中文系准备出一本纪念文集,以弘扬我系宝贵的学术传统。筹办此事的张小隽、申小龙两位师弟约请我为纪念文集写一篇序,我有些惶恐,但又不敢推辞,便鼓起勇气应允了。

张世禄先生是我的恩师,我是在张先生的长期培养下成长起来的。

1952年大学进行院系调整,张先生来复旦大学任教。就在这年,我考入复旦中文系,在大学本科和研究生阶段,张先生都是我的业师。留校任教后,也一直得到先生的指导,跟随先生学习长达40年。粗算一下,在张先生的学生中,与先生相处时间最长的,也许就是我了。

在我的心目中,张世禄先生是一位博大精深的语言学家,也是一位诲人不倦的教育家。

在语言学方面,张先生研究领域广泛,包含古代汉语、现代汉语及语言学理论等。在音韵学、训诂学、文字学、语法学、词汇学、修辞学及语言学原理等学科,都有论著问世,还有大量的译著。在语言学领域,张先生是个全能型的多面手,其学问之渊博,在语言学界是罕见的,因而在语言学界享有崇高声望。

张先生早年受段玉裁"音韵明而六书明,六书明而古经传无不可通"一语的启发,故而在音韵学方面用力最早、最勤。

然而音韵学素有"绝学"之称,"向来讲韵学的书过于玄虚幽渺,乌烟瘴气了,所以闹得初学的人不是望而生畏,不敢问津,就是误入歧途,枉费精力"(罗常培语)。的确,旧的音韵学对一些问题常常说得模糊不清,让人费解。例如音韵学里的唇齿舌牙喉"五音"问题,用语音学上的辅音发音部位来解释,是很容易明白的,可是古代的一些音韵学者却用五行(金木水火土)、五声(宫商角徵羽)、五方(东西南北中)、五脏(心肝脾肺肾)等,来曲为比附,让人越听越糊涂。明代有个名叫真空的和尚,是个音韵学家,他是这样解释"五音"的:"见等牙肝角木东,舌心徵火喻南风。北方肾水羽唇下,西面商金肺齿中。喉案土宫脾戊己,西南兼管日来同。后进未明先哲意,轩辕格式为君明。"(释真空《篇韵·贯珠集·总括五行分配例》)他如此阐释"先哲意","后进"岂能"明"? 音韵学岂能不成为"绝学"?《四库提要》曾批评释真空《篇韵·贯珠集》说:"俗僧不知文义,而强作韵语,读之十九不可晓。"

　　张先生有鉴于此,立志革除旧音韵学的弊端,决心引进西学,吸收现代语言学的理论和方法,使中国语言学走上科学化的道路。张先生曾说:"最近西洋发音学理,输入吾国,而分析音韵之事,遂大以进步,旧音韵学上多种纷纭未决之问题,至是乃霍然以解。"(《中国声韵学概要·序论》)张先生又说:"我们必须认定现今要研究中国音韵学,总当以西洋的科学学理和方法为基础;近代音韵学的科学化正和汉魏唐宋间的佛化有同等的需要,或且过之。"(《中国音韵学史·导言》)他还在《音韵学·例言》中说:"本书根据西洋语音学、语言学学理,将中国过去音韵学上的材料,加以剖析说明。"

1937 年张世禄先生在上海任暨南大学中文系教授、主任

　　年轻的张世禄,聪慧好学,刻苦钻研,勤奋著述,所以成名很早。20世纪 30 年代,当时张先生才 30 岁左右,就发表了大量论著,几乎每年都有专著出版,如:

《中国声韵学概要》(商务印书馆 1929 年);

《中国古音学》(商务印书馆1930年);

《语言学原理》(商务印书馆1930年);

《音韵学》(商务印书馆1932年);

《广韵研究》(商务印书馆1933年);

《语言学概论》(中华书局1934年);

《语音学纲要》(开明书店1935年);

《中国音韵学史》(商务印书馆1938年)。

这些著作,为中国现代语言学奠定了坚实的基础,在当时语言学界产生了很大影响。王力先生曾谦虚地说,他是读了张先生的一些著作以后,受到启发,才走上语言学道路的。

《中国音韵学史》是先生的代表作。该书是中国第一部系统论述汉语音韵学源流的通史,也是第一部用现代语言学理论来阐释传统音韵学研究历史的专著,在音韵学上有其独特的地位,"独领风骚"数十年,至今仍然无人超越。李新魁在《40年来的汉语音韵研究》一文中说:"从音韵学史的总体研究来说,则稍感欠缺。50年代以前,有张世禄的《中国音韵学史》行世,而这40年来,却没有类似的或更为详赡的'史'书出现,这是有待于音韵学界共同努力的。"

张先生最先将瑞典著名汉学家高本汉的学术,系统地介绍到中国来,使中国的传统小学,走上了现代化的道路。张先生在《高本汉与中国语文》(1937年)一文中说:"他们对于中国语文的研究,在态度方面比较的客观,所采用的材料和工具也比较的准确;因之他们的成绩竟能超过了中国过去的学者,他们的学说有很多可以供我们借镜。高本汉先生是集西洋人的中国语言音韵学的大成的;他的著作,我们应该多多阅读,他的学说,尤其应该加以深切的认识。"张世禄先生是中国现代语言学的重要开拓者之一,创业之功甚伟。何九盈在《中国现代语言学史》一书中说:"张世禄在介绍西洋语言学理论方面,用力最勤,成绩突出。"

张先生是引进西方先进语言学的先驱之一,但却反对全盘西化,十分重视汉语的民族特点。他认为:"语音在语言学中物质性最强,与自然科学联系较紧密,各民族的语音规律往往有相同之处,所以学习汉语语音时,宜多多采用西方先进的技术和方法。至于语法,民族标志的作用特别显著,所以

研究汉语的语法时不应当生搬硬套西洋的语法学。"(《张世禄语言学论文集·前言》)

1980年，张先生已近80岁高龄，他发表了一篇有很高学术价值和深远影响的论文，题为"关于汉语的语法体系问题"。文中说："汉语语法学的建立，从开始到现在，已经快要一个世纪了。在这八九十年中间，研究、学习汉语语法的，几乎全部抄袭西洋语法学的理论，或者以西洋语言的语法体系做基础，来建立汉语的语法体系。有时发现一些汉语语法的特点，觉得为西洋语法学上所不能概括的，就陆续加以增添补缀。越到后来，发现的特点越多，这种增添补缀的地方也越繁。""要把我们的'学校语法体系'做到简而不陋，使它便于工农大众的学习，便于学校里的语文教学，首先须要打破许多洋框框的束缚，清除汉语语法学上一些洋教条的影响。当然西洋语言的语法现象和西洋语法学的理论，有很多可以供我们研究汉语的借镜；但是我们必须坚持'洋为中用'的原则，不能受洋框框的束缚。"这些见解，深刻而尖锐，切中时弊，为汉语语法研究和教学指明了正确方向。

张先生在政治上是谨言慎行的，但在学术上却十分较真，也很自信，敢于直言，勇于争鸣。他与赵元任、方光焘、罗常培、周祖谟、岑麒祥、朱东润、朱光潜、傅东华、杨伯峻、吕叔湘、朱德熙、王力、陈望道等名家，都有过学术上的切磋或论辩，其可贵的求真务实精神和学术争鸣勇气，令人敬佩。

张世禄先生既是一位杰出的语言学家，也是一位可敬的教育家。

张先生曾在集美学校、暨南大学、无锡国专、光华大学、云南大学、贵阳大夏大学、坪石中山大学、桂林师范学院、重庆大学、中央大学、南京大学、金陵女子文理学院、华东师范大学、复旦大学等校任教。曾任暨南大学、桂林师范学院中文系主任，在中央大学中文系曾创建"语言文字组"（相当于现今的语言专业），在复旦中文系长期担任语言教研室主任。他奔波于各地各校，殚精竭虑，辛勤授课，为社会培养了大批语文人才。作为一个教师，在这么多的学校执教过，是非常少见的。张先生在45岁时，正值人生的中途，曾写过一首《自嘲》诗，诗云："书剑飘零作客频，莲花落里探真情。分明别有青云路，犹把儒冠自误身。"此诗是他前半生的总结，后半生的预言，也是给自己作的自画像——一幅赤诚而清贫的教育家肖像。

张世禄先生能把教学和科研紧密地结合起来，既培养了大批人才，又发表了大量的学术论著。他的教学任务一直很重,要为本科生上大班课,还要培养研究生,指导进修教师。但他能带着教学中的重点和难点问题进行深入的研究,又用研究成果充实了教学内容,提高了教学质量。而高质量的教材发表后,就是高水平的论著。他出版的一些著作,大多是他的教学讲义。例如《语音学纲要·例言》中就说:"本书系著者数年来在暨南大学讲授语音学所用的讲义;迭经数次修正后,始行付印。"

张先生在教学上十分认真,精益求精,非常重视教学法的研究。《谈文学语言的教学问题》《从语言的本质上来谈汉语教学》《文言文的教学问题》《古代汉语教学中的几个问题》等论文,就是他的丰富教学经验的总结。

20 世纪 50 年代初,我读本科时,中文系的课程设置与现在有些不同,课程很多,覆盖面较广,不但有较多的文学、语言方面的课程,还请外系、外校的教授来开课。例如,请哲学系全增嘏教授来讲授"逻辑学",请外文系伍蠡甫教授来讲授"外国文学",请历史系蔡尚思、周谷城教授来讲授"中国通史""世界通史",请华东师大的胡守棻教授来讲授"教育学"。几十年过去了,当年众多的课程,我至今仍有深刻印象的,有三门课:张世禄先生的"中国语言学",刘大杰先生的"中国文学史",周谷城先生的"世界通史"。听这几位先生讲课,是学术盛宴,是艺术享受。听课时,会嫌时间过得太快,会怕下课钟声响起。

特别值得一提的是,张先生把语言学课程讲得如此精彩,更是难能可贵。因为语言学历来被认为是枯燥的、冷僻的、烦琐的、艰涩的,令人生畏,大多数学生不爱学,怕学。而张先生却能"化腐朽为神奇",把语言学课程讲得深入浅出,生动有趣,引人入胜,课堂上常常能听到阵阵笑声。这是何等深厚的学术功力!这是何等高超的教学技巧!

日本著名社会活动家中田庆雄年轻时曾在复旦中文系学习过,他在《寄语可爱的日本和中国》一书中回忆说:"听张先生的古代汉语课,如听诗歌一样,是一种艺术享受。"宋遂良在《张世禄先生给我们上古代汉语课》一文中,深情赞美张先生"如同一位杰出的表演艺术大师"。申小龙在《张世禄全集·前言》中说:"凡是听过张世禄讲课的人,都对他讲课的生动平易、条理清晰留下深刻的印象。在他任教的各个大学,他都是最受学生欢迎的授课教师之一。他善于把艰涩、枯燥的语言学内容讲解得明快生动。许多学生正是在他的影响下走上了语言研究的道路。"陈允吉在《追怀故老——复旦中文系名师诗传》一书中有过更具体的叙述:"张世禄先生执教复旦,开设过'语文学概论''现代汉语''古代汉语''汉语史''汉语诗律学'等课程,向以教学效果绝佳而获得学生的交口赞誉。1957 年 9 月,笔者初进复旦,即连续两学期在第一教学楼 1237 教室听张先生讲授'古代汉语'。1237 是个可容纳 200 余人听课的大教室,每逢'古代汉语'上课,总是座无虚席。张先生的讲课广征博引,声情并茂,指事绘形,极具谐趣,在很轻松的气氛中让大家沐受其感染陶冶,愈能展露出他掌握课堂教学节奏的高度能力。"确实如此,张先生的教学堪称典范。

作为语言学家和教育家的张世禄先生,辛劳一生,留下了丰硕的著作,培养了众多的人才,这是他奉献给国家和社会的宝贵文化财富。

世禄师已离我们远去了,师恩深厚,思念绵长,特敬献《缅怀》小诗一首:

吾师世禄,当代鸿儒。
汇通中西,士林翘楚。
执鞭黉门,桃李莘莘。
薪尽火传,德泽永存。

学生　严修(时年 88 岁)谨序
2022 年 6 月

(严修,复旦大学中文系教授)

目　　录

序 ……………………………………………………………… 严　修　001

1981 年

中国现代语言学家张世禄 ……………………………… 董树人　001
张世禄先生给我们上古代汉语课 ……………………… 宋遂良　006

1986 年

长寿颂 …………………………………………………… 王　力　011
金缕曲并序 ……………………………………………… 刘　锐　012
《张世禄语言学论文集》读后 ………………………… 许威汉　014
论张世禄语言哲学的民族性 …………… 申小龙　陈丹红　020
张世禄对汉语语言学的新探索 ………………………… 申小龙　030

1987 年

评张世禄《中国音韵学史》(重印本) ………………… 申小龙　035

1988 年

训诂：中国文化阐释的前沿
　　——评《张世禄语言学论文集》中的训诂学思想 ………… 申小龙　040
张世禄与音韵学研究 …………………………………… 申小龙　052

1989 年

张世禄教授从事学术活动 65 周年庆祝会在上海举行 ………… G.L. 054

世禄先生在普及语言学知识方面的贡献 ……………………… 胡竹安 056

面向汉语实际的语言研究 ……………………………………… 许威汉 061

张世禄先生的音韵学说 ………………………………………… 赵克刚 067

张世禄先生的语文教育思想 …………………………………… 鲍明炜 072

张世禄先生治学的特点 ………………………………………… 严　修 076

张世禄先生对汉字改革的贡献 ……………… 许宝华　汤珍珠 083

1990 年

海派语言学的文化选择 ………………………………………… 申小龙 088

1991 年

在张世禄先生遗体告别仪式上的悼词 ………………………… 庄锡昌 090

挽诗 ……………………………………………………………… 施南池 092

1992 年

禄师忆赞 ………………………………………………………… 刘如瑛 093

张世禄与中国现代语言学

　　——怀念我敬爱的导师 …………………………………… 申小龙 094

张世禄与中国现代语言学 ……………………………………… 申小龙 097

1994 年

《语苑新论——纪念张世禄先生学术论文集》序 …………… 罗竹风 103

谈古代汉语虚词类别的两分法 ………………………………… 王　宁 106

张世禄先生在文字学上的贡献 ………………………………… 许威汉 110

怀念张世禄先生 ………………………………………………… 濮之珍 123

新松恨不高千尺
　　——张世禄先生治学回忆 ……………………………… 李行杰　126
我师张世禄 ……………………………………………………… 余志鸿　130

1997 年

师情难忘
　　——忆张世禄先生 ……………………………………… 严　修　134
怀师 …………………………………………………………… 陈四益　137
学术贵在独立与自由
　　——纪念张世禄教授 95 岁诞辰暨逝世五周年 ………… 申小龙　139

1998 年

张世禄先生在汉语音韵学研究中的贡献 ………………… 李行杰　141
张世禄——学贯中西的语言学家 ………………………… 李行杰　148
莲花落里探真情
　　——记张世禄先生 ……………………………………… 吴中杰　157

2000 年

记忆中的张世禄先生 ……………………………………… 许道明　162

2001 年

善教者使人继其志
　　——怀念恩师张世禄教授 ……………………………… 李行杰　167

2002 年

真正的学者　执着的追求
　　——世禄老丈谈经典著作的校勘 ……………………… 张进贤　169
一代语言学大师张世禄 …………………………………… 何保华　172
张世禄先生百年学述 ……………………………………… 申小龙　175

2003 年

《历代语言学文献读本》序 ·············· 张振德　177

2004 年

敬爱的恩师张世禄先生 ·············· 鲍明炜　179

2005 年

学贯中西
　　——张世禄教授传论 ·············· 赵文君　185

2007 年

张世禄《中国文艺变迁论》 ·············· 苏永延　229
恩师张世禄先生莅扬讲学记略 ·············· 刘如瑛　231

2011 年

怀念父亲——张世禄 ·············· 张暨生　235

2012 年

此虫何虫 ·············· 张小隽　237

2013 年

我国现代语言学大师
　　——忆张世禄先生 ·············· 乐秀拔　239

2017 年

由"音韵学入门"教案看父亲的治学精神 ·············· 张小平　246

2019 年

张世禄先生诗传 ･･･････････････････････････ 陈允吉　248

《张世禄全集》编辑出版工作会议召开

　　････････････････････ 中国出版集团有限公司新闻中心　253

2020 年

张世禄先生《汉语史讲义》前言 ･･･････････････ 申小龙　254

汉语三千年发展中的历史和逻辑

　　──张世禄《汉语史讲义》整理绪言 ･････････ 申小龙　268

中国本土语义研究的理论自觉 ･････････････････ 申小龙　275

中国语文与语文学相互塑造之文化奇观 ･･･････････ 申小龙　278

2021 年

秦汉时期词汇的时代特征再认识

　　──读张世禄先生《汉语史讲义》 ･･･････････ 吴小强　281

张世禄:奠定中国现代语言学科学基础 ･････････････ 陈瑜　290

读张世禄《汉语史讲义》札记 ･････････････････ 陈满华　299

铭感师恩　砥砺前行 ･･･････････････････････ 笪远毅　304

黉门遗泽　辞苑流芳

　　──记苏步青教授与张世禄教授二三事 ･･･････ 王增藩　308

跟随爸爸的搬迁 ･････････････････････････ 张小平　312

和外公相处的日子 ･･･････････････････････ 张耀辉　315

"是因循不改,继续受许多洋框框的紧紧束缚呢,还是起来
　　革命,打破洋框框?"

　　──张世禄先生期待汉语学界的抉择 ･･･････････ 申小龙　317

2022 年

张世禄先生学术生涯的代表性著作及其影响 ･･･････ 徐鲁燕　322

《百年浙江语言学家学术思想研究·张世禄卷》启动 ･･･････ 王月婷　330

《张世禄全集》前言 ……………………………………… 申小龙 332

附：《张世禄全集》目录 …………………………………………… 369

后记 ……………………………………………………………… 申小龙 386

中国现代语言学家张世禄

董树人

张世禄,现代著名语言学家。字福崇,浙江省浦江县人,生于 1902 年 10 月。南京前国立东南大学毕业,获文学士。1927 年,任福建厦门集美学校语文教师。1928 年到 1932 年间,在上海商务印书馆任编译员,兼任暨南大学、复旦大学等校文字学、语言学、语音学教授。1932 年到 1939 年间,任上海暨南大学、复旦大学、光华大学等校语言文字学教授。1940 年到 1947 年间,到西南各省,先后担任云南大学、坪石中山大学、桂林师范学院、贵州大夏大学、重庆中央大学、重庆大学、四川教育学院等校语言文字学课程的教学工作。1947 年到南京,任中央大学语言文字学教授。新中国成立后,任南京大学、金陵女子文理学院教授。1952 年院系调整时到上海,担任复旦大学、华东师范大学语言学、现代汉语、古代汉语、汉语史等课程的教学工作。现为复旦大学中文系教授,教授古代汉语、汉语史等课程。

张世禄在语言学领域中是位相当全面的学者,在古汉语的文字、音韵、训诂方面,在现代汉语的语音、语法、词汇、修辞方面,在普通语言学方面,都有较深的造诣。为传授语言学知识,培养语言学人才,促进我国语言学发展,做出了重要贡献。

张世禄的著译很多。新中国成立以前,他把主要精力放在中国音韵学和普通语言学的研究上。他一方面系统介绍前人在传统音韵学上所取得的成就,一方面积极介绍西方语言学理论。他在著作中多次指出,中国语言学若要真正成为一门独立的科学,必须吸收西方语言学理论,用西方语言学理论作指导。他自己也积极用西方语言学理论来研究中国传统音韵学,阐释音韵学上的一些现象。同时他相信,章(太炎)、黄(侃)虽然在古音研究上集前人之大成,似乎达到了顶峰而不可企及,但是用现代理论、现代研究方法加以分析,就一定会有所突破。

《中国音韵学史》是张世禄在音韵研究方面影响最大的一部力作。该书作为"中国文化史丛书"之一种 1938 年由商务印书馆发行。全书分上下两册,共 9 章。从古代文字的表音方法,周汉间的声训和直音注音法一直到近代国音字母的产生;从《切韵》到《广韵》《集韵》直至以《中原音韵》为代表的北音韵书的出现,以及唐宋间的字母等韵学,明清的古音学,近代对《广韵》的研究等,交代得甚为系统,十分清楚。作者从整个文化发展的角度来阐明音韵学这个领域的演进,给我们勾勒出了这个学科发展变化的轮廓。作者着重指出,中国音韵学的进步,曾受了两次外来文化的影响:由印度文化的输入,产生了反切的注音方法、四声的名称、字母等韵的建立和排比;西洋文化的输入,促进了中国音韵学的科学化和国际化。本书是 20 世纪 30 年代继王力《中国音韵学》(1936 年)问世后出现的又一部系统地用现代语言学理论来讲述的中国音韵学著作。本书引例丰富,作者摆出各种观点,然后再评论是非,做到了论之有据,持之有故,用材料说话,避免了空发议论。每个章节后有大量附注,一方面指出论点出处,一方面起到进一步提供材料的作用,对读者很有好处。

张世禄另一部重要音韵学著作为《广韵研究》。《广韵研究》是商务印书馆"国学小丛书"的一种,于 1933 年出版。书中对《广韵》的价值、名称、作述者、版本、反切注音的方法、韵部、声部等有关问题都作了详细的讲述、考证,并对《广韵》以前及以后韵书的情况作了介绍,使读者对我国韵书发展的脉络有一个清楚的了解。张世禄不同意黄侃"古本韵今变韵""古本声今变声"的说法,指出黄氏只重视古今语音沿革而忽略南北语音分歧是错误的。他强调指出《广韵》同字不同韵的现象是由它"兼包古今南北之方音"造成的,并不只是古今语音变化的结果。本书讲解详明,每章列有参考书目,是学习音韵学的良好入门书之一。

此外,他还著有《中国声韵学概要》(1929 年)、《中国古音学》(1930 年)、《音韵学》(1932 年)等音韵学著作。其内容着重在给青年人介绍音韵学知识,介绍前人音韵研究方面的成果。

王力曾经指出："最近 50 年来,中国语言学各部门如果有了一点一滴的成就,那都是普通语言学的恩赐。"(见《中国语言学的现况及其存在的问题》,《中国语文》1957 年第 3 期)在引进普通语言学理论方面,张世禄是有重要贡献的学者之一。从 20 世纪 20 年代末开始,他先后出版的普通语言学著作有《语言学原理》(1930 年)、《语言学概论》(1934 年)、《语音学纲要》(1935 年)。《语言学原理》是一本讲普通语言学知识的著作,也是为当时大专学生写的语言学课本和参考书。作者在例言中说,写此书的目的是"使读者明了语言的性质,并关于构造、组织、发生、变化种种的原理,以为各种语言学专门研究的准备。"全书共分 4 篇 12 章。第一篇论述语言学的意义、目的、方法与语言的性质及其和人类社会种种活动的关系;第二篇论述语言的构成在生理上和心理上的基础;第三篇论述语言的组织和分类,关于语词的类别,语句的形式,以及形态上、措辞上的种种现象和法则;第四篇论述语言的起源,关于声音、意义的变迁法则,以及各种语言分歧和融合的趋势。最后并附带讲了外语教学的方法。

张世禄在汉语语言学研究方面,受瑞典汉学家高本汉的影响较大。他为了把高本汉的理论、汉语研究成果和研究方法介绍给国内以为借鉴,曾翻译了他的著作多种。已出版的有《中国语与中国文》(1931 年)、《汉语词类》(1937 年)等;《老子韵考》《诗经研究》,只在《说文月刊》中登载过一小部分,未经出版。

新中国成立后,张世禄的语言学研究以汉语词汇为重点。1956 年,他出版了《小学词汇教学基本知识讲话》。1957 年,他出版了《普通话词汇》。这些书是为具有中等文化程度的读者或中小学语文教师写的,它们的特点是文字简明,讲解细致,深入浅出,条理清楚,注意用语言上的具体例子,说明语言学词汇学上的一些理论和规律。从 1956 年起,他还先后写了《词汇讲话》《词义和词性的关系》《基本词汇的性质和范围》《汉语历史上的词汇变化》等十几篇属于词汇学的文章,分别发表在《语文知识》《语文学习》《语文教学》及《中国语文》等刊物上。这些文章,对汉语词汇学的研究,对中小学词汇教学,都起到了促进作用和指导作用。此外,他还写有《小学语法修辞》(1959 年)、《古代汉语》(1978 年)等书及《文言文的教学问题》等文章。这些专著和论文,说明作者非常关心我国的中小学语文教育。

张世禄努力用辩证唯物主义作指导来探索、研究汉语发展的内部规律。他先后写成的有关论文有《从〈矛盾论〉来看汉语语音的发展》《词义的发展规律》《同源词的孳乳》《汉语语音的发展规律》等（后三篇尚未正式刊出）。作者一贯认为，对前人研究汉语音韵的成果，只能批判地吸收，绝不能无批判地继承。这种看法反映了他在治学上的不断探索的精神。

在文字改革方面，张世禄著有《汉字改革的理论和实践》（1957年）一书。本书根据理论和实践的统一关系来分析说明关于汉字改革的主要问题。第一篇讲述一般文字发展的规律，汉字的特性及其优缺点，列举十条理由说明汉字必须改革；第二篇说明汉字改革的道路，汉字发展和简化的关系。他指出汉字本身不能发展为拼音文字，必须采用国际化的拉丁字母来实现我国文字的拼音化。全书虽篇幅不长，但内容充实，论点明确，对澄清当时某些人对文字改革问题的一些模糊认识有良好作用。此外，他还著有《怎样正确地认识同音词问题》（1957年）一文。这篇文章是针对一些人关于汉语在使用拼音文字以后，大量同音词就不好分辨的担心而写的。作者指出，同音词的问题是语言本身的问题，不应该在拼音文字中去求解决，应该在语言规范化工作中得到解决，因为拼音文字的功用，在于代表语言，记录语言，不是为了给语言作注解，想要在拼音文字中去区别同音词是倒退的想法。作者还认为，能区别同音词的是语言环境，不是汉字这种书写符号本身。因此作者认为，同音词问题不应该成为汉语文字拼音化的一种障碍。

1978年，张世禄发表了《关于汉语的语法体系问题》。文章虽然只有几千字，但它说明了作者关于语法研究的新认识，新观点。作者认为，汉语语法学建立八九十年以来，"研究、学习汉语语法的，几乎全部抄袭西洋语法学的理论，或者以西洋语言的语法体系做基础，来建立汉语的语法体系。有时发现一些汉语语法的特点，觉得为西洋语法学上所不能概括的，就陆续加以增添补缀"。这样陆续增添补缀的结果，使得汉语语法越来越烦琐，难懂难记，不利于普及文化，不利于工农大众学习。为此，必须精简当前的一些"学校语法体系"。怎样使"学校语法体系"做到简而不陋，便于工农大众学习，便于学校里的语文教学呢？作者认为："首先须要打破许多洋框框的束缚，清除汉语语法学上一些洋教条的影响。"作者接着指出,"(洋框框)主要的有这三种:一种是关于词类问题,有'九品'之说……另一种是关于结构形式的问题,有'动词谓语'之说","还有一种是关于句子类型的问题,又有'主谓结构就是句子'之说"。作者认为,这三种洋框框,"好像是三条绳索,捆着本世纪的汉语语法学,使它……向着复杂畸形的方面发展"。作者认为,这三方面的洋框框一打破,就可以免除汉语语法上"繁""难"的弊病,编成一部简而不陋的语法书。最后,作者提出"打破洋框框,建立自己的语法体系",是我国语言学界面临的一项重要任务。

总之,张世禄在新中国成立以前努力用现代语言学理论来指导自己的汉语研究,尤其是音韵学的研究。他应用现代语音学原理对一些传统音韵学上的玄奥说法给予科学的解释,在汉语语音和语音学史的研究上,做出过重要的贡献。在新中国成立以后,他力图用唯物辩证的观点和方法研究汉语中的各种问题,探索汉语发展的内部规律,为促进汉语研究工作的开展,为语文教育的改进,又做出了新的贡献。近年来,他提出的建立自己的语法体系的设想,说明了他在学术研究上勤于探索的精神。

(原载《中国现代语言学家》第一分册,河北人民出版社1981年版。董树人,北京语言大学教授。后原附张瑞云、张小隽整理《张世禄语言学论著目录》,这是最早整理的张世禄先生论著目录。后来经过弟子鲍明炜先生带领学生在南京四处寻访搜集,目录得以扩充。在《张世禄全集》的编集过程中,申小龙教授又带领学生在上海、北京两地对张先生新中国成立前发表的论文作了深度搜寻,张丕余教授从国家图书馆复制了多篇张先生的论文,最后形成了《张世禄全集》中完整的目录。)

张世禄先生给我们上古代汉语课

宋遂良

　　20多年前，刚上大学的时候，教我们古代汉语课的是张世禄先生。那时候张先生50岁出头，常穿一身藏青色的旧西服，步履矫健。我们中文系和新闻系两个年级合堂，100多人上大课。大家全神贯注，听得很有味，学得很起劲。那一年学的古文，很多至今我还能背。有时候老同学见了面，还要深情地回忆起张先生上课的情景。

　　张先生的讲课给我留下了很深的印象，我对他衷心敬佩。在我成为一个语文教师以后，他的教学方法，教学风格，无形中就成为我模仿、追求的典范。一位有经验的优秀教师，如同一位杰出的表演艺术大师一样，他的成就不只是体现在他的著述上，他几十年的教学实践，他在潜移默化中给学生的熏陶、感染，本身就是一部没有形诸文字的教科书，需要我们学习和继承。我现在想根据自己的追忆和残存的几页笔记，挂一漏万地说一说我认为张先生在教学上最有特色的几个方面。

　　张先生讲课，全力以赴，非常认真。他一手拿粉笔，一手拿板擦，边讲边写边擦，在讲台上、教室里走来走去，活跃得很，忙碌得很，紧张得很，以致不时要用手帕揩汗。他吐字清楚，声音洪亮，抑扬顿挫，神采飞动。100多双眼睛跟着他转。坐在前几排，可以清楚地看见他头发、眉毛、眼镜片上落满了粉笔灰。他讲《鸿门宴》樊哙进帐后说的那段话，像打机关枪一般一口气就讲了下来。"臣死且不避，卮酒安足辞"一句，威武极了。他说太史公讲项羽"喑呜叱咤，千人皆废"时，圆瞪双眼，紧握拳头，语调铿锵，听得我们不觉也挺直了身子。他说，要是演《巨鹿之战》，锣鼓都得要敲破的。太史公的笔,得与之(这是张先生常说的一个方言词,意即好像)一个大铁锤,敲了又敲。有一回,他解释《触龙说赵太后》中"徐趋"这个词,自己放低了身子,双脚快步移动,认真地做出了一个滑稽的老态龙钟的姿势,在大家的笑声中他问:为什么"徐"?(腿疼。)为什么"趋"?(表敬。)接着又说:"触龙腿上有风湿病、关节炎,所以只好'慢慢地快走'。"

张先生一上讲台就进入"角色",就像大夫上了手术台,全力以赴,精益求精,不讲则已,一讲就要讲出味道来,这就是他的教学作风。他曾说,大凡老师讲的你听不懂时,有两种情形:一种是你听得不专心,另一种则怕是讲的人自己没有弄明白。"你听不懂的地方,也就是他糊涂的地方。你不要以为总是他学问深,你水平低。"张先生就是这样严格要求自己的。

张先生上课喜欢板书。字很大,简明扼要,写得很快,他边讲边写,不知不觉,便成了一篇完整的提纲。

例如他讲《孟子·梁惠王上》,随着课文进度,先后写下了这么几行字:

> 梁惠王问民何以不增多
>
> 战争之喻
>
> 王道之始
>
> 王道之成
>
> 不应归罪于凶年

最后在各行前面加上序数词,就成了这一课的提纲了。又如他讲"于"字的用法,边讲边写,最后归纳成了这样一个简表:

择于斯二者	① 在于
问于齐楚	
移其民于河东	② 到
害于耕	③ 对于
无望民之多于邻国也	④ 过于
何异于刺人而杀之	⑤ 比于

托其妻子于其友　　　　　　⑥ 给于

劳心者治人，劳力者治于人 ⑦ 被于

张先生板书，都是有计划的，他在黑板的一边，写固定的、提纲式的内容；临时性的、解释的内容写在另一边，随时可以擦掉。他不是一下子抄一黑板，而是让你在听中记，记中归纳和消化；教师讲完了，学生也就记完了。

张先生的课生动形象，语言风趣幽默，深入浅出，听到入神时，无疑是一种艺术享受。这和他整个的学识、视野、气质都是有关的。我不能全面记叙，只讲一点，就是他常常把古代的东西风趣地加以现代化，让课堂气氛活跃，让我们听得亲切愉快，同时也加深了理解。

例如他讲《有为神农之言者许行章》。讲到许行穿的、戴的、用的都是"以粟易之"时，说："许行忙碌得很哪，今天赶市场，明天到百货公司，后天又到工厂加工订货……"又如讲"昔者，孔子没，三年之外，门人治任将归，入揖于子贡，相向而哭，皆失声……"时，张先生解释说："孔子死了，开追悼会，不是默哀三分钟，而是三年。然后举行一个分别会，由班长子贡主持，他们喉咙哭哑了，嗓子哭嘶了。子贡守墓的房子，可不是虹口公园鲁迅纪念馆那么好的房子啊（讲课时虹口公园鲁迅墓刚修好）！"

有一次讲到"虎兕出于柙，龟玉毁于椟中，是谁之过欤？"张先生漫不经心地说："西郊公园的大象跑出来了，管理员怎么样呀？"那天大家正在议论西郊公园跑出了一只象的新闻。张先生顺手牵羊地捎带上了，真有点石成金之妙，讲得大家哈哈大笑起来。他却置若罔闻地继续讲下去了。

有一回讲《屈原列传》，讲到"令尹子兰闻之，大怒，卒使上官大夫短屈原于顷襄王"时，张先生借题发挥："你敢毁谤领导？反动！反对领导就是反党、反革命！"

还有一次，一个同学对"填沟壑"还不大懂，去问他。张先生风趣地说：不直言死而曰填沟壑，得与之今天讲去世、逝世、归西、上天堂、停止了呼吸、心脏停止了跳动、永远安息了一样；和说"伸腿""翘了辫子"也是一个意思。

幽默、风趣，一种居高临下、洞幽烛微的敏锐，一种左右逢源、得心应手的通变,这是张先生教学艺术上极高的成就。这在讲古代作品中尤为重要。我们需要的是古为今用,不是胶柱鼓瑟、食古不化。张先生这样讲解引申的过程,实际上也就是一个扬弃、改造和消化的过程,而且在古今对比中使人产生一种历史感。

张先生精通文字、音韵、训诂,能在讲解字词时博古通今地讲清字形、字义和古今音的变化。

有一回讲"合音词"。张先生举"焉"为例。当"焉"作指示代词用时,相当于"于其间":"'今吾夫又死焉'——死于其间,死在那里。""于其间,于——其——间",然后他快读"yú—qí—jiān","yúqíjiān"爆破一般拼出一个"yān"来。又如"叵——不可","不——可""pùkǒ——pǒkǒ"——"pǒ"。

双音叠韵,他选了个"丁令当郎、丁当令郎"的例子。他讲诗歌的节奏和押韵:"平仄、对偶都是节奏。对偶还带有意义上的重复,同样成分在间隔距离(即节奏)相同情况下重复再现就是对偶。韵就像打锣鼓中的锣一样,敲到一定的时间,就'哐'那么一下子,这就是押韵。"张先生这些形象通俗的讲解,我至今记忆犹新。我常感到我们这一代语文教师中,像张先生这样老一代教师那样"十八般武艺精通"、知识全面、底子厚实的是太少了。

张老师早已过了"古稀"之年,身体大不如前。听南边来的同学说,他仍很健康,很认真努力,课是不能上了,带着几位研究生。我出学校后就再没见过老师的面,但对许多老师那种崇敬、仰慕之心,却与日俱增。据说齐白石老人因仰慕、师法八大山人,曾刻过一方印章,文曰"雪个门下一走狗"。我不敢附骥名人,张先生也不需要"走狗",然而我深深体会到白石老人这种对前辈大师景行行止的崇敬之心,我看到了教师所特有的这种强大的精神感召力量。

戏剧界、曲艺界现在都热心为老艺人总结表演艺术的经验,或口授笔记,或录音录像,或整理出版,或收徒传艺,做得很认真。我觉得教育界也应该做这个工作。全国各地各类各级学校有许多优秀的老教师,他们的教学经验,对我们是一笔珍贵的财富。他们自己很难自说自话,需要有关领导组织力量帮助他们整理出来。

（原载《语文学习》1980 年第 11 期）

　　这是我 1980 年发表在上海《语文学习》上的一篇文章,有关张先生的情况那时也没敢多写。张世禄先生因为社会关系比较复杂,所以在政治上极为谨慎,诚心诚意跟党走,但他在学术上却很"顽固"。20 世纪 60 年代初在全国语言学界曾有"文法""语法"之争。当时复旦大学校长陈望道先生是"文法学派"的领袖人物,为统一复旦的观点,曾亲自登门拜访张世禄先生,劝他放弃"语法"的主张(据说这是陈校长在新中国成立后唯一一次登门看望张先生),但张先生仍坚持自己的观点,不肯"统一"。张世禄先生晚年得了"帕金森氏症",1991 年秋天我们去看他时,他仍依稀有些记忆,表情很兴奋,几个月后就去世了。十年又过去了,先生的音容笑貌仍如在眼前。

　　我在复旦中文系受业五年中对我教育、影响很深的还有蒋天枢、王运熙、蒋孔阳、刘大杰诸位先生,我曾想过分别写一些追思和怀念先生们的文字,但年纪越大,越不敢动笔,深恐自己的一知半解,以偏概全,损害了先生们学识的光辉和人格的完美。

重编怀念张世禄先生文后记

2002 年 11 月 29 日

　　(宋遂良,时为山东泰安一中特级语文教师,现为山东师范大学中文系教授)

长　寿　颂

王　力

丙寅之岁，录拙作长寿颂，以祝福崇仁兄85寿辰大庆。

> 七十古稀今不稀，
> 人生百岁不为奇。
> 永怀秋月当空景，
> 长恋春花吐蕊枝。
> 皓首何妨添鹤发，
> 童颜未许见鸡皮。
> 每逢对酒当歌日，
> 总是欢天喜地时。

王力
1986 年 10 月

（王力,北京大学中文系教授）

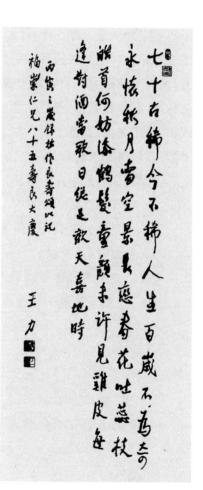

1986 年王力先生贺词

金缕曲并序

刘 锐

福崇师执教上庠50余年矣。虽经离乱，未尝中辍，及门桃李满天下，平生于语言学理论及汉语各部门知识均有深诣，著述宏富；《中国音韵学史》一书，尤为士林推重。顷年逾大耋，犹谆谆诱掖后学，日不暇给。姜桂之性老而弥辛，有如此者。今《音韵学史》已再版，所著语言学单篇论文，亦已汇印成集，传于久远，诚盛事也。锐昔在渝州曾沾化雨，期许之殷度越侪辈。比寓沪滨，复得趋承请益，仰瞻光烈，无任忻庆。词以纪盛兼表向往之忱。

北斗中天焕。溯初衷、冰壶莹澈，早疏轩冕。海国山城敷教泽，四座春风融暖。更滴露、研朱忘倦。许郑英华兼采撷，萃雄篇字字珠玑灿。如朗月，烛霄汉。　　十年浩劫经忧患。喜鸿飞、天高野阔，弋人空羡。淑世情怀终不改，一任沧桑频换。犹未置、皋比闲散。比似河汾无逊色，正寰区桃李芳菲遍。期翠柏，永葱蒨。

禄师从事学术活动65年　刘锐贺

1986年10月

（刘锐，华东师范大学中文系教授）

金缕曲并序　　　刘锐

福荣师讷教上庠五十馀年矣，难经离乱，未尝中辍。及门桃李满天下。平生於语言学理论及汉语诸部门知识均有深诣，著述宏富。中国音韵学史一书尤为士林推重。顷年逾大耋，犹谆谆诲掖后学，日不暇给。董桂之性老而弥辛。有如此者。今音韵学史乙再版。此著语言学单篇论文亦彙印成集。体柗文遠。诚盛事也。锐昔在渝州曹窊化雨。期许之殷度越侪辈。比寓港滨。复得趋承请益。仰瞻光烈。无任忻慰。诃以纪盛兼表嚮往之忱。

北斗中天焕。溯初衷、永壶鉴澈。早珠轩冕。海国山城敷教泽。四座春风融液。更涵覃研朱忘倦。许郑英华兼采撷。董馄篇字字珠玑灿。如朗月。熠霄汉。十年浩劫俱忧患。喜鸿飞、天高野阔。戈人空廪。淑世情怀终不改。一任沧桑频换。栖未定、事比闽散。似似河汾无逊色。正襄区桃李苦菲编。期翠柏，永葱蒨。

1986年刘锐先生贺词

《张世禄语言学论文集》读后

许威汉

《张世禄语言学论文集》(学林出版社 1984 年)的出版,是语言学界值得庆幸的事。它为传授语言学知识,培养语言学人才,促进我国语言学发展,都做出了重大贡献。

本书作者张世禄先生是一位学识渊博的著名语言学家,在普通语言学方面,在古汉语的文字、音韵、训诂方面,在现代汉语的语音、词汇、语法、修辞方面,都有很深造诣;在语文教学和汉字改革方面,也都有真知灼见。这许多方面的造诣和真知灼见,全都反映在自 20 世纪 20 年代至 80 年代所撰写的近 20 种专著和 120 篇论文中。这本《论文集》收录论文 56 篇,读后深感受益很多。别的暂且不说,这里只从建立历史观点、注重科学分析、面向汉语实际、力为现实服务诸方面,谈些个人的粗浅认识。

一、建立历史观点

《论文集》许多文章根据语言现象所赖以产生的具体历史条件,分析研究了语言现象的发生与发展。比如《文字上之古代社会观》(1923 年)、《从日本译音研究入声韵尾的变化》(1929 年)、《中国语的演化和文言白话的分叉点》(1930 年)、《中国音韵学史之鸟瞰》(1931 年)、《言语演变的原则》(1934 年)、《中国语音系统的演变》(1936 年)、《国语上轻唇音的演化》(1936 年)、《中国历史语音学之方法》(1944 年)、《汉语历史上的语音变化》(1957 年)、《汉语历史上的词汇变化》(1957 年)、《汉语语音发展的规律》(1979 年)

等十多篇文章就都反映了历史主义的论述,而不是用抽象刻板的公式来代替对语言历史的具体研究。文章还曾强调说"时有古今,地有南北,音读之纷歧演变,似呈错综复杂之象,而自有井然不紊之轨迹,可供吾人推寻者"(《中国历史语音学之方法》),"我们要研究汉语历史上的语音变化"(《汉语历史上的语音变化》),"语言是历史的产物。语言里的词汇,是从历史上逐渐地积累起来的,是一代一代地丰富起来的"(《汉语历史上的词汇变化》)等,更都是用以驾驭语言史实的语言历史观。这种历史主义观点是大大超越前人的。清代的钱大昕在段玉裁的《六书音韵表》的序中说"唯《三百篇》之音为最善",唐代的韩愈在《答李翊书》中说"非三代两汉之书不敢观"(按:包括语言因素在内),这些历史上著名学者也还不免把语言的演变看成是退化的,忽视语言的发展是进步的,这与上述"语言是历史的产物""词汇是一代一代地丰富起来"的见解相比较,实在是殊途而不同归的。

由于前人把语言的演变看成是退化的,不懂得语言的发展是进步的,因而忽视汉以后的语言发展,以致没有一位学者对汉语史进行系统的研究。而张世禄先生从历史主义的观念出发,揭示语言历史奥秘,洞察其发展规律,便能发前人所未发,匡前人之成议。《论文集》这样指出:"关于汉语语音发展的趋向问题,前代学者曾经有'古音简,今音繁'之说,认为周汉上古音中声、韵、调的种类,比《切韵》一系'今音'韵书中所反映出来的要简少。现在研究的结果,正是适得其反。从汉语的上古音到中古音,再到近代音,观察声、韵、调三方面发展的趋向,应当得到'古音繁,今音简'的结论。"接着总括为八个方面来说明,并以大量的事实加以印证(见《汉语语音发展的规律》)。诸如此类的发现与发明,《论文集》中是屡见不鲜的。其所以能如此,当然离不开历史观点的驾驭。同样情况,在历史主义语音论的指导下,张世禄先生《中国音韵学史》专著问世,便不是偶然的了。《中国音韵学史》(商务印书馆 1938 年)从整个文化发展的角度来阐述音韵学的演进,诚"史论结合"之新成果。

二、注重科学分析

从 20 世纪 20 年代开始,在引进普通语言学理论方面,张世禄先生便是有重要贡献的学者之一。新中国成立后,张世禄先生努力学习运用辩证唯物主义观点探求汉语发展的内部规律。在普通语言学理论和辩证唯物主义指导下,他研究语言轻主观而重客观,轻演绎而重归纳,方法是科学的。这在《论文集》中有明显的体现。比如在为纪念伟大诗人杜甫诞生 1250 周年而撰述的《杜甫与诗韵》一文中,考证杜甫诗的用韵系统及其与隋唐语音和韵书的关系,是从语言学、音韵学角度来研究杜诗的首创之作。文章在占有充分材料基础上运用科学方法进行论证,分别指出杜甫的近体诗和古体诗的用韵系统,附录又细列杜甫近体诗中所见各韵独用、同用次数和杜甫古体诗中所见各韵独用、同用次数,都显示了其科学精神。又比如《"同义为训"与"同义并行复合词"的产生》一文,充分列举《说文》《尔雅》词例作科学分析和综合,所以结论也就令人十分信服。《论文集》中这类文章很多,亦不难理解,毋庸一一举例说明。通读全书,自可全面参会。

三、面向汉语实际

《论文集》中《研究中国文字的方法》一文的末尾这样强调说:"我以为要讨论这些问题——不管是关于中国文字的起源、构造、演变或价值等等问题——都要注意到中国语言上的现象。中国文字的这种特性,所谓表意文字,它的存在是以中国的语言为背景的;因之我们要解决中国文字上的任何问题,一方面固然要论到形体方面的现象,另一方面尤须注意中国语言的特点,以及它和文字演进的关系。"《研究中国文字的方法》这篇文章是早在 20世纪 30 年代写成的,其面向汉语实际的认识开发很早,扎根很深。30 年代以后的数十年中,自是身体力行,凡所阐述,无不一以贯之。直到 80 年代,《论文集·前言》还着重指出:"根据'从汉语实际现象出发,寻其规律性'这样的认识,我认为目前汉语语法学界有些人强调完全学习西洋语法和语法学,实在是一种偏向,有纠正的必要。"这一观念,相应的论文都有详细的论述。比如《关于汉语的语法体系问题》写道,过去"研究、学习汉语语法的,几乎全部抄袭西洋语法学的理论,或者以西洋语言的语法体系做基础,来建立汉语的语法体系。有时发现一些汉语语法的特点,觉得为西洋语法学上所不能概括的,就陆续加以增添补缀。越到后来,发现的特点越多,这种增添补缀的地方也越繁"，"要把我们的'学校语法体系'做到简而不陋，使它便于工农大众的学习，便于学校里的语文教学，首先须要打破许多洋框框的束缚，清除汉语语法学上一些洋教条的影响"。接着指出，洋框框"主要的有这三种：一种是词类问题，有'九品'之说；另一种是关于结构形式的问题，有'动词谓语'之说"，"还有一种是关于句子类型问题，又有'主谓结构就是句子'之说"；这三种洋框框，"好像是三条绳索，捆着本世纪的汉语语法学"。进而坚决主张"打破洋框框，建立自己的语法体系"，表述了强烈的愿望。至综观《论文集》，面向汉语实际的主张及面向汉语实际问题的研讨，论证亦皆详审，细读是书，自有所知。

但是必须指出，《论文集》强调面向汉语实际，而对不同学科却有不同的要求。这在《论文集·前言》中说得很清楚："语音在语言中物质性最强，与自然科学联系较紧密，各民族的语音规律往往有相同之处，所以学习汉语语音时，宜多多采用西方先进的技术和方法。至于语法，民族标志的作用特别显著，所以研究汉语语法时不应当生搬硬套西洋语法学。至于词汇，它的性质和基础，我认为是介于语法和语音之间的，所以有一部分可以参考西洋词汇学，另一部分必须强调汉语独特性……"不言而喻，不同学科具体分析而分别对待和处理，实是科学研究领域实事求是治学态度的重要表现。在这里，也不难看到《论文集》的识见是卓尔不群的，深合各学科实际情况的。

四、力为现实服务

《论文集》许多文章是结合语文教学需要而撰写的。即便是上述作者关于语法研究的新认识的《关于汉语的语法体系问题》，也是着眼于"普及文化""便于工农大众学习，便于学校里的语文教学"的。至于《从语言的本质上来谈汉语教学》《文言文的教学问题》等文章，更都是直接为教学服务的。《从语言的本质上来谈汉语教学》一文从理论上阐述了"语言的现实性与汉语教学""语言的整体性与汉语教学""语言的社会性与汉语教学""语言的历史性与汉语教学"，并强调"要从汉语教学方面来推动大家对汉语的科学研究"，做到科研结合教学，教学促进科研，全面提高教学与科研的质量。《文言文的教学问题》一文专节就"教学文言文的方法"提出三点要求:"第一点,最重要的,是揭露出古今语言的矛盾性";"第二点,在揭示古今语言矛盾的同时,又必须指出现代语对于古代语的同一性和继承性";"第三点,进一步的要求,根据文言文的教材,引导学生们从古今语言的变异上,去探求语言的规律性"。从原则到具体方法,从理论到实际教学,都给人以启迪。这些论文又与作者若干有关汉语教学的专著如《小学词汇教学基本知识讲话》《普通话词汇》《古代汉语》相照应。凡此种种,都表明作者非常关心我国的大、中、小学语文教育,其所论说,则是作者根据长期教学科研实践的经验结晶。

在文字改革方面,《论文集》也收录了多篇文章,其中《怎样正确地认识同音词问题》一文,是针对有些人在使用拼音文字以后,对大量同音词感到不好分辨的错觉而撰述的。文章指出:"同音词的问题,不是拼音文字里的问题,而是语言本身的问题;它也不是汉语里的一个特殊的问题,而是一般语言里的一个普遍性的问题。"有力地强调了同音词问题不应该在拼音文字中去求解决,应该在语言规范化工作中得到解决;想要在拼音文字中去区别同音词则是倒退的想法。同时强调能区别同音词的是语言环境,不是汉字这种书写符号本身。随后进而断定同音词问题不应该成为汉语文字拼音化的一种障碍。这一论述,廓清了一些带有普遍性的模糊认识,对汉字改革工作的开展产生了积极影响。

总而言之,《论文集》涉及文字、音韵、训诂、语法、语文教学等各个方面,内容切实,很多创见,阐述缜密严栗,无复剩义,是研究语言学及语文教学的重要指导书。只是由于另有些文章《论文集》中未能一一收录,未免有点可惜了。据笔者所知,不予收录的文章亦颇不乏零珠碎玉。

科学的发展是人类对客观规律认识的不断深化的过程,这突出地表现在历史上多次出现的理论大综合上。没有例外,语言科学的发展自然也是顺应这一历史路线的。现代科学技术飞速发展,使学科既高度分化,又互相渗透;既高度综合,又纵横交叉,派生出许许多多新学科,放射出一道道新的光芒。张世禄先生 60 余年来借鉴普通语言学的原理、原则,应用于汉语研究实际,丰富了中国语言学,翻开了中国语言学新的一页,其历史地位和现实意义是十分重大的,也是历史发展之必然和客观形势之需求。今《论文集》书成,笔者读后深有所感,喜述管识以慰同好者;至于挂一漏万,则疏在笔者,自无损于华构之大观。

（原载《江西师范大学学报》1986 年第 2 期。许威汉,上海师范大学中文系教授）

论张世禄语言哲学的民族性

申小龙　陈丹红

　　五四运动后崛起的中国第一代现代语言学家,依靠从传统小学继承下来的深厚积累,辅以西方学术中现代科学的理论和方法,融会贯通,推陈出新,开创了汉语语言的科学基础。张世禄教授就是其中之一,他在汉语语音的研究上广泛吸收了西方语音学原理和分析方法,认为语音在语言诸要素比较的意义上,是不具有强烈的民族倾向的,学习西方语音学的先进理论方法,是传统音韵研究科学化的必由之路。在汉语语法的研究上,他却反其道而行之,认为世界各民族在思维形式上各有其独具的特色,语法是具有强烈的民族性的。汉语语法的研究应该从汉语语言思维的特点出发,建立民族的理论体系。这种对汉语语言性质和研究方法的独到理解,使张世禄形成具有鲜明特色的学术思想:即在音韵研究上从一般进入特殊,在语法研究上从特殊走向一般。在某种意义上说前者是用西方语音学的解剖刀解剖汉语音韵现象,后者则意味着放弃西方语言理论现成的体系方法,筚路蓝缕,为中国语法学建立了以汉语事实为基础的体系。这是需要很大的学术勇气的。80多年来,汉语语法的研究虽然在西学的影响下也建立了一套分析方法,拉起了一个体系,但由于西方语法理论无力概括语言类型迥异的汉语语言事实,汉语语法学长期在西方理论的框架内徘徊,基本上不适应汉语的特点。在这种情况下,张世禄先生从特殊走向一般的方法就更具有不同凡响的革新意义。张世禄教授晚年以80岁高龄呼唤汉语语法学的改革,正是他毕生从事汉语研究的思想结晶和理论升华。

一、博大精深的汉语观

20 世纪初，立志维新的仁人志士深感西洋文化和科技的发达是因为"西文有一定之规矩，学者可循序渐进而知所止境"，而"华文经籍虽亦有规矩隐寓其中，特无有为之比拟而揭示之，遂使结绳而后，积四千余载之智慧材力，无不一一消磨于所以载道所以明理之文。而道无由载，理不暇明，以与夫达道明理之西人相角逐焉，其贤愚优劣有不待言矣"[1]。这些向西方科学文化孜孜以求的中国学者把民族语言的语法（即"一定之规矩"）同民族的兴衰紧紧联系起来，他们深信，就像西方的科学技术可以模仿照搬一样，西方的语法理论也是可以采取拿来主义态度的。然而，就在模仿成为一种时髦的时候，张世禄却以《中国语言的特性》[2]为题，提出了三点深刻的怀疑：中国语言具有什么性质？它和世界上别种语言比较起来，有什么特异的地方？它在中国的其他方面，发生了什么影响？张世禄吸收了语言类型学研究的积极成果，从世界语言的比较出发，指出汉语有两个鲜明的特征：一是汉语词的功能是含蕴的而非形态化的，二是汉语的词基本上是单音缀的。

汉语的这种特性又可以从汉字的特性来反证。张世禄指出，现在世界上只有我们中国还保存着象形文字原来的性质，没有进到拼音的境界，这是因为中国的语言天然和这种文字适合的缘故[3]。张世禄十分强调并坚持汉语的这种特性。有一些研究者拿着放大镜为汉语的语词找形态变化，其目的是使汉语能像西方语言一样搞形态分析。张世禄对此深不以为然。他指出：西方语言的所谓词尾，是不能省去不用的。而汉语的词尾往往可省去不用，在意义上也没有差别。与其说"子""头"等是标志名词的词缀，不如说它们是为显明意义效用（大都为避免同音语词而增加的）的语尾词。因为在意义很显明的时候，就用不着它们。纵观汉语语法学 80 多年的历史，我们可以发现方法论西化的结果不是方法论的改革，而是以研究对象的扭曲来适应西化的方法论，这不能不说是汉语语法学的悲哀。张世禄在 20 世纪30 年代文法革新讨论中就提出："中国过去文法家过于因袭西洋，以致普通流行的文法书上有很多削足适履的地方。我们应该依据中国语文特殊的性质和现象，重新来建立中国文法的体系。"[4]

如何来建立汉语自己的语法体系呢？与张世禄同时代的中国语言学家一般是希望突破《马氏文通》以来仅仅停留在语言表层描写的肤浅的模仿，探入语言机制的深层，找到汉语与西方语言共性的东西。陈望道先生的"功能观"就是取之于当时西方语法学由对意义和形态的注重转到对功能的注重的思潮。方光焘先生更直截了当地把词与词的关系称为"广义形态"。他认为，汉语单词本身的形态既然缺少，那么辨别词性就不能不求助于广义的形态。与这种从共性到个性的研究思路不同，张世禄先生在 20 世纪 30 年代的文法革新讨论中就明确指出，要从事建设的工作，必定要先认清中国语文的特性，以决定我们所取的途径。他说："要讲中国文法，当然要主张'国化'的。我们正因为反对'马氏文通派'的模仿文法而起来大家讨论，不然，何以有中外之分？"[5]在他看来，中国语法学界与其在西方的语言理论面前"临渊羡鱼"，不如"退而结网"，先从考察中国语文的实际现象入手。正是基于这一思想，张世禄提出了著名的"语序论"，即"凭语序来建立范畴，以适合中国语的特性"。

"语序论"认为汉语句子中语词间的关系，不是用语词本身某种标志表明出来的，而是用固定的序次和附加的词语表明的。正因为如此，汉语的语法现象，属于形态学的关系较少，属于句法的关系较多。其表现方法就是词语在句中的位置，词语连接的先后序次。张世禄断言，中国的语法体系要从语序上去建立范畴，他把这种方法概括为"凭语序而建立范畴，集范畴而构成体系"。《文心雕龙·章句》云："置言有位……位言曰句"，"句者，局也；局言者，联字以分疆"，"句司数字，待相接以为用……若辞失其朋，则羁旅而无友；事乖其次，则飘寓而不安。是以搜句忌于颠倒，裁章贵于顺序"。可见古人对字义的研究也往往以字在句中的位置为依据。汉语语法的信息主要是从语序中传达出来的，古人也正是从语序的安排中对句子的组织"神而明之"的。这显然同汉语在组合上不受形态约束，讲究逻辑事理搭配的性质有深刻的联系。张世禄的"语序论"抓住了汉语这一最引人注意的现象。当时主张功能说的陈望道先生也认为"语序论"在原则上是可以赞同的。

"语序论"作为一种方法论，其价值在汉语语法界早期并未受到足够的重视。直到近年来，随着人们对汉语句法形式规律认识的加深，"语序论"的价值才逐渐显示出来。挖掘语序规律与动词性质的深刻系统，以此为基础概括动词的次范畴,进而建立句型系统,这是一个很有潜力的研究方向。近年来,汉语语序在语言类型学上的意义正受到国际语言学界的重视。由于世界语言发展的分析性倾向,语序问题也有了一定的普遍意义。

张世禄先生的汉语观除了注重从汉语特点出发建立方法论以外,还注重从整个世界语言的发展大势上确立汉语在人类语言中的地位。19世纪西洋一般语言学家因为他们自己是属于印度日耳曼族,习用这种语言,就认定它是高等民族所用的。又因为汉语的性质和印度日耳曼族的变形语正相反,就以为非形态的汉语是初等民族所用的。张世禄指出,这是一种狭隘的民族心理,是因闭塞而自视甚高、轻视外族的太古遗俗在现代社会的折光。从世界语言的事实来看,常有语言性质相近而文化程度相悬殊的,也有文化不分高下而语言的性质完全异趣的。

一些西方语言学家从以形态定优劣的偏见出发,把世界语言形态的孤立、黏着、变形之分看作语言进化的三个阶段。这个三段论一笔抹杀了中国数千年的文明史,认为中国的文化和语言都停留在太古幼稚的状态。张世禄吸取了叶斯柏森、高本汉等学者的观点,根据他对汉语的独到的洞见针锋相对地指出汉语的发展恰恰是循着与三段论相反的、由变形到孤立的途径。如果说变形语是一种高等语言,那么早在原始汉语就已达到这样一个阶段。这一观点得到由拼音文字记录的与汉语同系的古藏语形态的证实。不仅如此,张世禄又进一步指出,西方语言的历史发展趋势也与汉语的发展趋势一致,由综合语趋于分析语,只不过其演变速度较汉语为缓罢了。张世禄指出,语言的应用在于思想表现的明确。分析语的表现手段比较显明简单,没有错杂纠纷的弊病,所以世界语言有趋于分析的趋势。这种趋势是语言进步的现象。而汉语在这种世界语言趋势上处于何种地位也就不言而喻了。这就是中国语言学家对人类语言发展规律的令人信服的回答。

二、独树一帜的改革观

在"文化大革命"过去,汉语语法学重又复苏的时候,张世禄先生在80岁高龄时,通过专论和演讲,发表了他的汉语语法体系[6],为语法研究吹进了一股清新的改革之风。他回顾汉语语法学近一个世纪的历史,指出在这期间研究、学习汉语语法的,几乎全部抄袭西洋语法学的理论,或者以西洋语言的语法体系作基础来建立汉语的语法体系,形成今天繁复臃肿、畸形发展的局面。是因循不改、继续受许多洋框框的紧紧束缚呢,还是起来革命,打破洋框框,建立自己的语法体系呢? 这正等待着汉语学界的抉择。张世禄对这个问题的回答是后者。在当代中国语言学者中如此鲜明地向积重难返的传统语法观念发起挑战的,张世禄是第一人。他全面揭示了汉语语法体系中洋框框的束缚,把它归结为在词类、结构形式和句子类型三个主要方面的三根绳索。这些论述多方面地触及了前人没有提出过的汉语语法特殊理论问题,表现出鲜明的汉民族风格,卓然自成一家言,其精髓集中体现在形式与功能、语法与逻辑两对理论范畴上。

(一)形式与功能

汉语语法学是在模仿西方语法体系并系统吸收西方语言学理论的基础上建立的。西方语言分析以形式为纲。这在汉语语法分析中也顺理成章地被视为金科玉律。但是汉语又是一种缺乏形态变化的语言,这就导致分析方法与语言事实的深刻矛盾。汉语语法学史上的种种纷争,无不由这一矛盾生发开来。张世禄的汉语分析首先提出"汉语句子的成立要素不是属于语法结构形式"的命题。他认为,汉语里各种各样的结构都可以成为句子。句子成立的要素不在结构形式。因此,依据语法结构来区分句子的类型,在汉语里是牛头不对马嘴的。从这一观点出发,张世禄认为自西学引进以后汉语语法学接受的一整套"单句""复句""子句""分句""句子形式"等名目都是不必要的。而所谓"无主句""主谓谓语句"之类为适应汉语特点而采用的有调和色彩的名词用语不过是对舶来品的改装,其认识依据仍是主谓结构成为句子的观念。把句子问题和结构问题纠缠在一起,凭空造出一些烦琐的名词、术语和分类,其结果不是毫无意义,便是矛盾重重。那么,汉语句子成立的根本性质及其所以成立的要素究竟是什么呢? 张世禄提出了"语气说",即汉语句子的根本性质及其所以成立的要素是语气。在西方语言中,语气是依附于动词的形态变化来表现的。动词的词形变化涵盖了句子大部分的结构信息、功能信息,甚至语义信息。汉语句子格局的视点不是机械地固定在某一点上,而是随着韵律节奏流动转折、按逻辑事理的顺序展开的。

汉语的语气作为句子表达功能特有的标志,主要是依靠句末(有时是句首或句中)的语气词来表现的。它传达的不是一个动词的语气,而是全句的语气。张世禄把语气和语调看成构成句子的重要因素、语言交际中必不可少的成分,并把语气词的运用看成区别句子类型的重要依据,这是汉语语法学史上的一个创见。

从语气论的观点出发,张世禄认为汉语所有的虚词都可以归入表示句法结构的关系词和表达句子语气的语气词两大类。汉语句子的分类,则依语气语调的不同分为直陈句、测度句、疑问句、反问句、感叹句、祈使句六种。这六种句子每一类都可以像印欧语的结构分析一样作语气的下位区分。如古汉语中直陈句所用的语气词有"也""矣""耳""焉"的不同。它们语气上有轻重缓急的区别,语义上也就有细微的差异,可按语气词的不同再分小类。这种独特的句子面貌也许会使一些习惯洋框框的研究者大惑不解,但它无疑是拓展了人类对语言的认识,否定了多少世纪以来印欧语句子理论的盲目的普遍性,提出了东方也是世界最大语种——汉语的独立的句子学说。有人也许会说,这不是又回到我国古代传统的虚字研究法上去了吗?这就使我们联想到对中国文化的认识上一个不可不辩的重要问题。为什么从西方传入的语言分析方法在中国用了将近一个世纪之时,张世禄这位在语言学上积极传播西学的前辈先驱者又向汉语的语言学传统汲取了新的灵感呢?答案只能有一个,即东方文明古国同西方文明一样,对世界有其独特的贡献。鸦片战争的失败曾暴露了我国几千年古老文明的严重缺陷,当时的思想界、学术界痛定思痛,积极向西方的科学、文明求索,这是可以理解的。以西方文明作为参照系,中国的确是大大落后了。然而经过近百年的西方文化的冲击,中西文化的深刻差异也逐渐显露了出来。在语言研究上,西方文化那种以物支配人、主客体分离的"法治"的分析眼光,显然不适合汉语以人支配物、主客体统一、讲究"意合"的"人治"的独特面貌。张世禄的"语气论"以其对中西语言差异的深刻反省向世界表明,过去那种以西方文化参照系的"落后观",并不说明中国文化的发展缓慢,而仅仅说明中国文化的发展方向不同。在这一点上,张世禄先生的语言哲学具有文化史上的普遍意义。中国的语言学者可以注意到近二三十年来西方语言分析方法从形式的绝对化走向语义、语用、功能的多维化。这同现代科学趋向系统、综合的潮流不无联系。语言学的钟摆似乎正由西方自然主义分析写实的形态型研究摆向注重内涵、注重整体的东方式功能型研究。在这个意义上,对有数千年历史的汉语研究传统大可不必妄自菲薄。也只有在对中西语言理论都作客观、深入研究的基础上,语言学上中西文化的交流、借鉴才有真正的意义。

西方语言的语法是一种形而上学的"器"重于"道"的语法。它以丰满的形态外露。因此对它的研究只是一种对表面现成范畴的解说。判断它的句子是否合格,一般只需着眼于形态制约的单一因素即可。这一特点虽为西方语言分析提供了一种便利,却同时又使研究水平长期徘徊于表面肤浅的阐释,难以深入语言的深层机制。汉语语法是一种形而上学的"道"重于"器"的语法。它将大部分语法范畴隐藏起来,必须从微观和宏观上探讨句法、语义语境的多种因素的协同作用。这些多个因素的作用的消长往往使汉语句子的合格度具有极大弹性。句子的句法编码对待语义、语境的"压迫"也表现出极大的妥协性。因此,如果说西方语言分析途径是说解型的话,那么汉语的分析途径则是发现型的。西方语言分析所能回避的种种句子理解的宏观和微观的因素,在汉语语言分析中都无法回避。正是在这个意义上我们可以说,汉语的民族精神和独特的面貌不但是属于中国的,而且是属于世界的。它应以自己的特殊规律去丰富人类对语言的认识,推动人类语言理论在印欧语基础上的第二次开拓和飞跃。这也正是张世禄语言哲学民族性的深广含义。

(二)语法与逻辑

西方传统语法是比照传统的逻辑分析建立起来的,传统语法脱胎于逻辑学的深深的胎记,使它在印欧系语言中几乎成为一种无所不适的普遍的规范。这种普遍性使 20 世纪初刚刚接触到传统语法的中国学者深信,既然人类的思维规律是共同的,那么作为一种"普遍唯理"语法的传统语法也必然适用于汉语。开创系统的汉语语法的马建忠就认为拿西方语法来"因以律吾经籍子史诸书,其大纲盖无不同"[7]。《马氏文通》之后,模仿西洋文法之风愈演愈烈,其理论根源就是这种对传统逻辑的普适性的信条。开创系统的白话文语法的黎锦熙认为"思想底规律,并不因民族而区分。句子底'逻辑的分析'也不因语言而别异"[8]。逻辑共性的前提不倒,印欧语传统语法的框架就不散。然而正是对这汉语语法学史上的前提,张世禄先生于晚年提出了大胆的怀疑。他指出,主谓结构才成为句子的观念,唯一的依据,是"主项和谓项才构成一个完整的命题"这种形式逻辑。我们知道,语言是用来表现逻辑的;反转来,形式逻辑也一定要受语言习惯的反作用。"主项和谓项构成命题",这种西洋形式逻辑的形式,恰恰是受了西洋语言上主谓结构才成为句子这种习惯的影响。汉语的语法事实,既然和西洋不同,那么,汉语的语法理论,当然不应当受西洋形式逻辑的限制[9]。张世禄对形式逻辑在汉语语法中适用性的否定,曾使不少语法研究者感到震动和不解。然而这一命题包含着十分丰富的思想。

首先,这一命题表明逻辑的本源是语言。传统逻辑在其抽象过程中对自然语言的实际意义和关系舍弃得太多了,成为一种极其抽象的形式。于是就造成一种假象,似乎逻辑是脱离语言的。形式逻辑不是以自然语言为研究对象,而是以思维形式为研究对象的。逻辑一旦脱离了具体语言的本原,它就成为主宰语言分析的一种异化力量。于是,不是逻辑分析要反映语言特点,而是语言分析不得违反逻辑依据了。过去是人类研究自然语言中逻辑问题结果的形式逻辑,现在却成了自然语言理解上的障碍。正因为如此,现代逻辑把自然语言逻辑作为重要的课题,力图全面反映自然语言中的逻辑问题。模态逻辑、问题逻辑、时态逻辑的建立都是为了缩短逻辑与语言之间的距离,研究总结出新的思维形式。

其次,这一命题得到语言学史的支持。西方传统逻辑从亚里士多德开始就是从印欧系语言中概括出逻辑形式和逻辑规律的。中世纪的语法学者又深受笛卡尔哲学思想的影响,认为语言是思想的表现。语言与思想之间有一种内在的联系。因此语法范畴也就是逻辑范畴的表现。于是他们又将语法从属于逻辑,把句子成分与逻辑范畴(主词、宾词)等同,把判断与句子等同,试图建立适合所有语言的一般原理。殊不知他们的逻辑充其量只具有希腊语和拉丁语的局部真理。这种仅仅是"逻辑的延长"的语法最终在19世纪至20世纪受到了以洪堡、索绪尔为代表的语言学者的批判。语言学与逻辑学的分道扬镳,既是逻辑学的不幸也是语言学的不幸。西方语言分析自有其丰富的形态依据,语言与逻辑的分离并未引起十分消极的影响。而在汉语这种形态变化少,逻辑性强的语言中,就导致了西方传统逻辑概念与汉语事实的抵牾。例如在句子分析中总以为主语谓语二分是有逻辑根据的,结果是至今说不清汉语主语的结构特征和语义内涵是什么。于是便以为汉语虽然有主语,但主语形式特征贫乏,在汉语中的语法地位并不重要,语法分析中无须过于重视。这种主语悲观论对传统逻辑的信念不啻一种讽刺。事实上适合汉语特点的逻辑依然要面向汉语的实际。

其三,承认不同民族的思维形式具有某种民族特点,并不导致人种语言学的极端。我们的目的就是要从汉语事实中抽象概括出汉语普遍性的逻辑形式,使它服务于汉语的分析与理解。我们要靠自觉、不懈的努力,最终建立既有普遍意义又有民族特点的汉语语言和逻辑科学。张世禄先生对传统逻辑在汉语中适用性的否定,其意义就在于此。

张世禄先生语言哲学鲜明的民族性和实事求是、勤于探索的学术创新精神,是中国语言学的宝贵财富。吕叔湘先生最近为张世禄先生诞辰 85 周年和学术研究 65 周年题词:“学贯中西。”张世禄以其 65 年学术生涯,被汉语学界誉为在引进西学上“有重要贡献的学者之一”[10]。然而他的引进不是为了用西学来代替中学,恰恰相反,是为了以民族文化心理结构为起点,继承、改造、丰富和发展源远流长的汉语语言学,用汉语的特殊规律开拓人类语言研究的新的广阔天地。这种既对外来科学文化敞开胸襟,又对中国文化的民族性持科学分析态度的气魄,正是振兴中华、走向世界的时代精神!

注:

[1] 马建忠:《马氏文通》后序,商务印书馆 1983 年版,第 13 页。
[2] 张世禄:《张世禄语言学论文集》,学林出版社 1984 年版,第 32 页。
[3] 同上书,第 35 页。
[4] 同上书,196 页。
[5] 同上书,第 201 页。
[6] 参见张世禄:《古代汉语》,上海教育出版社 1978 年版。
[7] 马建忠:《马氏文通》后序,第 12 页。
[8] 黎锦熙:《新著国语文法》引论,商务印书馆 1956 年版,第 1 页。
[9] 参见张世禄:《古代汉语》。
[10]《中国语言学家》编写组:《中国现代语言学家》(第一分册),河北人民出版社 1981

年版,第250页。

[原载《复旦学报》(社会科学版)1986年第2期。申小龙,时为复旦大学中文系博士生,现为复旦大学中文系教授;陈丹红,上海社会科学院记者]

张世禄对汉语语言学的新探索

申小龙

张世禄先生为中国现代语言学的发展,已经辛勤探索了整整 65 年,在 20 世纪 20 年代末到 40 年代,他的主要精力放在汉语音韵学、普通语言学的研究上。50 年代开始,他的语言学研究以汉语词汇为重点。在这三四十年的时间里,他对语法学、汉字改革也作了探讨,"文化大革命"过后,张世禄先生的学术研究重新焕发了青春。他经过多年的思索,对汉语语言学提出了一系列充满创新精神和历史反思精神的精辟论断。这些观点由一位融汇中西、博大精深的学者在耄耋之年提出来,弥足珍贵。

一、汉语语言学的整体方法论

张世禄先生的语言研究注重方法论。然而以往他对方法论的思考多限于具体学科(如音韵学、训诂学等)。近年来,他总结了一生治学经验,形成了对汉语语言研究整体方法论的意见。他指出,汉语的语音、词汇和语法三种要素,基础不同,学习和研究的途径也有差异。语音在语言学中物质性最强,与自然科学联系较紧密。各民族的语音规律往往有相同之处。所以学习汉语语音时,宜多多采用西方先进的技术和方法。至于语法,民族标志的作用特别显著,所以研究汉语语法时不应当生搬硬套西洋的语法学。至于词汇,它的性质和基础介于语法和语音之间。所以词汇学的研究有一部分可以参考西洋词汇学;另一部分则必须强调汉语的特性,不应当一味模仿西洋词汇学。张先生这一观点实际上对衡量近百年中国现代语言学的发展提供了一个尺度。一个民族文化精神的最深刻的根源是该民族的思维方式。汉语的语音、词汇、语法三要素与汉民族思维方式的联系有松紧的不同,因此面对先进的西方语言学理论,我们在"洋为中用"的时候对不同学科的民族特点应当有清醒的认识。

二、汉语语音的发展规律

关于汉语语音的发展趋向问题,传统音韵学的认识是"古音简,今音繁",即认为周汉上古音中声、韵、调的种类,比《切韵》一系"今音"韵书中所反映出来的要简少。现代的音韵学者有的固守传统音韵学的认识,有的认为语音的历史发展是一种平行稳固不变的延续,有的认为汉语语音是一种枣核型(即简—繁—简)的发展。张世禄先生从 20 世纪 30 年代开始就与高本汉、赵元任、李方桂等现代语言学家持同样的观点,即认为从汉语的上古音到中古音,再到近代音,观察声、韵、调三方面发展的趋向,应当是"古音繁,今音简"。这一观点得到汉藏系语言历史比较的有力支持。近年来张世禄先生在他半个多世纪音韵研究的基础上提出了汉语语音发展的八条规律,用具体的事实论证了汉语语音由繁到简的趋势,这八条规律是:

1. 起首辅音的失落和复辅音声母的单化;
2. 浊音声母的清化和鼻音声母的简化;
3. 鼻音韵尾的简化和闭口韵的消失;
4. 塞音韵尾的失落和开音节字的增多;
5. 韵母中元音的混同化和呼等的简化;
6. 音节里元音的逐渐占优势和音节结构的单纯化;
7. 入声的消失和声调总类的减少;
8. 声调上平仄长短关系的消失和轻重音的趋于重要的地位。

张世禄先生提出的这八条规律,不仅对汉语语音学研究有重要意义,而且对古今汉语、汉语史、文字改革的研究都有重要的价值。

三、汉语词汇学研究的新领域

张世禄先生晚年的词汇学研究进入一个前人未曾涉足的新领域,即将古汉语词汇的研究同训诂学有机结合起来,应用训诂学上的材料来研究古汉语的词汇成分,分析古汉语词汇成分的性质。他指出,古汉语的许多基本词,由于具有全民性、稳固性和极强的构词能力,因而它们是为人们所熟知习闻的。在日常情况下,它们本身是用不着再加以解释的。所以它们经常作为解释别的词语之用,成为训诂中的训释词。从这一点出发,张世禄先生提出了一系列新颖的词汇学见解。首先,当训诂书对基本词加以训释的时候,往往用基本词训释基本词,采用同义为训、反义否定为训、相关义为训、本字为训以及同音为训(即以同源词为训)等方式。从这些训诂方式中可以推知古汉语的基本词汇里有不少同义词、反义词、同源词,又有很多意义上相联系的词。同义的训释词与被训释词相训释的过程,实际上又是同义词相联合使用的过程,由此产生大量同义并行复合词。如《尔雅·释诂》中“始也”一条里“首”“基”“肇”“元”等就经常与训释词“始”联合起来利用,结果凝结成为“首始”“始基”“肇始”“元始”等复合词。其次,从《说文》训释基本词的方式中发现一种用种属名为训之例,就是基本词经常用来代表广义性的共名,与专门用语用来代表专义性的别名相对立,如“雄,鸟父也”“禾,嘉谷也”。那么从训诂学来看,汉语基本词的性质除了斯大林指出的三性(全民性、稳固性、极强的构词能力)外,是不是还有一种词义范围上概括较广的广义性?其三,在我国《尔雅》《方言》《说文》一类的书里,对于许多外来词是常常作为方言词来看待的,把它们同方俗殊语一样地处理。因此张世禄先生又提出,从训诂学和词汇成分的关系来看,可以把古汉语的许多外来词隶属于方言词的范围。总之,在古汉语丰富的词汇基础上发展起来的训诂学,往往揭示出古汉语这种词汇成分的性质,并且以同义为训的体例推动着构词上的“化单为复”。其目的都是为了加强语文的明显性和准确性,阐明词义、通晓名物、沟通思想,发挥语言的交际作用。

四、建立有中国特色的汉语语法体系

张世禄先生晚年对汉语语法学的发展和语法体系提出一整套革新理论。这是他近年学术研究中最引人入胜的探索。他认为整部汉语语法学史从《马氏文通》建立体系开始，几乎全部抄袭西方语法理论和体系，成为一种习惯，人们仅仅满足于在西方的体系内做一些增删补缀的工作，其结果是语法体系越来越繁复臃肿，完全掩盖了汉语语法的特点，与汉族人的实际的语文感受相距甚远。是因循不改，让汉语语法继续受洋框框的紧紧束缚，还是起来革新，打破众多的洋框框，建立自己的语法体系？这正等待着汉语学界的抉择。张世禄先生在大量事实的基础上剖析了现有语法体系的各种弊病，提出了新的理论体系。

在词类问题上，他认为汉语词类体系是以英语词分 9 类为蓝本，删去冠词加进助词而成的。后来词类细分至 12、13、14 类之多，并非分析更精密，而是更繁难了。因为它只是在词分 9 类的洋框框上修修补补，没有打散 9 类重新加以分析综合。张先生认为现行语法体系中的连词、介词、结构助词、时态助词、连接副词都是表示词组结构中概念和概念之间的各种关系，都是用来表示"关系"这种语法意义的，可统称关系词。现行语法体系中的"叹词""语气助词""语气副词""判断词"则都是表示整个词句的语气的，可统称语气词。

在结构形式上，张先生认为"动词谓语说"是英语句子结构的框架。现行汉语语法体系中所谓"无主句""复杂谓语""复合谓语""连动式""兼语式"等项目的确立，都是以"动词谓"为前提的。他认为"连动式"是一种顺递的联合，"兼语式"是一种补语式的偏正结构。它们可以作谓语。也可以不作谓语。不应拘守"动词谓语"之说，把它们与谓语牵合在一起搞什么"复杂谓语""复合谓语"，而应分别归入联合词组和偏正词组。"连动式"的名目是用英语限定动词的眼光看汉语句子，为弥缝中西语法的矛盾而设的有调和色彩的名目。汉语语法结构形式只须分为主谓、动宾、偏正、联合四种。此外，方位、时态、趋向、"的"字、"者"字、"所"字诸结构，可作特殊的结构处理或看待。

在句子类型上,张世禄先生认为西洋语言里凡是主谓结构都是句子,也只有主谓结构才是句子。在汉语中主谓、动宾、偏正、联合结构都可以独立成句。而在现行汉语语法体系中"单句""复句""简单句""复杂句""无主句""单部句""双部句""句子形式""子句""分句""包孕句""紧缩句""主谓语""非主谓句""连环句"等名目,都是由"主谓结构组成句子"这种洋框框产生出来的。张先生认为这些名目,无非都是结构的繁简问题。西方语言的语法中,不但各个独立的句子,而且复杂句当中的子句和复合句当中的分句都要由限定动词作谓语的主谓结构来构成,句子和非句子在语法结构上分得很清楚。汉语句子的成立要素不在于结构形式,而在于语气语调。我们体会,这里所说的语气语调指句子的特定的表达功能,它决定了汉语句子的根本性质。张先生认为汉语的语气词在标明句子类型上的作用特别显著。因此他将汉语的句子类型划分为直陈句、测度句、疑问句、反问句、感叹句、祈使句,对于这些句类的结构上的特点也作了探讨。

在句子成分问题上,张先生认为汉语句子的成立既然与结构的繁简无关,那么所谓主语、谓语、宾语、定语、状语、补语等,实际上都是结构成分。尤其不妥的是,把主、谓、宾认作一个句子的骨干,称为主要句子成分;定、状、补只是枝叶而已,称为附属的句子成分。这是西洋语法的句子格局。现在这些成分既然都不过是结构成分,也就没有什么主要成分和附属成分之别。

张世禄先生晚年的学术研究并不急于整理总结已有的成果,圆满原有的体系,而是把更多的精力放在汉语研究的创新上,这是最令人敬佩的。同张先生交谈,他谦和的态度、敏捷的思路和求实创新意识,对我们都是深刻的感染和启迪。最近集张先生 65 年学术研究之大成的《张世禄语言学论文集》已出版,张先生翻译和主译的高本汉的《诗经研究》《老子韵考》《汉文典》和房德里耶斯的《语言论》也即将面世,张先生的学术专著《汉语诗律学》《等韵学》也将整理出版。今年是张世禄先生诞辰 85 周年和学术研究 65 周年。张先生的学生和学术界、出版界将举行庆贺。张先生大学时代的同窗吕叔湘先生特为庆贺题词:"学贯中西。"这四个字深刻概括了张先生的治学精神。我们衷心祝愿张世禄先生延年益寿,为中国现代语言学事业再添异彩!

(原载《语文导报》1986 年第 7 期)

评张世禄《中国音韵学史》(重印本)

申小龙

张世禄先生是著名的音韵学家。他的音韵学研究的一大特色就是十分注重用现代科学的理论、方法来研究、阐释、发展中国的音韵学传统。他在1938年出版的《中国音韵学史》,就是第一部用科学的现代语言学理论写出的系统的音韵学史专著。这部书(上下两册)最初由商务印书馆作为"中国文化史丛书"之一种出版。几十年来,此书在中国台湾、香港地区及日本等地一版再版。1984年,上海书店重印了"中国文化史丛书"。张世禄先生又对原书作了校阅,并集近50年来海内外中国音韵学的新成果、新发展之大成加以评述,成就数万言的"重印后记"。从整体上来看,《中国音韵学史》(重印本)有这样几个显著特点:

一、系统地吸收、运用现代语言学的理论方法

《中国音韵学史》是一部史论结合的专著。张世禄先生对历史上纷繁的音韵及音韵学现象都能从现代语言科学的高度来加以把握。他将现代语言学理论系统而娴熟地运用、渗透在全书的每一个章节中。

首先,作者注重用语音学原理阐释汉语音韵学的传统。这一点对于揭示音韵学发展的规律是十分重要的。例如对《切韵》一系韵书从陆法言的《切韵》到孙愐的《唐韵》,又到李舟的《切韵》及宋代的《广韵》的沿革,作者指出:陆、孙诸人只注意于韵素上的清浊轻重,把各韵分析开来,而没有注意到韵次排列问题又是关于收尾辅音的性质的,尤其因为入声诸韵具有[-p]

[-t][-k]的音原被看作是一种特殊的种类,未能使它们各自和平、上、去相配的诸韵次序相适合相连贯。这种部次上的失当,到了李舟的《切韵》才得以订正。他使[-m]系和[-y]系诸韵不相参错,又使平、上、去、入四声相配并然有序。宋代《广韵》206 韵之部次实源出于李舟《切韵》。这就把这一重要时期韵书的沿革说得十分明了。又如清代古音学大盛,一代代学者"前修未密,后出转精"。但是从现代语言学的观点来看,清代古音学的理论和方法都有一定的缺陷。作者对这一时期的音韵学研究有十分精辟的论述,指出:他们所建立的韵部,无论怎样细密,总不能免除各部间相通的字音,于是就由"异平同入"之说进而列着"阴阳对转""旁转"诸例;对于上古音的声纽,尤其只能求合而不能求分,在并合的各类上显示着相通的事实,于是又发生了章炳麟的《古双声说》。到了黄侃,更根据《广韵》上的切语来证明他所建立的古韵 28 部和古声 19 类;这样不但使上古音的系统混入于陆法言的《切韵》,而且把《广韵》的 206 韵简单地看作是因古今音变而设。为什么中国音韵学会发展到这样的状况呢? 张世禄先生认为这是由于用汉字来作标音工具,而没有采用现代科学的音素分析,其结果最多只能认识一些同音或双声叠韵的关系,无法作语言系统上的分析。中国音韵学要在古人的基础上进一步发展,必须采用适当的音标来作注音工具,同时根据现代语音学和语言学原理,运用汉字以外的材料整理现代音、考证古代音。

其次,《中国音韵学史》对汉语音韵现象的阐发直接吸收了现代语言科学的成果。例如对于古代文献中常见的双声叠韵的连语,作者指出,它们大多是由具有复辅音组织的单音节词演化出来的。对上古汉语复辅音现象的揭示是现代语音学的重要发展。作者将这一成果运用来解释古汉语双声叠韵的根源,显得很有说服力。又如现代语音学对于上古汉语韵尾辅音的研究也取得了一系列成果。作者在论述阴阳入和四声问题时指出,过去的古音学家总是根据六朝以来所演成的《切韵》系统来观察这些问题,然而据现代语言学拟测的上古音的"音值",周汉时收尾音的种类远比《切韵》系统里的要繁多,因而仍用阴、阳、入三类来区分上古韵部很不妥。而且从上古音演变到《切韵》系统,必然有许多收尾音失落。我们要解释这些变化,又不能不假定声调的变化在上古音也很重要,因而认为上古声调只有平入之分的说法也为事实所否定。从以上这些我们可以看到,《中国音韵学史》是一部现代语言学意义上的音韵学史著作。这正是它能产生广泛影响的一个重要原因。

二、深入研究传统音韵学的范畴、术语

作为一部音韵学史，张世禄先生的著作不可避免地要涉及汉语传统音韵研究中纷繁歧出的范畴、术语。对于这些音韵学遗产的爬梳剔抉、整理阐发，是一项极为艰苦细致的工作。作者在这一方面下了很大的功夫，对传统音韵学所使用的范畴，既有批判，又有继承，更注重发展。

例如对古人经常使用的"轻重""清浊"这几对范畴的内涵，历来众说纷纭，令初学者目眩。作者指出，这几对范畴原是用来表明音读上相对比较的区别的。由于声纽或韵素的差别也可以影响实际听感，使整个字音发生高低的差异，于是这几对范畴也可以用来指示声纽或韵素上的绝对区别。如"轻重"，既可表明音高，也可指示音强。而送气音气流较强，也就可以称为"重音"；塞音、塞擦音、擦音、鼻音、边音等在口腔阻碍程度上也有强弱不同，于是又可因清、浊声纽影响于字音音调的高低来判轻重，因气程阻碍力的大小、气程空隙间共鸣作用的大小导致的音响强弱来判轻重。这样将多种不同的标准纳入同一对简单的范畴之下，只凭个人的听感列出"全轻""重中轻""轻中重""全重"等级别，自然是不精确的。对于"轻重"和"清浊"的解释，音韵学界曾有权威性的结论，即认为清浊指声母的带音与否，轻重指开口与合口。从《中国音韵学史》的深入细致的剖析我们可以看出这一结论是片面的。张世禄先生认为传统音韵学所使用的范畴、术语往往只具有相对比较的意义，包含着复杂的因素，这无疑是正确的。同时张先生并不把这些范畴看作是无理据的抽象音感，而是着意发掘隐藏在纷歧的解说之下的音韵学真谛和规律。例如古人用疾徐、长短、轻重、缓急、清浊来规定四声，把音质、音强、音长、音高混同在一起，这固然是不科学的。但在实际语音的习惯中，音势的强弱和音量的长短也足以影响音调的高低变化，现代实验语音学也证明汉语声调的区分含有音势、音量上的变化，至于元音和辅音的性质及它们在音节中的拼合形式与汉语四声的分别也不无联系，因此古人对四声的规定又有一定的合理性。难能可贵的是张先生不仅指出了汉语音韵学

中这种复杂的现象,而且进一步揭示这一现象产生的内在原因。他指出,汉语各种声调的演化成功,是原始汉语复音词和词尾变化的一种节缩作用的结果,四声很可能是原始汉语形态变化的一种遗迹。既然声调的产生和音素的变异有密切联系,那么古人对声调的种种规定和描写就自然会包含各种有关的因素。这就把现代语言学的观点和古代音韵学的理论有机地结合起来,给人以深刻的启迪。

三、集中评述近 50 年音韵学的发展和趋势

《中国音韵学史》的重印,最有价值的就是它的"重印后记"。这里集中了高本汉以来近半个世纪的音韵学新成果,填补了国内音韵学史研究的一个空白。特别是由于"重印后记"全面地追踪、反映了国外著名学者研究汉语音韵的新观点、新方法、新动向,因而它就为国内的音韵学界打开了一扇窗口。

张先生对近 50 年汉语音韵学发展的总的看法是:西方的语音学和语言学理论使汉语音韵学具有新观点、新材料、新方法,成为一门现代化的新科学。他把近 50 年汉语音韵学的进展分成四个领域:1. 中古《切韵》音系的研究(包括[j]化声母、重纽、介音、重韵、唇音字、元音数量、纯四等韵有无介音[i]、《切韵》的性质诸问题);2. 上古音的研究(包括声母、主要元音、介音、韵尾、声调诸问题);3. 近代音的研究(包括八思巴字、《中原音韵》、入声、儿韵的发生诸问题);4. 汉语拼音文字的研究。从各专题的述评来看,张先生在介绍国内外音韵学说的同时,十分注意对这些学说的分析评价。例如在介绍高本汉具有首创性的研究的同时,指出他在取材方面,记录各地方音多偏于现代北方方音,文献资料未引用各种《切韵》残卷及《韵镜》等书,反切材料只根据《康熙字典》,所构音值又有许多主观成分。在介绍美国普林斯顿学派的假说(Princeton Hypothesis)时,指出该学说在理论上是正确的,但施行颇难。

"重印后记"对近 50 年的音韵学观点的评价往往言简意赅,在简洁的论断后面有着充分的事实依据。例如对上古音阴声韵尾[-d][-g][-b]的讨论,王力先生曾认为这样一来上古汉语绝大部分音节是闭音节,"世界上没有任

何一种语言的开音节是像这样贫乏的"。张先生认为以"不完全韵"来解释"去入通押",与我国韵文传统习惯不符,而且在世界及汉藏系语言中,闭音节丰富的语言亦非罕见。事实正是如此,迄今为止已有老芒语、邵语等六种亲属语言证明历史上汉藏语言的闭音节是较多的,后来逐步减少。汉语方言中较古老的其韵尾辅音也较多。又如"重印后记"指出罗常培先生对鱼、虞两韵在中古的地域分布的考证"颇有可议之处"。据近年来对南北朝和隋代诗人用韵的研究,能够区分鱼、虞的方言区域不仅是罗先生所说的太湖一带,而且包括长江以南和西北地区的中古方言及幽燕一带的方言。

"重印后记"在总结近 50 年音韵学研究的基础上,对整个汉语音韵学的发展提出了深刻的见解。张先生指出:几十年来汉语音韵学的发展是由于运用唯物辩证法和历史辩证法。从发展来看,《切韵》音系和上古音的研究有声有色,成效卓著,近代音和汉语拼音文字的研究则有冷清薄弱之感,这对整个汉语语音史的研究是不利的。今后,我们应该继续运用马列主义的基本原理,运用历史语言学的观点、方法和材料,加强汉藏系语言的比较研究,加强近代汉语和汉语拼音化的研究,努力开创汉语音韵学的新局面。这一见解对于汉语音韵学的健康发展,无疑具有指导意义。

(原载《语文导报》1987 年第 5 期)

训诂：中国文化阐释的前沿

——评《张世禄语言学论文集》中的训诂学思想

申小龙

在人类文化研究史上，中国古代的人文学者与西方现代的人文学者有着一种令人叹奇的共识：语言研究不仅是诸多人文学科的一个分支，更是人文科学的基础和前沿。这是因为中国古代和西方现代的人文学者都充分认识了语言的文化阐释功能。中国古代的语言研究以训诂学导夫先路，蔚为大观，正是因为训诂在文化阐释上适应了社会发展的要求。当代训诂学要在文化建设中获得新的活力，必须重建在 20 世纪初断裂的文化阐释传统，在此基础上实现现代化。

一、训诂本体论：解释学，而非语义学

20 世纪初，在西方学术思潮的冲击下，具有现代语言学眼光的一代学者，开始重新审度传统语言学在现代语言科学体系中的地位。对于训诂学，人们将它与音韵之学、形体之学相区别，看作是字义学，与西方语言学的语义学（semantics）相认同。张世禄认为这种简单的比附忽视了训诂学在中土得以产生和发展的独特的语言文字和社会历史条件。训诂学的发生，主要原因在于处理中国文辞当中同字异义和同义异字现象及这种现象所造成的种种困难。这些现象之所以存在，又因为中国语词的音读形式单纯，同音词语众多；文字不采用拼音形式，往往借字表音，而各字的音读又时有变化；同时字义本身也可以转移，意象上相类或相通的字体常可互用。由此致使

古书中有些词句所用字体相同而意义各异，或所用字体各异而意义相同，读书识字遇到困难。张世禄明确指出中国训诂学的性质，与其说它是字义学，不如说它是解释学。中国训诂学并非纯粹的字义理论，而是大部分偏于实用的研究，是读书识字或辨认词语的一种工具之学。它与 semantics 是异质的。

"实用的""工具之学"，鲜明地概括出中国训诂学的本体论特征。西方的语义学，或是研究话语（符号）的本源，根据是否真实、在逻辑上是否一致去研究话语（符号）能否成立，成为哲学的语义学（philosophical semantics），或是根据话语行文和说话人的物质环境以及智力环境间的关系去研究语言的意义，成为语言的语义学（linguistic semantics），都不具备"解释"的性质。而"训"本身就有通释古今各地语言、规定各字意义、释明各字内容的意思，它是一种工具之学，目的在实用。而所谓理论的部分，也只是解释字义的方法论。

"解释学"不仅是对训诂学本体论的界定，而且还使这门古老的学科具有了当代人文科学一般方法论的意义。在古代西方，为了对法律进行法学解释，对圣经经典文献进行神学和语文学的解释，产生了解释学（hermeneutik）。这和解释学以寓意解释（allegorischen interpretation）为核心，类似我国早期经传解释"微言大义"的方法。这种"主观"的释义方法在宗教改革时期受到抨击。人们认为经典之所以需要解释，不是因为流传下来的东西难以理解，造成误解，而是因为现存的传统由于发现它被掩盖了的原始东西而破坏和变形了。它的隐蔽的或变了形的意义应当再被探索和重新说明，以获得一种新的理解。于是寓意解释转向经典文字的研究。它表明正确地理解和解释古代经典，对于社会生活和文化生活是极其重要的。

然而到了近代，解释学又出现了新的超越。人们意识到对语言进行词源方面的研究，不仅可以发现以前几代人活动的环境条件，而且可以发现他们对于这些条件的独特的反应。人们使用的语言形式和表象极为宝贵地显示了人们的心理过程和看法，这些过程与看法由于时间的进程而非常不同。

当代解释学进一步认为，意义体现人与世界的种种复杂的关系。对于各种各样意义的理解和解释不是一个简单的、可以一劳永逸地完成的任务，而是人类认识自己、认识世界的活动的主要方面。张世禄把训诂学界定为解释学而非语义学,不仅肯定了训诂作为一种狭义的文本解释的方法论,而且肯定了训诂学以意义的研究为核心对我国古代经学、哲学、史学、文学、文学批评、艺术等人文科学研究和社会历史的发展所起的积极、巨大而又深刻的作用,肯定了训诂学作为我国古代人文科学一般方法论的重要地位。这种对于训诂学的解释学价值的认定,将使我国对训诂和训诂学传统的研究打开一个全新的视界。作为解释学的训诂学,将既是一种文化哲学,又是一种跨学科的研究方法。它的本体论和一般方法论意义一旦为社会、人文科学界所认识,必将为各学科的研究开辟新的探索途径和广阔天地。因此我们可以说,张世禄的训诂本体论预示了我国训诂学在当代社会科学交流、渗透与融合的大趋势中的领先地位,划出了一个时代。

二、文法:训诂的一个基本观念

我国传统的字义训释,注重文字学和音韵学的训练。这种素质,在接受了西方学术思想的一代学者看来,是非常不够的。胡适等人曾指出:前人说经,都不注意古文语法,单就字面作诂训,所以处处强为之说,而不能满人意。即使是王念孙、王引之父子的《经传释词》,指出了许多前人误认的字是"词"(虚字),仍不能明了那些作为古文字的脉络条理的"词"在文法上的意义和作用,而只能用"词""语词""助词""语已词"一类笼统的名词。张世禄进一步指出在前代训诂学家的训释中,事实上蕴含着文法观念。例如王念孙《读书杂志》把"力争则力政,力政则无让"中的"政"解释为"征伐"之"征",除了文字音韵上及古义的证明外,必定由于"力政"和"力争"之对比,认定"政"为动词,而非名词。王引之《经义述闻》把"恶之易也,如火之燎于原,不可乡迩……"中的"易"释为"延易",除了音韵训诂的根据以外,也是将"恶之易"与"火之燎于原"对比,断定了"易"非形容词或副词,而是动词。由此可知训诂家必须具有文法观念,才能把许多有疑义的字句解释得怡然涣然,才能把前人许多增字为释的弊病和难通的解释扫除廓清。清代训诂学家所取得的成绩,离不开他们的文法观念。

把文法作为训诂的一种基本观念,是中国训诂学思想的一个特色。字义的训释除了文字、音韵上的个体静态依据外,更有文字应用中的群体动态联系，后者更为根本。张世禄认为，解释实际文辞中的字义固然须先有文字学、音韵学的训练，但我们尤须知道文字的应用必定是各字的互相联结以组成词句，才能显示意义。积字而为句，积句而成篇章，各字的应用，不能离开词句而独立地显示意义。因而字义的解释必须在全篇全章或全句的总意义以及上下文的关系上都通得过去，才可称为精确妥当。否则便有望文生义和穿凿附会的弊病。例如《论语》"子路有闻，未之能行，唯恐有闻"，只有见到了"子路有闻"才知道"唯恐有闻"的"有"不是有无的有，而作"又"解。我们从这里可以看出，中国训诂的文法观念，不仅仅是西方意义上的"句法"（syntax）观念，而本质上是语用学的观念。其要义是：以语文的实际运用形态（而非备用形态）为释义的最高原则。这一原则典型地体现出中国语言学传统的人文主义精神，同时也是对当代语言学和语言哲学的一个引人注目的贡献。

西方分析哲学家曾经认为，语言的目的就是交流或真或假的事实。他们长年把自己关在概念、命题、逻辑的象牙之塔里，完全漠视话语行为中的交际意图。然而，词义不是查《说文》之类即可昭然若揭的。正如张世禄所指出的：字不能离开词句而独立地显示意义。在语言交际的函数中，参与言语活动过程的各种变量总是使意义千变万化，作为备用形态的字义充其量仅有引导释义的"线索"作用。正因为如此，维特根斯坦指出："一个词的意义是它在语言中的使用。"弗斯则说得更为透彻："每一个用于新的上下文的词都是一个新词。"这是因为话语的意义最终是由话语行为（speech act）决定的。上下文实际上提供了一个社会场合或情境，正是它决定了词义。中国古代语言哲学认为："知者不言，言者不知。"庄子云："古之人，其知有所至矣。恶乎至？有以为未始有物者，至矣尽矣，不可以加矣；其次以为有物矣，而未始有封也；其次以为有封焉，而未始有是非也。是非之彰也，道之所以亏也。"（《齐物论》）所谓"加""封"，正是语言对客观事物的界定。然而这种界定言传，又往往同时是对客体的肢解与割裂。中国的训诂学正是在这种"道可道，非常道，名可名，非常名"的语言哲学的影响下，否定了语言表层与客观事物、思想意识的机械对应，否定了以语词静态备用意义为研究对象和客观真理的纯语义学，转而以语文的实际运用形态为释义原则，突出了语境的决定意义，突出了话语行为的社会意义，最终是突出了语言活动中人的主体意义。正是在语言活动中人的主体性这一点上，当代语言哲学、语用学与中国的训诂学传统找到了交汇点。

然而，仅仅满足于语文的实际运用形态还是不够的，面对着话语行为中人的动机、意图及一系列社会文化因素的变量，我国训诂学还缺乏一个明确的、普遍的、能有效控制和处理大量语言和非语言因素的结构框架。质言之，我国的训诂学还缺乏一种自觉的文化意识，即沿着语言所给出的线索，把握住涵盖整个中国文化的汉民族社会、历史的意义体系，把握住民族文化心理结构。因为汉民族的全部话语行为都是涵泳于这个文化的意义体系之中的。反过来说，如果我们从民族文化的意义体系（不仅仅是语义）和心理结构入手理解和训释语言表层词语及其文法排列的丰富含义，我们的语文解释不仅更妥帖，而且必将对中国文化的研究发生极其深刻的影响。因为语言的发展进程正是人类心灵的直接体现。同时，这种文化通观下的语言训释，还能帮助我们步步深入地理解汉语作为一种思想载体，与中国文化的独特联系。

三、历史主义：训诂学的一个基本原则

马克思曾经指出："在维科那里，以萌芽状态包含着沃尔弗（《荷马》）、尼布尔（《罗马帝王史》）、比较语言学（虽然是幻想的），以及还有不少天才的闪光。"在这里，马克思充分肯定了语言学的历史主义原则。从本质上说，不论语言学家从事的研究是共时的还是历时的，是谱系的还是类型的，都是在研究发展中的语言。即使是语言现象的地域分布，其背后依然有历史制约性。因而历史主义，是语言学的一种科学的世界观。

然而历史主义原则在我国语言学的研究中曾有种种偏差。其中之一是受欧洲青年语法学派的影响，把语言的历史性凝固化，成为一种古今的二元分割。不是把历史材料作为解释语言历史发展的手段，而仅仅把兴趣停留在历史材料本身。其结果往往造成语文训释中的简单化的盲目推断和类比。张世禄多次指出，历史材料可以用来解释语言现象，词源研究的结果也可以用来阐明历史上的一些问题；但是语言现象的本身，依然还是一个历史的问题。

一些欧洲语言学家曾指出，印欧语系的语言中表示"牲畜"的词，跟表示"财宝"的词有词源上的关系，因而推断古代斯拉夫人与日耳曼人曾经是用牲畜作为财宝的。我国一些学者也认为，北方话的"隔壁"，广州话叫作"隔篱"，这可以反映原始广州人是以篱笆作墙壁的。张世禄指出，上述欧洲语言学者所谓"古代"只是一个泛指，没有质言某个时代或原始时期。问题在于，广州话把"隔壁"叫作"隔篱"这种现象是不是"原始"广州话所具有的呢？"隔篱"这个词语在古代文学作品中常见，如杜甫《客至》诗："肯与邻翁相对饮，隔篱呼取尽余杯。"熊钛《捣衣曲》："隔篱翁媪寐不熟，月落尚闻砧杵声。"张世禄认为，这个词语不可能是古代诗文采自广州方言的，而很可能是从古代文学语言中流传进入广州方言的。既然不能认定"隔篱"是"原始"广州话词语，便不能据此推断"原始"广州人具有那种风俗习惯。因为它不符合历史主义的原则。

张世禄提出的作为训释对象的语言现象本身依然还是个历史的问题，对在训诂学中充分贯彻历史主义原则有深刻的启迪。科学地认定语言现象的历史性，其意义在于对这一现象的训释选择一个有限时空的文化意义场。如前所述，人们使用的语言形式和表象极为宝贵地显示了人们的心理过程和看法。这些过程与看法由于时间的进程而非常不同。在历史主义的指导下，科学认定语言现象所处的文化意义场，将使训诂获得极强的解释力与生命力。

四、音义相关：训诂学的一个基本思路

因声求义，是中国训诂学传统的一个特色。张世禄从现代语言学的观点出发，对这一传统作了深入的阐发。他指出，汉语词汇的丰富发达，正是由于语音和词义两种要素的矛盾性和适应性。作为语言建筑材料的词汇，必须用语音来做物质外壳。词是音义结合的统一体。由于词义是客观事物的反映，客体和它们的名称之间没有必然联系，因而音义的矛盾性是绝对的。而且音义两种现象又各有其特质，各自包含特殊的矛盾，如语音内部发音作用的简易化与表意作用的明晰化之间的矛盾，词义内部概括作用与区别作用的矛盾等，因而语音和词义的发展又有明显的不平衡性。但是，音和

义既然存在于同一个词的统一体中,彼此之间又具有相互依存、相互联系的适应性,这使得意义相近、特征相类的事物,在命名的时候,很可能用相同或相近的音素来表示。这就产生了在一定历史条件下的词语"音同义通"现象,从而打开了中国语词独特的"因声求义"的训释思路。

张世禄对汉语语词"音义相关"特点的理论阐述,不仅对中国训诂学的"因声求义"传统给予了科学的解释,而且指出了汉语词汇发展、丰富的重要理据。它使我们意识到,隐藏在训诂学"因声求义"现象之后的,正是汉语词汇以其音义相关性孳乳繁衍的系统性。因此,汉语的训诂,既可以循声义相关的思路突破字形的迷障而求得语义的真相,更可以据声义相关的原理建立同源词系统,为因声求义提供一个触类旁通、纲举目张的整体性释义框架。

例如,"空""窍""窖""孔""口""喉""胸""广""圹""潢""隍""沟""谷""峪""筐""稴""壳"等词在上古音中都有一个舌根音或喉塞音的声母,一个舌根音(包括舌根鼻音)的韵尾,意义上都有"中空"之义,因而是同源词族。同理,"蒙""濛""瞢""梦""冥""瞑""盲""忘""茫""荒""莫""耄""望"等词都有"蒙蔽不明"之义,语音上也相近,也是同源词族。(当然,这里的"语音相近",依据的是上古音系统。)不仅如此,张世禄还进一步指出,矛盾对立的事物,双方处于一个统一体中是互相依存的,所以反映这种关系的相对或相反的意义,也必定是互相联系的。矛盾对立的事物又在一定条件之下各向着相反的方面转化,反映这种转化的过程,词义发展中就出现以"乱"训"治",以"故"训"今"的反训现象,同源词族中也就会有意义相反或相对的同源,如"腹""背"同源,"夫""妇"同源,"消""息"同源,"本""末"同源,"顶""底"同源,"天""地"同源。这些有趣而又有深刻理据的语言现象,为汉语语词的训释提供了一个个音义相关的释义场和系统的词义框架。

用音义相关的基本思路贯通语词发生学意义上的族属关系,这不仅使训诂学具有汉语词源学的意义,进入科学的语义系统研究,而且为汉藏语系亲属语言的比较研究奠定了切实的基础。因为建立汉藏语系语言的比较语言学,其先决条件正是厘清汉语词汇内部许多语词的族属关系。印欧系语言的词源研究所关注的不外是语词的历史比较,即:

1. 将某一种语言的基本的、原有的词与亲属语言和方言词相比较;

2. 确定某一种语言合成词的组成部分，找出其历史联系；

3. 找出某一种语言外来词与有关外语的联系。

而以音义相关为脉络的族属关系研究，正是由汉语的语言特点和文化性征规定了的汉语词源学的重要而独特的内容。

五、民族性：训诂学的一个基本立足点

语言，总是具体的民族语言。作为一个民族看待世界的样式，语言结构中深埋着民族文化心理结构。在这个意义上，语言本质上是一个民族文化的意义系统和价值系统。语文的训释，必然离不开这样一个系统，因而训诂学的解释必然是一种文化阐释。民族性，是训诂释义的灵魂。

然而，在以往的训诂实例中，一些解释却时常游离于汉语文意义系统之外，比附印欧系语言的词义模式类推。例如依据印欧语中"城"这个词的原始意义是"城堡""堡垒"，类推出汉语"城"这个词总和"城垣""城墙""城池"等联系在一起，提起"城"来总会使人想起从前曾有过一堵高大的围墙围住。张世禄一针见血地指出，语义发展的规律性，应该像语音对应的现象一样，是在同系族的亲属语言中显现出来的。汉语既然跟印欧语系的语言不同系族，怎么可以依据它们的词源来类推呢？事实上，印欧语中的"城"都是由"防御敌人"的意义而起的，而汉语中的"城"却并非如此。《说文》："城，所以盛民也，从土，从成，会意，成亦声。"《释名·释宫室》："城，盛也，盛受国都也。"《白虎通》："城之为言盛也。""城""盛""戚"都从"成"得声。据《说文》"成，就也，从戊，丁声"，朱骏声《说文通训定声》谓"从茂省"，可知"成"有"成就""茂盛"义。"成"从"丁"得声，据《广雅》"丁，强也"，"丁"有"壮盛"义，与"成"义相通，而"城"又与从"丁"得声的"亭"音义相通，《说文》："亭，民所安定也，亭有楼，从高省，丁声。"可见，从音义相关上看，"城"的原始意义应是"成长""生聚""聚集"。由"成长"引申为"茂盛"，由"生聚"引申为"安定""盛受"，由"聚集"引申为"堆积""层叠"等义。（《尔雅》："丘一成为敦丘。"郭注："成，犹重也。《周礼》曰：'为坛三成。'"）从以上与"城"音义相关的词族系统来看，汉语的"城"并非出于"堡垒"和"防御"的概念。它的原始义既跟"城垣""城墙"有关，也跟"城市""都城"有关。

从根本上说,不同民族语言的词义系统,没有类比的可能,这是由语言的人文属性决定的。尤其当语文训释追究一个词的词源意义及其发展脉络时,它只有在该文化本身的体系中才能真正地获得价值。命名不是具有普遍性的抽象的语言存在,而是由一个个特殊的语言集团个别进行的。世界万象原是一个混沌的连续体。人类不同的社会集体根据不同的文化意识给这个连续体以一定的秩序,因而命名是一个民族创造有体系的(而不是混沌连续的)人文世界的整体作业。对于特定语言集团的人来说,万物因有了名字且形成秩序才成为有意义的存在,才成为人的世界,如蔬菜和水果的世界,色彩和味觉的世界……语言也就因此成为人与世界的根本纽带。我们可以说,人的语言性与语言的人文性决定了训诂释义的民族性,语言文化之圆制约着说文解字的立足点。

六、同义互训:训诂学黄土地上的一片新绿

从某种意义上说,汉语数千年的训诂之学蕴藏着极为丰富的中国文化之谜。开发这些文化矿石,需要训诂学家对训诂传统不断有新的发现,实现新的创造。张世禄近年来以"同义互训"为枢纽,打开了训诂学传统通向汉语构词法和汉语基本词汇的两条千古暗道,令语言学界耳目一新。

通往构词法之道,是从汉语丰富的同义词开始的。同义词是一些在意义上有细微差别而所表示的基本概念和用法相类同的词,因而它们彼此可以联合起来表示一个共同的意义,如"脂膏""言语""饥馑""性情"等。这些同义词的联合结构,经过不断的使用,就凝固为"同义并行复合词"。这类词既然是同义词的联合,就与训诂学上"同义为训"的体例密切相关。如《尔雅·释诂》"初、哉、首、基、肇、祖……始也"。被释词与训释词"始"就常联合起来使用,凝结为"初始""首始""始基""肇始"等复合词。由于同义词相训释的过程实际上就是同义词相联合使用的过程,所以同义词在训诂上的作用,与具有构词法意义的同义并行复合密切关联。于是,同义词的丰富性使词义解释上形成"同义为训"的体例,同义词在训诂学上的这种作用又促使同义词之间经常联合起来运用,产生大量同义并行复合词,更增加了同义词的丰富性。由此循环往复,相互推进,使得汉语越发展,词汇越丰富,越纷

繁,用来解释词义的训诂体例也越发达,越完密。

张世禄认为,汉语训诂学之所以沟通构词法,是因为构词使单词组成复词,其目的本与训诂上要求了解词义、明确词义是一致的。《荀子·正名》说:"单足以喻则单,单不足以喻则兼。"所谓"兼",就是由单词合成复词。合成的关键即在"喻"。《说文序》所谓"厥谊不昭,爰明以喻","喻"就是"晓喻"。训诂和构词,都是为加强语文的明确性,以阐明词义,通晓名物,沟通思想。构词上的化单为复,把构词成分结合起来,就像训诂上训释词与被训释词的互相注释作用一样。因此一个同义并行复合词,就包含着一个"同义为训"的体例。张世禄以其独到的语文阐释眼光,将作为解释学的中国训诂与作为语汇建构的汉语词法内在地联系起来,划出一个以同义互训为圆心的释义构词之圆。这个圆的循环不已使人们强烈意识到中国训诂在文化阐释的同时是如何积极地参与中国语言的建构的。这种"圆"的运行又正观照了"天人合一"的文化精神。

通往基本词汇之道,是从训诂的已知推未知开始的。基本词汇是语言词汇库中具有全民性、常用性、稳固性和极强的构词能力的主要部分。它在千百年的长时期中为全民族所普遍认识,普遍使用,具有"熟知习闻,见词明义"的特点。对于这类词是用不着再加训释的。因而许多训诂学专书,如《尔雅》《方言》《广雅》之类,以及许多古籍当中的注解,往往略去了对多数基本词的解释,而注重于古语词、方言词、专门用语的解释。不仅如此,基本词还经常作为训释词来解释"古今之异言,方俗之殊语"。因为训诂总是从已知推向未知,在这一点上它同词汇的派生孳乳过程和学习词汇的循序渐进过程相叠印。张世禄从这一契合点上认定训诂的训释词汇与汉语历史上的基本词汇有着必然的内在联系。词汇学中作为基本词的条件,也就是训诂学中作为训释词的条件,即"同义为训"体例的本身将基本词和非基本词划分开来。这是一个有着丰富文化内涵的创见。基本词汇是反映人类特定集团的基本活动、基本特性、基本观念的符号群。基本词的认定对于研究民族文化心理中一些具有根本意义和永恒价值的观念形态,研究不同历史时期民族文化的独特精神与结构,都有重要的意义。它为文化阐释提供了一个深层结构。

西方人类学家和语言学家曾试图确定表示全人类活动的共同的和基本

的概念与情境的基本词汇。他们从考古学中通过测定遗址中发现的木片的放射性碳的残存量来推定遗物年代的方法受到启示,认为可以对不同语言中共有的基本词进行词汇统计比较。美国语言学家斯瓦迪修认为,各种语言的基本词汇在约 1000 年期间大约消失了 19%。根据这一学说,如果弄清从一种语言分裂出来的两种语言的基本词汇的共同残存率,就可以算出这两种语言的分裂年代。斯瓦迪修的公式是:

$$d = \log c \div 2 \log r$$

(d 为两种语言分裂后的年数,c 为两种语言的共同残存率,r 为 0.81)

如果在基本词汇 100 个词当中两种语言共同残存量为 66 个词,那么分裂年代就是 1000 年前。然而这种方法却有极大的局限。首先这种测算必须先假定两种语言具有亲属关系;其次,这种测算抽离了基本词汇的文化属性,包括具体语言中基本词汇的结构体系、释义内涵及其体现的文化精神,人们很难想象在进行这种文化剥离之后纯化的"基本词汇"是否还具有语言学和人类学的意义,它们事实上成了一堆无生命的标签。由此反观张世禄从民族语言的文化阐释中认定基本词系统,将在特定时空的文化圈内的语文释义和语文建构内在、有机地统一起来,形成基本词——训释词的生生不息的对流与循环,这对于中国训诂学与词汇学文化意识的开掘是很有深度的。

不仅如此,张世禄还从《说文》这类每字必释其义的训诂典籍中看出了基本词训释基本词之例,从基本词之间同义为训、反义否定为训、相关义为训、本字为训及同音(同源)为训的体例中看出了汉语基本词汇的体系构成,从一种特殊的种属名为训的体例中看出了汉语基本词的一个不为人知的特性——广义性。这为中国语言文化的研究开辟了一个崭新的领域,对人类的语言学、解释学的研究也是一个新的贡献。

中国的训诂释义之学具有人类文化传统中无可比拟的悠久历史和深厚积淀。如何使训诂学获得一种自觉的文化意识和当代意识,从而不在传统中尘封而实行传统的创造性的转化,成为文化阐释中的领先科学,这是中国训诂学面临的具有世纪意义的课题。西方古希腊思想家赫拉克利特曾这样表述西方民族的语言信念:不是物质世界而是人类世界,才是正确解释宇宙秩序的关键所在。在这个人类世界中,言语的能力占据了中心的地位。因此,要理解宇宙的"意义",我们就必须理解言语的意义。如果我们不能发现这个方法——以语言为中介而不是以物理现象为中介的方法——那我们就找不到通向哲学的道路。当代文化哲学家卡西尔进一步认为，所有的文化形式都是符号形式。应当把人定义为符号的动物来取代把人定义为理性的动物。只有这样，我们才能指明人的独特之处，也才能理解对人开放的新路——通向文化之路。中国文化传统的语言信念表述得更为简洁而广袤："文者，天地之精英"；"鼓天下之动者，存乎辞"。张世禄先生的训诂学思想启示我们，在穿越扑朔迷离、蕴藉万端的汉语言迷宫时，引导我们前行的阿里阿德涅彩线，正是比谁都古老，而又将比谁都年轻的文化释义之学——中国训诂学！

（原载《读书》1988 年第 2 期）

张世禄与音韵学研究

申小龙

张世禄先生是五四运动以后涌现出的第一批杰出的中国现代语言学家之一。他毕生致力于对中国传统语言学的继承、改造、发展和创新，筚路蓝缕地引进、消化和吸收西方现代语言学的科学方法及丰富成果，把中国语言学传统放到中国文化的宏观背景上考察、比较和论证，开拓了具有东方古老传统的中国语言学的横向和纵深的视野。在张世禄先生锲而不舍的65年学术生涯中，他写下了极为丰富的经典性著述，在海内外产生了深远的影响。

张先生倾注心血最多的是音韵学研究。早在20世纪二三十年代就出版了《中国声韵学概要》《中国古音学》《广韵研究》等五部音韵学专著，并于1938年出版了我国第一部用科学的现代语言学理论写出的系统的音韵学史专著——《中国音韵学史》。这部书注重用语音学原理阐释汉语音韵学传统，对音韵学遗产中纷繁歧出的范畴、术语作了爬梳剔抉、整理阐发，着意发掘隐藏在纷歧的解说之下的音韵学真谛和规律，把现代语言学观点和古代音韵学理论有机地结合起来，给人以深刻的启迪。几十年来，这本书在中国的台湾、香港地区和日本等地一版再版。1984年，上海书店重印这本著作，张世禄先生又集近50年来海内外中国音韵学的新成果、新发展之大成加以评述，成就数万言的"重印后记"，对汉语音韵学的发展提出了深刻的见解，令学术界瞩目。近年来张世禄在他半个多世纪音韵研究的基础上提出汉语语音发展的八条规律，用具体事实令人信服地论证了汉语语音由繁到简的趋势。这不仅对汉语语音学有重要意义，而且对汉语史和文学改革的研究都有重要的价值。

张世禄先生的词汇学研究将古汉语词汇的研究同训诂学内在、有机地联系起来,应用训诂学上的材料来研究古汉语的词汇成分。这些研究从民族语言的文化阐释中解析词汇系统,将在特定时空的文化圈内的语文释义和语文建构内在、有机地统一起来,形成词汇成分——训诂方式的生生不息的对流与循环。它使人们强烈意识到中国训诂在文化阐释的同时积极参与着中国语文的建构。这一成果为建立具有中国特色的语言学洞开了新天地。

读过张世禄先生撰写的《古代汉语》一书的同志,无不为书中新意盎然的语法体系和理论所吸引。近年来,张先生进一步认为整部汉语语法学史从《马氏文通》建立体系开始,几乎全部抄袭西方语法理论和体系,成为一种习惯,人们仅仅满足于在西方的体系内做一些增删补缀的工作,结果是语法体系越来越繁复臃肿,完全掩盖了汉语语法的特点,不利于语文教学。他在大量事实基础上剖析了现有语法体系在词类、结构形式、句子类型、句子成分上的各种弊病,提出了新的较为全面地体现汉语特点的语法体系,在学术界引起震动。

最近,张世禄先生在为他的博士研究生的学术专著所写的序中提出了他的汉语语言学整体方法论。他认为语音在语言学中物质性最强,具有自然科学的属性,应多采用西方的先进技术和方法来加以研究;语法体现一个民族的思维方式,不能生搬硬套异文化的理论方法。词汇的性质介于语音和语法之间。这一见解实际上对衡量近百年中国现代语言学的发展及其未来提供了一个尺度,也是张先生一生治语言学经验的总结。最近集张先生65年学术研究之大成的《张世禄语言学论文集》已出版。他翻译和主译的瑞典汉学家高本汉的《诗经研究》《老子韵考》《汉文典》和法国语言学家房德里耶斯的《语言论》即将面世。张世禄先生的新著《汉语诗律学》《等韵学》也将与读者见面。在1986年张世禄先生诞辰85周年和学术研究65周年的时候,上海和北京学术界、出版界联合举行了庆典,祝贺张世禄先生为祖国的语言科学的研究做出新贡献。

（原载《文汇报》1988年8月2日）

张世禄教授从事学术活动 65 周年 庆祝会在上海举行

G. L.

　　著名语言学家、教育家、复旦大学教授张世禄先生从事学术活动 65 周年庆祝会,于 1986 年 10 月 28 日在上海联谊俱乐部会堂隆重举行,文教学术界人士 200 多人出席庆贺。庆祝会由文字改革活动家倪海曙主持。复旦大学党委书记林克首先致贺词,他代表复旦大学党政领导和全体师生向张世禄教授表示衷心的祝贺,他说:张世禄先生是一位受人尊敬的有名望的学者,他热爱社会主义祖国,忠诚教育事业,为祖国的语言科学的发展做出了多方面的重大贡献。他"学贯中西",不仅译介西方语言学的成果到中国来,而且把它们引进和结合到中国语言学的研究之中去;他是把教学工作同科学研究相结合的表率,他的教学艺术一直为学生们所钦佩,他的教学内容时时用自己学术研究的成果加以丰富、充实和更新,同时又在教学中不断发现问题去作研究,他的不少著作就正是从教学中诞生的;他还有一个特点,就是十分重视学术的普及工作,他为小学教师写书,为青年学生写作入门书,把深奥的语言学原理表达得深入浅出而引人入胜,这种将提高和普及相结合的学术作风,正是表现了他热爱群众、为人民奉献自己力量的高尚精神。

　　中共中央顾问委员会委员夏征农,上海市语文学会会长罗竹风,华东师范大学教授刘锐,上海师范大学教授许威汉,学林出版社副总编辑雷群明,先生指导的博士研究生申小龙等人也都在会上致词祝贺。他们赞扬张世禄先生为人治学的高贵品质,赞扬他 65 年来一直献身语文事业,在语言科学

1986 年 10 月上海学术界举行张世禄教授从事学术活动 65 周年庆祝大会,主席台上左起依次为倪海曙、罗竹风、张世禄、夏征农、林克、庄锡昌

研究、语文教育、语文现代化和规范化、对西方语言学说的译介和引进、对我国传统语言学研究的创新和对汉语研究的各学术部门的开拓或革新等方面,都贡献了卓越的学术业绩。张世禄先生在会上激动不已,用连声的"谢谢"来答谢大家的盛情。

这次庆贺活动是由周谷城、吕叔湘、倪海曙、罗竹风等 39 人发起的,得到上海市哲学社会科学学会联合会、上海市语文学会、复旦大学中文系、全国高等院校文字改革学会、上海市语言文字工作者协会、上海辞书出版社、学林出版社、上海教育出版社等 11 个单位的赞助。

(原载《语文现代化》1989 年第 9 辑)

世禄先生在普及语言学
知识方面的贡献

胡竹安

张世禄先生是我们的前辈，是一位在国内外享有很高声望的语言文字学家。虽然我亲聆教诲恨晚，然早在 45 年前，还在大学就学的时候，已时常研读他的著作，当时倾仰之情，对我后来从事语言学研究工作很有影响。应该说，我是先生的私淑弟子。先生在语言学各部门的造诣都很高。他卓越的研究成果是民族的，也应该是人类的宝贵财富；他严谨的治学态度，和 60 多年来那种孜孜不倦、自强不息的治学精神，以及作为长者，那种诲人不倦的待人态度，实为学术界的表率。兹值庆祝先生 85 岁诞辰暨从事学术活动 65 周年之际，特为小文，借表拳拳服膺之忱。

翻开《张世禄语言学论文集》末所附的"著译目录"，我们立即会想见先生从 1923 年以来的 60 余年中专精研究、勤于述作的情景。在先生的 18 部专著和 110 多篇论文中，我们不难发现他致力于语言学的研究，几乎遍及有关的所有领域，而读者对象，根据提高和普及的不同要求，又是十分广泛。有为专业人士写的，如新中国成立前的《等韵学派系统的分析》（1933 年）和《字形孳乳说》（1945 年），新中国成立后的《杜甫与诗韵》（1962 年）和《汉语词源学的评价及其他》（1963 年）。但更多的是"化深奥为浅易"的著作，其中有的还是入门读物，有的是专为辅导中小学语文教师、提高他们的语言教学质量而写的。特别是以先生之高年，仍关心这一方面，不少间辍，写了像《文言文的教学问题》（1978 年）和《古代汉语教学中的几个问题》（1984 年，与杨剑桥合写）这样的文章，实属难能可贵。我约莫统计一下，"目录"中普及性著作占总数的一半以上,特别是新中国成立后的 35 年,65 篇论文中,80％左右是这方面的。先生是学术界的权威,但他并没有某些学者那种不屑眼睛向下的高傲。相反,他看到国内语言学知识普遍贫乏的现状,认识到提高先得要有一个普及的基础,学问只有面向群众才有真正的意义,因而把很多的时间和精力尽先用在"雪中送炭"上。我认为,先生对我国语言学的重要贡献之一,就在于:"对以往没有多少人认为有价值而予以注目的事物,要认出它的价值,并使得所有的人都承认它。"(日本板仓圣宣《科学并不神秘·前言》)普及工作正是为了"使得所有的人都承认它"(当然包括从知识转化为技能),也只有普及工作才能"给将来的范围大为广阔的提高工作准备必要的条件"。先生对普及工作的重视,充分说明了他对我们时代的强烈责任感。

科学的普及,不是意味着把水平降低,更不是以肤浅粗俗之论来糟蹋科学的真实性、理论性和严密性。因此,没有渊博而深邃的基础学问,没有严肃认真的态度,是不可能做好这项工作的。先生正是因为他具备上述的德和才,所以能够登高峰远眺四野,入密林不为路迷。

普及语言学知识要"有的放矢",一是时代需要,二是对象需要。先生正是面对这两个需要,从事他的写作和其他工作的。比如说,当新中国成立初期,一般人对汉字拼音化的意义和作用还不够了解的时候,先生在《语文学习》(北京)上连续发表了两篇关于加速掌握拼音(那时还是用注音字母)的文章;1958 年,《汉语拼音方案》正式公布之后,先生又急群众之急,先后在《文字改革》等刊物上,发表了《拼音字母比注音字母优越得多》《汉语拼音方案的公布和语文教学的改进》和《汉语拼音方案和古典作品的讲读》等三篇文章,为《方案》叫好,也为使用和推广出力。又比如,新中国成立后有一段时间,人们对语法研究比较热衷,而对词汇、词义的研究几乎很少有人注意,但社会的需要,包括纯洁语言和提高中小学语文教学质量等方面的需要,却向语言学界提出跟学习语法、语音同样迫切的要求。先生当时出于一个知识分子的责任感,没有遗忘这荒芜的"角落",为普及性的报纸杂志写了大量通俗易懂的文章。他在 1956 年和 1957 年所发表的《词汇讲话》(共六讲),所出版的《小学词汇教学基本知识讲话》和《普通话词汇》两书,以及在这两年和稍后所写的 10 多篇有关词汇、词义的论文,几乎把词汇跟语音、语法、文字、阅读作品、语文教学等所有方面的关系和涉及的问题，都系统地作了深入浅出的介绍和精辟的分析。先生还尽心致力于指导一般群众掌握被认为"绝学"的古音韵知识，以及把被人们看作"无用"的古文字知识推陈出新，变为有活力的、有实用价值的东西。举些例来说，上古音的鱼部的许多字现今韵母已经很不一样了，为了说明这一变化，先生在《汉语历史上的语音变化》中引了当时中学文学课本中《冯谖客孟尝君》的句子："长铗！归来乎！食无鱼！""长铗！归来乎！出无车！"和"长铗！归来乎！无以为家！"以此来证明押韵的"乎""鱼""车""家"，上古是韵母相同或相近的。这样的例子，在先生所著的《古代汉语》(1978年)，以及《音韵学的功用》等文中，真是俯拾即是。再如汉字的形、义关系如何适当而有效地利用，也是中小学语文教师关心和苦恼的问题。这里一方面关系到字形溯源和分析的知识，另一方面却关系到方法的运用。记得60年代一次语文学会的讨论会上，先生就这个问题曾即席发言，提出了一些精辟的见解，还举了几个生动的例子。其中一个是"奋发""奋起""振奋"的"奋"(奮)字。他说，充分利用像"奋"这样的字形来进行教学，不仅可以把识字、解义合成一体，而且通过形象化的讲解，可以引起学生的兴趣，从而调动他们学习语文的积极性。说话时还用两手比着鸟在翅膀张开起飞的样子("奞"的形象)。这是一次生动的示范，给人留下永难淡忘的印象。以上仅举数端，已足见先生放眼社会、面向群众的风范和热忱。

普及语言学知识，写文章、说话不仅要通俗易懂，内容尽可能联系群众生活、工作的实际——这些，先生都做到了，还得要以简驭繁，让复杂的语言现象和难以理解的语言学理论和术语，概括(或提炼)到一般群众可接受的程度。科学的发展，往往有一个由粗略到详密，又由详密到概括的过程。语言学发展到今天，虽然两个阶段的任务都说不上已经完成，但对普及工作来说，我们如果从另一个角度来考虑"简"和"繁"的问题，那该是：从复杂的现象中找出清晰的条理，以简明的道理解释纷繁的现象。先生正在这两方面做出了卓越的贡献。下边说几个有代表性的例子。

一是怎样掌握繁多的、古今汉语所用的叹词。早在50多年前，先生的《国语叹词的研究》(1929年)就根据普通语言学(语音学)的原理，结合汉语的实际，对分类、转化和演变，以及某些叹词的作用等方面，作了系统的探讨,并且得出令人信服的结论。例如:流音和重音对叹词分化所起的作用,侧重辅音的叹词在表达情感上的特殊作用,这些精辟的见解,至今尚受人重视和引用。

二是怎样理清训诂学研究中的种种矛盾。早在"文革"以前,先生在上海语文学会举办的专题讲座(题为"古汉语的词汇问题")上,已根据《矛盾论》,提出"从词汇学的角度来说",必须克服三个主要矛盾:"词和字的矛盾""语言形式和意义的矛盾"和"古代语言和现代语言的矛盾"。1982 年,他在苏州举行的中国训诂学研究会年会上,又针对训诂学的特点,增加了"方言和雅言"这一对矛盾。先生把这四种矛盾看作是训诂学研究的特殊矛盾,这对理解中国训诂学的内容和编好一部有实用价值的训诂学教材是有指导意义的。

三是怎样把汉语同源词这个难以被一般人理解的概念,说得简明易懂,而又无损于其严密性。先生在《汉语同源词的孳乳》(1980 年)这篇学术论文中,只用 300 来字,就把同源词的性质、定义和与非同源词的区别,说得既简要又准确。他把"同源词"定义概括成"音义并通"四字;又举义"通"而音"不通"("赴"和"走""趋"),音"通"又义"通"(A 组"旁"和"滂",B 组"房""膀""徬""傍")和音"通"而义不"通"(A、B 两组之间)三种不同类型的例子,使区分显得简而不乱,因而界限分明。这就使一般人易于接受,达到"化深奥为浅易"的目的。

四是怎样把受西洋语法影响而出现的越来越烦琐难学的汉语语法体系,精简为便于教和学的、属于我们自己的语法体系。这个问题,虽然不是先生第一人提出来的,但直到今日,说得上达到"简而不陋"水平的,恐怕只有先生一家。在《关于汉语的语法体系问题》(1980 年)中,先生高举"打破洋框框""便于大众学习文化"的旗帜,从词类问题、结构形式问题、句子类型问题三方面揭示了汉语的特点,把名目繁多、界限不太分明的全部虚词,依据语法意义的不同,简括为"关系词"和"语气词"两大类;把所谓"复杂谓语"中的"连动式"和"兼语式",分别归并入联合和偏正两类词组中去;把句子的成立条件,由"主谓结构才是句子",改变为由"语气"和"语调"来决定,从而摆脱句子自身结构带来的复杂性;至于句子的类型,也依据"语气"和"语调",作了合理的安排。这样,把结构分析和句子类型区分得一清二楚,从而使教和学两方面都得到方便。如果能以上述几方面的观点，编写出一本普及性的语法教材供教学和自学之用（先生的《古代汉语》，先此已运用这一些观点），相信必定会受到广大群众的欢迎。

（原载《语文现代化》1989 年第 9 辑。胡竹安，上海教育学院中文系教授）

面向汉语实际的语言研究

许威汉

张世禄先生是一位学识十分渊博的著名语言学家。他在普通语言学方面，在古代汉语和现代汉语方面，都造诣很深；在语文教学、汉字改革乃至诗词艺术诸方面，也都有真知灼见。

先生对汉语的研究，特别是汉语词源、语法的研究，十分重视从汉语实际出发，寻其规律性。正由于能从汉语实际出发，因此许多论著反映出了阐述的合理性和结论的可靠性。试以《汉语词源学的评价及其他》一文中"论词源学上的类推方法"的两段文字为例来看吧，就充分表明了这一重要事实。两段文字是这样的：

　　说到语义发展的规律性，依据阿文（按：指有人依据苏联学者阿巴耶夫的文章《印欧语言历史比较研究的几个问题·论词源研究的原则》而生搬硬套来说的）所举印欧语系的各种语言中"城"这个词的原始意义，都是出于"城堡""堡垒"这个概念，因而说："在汉语里，'城'这个词总是跟'城垣''城墙''城池'等联系在一起的，现在许多地方的城墙虽已拆除，但是提起'城'来总会使人想起从前曾有过一堵高大的围墙围住。"这是依据印欧语里的词源事实来类推到汉语里来了。尽管印欧语系的各种语言中"城"这个词都是由于"防御敌人"的意义而起，汉语里"城"这个词的原始意义却并不如此。语义发展的规律性，应该像语音对应的现象一样，是在同系族的亲属语言中显现出来的；汉语既然跟印欧语系的语言不同系族，怎么可以依据它们的词源来类推呢？……这种类推方法,把外国语的帽子套在汉语的头上,这是不能适合的。

就汉语的事实来说,"城"这个词固然跟"城垣""城墙""城池"等联系在一起,但是也跟"城市""城镇""城邑""京城""都城"等联系在一起,并不一定源出于"防御敌人"的意义……从"成""城"等词的音义关系上来观察,它们的词源应该是出于"成长""生聚""聚集"等的意义。由"成长"引申为"茂盛"义;由"生聚"引申为"安定""盛受"等义;又由"聚集"引申为"堆积""层叠"等义……所以它"总是跟'城垣''城墙''城池'等联系在一起",也总会使人想起"一堵高大的围墙"了。因此我们可以断定"城"的原始意义,并不是出于"堡垒"和"防御敌人"的概念……应用类推的方法,依据印欧语系语言中的词源学的结论来套到汉语里来,这是很不合适的。

这些叙述,引证翔实,阐发缜密严谨,强调了汉语的独特性,表明了从汉语实际出发寻求语源的重要性,批评了任意依据印欧语言应用类推方法而造成的不可靠乃至产生谬误的情况。语源的了解,只重在从本民族语言实际出发,依据"始见书,初见义"的语言史料来剖析,别无其他捷径。这项工作做起来虽然比较艰巨,但是可靠性大。弃此而求之于类推,取例于一鳞半爪,则无异舍本逐末。

汉语词义及语源研究中的类推、套用现象,仅此一端,便不难使我们由此联想到许多讲汉语词汇学的论述中的类似状况。众所周知,讲到词义演变,人们总是要讲词义的扩大、缩小和转移三种方式。词义的扩大、缩小和转移三种方式是德国语言学家赫尔曼·保罗(1846—1921)在《语言史原理》中提出来的。这三种方式的说法,新中国成立前曾对汉语词义演变的研究起过积极的作用,新中国成立后人们仍借以说明汉语词义演变现象,自然也是可行的。但是,词义扩大、缩小、转移说并没能有效地使汉语词义演变的研究取得大的进展。原因不在于说法本身缺乏理论价值,而在于人们没有切实面向汉语实际,紧密结合汉语特点,立足于汲取我国传统的词义研究的丰富而宝贵的成果的基础上。某些人注意力甚至偏重于字面上的"争鸣":有的说词义"扩大、缩小、转移"宜称为词义"扩展、收缩、移动",词义"扩大、缩小、转移"这三种方式宜称三种结果或现象之类,而未能把词义研究导向深入。单纯引用外来说法,填进汉语词例,而不作进一步推求,说到底,也还是套用而已。

话得说回来,外国的东西还是要借鉴的,而借鉴是为了自身的发展。只有面向汉语实际而又借鉴外国和古代的东西,勇于探索,才能益以新知。这跟套用自然不可相提并论。平心而论,段玉裁(1735—1815)注《说文解字》对字义(词义)的探讨比德国语言学家赫尔曼·保罗提出的词义扩大、缩小、转移说早 100 多年,他分析《说文解字》中常用或较常用的字(词)义引申1100 余例,涉及的内容尤其丰富;有许多理论阐述,虽然还不是严格的科学抽象,但毕竟多有发前人所未发。比方说,《说文》解"副"为"判",段玉裁注云:"副之,则一物成二,因仍谓之副。因之凡分而合者皆谓之副。训诂中如此者致多。"段玉裁既指出"副"词义正反引申这一事实,又揭示了"训诂中如此者致多"这一带有普遍性的现象。诸如此类,单凭"扩大、缩小、转移"说是不能表述周彻的。况且词义演变除了扩大、缩小、转移的一面,还有继承、充实、深化的一面。比如"电"的最初含义相当模糊,而且带有神秘成分;后来人们观察到"摩擦起电"现象,电的意义继之而有所充实,可并没有形成对"电"的科学概念;现在随着人们对电的本质、特性和控制方法日益深入了解和掌握,"电"的含义就比古代深化了。不论是扩大、缩小、转移,还是继承、充实、深化,总的方向是由低级向高级、由粗疏向精细发展;而这种发展,多半与本民族的共同理性认识和心理习俗等发生着联系。我们今天重要的是要认真细致地总结前人、时贤散见于各书文的研究成果,寻求其规律性,升华到理论高度,建立自己的理论体系。继承与创新原本是辩证的统一,任何学术研究都不可能从零出发;善于批判继承与发现发明,才能到达光辉的顶点。而继承与创新都不能离开汉语实际。张世禄先生强调汉语的独特性,主张从汉语实际现象出发,寻其规律性,这实在是积数十年治学经验之箴言。

先生"从汉语实际现象出发,寻其规律性"这一观点在对汉语语法的研究方面也有充分体现。先生认为"目前汉语语法界有些人强调完全学习西洋语法和语法学,实在是一种偏向,有纠正的必要"(《张世禄语言学论文集·前言》)。阐述这一观点的同时,相应的论文都作了详细的论述。《关于汉语的语法体系问题》这样写道:"要把我们的'学校语法体系'做到简而不陋,使它便于工农大众的学习,便于学校里的语文教学,首先须要打破许多洋框框的束缚,清除汉语语法学上一些洋教条的影响。"接着便具体地指出洋框框的主要表现:

> 一种是关于词类问题,有"九品"之说,即把所有的词分为九类;另一种是关于结构形式的问题,有"动词谓语"之说,即把所有动词和谓语牵合在一起;还有一种是关于句子类型的问题,又有"主谓结构就是句子"之说,即把所有主谓结构统统认为是句子,或者把具有主语和谓语两部分的句子才认为是意思"完整"的句子。词类、结构形式和句子类型这三方面的问题,占据语法学上的主要部分。

在指出三种洋框框并逐一分析之后,坚决主张"打破洋框框",渴望"建立自己的语法体系",并为此列出语法体系的要目。这个语法体系要目详见《关于汉语的语法体系问题》一文[《复旦学报》(语言文字专辑)1980 年 10 月]的后半部分,不必一一引叙了。

先生以上的见解,当然不是 80 年代第一次提出的,早在 30 年代就明确地提出来了。1939 年发表于《语文周刊》(第 30、31、32 期)上的《因文法问题谈到文言白话的分界》一文一开头就这样写道:"中国过去文法家过于因袭西洋,以致普通流行的文法书上有很多削足适履的地方;我们应该依据中国语文'特殊'的性质和现象,重新来建立中国文法的体系。"随后说:"我认为现在研究中国文法,不妨把形态学上的关系暂时撒开,而专心注重在措辞学上的关系,才可以达到'建立范畴'和'构成体系'的目的。""凭语序而建立范畴,集范畴而构成体系。""凭语序来研究中国的文法,便是要适合中国语文的特殊性的。"在这当中,先生引了王念孙《读书杂志》里的例解加以申述:

> 王念孙《读书杂志》里把《左传》"今灭德立违"的"违"解作"奸回","恶之易也,如火之燎于原"的"易"解作"延易",《庄子》"井蛙不可语于海者拘于虚也"的"虚"解作"所居"的"虚",《逸周书》"力争则力政,力政则无让"的"政"解作"征伐"的"征"之类,都是从字在句中的位置上来确定它的意义的。

这些实例是很能说明问题的。如果不从语序上观察,将如何有效地来分辨它们呢? 当时黄侃《文心雕龙札记·章句》曾说"古书文句驳荦奇侅者众",文法书"于旧文有所不能施用",并引俞樾的话说,"执今人寻行数墨之文法,而以读周秦两汉之书,犹执山野之夫,而与言甘泉、建章之巨丽也"。黄侃、俞樾感到语法书于旧文不能施用,而如何才能施用,并没有说,也不可能马上说得成理,然而张世禄先生上述"注重在措辞学上的关系""凭语序而建立范畴"的指导原则,也许正可补黄、俞所未及说。至于近年郭绍虞先生《汉语语法修辞新探》一书走的路子有点"与众不同",可是与张世禄先生注重在措辞学上的关系等的主张相靠近。郭绍虞、张世禄两先生都是学识相当全面的著名语文工作者,对我国传统语文学尤有很深造诣,他们的"与众不同",可能正是"别开生面"。其所以能如此,无疑都是与扎根于汉语实际分不开的。

面向汉语实际,从汉语实际出发,这是张世禄先生一贯的全面的主张,不只是对词汇学、语法学而已。他在《研究中国文字的方法》(1939 年《学生杂志》第 19 卷第 2 期)一文中也曾这样强调说:

> 我以为要讨论这些问题——不管是关于中国文字的起源、构造演变或价值等等的问题——都要注意到中国语言上的现象。中国文字的这种特性,所谓表意文字,它的存在是以中国的语言为背景的;因之我们要解决中国文字上的任何问题,一方面固然要论到形体方面的现象,另一方面尤须注意中国语言的特性,以及它和文字演进的关系。

先生多方面强调"汉语的独特性"及"中国语言的特性",系基于语言科学发展的实际。凡读先生之论著,当有同感。

至于科学理论的阐明,先生断言是"从很浅显的具体的事实当中分析、综合所得的结果,不是什么深奥难懂的东西"(《从语言的本质上来谈汉语教学》,《学术月刊》1957 年第 5 期),乃始终强调要从语言实际中去揭示和总结。

科学的发展是人类对客观规律认识的不断深化的过程,这突出地表现在历史上多次出现的理论大综合上。没有例外,语言科学的发展自然也是顺应这一历史路线的。现代科学技术飞速发展,使学科既高度分化,又互相渗透,既高度综合,又纵横交叉,派生出许许多多新学科,放射出一道道新的光芒。张世禄先生 60 余年来借鉴普通语言学的原理、原则应用于汉语研究实际,尤其是"50 年代开始,由于斯大林有关语言学理论著作的输入和推广,感到用马列主义观点方法来研究汉语语言学是非常必要的"(《张世禄语言学论文集·我和语言学》),指导思想日益明确,所作的努力便更有成效地阐明了汉语实际的许多重要问题,丰富了中国语言学,历史意义和现实意义十分重大。今兹先生高龄八十有五,尚为祖国的语言科学作不懈的努力,指导博士、硕士研究生及校内外中青年教师,将语言学知识传授给后学;不断总结教学、科研经验,"还读我书",整理和发表专著及论文问世,用力至勤,感人尤深。先生治学经验可为后学依循者致多,如建立历史主义观点、运用科学方法、面向汉语实际、力为现实服务等方面就都很突出。本文仅就面向汉语实际一端以呈告同好者,苟得共为参会,自亦笔者之所愿。至挂一漏万,则疏在笔者;读者明鉴,当无损于华构之宏观。

(原载《语文现代化》1989 年第 9 辑)

张世禄先生的音韵学说

赵克刚

浊上变去,在音理上中外学者尚无解释。只有老师解释为:全浊在平声变为次清后,"在仄声更因字调的影响,先把送气成分消失,再渐渐和全清音混并"。弟子不才,亦有所体会。弱辅音[b][d][g]等全浊声母强化为次清声母,是老师不同于人的新提法,要首先在这个问题中指出来。但主要的,是对浊上变去,从音位音变看,老师所指出的声调影响,不仅多方考辨(材料略),知其音理宜然,尤其是老师从而把浊上变去解释成了渐变的,功莫大焉。因为在中外学者中尚未见有人能把浊上变去解释为渐变的,它有碍于音位音变渐变理论的理解,而老师解决了这个问题。又从浊上变去的字词看,中外学者竟错误地认为是突变的,不知例外很多,不合语言事实,也忘了语言不是突变的,而是在不断渐变的理论。弟子觉得这种错误来源于:西人讲音变,不是以词而是以音位为最小单位的,以为一个音位变了,而音变的最小单位是音位,所以,竟误以为凡是有这个音位的词也就要系统地、有规律地一齐发生变化,不可能有例外,即以为字词音变是突变的。必须批判这种错误观点。事实上字词音变也是渐变的,不过它不与音位音变的渐变时间和地理关系全相平衡,这就是字词音变不随音位音变一变万变、在音位音变中这里有例外字那里也有例外字的来由。老师不单是在浊上变去的理论解释上,没有突变观点,而且,全面论述清代古音学时也是这样。老师有一段最精彩的话:"过去古音家所建立的韵部,无论怎样细密,总不能免除各部间相通的字音;因为所根据的材料,除了《诗》《骚》及其他古书的韵语以外,又取径于《说文》等书里形声字的系统,旁及于假借、读若、声训之类;这些材料的本身上所显示的语音,并非完全属于同一的系统,其间彼此间还有时代的和地域的纷变的关系;所以从这些带有混杂性的材料中间所归纳得来的音韵系统,在各个部类之间,自然不免有许多字音出入相错。"不是一个语音系统的材料而归纳为一个语音系统的韵部,是清人古音研究的致命伤。为什么不能免除各部相通的字音,即由于字音材料从原始汉语渐变成不是一语音系统的了,有不同时代和地域的纷变关系,而无突变关系能供清人分析韵部"一刀切"下去,在所归纳的、人为形成的声韵调音位系统中,必不免有许多实际字词音变的例外字音出入相错。在全面论述清代古音学时,老师也只有字词渐变观点,而无一刀切式的字词突变观点,这是讲音变只想随分韵部一刀横切过来的音韵学家所不可企及的最博大、最精深、最圆通的理论学说。王士元教授在美国提出了一个字词音变是渐变的理论,叫作词汇扩散论,在美国、欧洲、日本、印度等国家和地区成了新学说,很盛行。老师从早年到现在的著作,一直都把字词音变讲为渐变的,只不过没有叫作词汇扩散论罢了,弟子为老师在中外有先于人的重大音韵学说观点感到十分骄傲!

阴阳入韵尾问题,一主从有到无,如始于高本汉而为李方桂所坚持的韵尾脱落说;一主从无到有,如黄侃、杨焕典,可以叫作韵尾增生说。王力反对高本汉把上古汉语阴声字大部分加了[b][d][g]尾读成闭音节,以为世界上没有任何一种语言的开音节是像这样贫乏的;李方桂又指出王力主张开口阴声字与有[p][t][k]尾的入声字押韵是不可调和的矛盾,王力也承认了这一点。俞敏考证后汉三国梵汉对音结果,以为上中古入声韵尾,不是[p][t][k]而是容易脱落的[b][d][g],阴声仍为开口。杨焕典比王力、俞敏反对韵尾脱落说都更极端些,以为原始汉语可能和纳西语、拉祜语和哈尼语一样,应全为阴声字;在未产生阳入两种韵尾前,它们互相谐声押韵不足怪,不可与产生了韵尾的后世汉语同样看待。大致杨焕典承袭了黄侃的观点。黄侃从异平同入看,以为入声是个短元音,引长而为阴声,助以鼻而为阳声,即所谓鼻化元音。有人说,自鼻化元音才产生了真正的有韵尾的阳声,大致也受了黄侃的影响。上古汉语阴阳入互谐互押,可不可以认为是不同时代、不同地域、不是一个语音系统的读法呢? 如果是这样,就很容易理解了。但这并不是说不再研究了,而是说研究的方法对不对,应该重新检讨。老师教导我们:"在审音时,尤须抱定时地观念,深切认识语音演变的事实。"以这种理论观点来把两派的研究方法衡量一下,问题就很明白了。上古汉语阴阳入相谐相押,不论哪一派,也同样是从文字谐声、《诗》《骚》押韵这些语言材料观察出来的。这些材料,有至少一千年的历史语音变化,有自黄河上下、长江南北不同语音系统的广大方族殊语来源,在时间上不能定点,在地理上不能定面,不管这些客观标准,而主观假设为从有到无来求证,反其道而行,又主观假设为从无到有来求证,在大杂混的材料中彼亦一是非,此亦一是非,谁能一之?若从老师近年来比较研究中外学说所持意见,先在各大方言区内部进行历史比较,拟测原始吴语、原始粤语、原始闽语,等等,再与《切韵》进行比较,并进而与文字谐声、《诗》《骚》押韵、《尔雅》通假、扬雄《方言》等古代资料进行比较,以拟测原始汉语,不是认识更正确,研究方法更好吗?即马列主义、毛泽东思想教导我们的"全面调查研究方法"。要实行这种调查研究方法,在有计算机帮助的情况下,也不会很难的,原始汉语的一切情况,声母、元音及其韵尾情况究竟如何,统统会搞清楚的,前途乐观极了。老师近年来所持意见,在国内尚为他人所不能道,有如众星显一月之孤明,不胜慨叹折服之至!

在章氏《成均图》中,不仅和西方学者一样,讲了元音的前高化、后高化和中央化,而且还讲了元音的低化。在其阴声韵排列中,之为[ə],有中央化作用,若作前元音与后元音互相通变的中转音单独看,又若不管宵[au]、歌[ai]、脂[ei]三韵的收尾音,则章氏《成均图》的前元音与后元音的音变规律可以写成如下两个圆转图:

以上音变,是以文字孳乳和变易为依据的,有其历史原因的。它们被章氏称为近旁转、次旁转等,换言之,即音位音变规律。音变条件正如词汇扩散论所说:元音总是要往上升的,但当它上升到没有地方去([i][u])了的时候,就只有降到最低的地方([a])来。元音要往上升,所以有元音前高

化、后高化演化规律。可中外学者近年来认识到,元音还要向下降,所以也应该有一个元音低化演变规律。章氏反对"往而不返"的论调,即因有元音低化的古代语言事实,也由于这种事实,才使章氏认为元音音变,老是像绕圈儿一样,即章氏所谓:"大抵声音转变,若环无端,终则有始,必若往而不返,今世宜多解颐之忧矣。"这是完全正确的理论。元音高而复低的变化,在国外这种理论流行开来了,章太炎先生早就提出了这种理论,不胜仰止!

章氏解释《成均图》,不及元音的前高化、后高化和中央化这些提法简明,有近转、近旁转、次旁转、正对转、次对转、同列、正声、变声等七八个名称,所以,老师提出:立例烦琐。这是无可讳言的,黄侃也认为只要对转、旁转就行了,这是用多少名词术语才合适的问题,不是批评《成均图》音位音变理论。老师又指出:立例虽繁,仍不能统概音义转变的事实。也不是批评《成均图》音位音变理论,而是说的另外一个内容:音位音变与字词音变的发展不平衡,以是旁转对转诸韵,不能统概字词音变,不可如段玉裁"诸部皆言合韵",其实质,即合成了一些旁转、对转韵,老师把问题看得很深。为什么高本汉要对阴声拟韵尾,在阴阳入对转、旁转这些问题上,要以为有个性质相同的收尾辅音呢? 为什么老师与李方桂都不能同意王力的合韵说呢? 原因也都在这里,可一以贯之。高本汉的《汉语词类》,老师与赵元任先生拿了章太炎的《文始》作对比,是尊《文始》,也是尊《汉语词类》。《文始》以《成均图》提纲挈领,《汉语词类》以语音通转法则终篇,它们"都是由古音韵学研究的结果进为中国汉语语源的研究",同样在为汉语开凿一条崭新的、以音变规律为最后了义的同源词研究道路,这就是真正对比之所在,"尊"之所在。章氏《成均图》以对转系统论韵值,是应该予以高度评价的。高本汉上古元音为 15 个,章氏为[a][e][i][ə][o][u] 6 个,见俞敏《成均图注》,又《后汉三国梵汉对音谱》(之部,俞敏[ɐi],上文从钱玄同标[ə])。在今天,正如老师所指出:中外学术界都倾向于六元音系统,值得注意。但是,不知有多少人不知道章太炎先生早就研究出了一个六元音系统。今年要举行章太炎先生纪念会,章氏是拟读上古韵部韵值的第一人,应表彰这一"创始难为功"的辉煌成功。章氏讲音变,是中国古典音韵学式的;高本汉讲音变,是企图建立东方比较语言学式的。一样研究汉语同源词音系,而所运用的工具和方法两大语言学家不相同。老师以灌输新血液到传统音韵学中为核心,也有一些启迪人的分析。自 20 世纪 30 年代到教我们的 40 年代,老师不遗余力地宣传西方比较语言学的方法和工具,向着使中国汉语音韵学国际化,使中国汉语音韵学成为世界语言学中一部分的方向迈进,志业皓皓乎不可尚,仰之弥高,永以为寿!

(原载《语文现代化》1989 年第 9 辑。赵克刚,重庆师范大学中文系教授)

张世禄先生的语文教育思想

鲍明炜

  张先生是语文教育家,从事语文教育已经 60 多年了,早年曾在中学教语文课,在大学长期任教,语言学各个领域的课程差不多都讲授过。晚年又注意到语文基础教育,著有《小学词汇教学基本知识讲话》《小学语法修辞》两书和有关论文。先生又是语言学家,半个多世纪以来,孜孜不倦地研究普通语言学和汉语语言学,著译 20 余种,论文 100 余篇。

  语言学家对语文教育的观点和方法,自然是从语言学的角度出发的。先生的语文教育思想,始终贯串着"语言是文学的基础,语言的演变导致文学上的革新"这一主导思想。从这里出发便引出先生的语文教学方法。先生在指导怎样阅读古典作品时说:"古典作品(主要指周汉时期作品)是古代语言的一种记录,是当时一般口头的语言的投影;我们要把古典作品读懂,必须要有掌握古代语言的能力。要能掌握古代语言,又必须在学好现代语言的基础上来作进一步的学习。因此,现代汉语的研究,是阅读古代作品和其他方面的研究、教学的基础。"又说:"如果我们在阅读的时候,没有透过了'字面',没有进到语言的底层来认识作品语言里所包含一个一个的语词,那末,就很容易被这种文字造成的现象所迷惑,而得不到它的真正的意思和正确的解释了。"(均见《怎样阅读古代作品》,《论文集》第 345 页)作品以语言为基础,要读懂作品,须学习语言;要读懂古代作品,须学习古代汉语;要学习古代汉语,须先学习现代汉语。因此,说到底现代汉语是语文的基础。几十年来,先生坚持这一正确的主张,并且贯彻到教学中去,取得极好的效果。

  凡是听过先生讲课的人,都说讲得平易生动,有条不紊,深入浅出,容易听懂,都说是听过的讲得最好的老师之一。平易生动、深入浅出的主要特征是联系实际、由浅入深。40年代初,先生回到重庆中央大学中文系任教,那时教课很多,文字学、音韵学、训诂学、语音学以及古音研究、《广韵》研究等课都讲过。这些课都很枯燥,但是先生讲起来却很生动,并不使人感到枯燥无味,许多外系学生都来旁听。在讲文字学时,总是举一些容易读错用错的字,讲明字体的结构和本义及后来的发展,学生理解了,就再不会弄错了。这就接触到学生的实际,大家印象深刻,从而对文字学发生兴趣,愿意进一步深入研究。有一件印象很深的事,当我从先生初学音韵学时,在音韵学课中讲到《切韵》残卷,碰到有平声韵而无仄声韵,或有入声韵而无舒声韵的情况,怎样才能让同学们理解韵书的系统性,从残留的韵部中推知其全貌,这对初学的学生是不易讲清楚的。学生往往似懂非懂,不能全面领会。先生就先讲明语音的系统性,事物有头必有尾,从北京猿人的头骨可以推知其身体的全部。然后举出现代音的四声,如"鼾寒罕汉、欢还缓换",从其中一声可推知其他各声,如果缺少其中一个,那一定有规律可循。这样就联系学生的实际了,也联系到现代汉语,学生可以各自联系自己的方言土语,得到启发,从而理解深透了。几十年来,先生就是这样培养了一批又一批的学生,许多学生走上了研究语言学的道路,并且取得了一定的成就。1981年先生自沪来南京大学主持研究生毕业答辩会,以前在中央大学时的十几位受业弟子,不约而同地聚拢来,为老师举行了宴会,庆祝先生80岁寿辰。同学当中还有其他系的学生,因为当年受教于先生,感情很深,也一同向先生祝贺。更可贵的是外地同学闻讯汇款托人代买寿糕奉献老师,以表深情。面对这些五六十岁的老学生,老师高兴极了。先生一生从事教育工作,桃李满天下,成为一代名师,深得学生的爱戴,绝不只是"授业解惑"而已,更重要的是在教书中育人。

1943年先生刚到重庆中央大学中文系,就在本科生中成立了语言文字组,就是现在的语言专业,这大概是国内大学设立的最早的语言专业之一。我是第一届语言文字组的学生,虽然只有五六个人(约占全班人数的五分之一),但在先生主持下,同学们学了很多课,除了文字、音韵、训诂一般必修课外,还学了古文字学、古代文法(古汉语语法)、古音研究、《广韵》研究以及《说文》《尔雅》等专书研究,在语言文字方面打下了基础,走上科学研究的道路。在大学中较早建立语言文字组，是先生的一大功绩，在我国语文教育史上是值得大书特书的。先生对语言文字组学生的学习非常关心，所授课程必有详细讲稿，课后必有习题，并且经常鼓励我们提出问题——能提出问题，才算有学习心得——作为检验学生学习的一种方法。每次到家中提问，先生必亲切接待，详细解答问题，又加以鼓励。撰写毕业论文，更是亲切指导，先看初稿，提出修改意见，然后由作者修订写好，才算定稿。学生毕业后，与先生保持联系的很多，写了文章请求修改，先生总是细心阅读，又有眉批，又有修改。一年到头，先生为学生看稿改稿用去相当多的时间和精力。对这样一位谆谆教导、负责到底的老师，同学们怎能不尊敬呢？大概是在1944 年冬天，先生在重庆中央大学时，一天夜晚竟被小偷盗走大衣和其他衣物，那时教授穷得很，一时哪能买得起新大衣，可是先生仍然照常上课，谁也不知道这件事。直到同学们去家中求教，师母才告诉我们被盗的事。在从先生读书的几年中，从没见先生请过一次假，缺过一次课。对于这样一位忠于职守、热爱自己学生的老师，同学们怎能不爱戴呢？

先生的语文教育思想是"一以贯之"的，早在 30 年代初在《中国语的演化和文言白话的分叉点》一文中，就确立了"文随语变"的观点，又在《中国文艺变迁论》一书中加以阐发。到了 40 年代，撰写《中国语言的研究与中国新文学理论的建设》时，这一思想就更加具体而丰富了。文中说："文艺作品，由口头到笔写，本身原是一种语言的记载，同时也是一种语言的艺术；某种作品，必定是用某种语言来做根据，必定是用某种语言来做它的素材的。所以要欣赏某种文学，必得明了它所根据的语言；要批评某种文艺作品，也得在它的语言背景上做一个深切的观察。因之，根据语言学的观点来研究中国文学，实在是我们急应采取的一种最重要最正当的途径。"（《论文集》第281 页）语文包括语言和作品两方面，是一个事物的两面，一面是语言，另一面是各种书面作品。我们要研究作品，必须研究语言；要研究语言，必须研究这个语言的作品。基础语文教育是通过各类书面作品和语文知识的教学来培养受教育者的语文能力，其基本方法是从语言入手，掌握语言的规律。语言规律包括语音、文字、词汇、语法、修辞各方面，在这些语文知识的基础上，进一步学习各类书面作品的阅读和写作方法，就容易得多。我国传统的语文教育是让学生多读多写，在读中学写，这种从感性知识入手的学习方法,耗费大量时间,而不能得到应有的效果。现代语文教育方法是从理性知识入手(当然并不排除读),在宽广扎实的基础上进行学习,自能见效较快。这种建立在科学基础上的语文教育思想,先生以语言学家的卓识,早在30年代就提出来了。可惜的是直到现在还有人不理解或不愿意理解这种语文教育方法,闭目不见语言科学研究成果的存在,说什么语言学和文学是两回事,或者说古人并没学语言学和修辞学,文章不也写得很好吗?在语言科学发达的时代,汉语研究已取得相当的成就,仍然想回到往古去,不能不说这是开倒车。

建国以后,先生继续关心语文教育,进行语文教学的研究,提出系统的教学方法。在《从语言的本质上来谈汉语教学》(《论文集》,第360页)一文中,首先提出语言的四项性质:现实性、整体性、社会性、历史性,作为汉语教学的基本出发点,而特别着重现实性。"我们要研究汉语,要掌握关于汉语的教材,只有从现实的生活和实际的工作当中,去观察、分析汉语的现象,并且从而体验语言学上精确的理论。科学的理论是从很浅显的具体的事实当中分析、综合所得的结果,不是什么深奥难懂的东西。"在教学过程中,除了通过日常用语当中的字词来辨析语言现象以外,还可以在教学当中多采用文学课文中的例子。比如通过"爸""妈"两字可以辨别声母和声调;在讲同义词、反义词、同义的变迁、文言词、外来词、成语时,都可以在文学课文里找到很多很好的例子。这样语言和作品就密切地结合起来了,学习语文知识,又以此为工具来理解作品。总之,先生的语文教育思想有两个主要方面:作品的基础是语言,文随语变;语文教学应从语言入手,依据正确的语言学理论,密切联系实际。这种教学方法是科学的,能够有效地提高语文教学质量,同时在教学过程中,要发扬汉语的优越性,培养人民对祖国的热爱。

(原载《语文现代化》1989年第9辑。鲍明炜,南京大学中文系教授)

张世禄先生治学的特点

严 修

张世禄先生是我最敬爱的老师之一。

20世纪50年代我进复旦大学中文系学习,听过他讲授的好几门语言学方面的课程。本科毕业后做研究生,张世禄先生和吴文祺先生是我的导师。留校工作后,系领导为了加强对青年教师的培养,实行"青老挂钩",我又曾继续得到张世禄先生的指导。30多年来,我有许多机会跟随张世禄先生学习。可惜我自己不够努力,学习得不好。时光飞逝,不知不觉间,已经"白了少年头"。

65年来,张世禄先生在教育园地上辛勤耕耘,培养了大批语言学方面的人才,撰写了大量的论文、专著,为中国现代语言学的发展,做出了重要贡献。回顾张世禄先生65年的治学道路,我觉得他在治学上有许多特点,其中最突出的有如下几方面:

一、不断学习、探求先进的理论和方法

张世禄先生治学是非常重视方法论的。

1921年他考入南京国立东南大学中文系后,开始钻研中国传统小学,感到音韵学特别难学,在胡小石先生的启发下,学习用西洋的语音学来研究中国音韵学。他觉得瑞典语言学家高本汉对汉语音韵学有独特的见解,能用西洋比较语言学的方法来研究汉语及汉藏语系,方法新颖,因而对之特别喜爱。大学毕业后,他就在教学和著作中努力引进西方语言学说方面的先进理论和方法,认为中国语言学若要真正成为一门独立的科学,必须吸收和

1980 年张世禄先生（前排中）及严修（后排右一）、柳曾符先生（后排左一）
在中文系办公楼前，与三位进修教师合影

借鉴西方语言学理论，同时还积极运用西方语言学理论来研究中国传统音
韵学。他在 30 年代和 40 年代出版了一系列著作，这就是他学习西方语言
学的先进理论和方法的显著成果。

新中国成立后，张世禄先生学习了马列主义，感到用马列主义观点方法
来研究汉语语言学是非常必要的，特别是斯大林同志的语言学理论和毛泽
东同志的实践论、矛盾论的学说，成了他进行学术研究的锐利武器。1960
年，他在《中国语文》上曾发表过《从〈矛盾论〉来看汉语语音的发展》一文，在
其他的论著中曾提出："语言学的主要任务，在于研究语言内部发展的规
律。"（《张世禄语言学论文集》第 503 页。以下凡引自《论文集》的，仅注明页
码。）"语言是一种历史的产物，语言的规范也是在发展变化当中。"（第 366
页）"语言里语音、文字、词汇、语法等各方面的现象也是彼此不能分割

的……关于语言的整体性的理论,也必须在汉语教学当中体现出来。"(第363页)"同音词的产生,是语言词汇的发展在语音上的相互'交接',而在词义上的彼此'分割';同义词的产生,却是词汇发展在词义上的相互'交接',而在语音上的彼此'分割'。这两种现象,似相反而实相成的,因为都是由于语音和词义两方面不平衡的发展而来的。"(第313页)"因为用字和造字的矛盾,不得不应用借字标音的方法,这就是'假借'。"(《古代汉语》第24页)从以上这些论说中可以看出,张世禄先生是如何努力运用历史唯物主义和辩证唯物主义来指导学术研究,如何用历史发展的观点、发展不平衡的观点、矛盾的观点、普遍联系的观点来分析语言现象的。

二、从汉语实际现象出发,重视汉语的民族特点

张世禄先生说过:"至于语法,民族标志的作用特别显著,所以研究汉语语法时不应当生搬硬套西洋的语法学。"(《张世禄语言学论文集·前言》)他的这个观点,在他治学过程中是贯彻始终的。早在1939年,他就提出:"我们应该依据中国语文'特殊'的性质和现象,重新来建立中国文法的体系。"(第196页)相隔40年后,张世禄先生又发表了《关于汉语的语法体系问题》一文[1980年10月《复旦学报》(语言文字专辑)]。这是一篇极为重要的学术论文,随着汉语语法研究的深入,将愈来愈显示出这篇论文的学术价值。他在文章中尖锐地提出:"汉语语法学的建立,从开始到现在,已经快要一个世纪了。在这八九十年中间,研究、学习汉语语法的,几乎全部抄袭西洋语法学的理论,或者以西洋语言的语法体系做基础,来建立汉语的语法体系。"(第515页)他大声疾呼:"如果我们决定采取打破西洋语法理论的束缚,建立汉语自己的语法体系的革命道路,那末,首先就要大大地精简现行教学上应用的'学校语法体系'的内容,把那些烦琐的用语尽量地删除,把那些繁复的分类尽量地合并,务使在词类方面、结构形式方面、句子类型方面都切合于汉语语法的实际情况,并便利于目前教学的进行。"(第524页)张世禄先生曾设想,把"连动式"归属于联合结构,把"兼语式"归属于偏正结构,把各种虚词归并为"关系词""语气词"两类,根据语气和语调把句子分为直陈句、测度句、疑问句、反问句、感叹句、祈使句六种类型,等等。他在所著的《古代

汉语》一书中,就是运用这些新的观点来分析古代汉语语法的。

三、具有广博的知识,在语言学的几个重要领域里均有成就

大家都知道张世禄先生是一位著名的语言学家,可能有许多人不知道他也曾写过历史、文学、哲学方面的论著。他出版过《德国现代史》(商务印书馆 1929 年)、《中国文艺变迁论》(商务印书馆 1933 年)。他还在杂志上发表过《日本藤原氏与春秋世族之比较》(1925 年,《史地学报》第 3 卷第 5 期)、《〈诗经〉篇中所见之周代政治风俗》(1926 年,《史地学报》第 4 卷第 1 期)、《〈文心雕龙·明诗篇〉书后》(1926 年,《东南论衡》第 1 卷第 25 期)、《印度前后弥曼萨派思想进化之比较》(1926 年,《东南论衡》第 1 卷第 27 期)。这些论著都是他青年时代的作品。后来他由博返约,把主要精力集中在语言学方面。

张世禄先生自己说:"20 年代末至 40 年代,我主要的精力放在汉语音韵学、普通语言学的研究上。""50 年代开始……我对语言学的研究转移到以汉语词汇为重点。"(《张世禄语言学论文集·我和语言学》)其实,在语言学领域里,他是个"多面手",是个"全能"的语言学家。他精通外语,翻译出版过高本汉的多种著作,还翻译出版过英国斐尔司的《语言学通论》(商务印书馆,1937 年)。他在语言学理论、古代汉语、现代汉语三大领域里,均有专门的著作和论文;在传统"小学"的文字、音韵、训诂三个部门里,也有专门的论著。张世禄先生以其《中国声韵学概要》《中国古音学》《音韵学》《广韵研究》《语音学纲要》《中国音韵学史》等专著,蜚声海内外;他还出版过《语言学原理》《语言学概论》《中国文字学概要》《中国训诂学概要》《普通话词汇》《汉字改革的理论和实践》《古代汉语》等著作。可见张世禄先生在语言学的许多方面均有很高造诣。由于他知识渊博,学贯中西,兼摄古今,对语言学的几个主要领域都能融会贯通,因而对语言现象观察得既深刻,又全面,有许多创造性的见解。

四、坚持实事求是的科学态度,勇于学术争鸣

张世禄先生在治学上是勇于学术争鸣的,其目的是明辨是非,寻求真理。

1939 年至 1940 年,参加了中国文法革新的讨论,写了《向哪儿去开辟中国文法学的园地?——敬答光燾先生》等多篇论文。

1956 年发表《词义和词性的关系》一文,是针对周祖谟先生的《汉语词汇讲话》而进行讨论的。

1963 年,发表《汉语词源学的评价及其他——与岑麒祥先生商榷》一文,从十个方面,与岑麒祥先生开展了论辩。

此外,在 1959 年发表的《古汉语里的偏正化主谓结构》一文中,对朱东润先生《左传选》、杨伯峻先生《文言语法》,吕叔湘、朱德熙先生《语法修辞讲话》,王力先生《汉语史稿》中的个别论点也提出了质疑问难。

老一辈学者们在学术上的切磋和辩论,体现了"百花齐放,百家争鸣"的精神,促进了学术的繁荣,推进了学术的发展。

五、能把教学和科研结合起来

教学和科研,既有统一的一面,又有矛盾的一面。对这两者,有的人结合得较好,有的人结合得较差。张世禄先生能把教学和科研紧密地结合起来,既培养了大批人才,又发表了大量的学术论著。

张世禄先生的教学任务一直是很重的。记得 50 年代学习苏联,实行教学工作量制,他每年都是超工作量的,而且超得很多。但他能带着教学中的问题进行深入的研究,又用研究成果充实了教学内容,提高了教学质量。而高质量的教材发表后,就是水平很高的论文和专著。例如他新中国成立前后出版的一些著作,大部分是在教学的基础上写成的。张世禄先生还非常注意教学法的研究,《谈文学语言的教学问题》《从语言的本质上来谈汉语教学》《文言文的教学问题》《古代汉语教学中的几个问题》等论文,都是他的丰富的教学经验的总结。

六、重视语言学的普及工作

张世禄先生在学术研究中,一方面进行高深的学术探讨,另一方面注意向青少年和一般群众普及语言学常识,让语言学从象牙塔里解放出来,传播到广大群众中去。有些学者轻视普及工作，认为有失尊严，浪费时间，不屑为之。而张世禄先生却站得高，看得远，明智地认为，要使语言学繁荣昌盛，健康发展，必须后继有人，特别要培养青少年一代了解语言学，爱好语言学。因而他乐于抽出许多宝贵时间来撰写普及性读物和文章。他出版过《小学词汇教学基本知识讲话》《小学语法修辞》，还写过《识字的方法》《怎样使学员很快地记住注音字母》《学习语音的方法》《怎样阅读古典作品》《怎样运用成语》《古汉语入门》等通俗性的文章。著名的学者、教授能够重视普及工作，这是十分可贵的高尚品德，这需要"大智大勇"，还需要"俯首甘为孺子牛"的牺牲精神。

七、热心培养后学

在《张世禄语言学论文集》卷首《我和语言学》一文的结尾处有这样一段话："如今唯望'延年益寿'，为祖国的语言科学再作努力，以尽绵薄……趁有生之年，尽力把语言学知识传授给后学者，继续指导博士、硕士研究生及校内外年轻教师。"是的，他像吐丝的春蚕，要把自己的一切都贡献出来，为国家多造就一些人才，为语言学事业多培养一些新生力量。张世禄先生已是耄耋之年，但他从来没有休息过，仍像"老牛"一样负着重荷一步一个脚印地前进着。他培养了众多的本科大学生，近年来又培养了一批硕士生和博士生。有时手上同时有两届硕士生，有时手上既有硕士生又有博士生，负担是很重的。而且经常承担培养兄弟学校送来的进修教师的任务。还有不少社会上的青年登门求教，或送来文稿请求审订，或来函要求答疑。张世禄先生总是热情接待，有求必应，来信必复。他现在视力很差，写字、阅读已非常吃力，他看文稿几乎要把文稿贴在面孔上，每当我见此情景，就万分感动，也感到非常心疼。我想趁此机会呼吁，希望有些不了解张老先生健康情况的年轻朋友，尽量少去打扰他，尽量减轻他的负担，以便他把精力用在更迫切、更重要的方面。

八、具有优良的学风和文风

张世禄先生学风扎实，好学深思，重视继承，又努力创新；在学术讨论中谦虚诚恳，摆事实，讲道理，以理服人，以平等态度待人，从不以权威自居；他任劳任怨地埋头工作，却淡泊于名利；他最大的愿望就是"还读我书"。

张世禄先生的文风是很值得称道的，他写文章、讲课，都是条理清楚，逻辑严密，语言洗练，观点和材料统一，即使是高深的理论、冷僻的音韵、繁细的训诂，他也能讲得深入浅出，通俗易懂。

语言学课程是非常枯燥的，但在他的课堂上，时常能听到阵阵笑声。他循循善诱，引人入胜。我很爱听张世禄先生上课，他上课，时间不知不觉就过去了。他的板书端正凝重，一笔一画，毫不苟且。他上课，每章每节之间总要有关联、照应，好像章回小说一样，"欲知后事如何，且听下回分解"（可翻阅他写的《古代汉语》，看其第二章"音韵"的第一、二、三、四节之间是如何衔接的）。由于张世禄先生文风好，教学方法好，所以教学效果非常好。

以上谈了张世禄先生治学上的一些特点，这些特点也就是值得我们学习的可贵的治学精神。

今年是张世禄先生从事教育工作 65 周年，并欣逢 85 岁大庆，我作为受业门生，特撰此文，以表示热烈的庆贺。

敬祝吾师健康长寿！

（原载《语文现代化》1989 年第 9 辑）

张世禄先生对汉字改革的贡献

许宝华　汤珍珠

　　张世禄先生是我国著名语言学家。在半个多世纪的学术活动中,张先生在语言学上的成就是多方面的。这里,我们仅阐述张先生在汉字改革方面所做的贡献,以庆祝张先生的 85 岁寿辰和从事学术、教学 65 周年。

　　早在 20 世纪 30 年代初期,张先生就十分重视汉字改革运动。张先生针对汉字认读困难的问题,主张需要有一套先进的注音工具。1931 年,张先生在《从"反切"到"国语罗马字母"》论文中,在详细分析了中国文字和拼音文字的根本区别之后,提出"在通用拼音文字的国家,尚且有改造文字的运动,尚且要制定种种音标来表明实际的音读;我们中国文字,既然和语音趋于两途,文字的本身既然没有显示音变的效用;那末,要表明各个文字是怎样的读法,自然需要有适当的注音方法"。张先生批评了直音法的笨拙,指出了反切法的弊病,分析了注音字母存在的问题,认为"注音符号的本身,还不能算是一种完备的记音工具"。张先生充分肯定国语罗马字母,认为国语罗马字母具有"确定国语的标准音""分析音素的详密""校正从前注音的错误"等优点,都是注音字母所不及的。虽然国语罗马字母身世坎坷,当时在社会上步履艰难,但它终究把汉字改革运动推进到新的时期,提高到新的水平。张先生从历史发展的进程中充分肯定了这一点。

　　对汉字改革,究竟采取什么方式? 张先生在 40 年代发表了《汉字的简化运动》,提出了自己的看法。张先生认为"汉字在中国所以数千年来保存勿替,正是因为汉字的应用,适合了中国的实际情形;依据目前中国民族社会的实情,仍须沿用原有的汉字",如果"把原有的汉字废除了,必致引起不

良的影响"。那么,汉字难写、难记、难认的问题怎么解决呢? 张先生认为
"汉字的这种缺点,尽可以从汉字本身的性质和演变的趋势上寻求补救的办
法;这便是汉字的简化运动"。至于具体的办法,张先生提出"简化汉字,应
该以近代的俗体字为主要的根据,同时也不妨酌用行书、草书中的写法",除
此之外,张先生认为简化汉字还可以"顺着近代语文的演进,扩大利用假借
的条例",这样,既可以节省日用的字数,又可以选用笔画较简易的字体,"使
汉字写作和记学的困繁,更因之减轻"。

汉字简化固然必要,但文字教学的改进也不能忽视。张先生提出"汉字
的简化运动,必须与文字教学的改进两相配合",主张先就应用字体的性质,
大略规定出一个界限,使一般性用字和专门性用字有所区别。张先生认为
"一般平民所必需认识的字体,应力求其简化;各个字体的形式应取其笔画
的简省,在数量上也不可过多……而基本的几个偏旁字,尤为平民识字教学
的中心对象。"由此可见,张先生在主张简化汉字的同时,对如何提高识字教
育的效率问题,也作了考虑和设想。

新中国建立以后,张先生认真学习马列主义、毛泽东思想,在党的语文
政策指引下,积极地为实现文字改革而努力。他一方面参加文字改革有关
问题的研究和讨论,一方面大力宣传文字改革的拼音化方向,在 50 年代先
后发表了《汉字的改革和简化》《怎样正确地认识同音词问题》等论文,并著
有《汉字改革的理论和实践》一书,从语言学的角度全面论述了文字改革
问题。

《汉字改革的理论和实践》著于 1956 年,1957 年由文字改革出版社出
版。张先生根据理论和实践的统一关系,分析说明关于汉字改革的主要问
题:一般文字发展的规律、汉字的特性及其优缺点、汉字必须改革的原因、
汉字改革的道路、汉字发展和简化的关系、汉字自身不能发展为拼音文字、
必须采取国际通用的拉丁字母来实现我国文字的拼音化,等等。

张先生在这本著作中,首先从语言和文字既有密切联系又有本质区别
的理论,阐明了文字改革的可能性。认为"文字是从属于语言、依赖于语言
的,同时又促进了语言的推广和传播;文字对于语言本身发生了巨大的反影
响,使语言的发展起着重大的变化"。因此我们不能把语言和文字等同起
来,无视它们相互间的区别。仅就历史发展的方式来说,语言和文字就有本

质的不同。张先生说"语言的历史发展只有逐渐的变化,没有突然的爆发,没有现成语言的突然死亡和新语言的突然创造","要用仅仅几年或几十年的工夫,来消灭一种现存的民族语言和创造一种新的民族语言,都是不可能的"。但是,"文字的性质和语言不同,只要在一定的条件之下,它是可以在一个短时期内加以改革或建立的"。张先生又以兄弟民族及邻国建立或改革文字取得成功的实例,证明文字要进行改革是完全可能的。

在这本著作中,张先生进而又从文字发展的规律来阐明改革的必要性。认为"一般文字发展的趋势,是脱离了原始绘画的形象性,逐渐减少它的显示意义的作用,而增强它的记录语言和标明音读的效能",一种文字如果不能跟语言紧密结合,"不能跟着民族语言的发展而发展,那末,这种文字再不能满足人民大众的要求……从而阻碍群众文化和教育的普及,阻碍人民和国家经济、文化、政治各方面的发展……这种文字,就是需要加以改革了"。紧接着张先生联系汉字的现实状况,在充分肯定汉字在历史上的伟大功绩的同时,深刻地揭示了汉字的缺点。汉字的表意性质,使它发展到现阶段,跟民族语言的发展发生矛盾,二者严重脱节。张先生列举了汉字构造的原则复杂、汉字字数繁多、汉字笔画繁杂、汉字的形体和笔画不能表示实际音读等汉字必须改革的十条理由,说明汉字已到了非改革不可的地步了。

汉字要改革,这是张先生的一贯思想。在这本著作里,对汉字怎么改革,走什么道路,采取怎样的步骤等问题,张先生作了十分深刻的论述。张先生提出,我们应"依据毛主席所指示的方向,为实现文字的拼音化而奋斗,一方面积极进行拼音化的研究和准备工作,又大力推广普通话,给文字拼音化铺平道路;另一方面把汉字加以整理和简化,以利目前的应用,并且作为文字根本改革的前奏"。张先生认为走这样的道路、采取这样的步骤是稳步前进的,"绝对不是采取一下子消灭旧的、建立新的那种方式"。张先生非常明确地指出"汉字改革并不是等于完全废除汉字,将来拼音文字通行之后,汉字仍然有人要学习和使用"。并且十分肯定地说"必定有一个新旧文字并用的时期"。张先生的这些论点,对文字改革工作具有一定的现实意义。

汉字拼音化,采用什么样的字母?汉字自身的发展能不能成为拼音文字?汉字的简化和文字的拼音化关系怎样?这些问题,在当时是有争论的。张先生认为汉字在长期的发展过程中某一些成分是有进步意义的,是符合一般文字发展的趋势的。如"字体的定型化""笔画的减少""笔势的便利化""同音替代法的运用"等,汉字的整理和简化工作就是顺应着这四个方面发展的现象而来的。但是我们不能完全顺应着汉字内部发展的规律和趋势,因为汉字在发展中还有它落后的成分,如"字体的繁复和字数的冗多""加重意符的作用""书写形体上的巧饰""假借用字的混杂"等,"因为汉字里这几种落后的现象,违反了一般文字发展的趋势,使得它在过去二三千年的长时期当中停留在表意文字的范围。汉字自身不能发展成为拼音文字"。至于汉字的简化和文字的拼音化,张先生认为"这两种工作是整个文字改革的道路当中相互衔接的步骤,是整个文字改革计划当中先后实施的程序","汉字从二三千年以前到现在,始终停留在表意文字的阶段,势不能在很短促的期间内完成它的根本改革;所以在实现拼音化以前,还必须对汉字加以整理和简化"。当时,有人以为汉字既然简化了,就不必拼音化;既然要实行拼音化,何必还要简化? 而张先生认为看问题不能这样片面,"必须要把世界文字发展的一般法则来跟中国的实际情况以及汉字发展的特殊现象结合起来",在许多问题分析上都闪烁着唯物辩证法的思想光辉。

文字改革工作是涉及我国社会主义建设的大事,也是涉及千家万户的大事。所以,必须宣传群众,动员群众,使得每一个人都懂得文字改革的意义和步骤,对文字改革有关的一些基本问题,都有深切明确的认识和了解。张先生的这本著作,对动员广大群众积极参加文字改革,提高人们对文字改革工作的热忱,起到了重要的作用。

张先生从事语言科学的研究工作,包括文字改革问题的研究,几十年如一日,从来没有停止过。粉碎"四人帮"以后,党中央号召全国人民为实现四个现代化进行新的长征,80 岁高龄的张先生,即使在视力很差的情况下,还是满腔热情地坚持学术研究。张先生在 1981 年全国高等院校文字改革学会成立大会上发言时,强调文字改革工作需要进行科学研究,张先生说:"语文科研的主要任务,在发现和掌握语文内部的发展规律。我们要进行社会主义建设,就必须按照一定客观规律办事;我们要搞文改工作,也必须按照语文发展的一条基本规律来搞。'世界文字共同的拼音方向',就是世界文字发展的一条基本规律。如果盲目地空想地背离语文发展的规律来搞,势必至于受到群众的抵制而归于失败,至少也要走弯路,推迟胜利的到来。"接着张先生以如何解决"同音词"问题为例,指出有人为了区分同音词,主张在拼音文字里保留"尖团"音,保留"万、厂、兀"三个声母,保留入声字,是不符合汉语语音发展规律的。张先生认为保留尖团音的区分,是违背"同化作用"的规律的;保留万、厂、兀三个声母,是违背"音素失落"的规律的;保留入声字,是违背"汉语声调种类减少"的趋势的。对同音词问题的处理,张先生认为汉语词汇方面有一条"复合化"和"双音化"的规律,"正可以用来作为分化同音词的依据,何必定要向语音方面勉强分析呢?"张先生热切地提出:"文字改革是近代和现代整个语文改革运动的一个中心环节;文改工作不能离开语文的科学研究,必须要接受语文科研的成果的指导,才能达到胜利。"这既是张先生本人文字改革思想的重要概括,同时也是对我们后辈,对一切有志于汉字改革和赞同汉字改革的人们的殷切期望。文字改革工作是语文工作的重要组成部分,跟"四化"建设密切相关,我们应该矢志不渝地做好它。

(原载《语文现代化》1989年第9辑。许宝华,复旦大学中文系教授;汤珍珠,复旦大学中文系教授)

海派语言学的文化选择

申小龙

上海,是我国现代语言学的摇篮。我国第一部系统的语法学著作——《马氏文通》,第一部系统的修辞学著作——《修辞学发凡》,第一次语言学讨论——文法革新讨论,第一个语言学组织——中国语文学会,都是在上海孕育、诞生的。这同上海的地理人文景观有重要联系。上海地处中国传统文化最发达的东南地区,近代以来,又成为中国经济最发达的一个城市。她是中西文化的交汇点。由于上海本土文化水平高,开埠以后又人才荟萃,接通海外,得风气先,因而形成一种创新、开放、杂交、多元的文化氛围——这就是海派语言学得以生根、发展的土壤。

在中国现代语言学史上,海派语言学形成特定的区域性文化特征和特定的时代特征,是在 20 世纪 30 年代文法革新讨论。这次讨论集中了一批在上海成长的中国现代语言学的先驱,如陈望道、方光焘、张世禄、傅东华、廖庶谦等。他们的共同心态是反思和创新。从这次讨论可以看出海派语言学在积极引进西方语言学思想的同时,从一开始就注重立足中国文化特点,消化吸收西方文化,熔中西文化于一炉。正如陈望道所指出,在汉语研究中"中外派"信奉外国现代的东西,"古今派"信奉中国古代的东西,而我们则要用一种新的方法将它们合流为以中国为主、以今为主的古今中外派。这表明海派语言学在中西文化的碰撞中具备了一种从容选择的气度,在平静而不急功近利的心态下去寻找中西文化交融的结合点,使传统文化通过这一代人的新的理解,发展出新的生机、新的方向。这在中国语言学经历科学的"分析的时代"的历史变革中,是一种难能可贵的超越意识。从文化渊源的角度看,这种意识正是具有鲜明时代特征的现代文化的民族意识。

海派语言学得以形成和发展的一个重要因素是它的兼收并蓄、学术宽容。它从未有过君临一切的主流意识。相反,它鼓励多样化的探讨,不习惯定于一尊而喜欢不拘一格。因此,海派文化人的自我意识都比较强,学术理论上个性鲜明而又不固执己见。在他们看来,结论不是最重要的,重要的是不断突破自己;方法优劣不是最重要的,重要的是不要企图用一种方法排斥十种方法,用一个目的压制十个目的。因此海派语言学在发展中能始终保持新鲜感、好奇心、创造力和幽默感,敢于突破陈规旧矩,标新立异,开风气之先。

在中国现代语言学史上,海派语言学具有深厚、鲜明的文化哲学。海派语言学的大师们对汉语本体论和方法论的认识,无不浸润着他们对民族文化博洽而精深的理解。这与中国现代语言学缺乏文化哲学、汉语精神和民族主体意识的苍白背景形成鲜明的对比。海派语言学一代代传承的注重理论思维、走具有中国特色的语言学道路的传统,在今天仍有着强烈的现实意义。海派语言学也有它的局限。它的体系还不够完密,它的范畴还缺乏足够的科学论证,它的语料还缺乏一定的覆盖面。但只要有健康的学术生态环境,它一定能在中国的土壤上茁壮成长,走向世界。因为它的全部哲学是华夏民族的,它的价值和意义也就拥抱了整个人类精神世界!

(原载《文汇报》1990 年 8 月 8 日。申小龙,时为复旦大学中文系讲师)

在张世禄先生遗体告别仪式上的悼词

庄锡昌

我们怀着沉痛的心情在这里悼念我国著名的学者张世禄先生。

张世禄先生生于1902年,在一个三代以教育为业的家庭中接受了深厚的传统语文教育。五四新文化运动的兴起,使张世禄先生认识到中国传统语言研究必须采取现代语言科学的新知来加以革新改造,从此,他走上了中国语文现代化的艰难的探索道路。自20世纪20年代末开始,张世禄先生用现代语音学原理系统地清理、解释汉语音韵学传统,赋予汉语音韵学新观点、新材料、新方法,出版了《中国声韵学概要》《中国古音学》《广韵研究》《中国音韵学史》等著作,开我国现代音韵学之先河。张世禄先生又积极引进国外语言学理论,撰著了《语言学原理》《语言学概论》等著作,是我国理论语言学的奠基人之一。建国以后,张世禄先生的研究重点转向词汇学,著有《普通话词汇》等著作。他撰写的《现代汉语》教材词汇部分在汉语词汇的研究上提出一系列重要的见解。他还出版了《汉字改革的理论和实践》等文字改革方面的论著。1978年,张世禄先生出版了《古代汉语》教材。这部教材集中了张先生在语言研究各个领域的深刻而富有创造的思想。尤其是他对汉语语法体系的突破"洋框框"的改革,引起学术界很大的反响。由张世禄先生主编的高等院校《古代汉语教程》也即将出版。张世禄先生以其毕生的精力和令海内外瞩目的著述,为我国现代语言学的发展做出了重要的贡献。

张世禄先生从1926年开始从事教学工作。先后任教于厦门集美学校、暨南大学、复旦大学、中国公学、无锡国专、诚明文学院、光华大学、云南大学、中山大学、桂林师范学院、大夏大学、中央大学、重庆大学、四川教育学院、南京大学、金陵女子文理学院、华东师范大学等院校,为培养学生呕心沥血,兢兢业业。在60多年的教学实践中,张世禄先生在传统语文教学方法的基础上总结出一套科学严谨的教学方法。他对学生真诚谦和,诲人不倦,授课深入浅出,引人入胜,深受学生的爱戴。即使在晚年视力很差,读写异常吃力的情况下,他依然对学生有求必应,看文稿几乎把文稿贴在面孔上。张世禄先生还十分重视语言学知识的普及,为中小学语文教学倾注了心血。张世禄先生一生教书育人,桃李满天下,是我国教育界的一代名师。

张世禄先生历任《辞海》语词分科主编,中国语言学会理事,《汉语大词典》《汉语大字典》学术顾问,上海语文学会、中国音韵学研究会、中国训诂学研究会、全国高校文字改革学会、上海古籍整理小组学术顾问。他是我国首批被国务院批准的博士研究生导师之一,并被国务院授予"有突出贡献的专家"称号。张世禄先生是一位热忱的爱国主义学者。在长期的学术生涯中,他始终把祖国利益放在首位。新中国成立后,他热爱党,热爱社会主义,始终兢兢业业地从事语言教学与研究工作。即使在非常时期受到种种不公正的待遇,仍然忍辱负重,全身心地投入到党的事业中,对祖国的语言科学怀着巨大的献身热忱。他品德高尚,任劳任怨,淡泊于名和利,俯首为孺子牛。在学术研究中,他扎实严谨,实事求是,勇于探索和创新。他像春蚕吐丝一样,把自己的一切献给了祖国和人民,鞠躬尽瘁,死而后已。他是一代代语言科学工作者心目中治学的楷模,为人的表率。

张世禄先生已离我们而去,而张世禄先生毕生为之奋斗的事业永存,张世禄先生的献身精神活在千千万语言学工作者的心中!我们要向张世禄先生学习,为祖国的社会主义现代化事业献出我们的全部力量!

敬爱的张世禄先生,安息吧!

(庄锡昌,复旦大学副校长)

挽　诗

施南池

识荆弱冠记犹新，六十年来获教频。
桃李缤纷栽自手，文章著作欲藏身。
起居不忘翻书卷，病废依然育凤麟。
汉语如今推祭酒，名山事业足千春。

世禄教授千古，施南池拜挽

（施南池，上海师范大学艺术系教授）

禄 师 忆 赞

刘如瑛

猗与禄师，人伦之规。德洁珠玉，学淹中西。

曩在中大，禄师设帷。春风时拂，化雨常施。

文字音韵，禄师所治。穷原竟委，锱铢不遗。

学贵独创，自辟蹊径。嗟我禄师，导路先驰。

忆昔讲学，文斾莅兹。扬师学子，每怀鹤姿。

桃李天下，著作丰碑。存为人仰，徂为人思。

1992 年 9 月受业弟子刘如瑛敬撰

（刘如瑛，扬州大学中文系教授）

张世禄与中国现代语言学

——怀念我敬爱的导师

申小龙

1988 年张世禄先生(中)、张瑞云师母(左)与博士生申小龙(右)合影

张世禄先生是我敬爱的导师。我是张先生亲手指导的最后一名学生,也是他的助手。去年 11 月 16 日,90 岁高龄的张先生不幸逝世,我闻讯赶到张先生家,一见师母,禁不住泪水夺眶而出……

我认识张先生还是在我的大学时代的一次学术报告会上,当时复旦大学中文系邀请北京大学著名教授王力讲学。王力先生在台上朝着前排坐着的一位老人说："张世禄先生是我的老师，我学习音韵学就是从读他的书开始的。"由此我认识了这位我国现代语言学的先驱。张世禄先生生于1902年。他求学的时代正是思想文化界交织着中西古今冲突的时代。出身于书香门第的他深感传统语文研究方法的严重局限，意识到中国传统的语言研究必须用西方语言科学的新知来加以革新、改造。在张世禄就读的南京国立东南大学，著名学者胡小石、陈中凡、顾实、柳诒徵、竺可桢、梅光迪、吴宓等对他有很大的影响。在他大学毕业不久，他就写出了《中国声韵学概要》《中国古音学》《广韵研究》《语音学纲要》等用现代语言学原理来研究和整理中国古代音韵研究传统的著作。尤其是在1938年出版的《中国音韵学史》，是第一部用现代语言学思想写出的音韵学史专著。张先生还积极引进翻译了西方语言学家的著作，如瑞典汉学家高本汉的《中国语和中国文》《汉语词类》等。有一次著名学者赵元任见到张世禄，谈话中把高本汉的《汉语词类》与章太炎的《文始》相提并论，张世禄当即反驳说："这两本书在方法上代表了两个时代。"张先生的音韵研究处处充满了现代科学精神。历史证明他毕生为之奋斗的现代音韵学方向，是一个正确的方向。

在老一辈语言学者中，张世禄的著述之多、研究范围之广，是惊人的。除了音韵学著作之外，他还出版了《语言学原理》《中国文字学概要》《中国训诂学概要》《汉字改革的理论和实践》《德国现代史》等著作。然而更为人们传颂的是他的教学工作。张世禄从1926年起，先后在福建、贵州、广西、四川、江苏、上海近20所大学任教。他的授课条理之清晰、兴味之浓厚、板书之谨严，令一代代学生叹为观止。语言学是一门枯涩艰深的学问。然而却有不知多少学生在他的影响下投身于汉语研究中来，如今成为祖国语言学事业的栋梁之材。今天当我们自己站在大学教坛上的时候，眼前总是浮现先生真诚谦和、乡音潺潺、引人入胜的授课身影。先生令我们惭愧，催我们奋发！他的人格魅力，我们终生受益不尽。

1980年，80岁高龄的张世禄发表《关于汉语的语法体系问题》，在全国首次提出了彻底改革汉语语法体系的主张。这一主张出于一位现代语言学大师之口，在海内外产生了强大的冲击力。其后不久，张先生就录取我为他的研究生，专治《左传》语法。从硕士生到博士生，在我的研究中浸透了张先生的心血。由于患白内障、高度近视,张先生每次看我的稿子都要将脸贴在稿纸上。实在累了,又让我把文稿录音,他反复地听。在理解我的意思后,提出他的看法,这样反复修改而成的文稿,他却不让我在稿中提他的名字。然而正如海外学术界评论我的一系列著作时所说:"申小龙当然深受张教授的影响,他正是秉承老师的教导,在汉语语法学以至中国的文化语言学中大展身手,建立有中国特色的理论体系。"去年我应日本中国语学会的邀请赴日本讲学,每到一地,学者们都会向我谈起我的老师张世禄先生,因为半个世纪前也是这个学会邀请张先生赴日本讲学的。世事变迁,先生的弟子们又在继承发展老师的事业,怎不令海外学人感慨!

如今,我敬爱的导师已离我而去。每当我思念老师的时候,我总会在先生书赠我的一幅字前凝视良久。那是在我获得"做出突出贡献的中国博士学位获得者"光荣称号的时候,先生用颤抖的手书写的一幅大字——"纷吾既有此内美兮,又重之以修能"。这是先生对我的鼓励,更是他对我这个"关门弟子"的深切期望。先生把自己的一切献给了祖国和人民。他曾有《自嘲》诗云:"分明别有青云路,犹把儒冠自误身。"我将沿着先生指引的路走下去,用求索创造的痛苦与欢乐,告慰先生在天之灵!

(原载《上海教育报》1992 年 9 月 8 日。申小龙,时为复旦大学中文系副教授)

张世禄与中国现代语言学

申小龙

　　张世禄先生,字福崇,1902 年 11 月出生于浙江省浦江县东乡一个书香家庭。他的父亲、叔父都是前清秀才。张世禄幼承庭训,耳濡目染父辈教授的"四书""五经"一类的古书,使他从小就爱上了古文。在当时,"小学"是"通经"的基础,入门的工具。从乡办小学到省立金华中学,他都以学习古文为主。这为他后来研究古代汉语打下了深厚的基础。他所读中学的校长即为著名的语言学家金兆梓。金兆梓在古文方面的博识精断给了张世禄很大的影响。

　　五四运动兴起后,张世禄首次接触了白话文和英文。当时的思想文化界交织着中西古今的冲突,张世禄对传统语文研究方法和手段的严重局限感触很深。他开始意识到中国传统的语言研究必须用西方语言科学的新知来加以革新、改造。1921 年,张世禄考入南京国立东南大学中文系,承师于著名学者胡小石、陈中凡、顾实、柳诒徵、竺可桢、梅光迪、吴宓等。在这里,他对语言研究的功用和研究手段的科学化与精密化有了比较全面的认识。他通读了清代语言文字学家的著作,如段玉裁的《说文解字注》、朱骏声的《说文通训定声》等。在传统小学的文字、音韵、训诂三个门类中,他感到音韵学最难弄通,因此下了很大功夫研读。他在胡小石先生指点下,看了高元的《国音学》及赵元任、林语堂、刘复、唐钺等的著作。他参照比较中外语言学著作,逐渐把握了汉语传统音韵学的各种概念范畴,从此选择了用西方语音学理论来研究中国传统音韵学的科学研究道路。在学期间,张世禄还聆听了章太炎、梁启超等学者的讲学。

1926 年，张世禄大学毕业，获文学士学位。次年他赴福建厦门集美学校任语文教师，开始了他漫长的语言研究与教学生涯。1928 年至 1932 年，张世禄在上海商务印书馆编译所任编译员期间，兼任暨南大学、复旦大学、中国公学等校文字学、语言学、语音学讲师。1932 年至 1939 年，张世禄任暨南大学中文系教授、系主任及复旦大学、无锡国专、诚明文学院、光华大学等校语言文字学教授。其间，于 1934 年，又应日本中国语学会之邀赴日本讲学。1940 年至 1947 年，张世禄到西南各省，先后担任昆明云南大学、坪石中山大学、桂林师范学院、贵阳大厦大学、重庆中央大学、重庆大学、四川教育学院等校的语言文字学教授，并曾到中央研究院历史语言研究所从事研究工作。在这些年间，张世禄研究的重点是音韵学和语言理论。他出版了十多部语言学专著和译著及 50 多篇论文，在学术界具有广泛的影响。

张世禄自 1929 年开始发表音韵学著作，先后出版了《中国声韵学概要》《中国古音学》《广韵研究》《语音学纲要》《中国音韵学史》等著作。这些著作的一个共同特点，就是用现代语言学原理来研究和整理中国古代的音韵研究传统。其中于 1938 年写的《中国音韵学史》，是第一部用现代语言学思想写出的音韵学史专著。张世禄认为，传统音韵学上的种种紊乱现象，究其根源在于它们都是使用方块汉字标音的，语音的变迁和纷歧无法在音读上反映出来。今天如果我们仍用汉字作标音工具而不运用现代科学的语音学方法来改造传统研究，那么我们只能认识一些同音的双声叠韵关系，而得不到各个字音里所包含的音素，得不到各个字音在某种语音系统里的确凿的读法，于是对于各种语音系统的析别和语音演变史上阶段的划分就容易发生淆惑和迷乱。因此，中国音韵学的进步，必须采用一种适当的音标字来作注音的工具，同时又根据现代语音学和语言学理论，辅以汉字以外的音韵材料，整理现代音，考证古代音。唯其如此才能有丰富的创获和科学的认识。（《中国音韵学史》，上海书店 1984 年重印本）为此，张世禄在引进西方现代语音学理论方法和清理改造中国古代音韵学传统两方面都做了大量的开拓性工作。

在现代音韵学的各种学说之中，张世禄介绍最勤的是瑞典汉学家高本汉的学说。高本汉自 20 世纪初开始研究中国现代方音，继而用历史比较法构拟中古音系统，用内部拟测法测定上古音系统，并用词语形式研究的成果探求词源,以建立汉藏系比较语言学的基础,形成了一套将西方语音学原理同汉语音韵学传统有机结合的语音史研究方法。张世禄以他独到的见识认定高本汉的方法是汉语音韵学科学化、现代化的必由之路。为此他积极翻译出版了高本汉的《中国语和中国文》《汉语词类》《诗经研究》《老子韵考》等著作。赵元任在一次见到张世禄时,把高本汉探讨词源的《汉语词类》同章太炎的《文始》相提并论,张世禄深不以为然。他指出,两书虽都由古音入手探究汉语词源,但在方法上却代表两个时代。旧式的音韵学,因为工具、材料和方法上的缺陷,其语源研究只能是古典式的,拘牵于汉字字形的,因而是主观、武断,且不成系统的。而《汉语词类》以现代科学为基础,条分缕析,层层推进,处处和中国旧时代的学术相反照。(《张世禄语言学论文集》,学林出版社1984年)汉语音韵学要成为一门现代化的新学科,必须在现代科学理论的指导下运用新观点、新材料、新方法。张世禄深信,章太炎、黄侃等前代学者虽然在古音研究上集前人之大成,似乎达到了顶峰而不可企及,但是一旦运用现代科学理论和方法就可以看出他们的局限,从而使音韵学突破传统语文的格局,走上现代科学的道路。在张世禄关于音韵的著述中,我们处处可以看到这种现代科学精神。历史证明张世禄毕生为之奋斗的现代音韵学方向,是一个正确的方向。

张世禄不仅重视引进、借鉴西方语音学的原理,而且重视用现代科学的知识来研究和阐释古代音韵学范畴。例如"清浊"的概念在音韵学传统上歧义纷出,张世禄指出,陆法言、孙愐等所说的清浊系指韵部的分析,而非近代用以辨别声纽的"清浊",也非魏晋六朝用于刊明字调的"清浊"。(张世禄《中国音韵学史》)传统音韵学以音感上的相对区分来归纳范畴。从前用五音的名称来区别字调,虽然把音素的差异混在一起,但这种区分不是绝对的,而是相对的,所以字调的种类可以概括地用"清浊""轻重"一类的词语来指示。后来受了佛经转读的影响,又为适应语音的实际,把字调区别为四声,把音调的问题同声韵的问题分了开来。但音素的差异虽然同乐音的高低没有关系,但在实际听感上,因声纽或韵素的影响也可以使整个字音发生高低的区别,于是原来用以表示音读上相对区别的"清浊""轻重"一类的词语,也转而表示音色方面绝对的差异。(张世禄《中国音韵学史》)在开始的时候,这种音色上的差异不区别元音和辅音的性质,把韵素差别和声纽种类混在一起,因而"清浊"又兼表示声和韵的相对区别。后来声纽上的种类和配列、韵部上的开合等呼等细目,都用体现声学上的相对差异的"清浊""轻重"来表示,其中便包含了各种标准。张世禄在吸收西方现代语言理论和方法的同时,用现代科学的解剖刀精辟地析解了汉语音韵学的传统。

由于在方法上高屋建瓴,所以张世禄对旧学的批判也就入木三分。清代的古音学曾被认为是"前无古人,后无来者"的音韵学顶峰,张世禄却一针见血地指出,传统古音学有两个通病:一是材料上杂取《诗经》《离骚》及其他古书韵语和《说文》等书里的形声字系统,旁及假借、读若、声训。这些材料并非属于同一个系统,彼此间存在着时代和地域上的分歧。从这种混杂性的材料所归纳得来的音韵系统难免有许多字音出入相错。而为了解释这种矛盾变异现象,就不得不由"合韵"说进而为"异平同入"说,再进而为"阴阳对转"及"正转""旁转"等曲为圆说。二是将韵部的区别绝对化,以为一个韵部仅包含一种音值,于是对许多穿错易变的字音不得不立通转的条例。条例繁衍仍不能统括字音的转变,又不得不委之以双声相转。(张世禄《中国音韵学史》)张世禄所指出的这两个古音学通病表明,研究古音,除了"考古"的方法以外,固然须注重审音,但在审音的时候,如果没有语音演变的时空观念,单把韵书和等韵的研究结果作为直接测定古音的根据,就必然会把后代的语音系统混入古音之中。正是在这一点上,张世禄对于作为"三百年间古音学研究之殿后"的"古本声""古本韵"说持批评的态度。他指出这一学说在材料上用代表魏晋隋唐间的读音系统的《广韵》来"考三代迄于六朝之音变";在方法上用明清等韵掩盖宋元等韵,又以这样的"读音"施加于《广韵》乃至周汉,把"音类"和"音值"混为一谈;在规律的认识上简单化地认定"古音简,今音繁",与现代语音学的科学认识多有不合。正由于张世禄站在现代语言学的理论制高点上,所以他对汉语音韵学史的研究成为中国现代语言学史上的典范。

在 20 世纪 30 年代,张世禄集中出版了一批理论语言学著作。其中有《语言学原理》《语言学概论》《语音学纲要》等,为在我国建立普通语言学理论做出了重要的贡献。张世禄认为,中国的科学向来不很发达,过去对语言虽然有很多著述,但终究未曾组织成为一种科学。因此,我们要研究中国的语言和方言,必须有西方语言学理论作基础;我们要考明汉语的性质和历史,也必须先具有世界语言学的知识。(张世禄《语言学概论·自序》,中华书局 1934 年)张世禄自己正是这样身体力行地进行研究的。例如关于语言变化的问题,张世禄首先指出语言作为一种社会的公器,它的变化是社会约定俗成的;然后区别了语言变化的种种类型;继而又指出,语言的变化大都由于自然的情势而起,其中意义的变化同社会事物的发展有关,形式的变化也是由于社会心理上对类别事物注意力的不断进步要求以相同的形式来表示相同的意义;声音的变化也是趋于便利。因此,语言的变化是一种进化。从本质上说,语言是一种社会习惯。如果它不适用于现实生活,它自然要起变化。张世禄的语言进化的观点,不仅否定了 19 世纪西方某些学者的狭隘的语言进化论,而且从这点出发,在整个世界语言的发展大势上确立了汉语在人类语言中的地位。一些西方语言学家从以形态繁简定优劣的偏见出发,把世界语言形态的孤立、黏着、变形三分看作语言进化的三个阶段。他们认为像汉语这样的孤立语是家族生活的民族所用,是最初等的;而印欧系语言的语词是有国家组织的民族所用,是最高等的;黏着语则为游牧生活的民族所用,介于两者之间。这种观点一笔抹杀了中国数千年的文明史,认为中国的文化和语言都停留在太古幼稚的状态。张世禄吸取了叶斯柏森、高本汉等学者的观点,根据他对汉语历史发展规律的独到的洞见,针锋相对地指出汉语的发展恰恰是循着与三段进化论相反的由变形到孤立的途径。如果说变形语是一种高等语言,那么早在原始汉语就已达到了这样一个阶段。这一点可以从拼音文字记录的与汉语同系的古藏语形态得到证实。而今天汉语的“孤立”性质却又正是几千年汉语演变的结果。这一令人信服的论证使以民族偏见为前提,对科学事实削足适履的三段进化论不攻自破。张世禄不仅用东方语言的事实驳倒了三段进化论,而且进一步指出西方语言的历史发展趋势也绝非三段进化,而是与汉语的发展趋势一致,由综合语趋向分析语。不但现代英语已大半成为分析语,即使拿从前的梵语和较后的希腊语、拉丁语,拿从前的拉丁语和现代的法语、意大利语分别比较,也可见形态变化的日渐减少,趋于孤立,只不过其演变速度较汉语为缓罢了。语言的应用在于思想表现的明确。分析语的表现手段比较显明简单,没有错杂纠纷的弊病,所以世界语言趋于分析是语言进步的现象。张世禄指出,西方一些学者在语言理论上轻视东方民族及其语言,这是一种狭隘的民族心理,是因闭塞而自视甚高,轻视外族的太古遗俗在现代社会的折光。从世界语言的事实来看,常有语言的性质相近而文化的程度相悬殊的,也有文化不分高下而语言的性质完全异趣的。北美土著民族的语言和古代的梵语、希腊语、拉丁语同属形态语言。埃及、巴比伦、印度和中国都是古代文明大国,所用的语言却或是形态的,或是非形态的。可见人种和语言的关系不过是语言的殖民心理所产生的一种神话。"说我们所用的国语是世界上最劣等的,我们的民族固然不必因此而自馁;说我们所用的国语是世界上最优等的,我们也不因此而自豪。我们学过德语的人,就可以知道德语里对于名词阴性、阳性、中性的区别,最不合于理论,最不合于科学,我们当然不能因此断定德国人是不合于理论和科学的。"(张世禄《张世禄语言学论文集》)从张世禄对语言变化理论的阐述,我们可以看到他在筚路蓝缕地引进西方语言理论的同时,注意用汉语的事实来检验这些理论,注意把汉语放在世界语言发展的大背景上来考察,努力建立能够概括汉语事实的一般语言学理论,这是难能可贵的。张世禄就是这样与同时代其他现代语言学前驱一起,促成了传统语言学质的更新,奠定了中国现代语言学的科学基础。

(原载《书窗》1992 年第 1 期)

《语苑新论——纪念张世禄
先生学术论文集》序

罗竹风

　　1986 年春，由倪海曙同志倡议，为他复旦大学的两位老师吴文祺教授和张世禄教授从教 65 周年举行庆祝会，他的贺词是"万花如海，松柏长青"。当时我在上海社联工作，吴、张两教授近 30 年来都是上海语文学会的同事，而且相处极好；我极表赞同，也是发起人之一。10 月间，在上海市委统战部二楼大厅举行了隆重而又祥和的庆祝会。两位老人都还健康，记得陪同前来的张师母还为此感动得流泪，是一种表示欣慰的眼泪。

　　人生无常，时隔两年，作为学生的倪海曙同志竟于 1988 年 2 月 27 日在北京逝世。他留下的最后一句话是："文改万岁！"1991 年 3 月 12 日，吴文祺教授在美国探亲期间，因癌症不治同我们永别了。我在追思悼念会上曾经提到："吴文祺教授不幸逝世了，而且是在美国逝世的，我们无从知道他临终前想了些什么，但有一点是可以推断的，他一生关心祖国的前途也包括文字改革的前途；作为《汉语大词典》的领导人之一，也必然关心它的命运……"

　　1991 年初，复旦大学的濮之珍、许宝华、邓明以三位想为张世禄教授庆祝 90 岁寿辰，我很同意。后来在上海语文学会的一次常务理事会上，得知张世禄教授因病卧床不起，不能下地走动。庆祝他 90 岁大寿的设想也只好打消了，我们只有默祷他同病魔斗争，争取多活几年；却万万没有想到这位语言大师在 1991 年 11 月 16 日与世长辞了！

　　哲人其萎，倪海曙、吴文祺、张世禄相继"走"了，是我国语言学界的巨大损失！

万花如海
松柏长春
祝贺张世禄师学术活动
六十五周年
　　学生 倪海曙 鞠躬
　　　　1986·9·

1986 年倪海曙先生贺词

　　张世禄教授是我国著名的语言学家、教育学、复旦大学教授、博士研究生导师,终生进行语言学研究和教学工作,可谓学贯中西,著作等身,桃李满天下。他不仅精通中国传统语言学,对文字、音韵、训诂都有独到见解,并一贯关心中国语文现代化问题,曾经提出文字改革是近代和现代整个语文改革运动的中心环节。他在《汉字改革的理论和实践》这本论著中,全面系统地阐述了我国文字改革的种种问题,并非常重视语言的标准化和规范化,终生不懈地为纯洁祖国语言做出重大贡献。

　　张世禄教授的治学方法,不妨概括为古为今用,外为中用。除了从历史上探索汉语发展规律,还借鉴外国语言学的新成就作为"他山之石",因而很重视翻译和介绍外国著名语言学家的论著。我以为,他是我国语言学界的多面手,专著有 20 种,译书 3 种,专论 100 多篇。综合张世禄教授的著译加以分析,他的语言观是理论联系实际,数十年如一日,始终抬头向前看,为祖国语言现代化开辟道路。从《张世禄语言学论文集》中，就清晰地贯串着这个脉络，充分表现出正确的走向。一个真正关心祖国语言命运的学人，如果只是骸骨迷恋者，孤芳自赏，而不想把文字交给亿万群众，为语言现代化而奋斗，恐怕起点和落脚点都成问题，是不足为训的。

张世禄教授是《汉语大词典》的学术顾问。1982 年秋天，我曾亲自登门求教。他两眼高度近视，戴的眼镜像啤酒瓶底，看东西几乎要靠近鼻子，不得不经常借助于放大镜，说话也是慢条斯理的，声音微弱。他认为编写、出版这样一部大型汉语专业词典，必须占有大量资料，编写时字斟句酌，下笔千斤重。写出的条目要言简意赅，不蔓不枝，能够经受起时间考验。他还说，认真贯彻"古今兼收，源流并重"的方针即可概括《汉语大词典》的性能，但真正做到是并不容易的。依靠党和政府的领导和华东五省一市老、中、青语言学者共同努力，是能够完成这一艰巨光荣任务的。最后，他突然提出编写词典的语言问题，是否可以在实践中摸索出一些经验？这对我是一个很大的启示，而且也确实是值得认真研究的。

言犹在耳，而张世禄教授却与我们永别了。缅怀往事，能不令人悲悼！

《汉语大词典》将于 1993 年出齐 12 卷，胜利完成中央交给我们的这项任务。张世禄教授在天有灵，是一定会感到欣慰的；并以此告慰倪海曙、吴文祺二位，他们都是《汉语大词典》的元老。我们应当在前辈语言学家开拓的道路上继续前进，为建设具有中国特色的语言学体系而努力奋斗！

若从卢戆章算起，中国语文现代化已经整整 100 年了。在祖国"四化"建设中，"语同音"的问题应当而且也必须及早解决。为纪念张世禄教授，由国内专家就语言学的各个门类撰写了 43 篇论文，书名即定为《语苑新论——纪念张世禄先生学术论文集》，这正是对他最郑重、最诚挚而且也是最有意义的"祭奠"了。

（原载《语苑新论》，上海教育出版社 1994 年版。罗竹风，上海社会科学学界联合会主席）

谈古代汉语虚词类别的两分法

王　宁

　　古代汉语的词类划分，自汉代已有虚实两分的萌芽。毛亨的《诗诂训传》设"辞""辞也"为训语，实际上已有虚词的概念。许慎的《说文解字》中有一批字是专门为"词"而造的。"词，意内而言外也"（《说文解字·三上·言部》)，指的是发声助语之词，这实际上已把虚词与其他的词（相对说来就是实词）分开。汉代的一些注释家，用"辞""语助"这类训语来注释虚词，为数不少。所以，当马建忠把字（词）分成实字和虚字两大类时，中国的传统语言学家并没有认为这是"西化"的产物，接受起来，也没有什么困难。

　　马建忠把虚字（词）分为介、连、助、叹四类。助词和叹词在传统语言学史上也不是陌生的名词：郑玄三礼注直接使用了"语助"这一训语，毛传已把"於""猗""于"等句首的虚词称作"叹辞"。唯有介词与连词在传统"小学"里是没有出现过的概念。

　　中国古代的训诂学家没有把马氏所说的介词与连词包括到语助词里去，这不是偶然的。以传统"小学"家对汉语的锐敏感觉，却没有觉出马氏列入虚字的连词与介词的"虚"，这实际上反映了一个语言的事实。中国古代的"小学"是经学家兼而为之的，他们面对的语料是先秦文献的书面语，也就是我们今天所说的周秦时代的上古汉语。在这种汉语里，相当一部分介词和连词确实还没有"虚"到后来的那种程度。拿近代汉语和现代汉语已经没有实义的"以"字来说。"以"在《诗经》里，相当于后来介词的地方，大部分还保留"使用""给予""按照""带着""拿"等实义，甚至还有名词的用法（例如《邶风·旄丘》"必有以也"）。"以"在《左传》里后来被当成介词的地方，可以直接理解为除上述义项外,还可以用"率领""认为""和……共同""依……标准"等来对当。这就是说,它在意义上还不虚。唐代的孔颖达曾作《五经正义》,对汉代经学家的语言感觉加以理性化。他在《诗·周南·关雎》后"关雎五章之四句,故言三章,一章之四句,二章之八句"这几句话后曾说:

> 句必联字而言。句者,局也。联字分疆,所以局言者也。章者,明也,总义包体所以明情者也。篇者,遍也,言出情铺事明而遍者也。然字之所用,或全取以制义,"关关雎鸠"之类也。或假辞以为助者,"乎""而""只""且"之类也。

孔颖达的这段话,已明确地指出,句子是言语起表达作用的基本单位。而字(词)在句子里有两种作用,一种是"取以制义",一种是"以为助"。前者以自己的实义构成句义,后者对句子构成起辅助作用。很显然,前者是实词,后者是虚词。古人在划分这两种词时,最主要的标准是看这个词是否具有实际的意义。和"以"字一样,后来被看作介词的"从""由""与""同""于"等,在先秦古汉语里,相当一部分还有动词的实义,因而都还可以找到单独作主要成分的用例。它们与近代汉语和现代汉语里比较成熟的介词和连词是不一样的。后来的介词和连词,是由这些动词进一步虚化而来,而在先秦古汉语里,这个虚化过程还没有完成。

面对这一现实,古代汉语——作为教学体系的古代汉语主要指先秦文献语言及后代模仿先秦的语言,也就是文言——如何来进行虚词的分类,才能既符合上古书面汉语的事实,尊重传统"小学"家合理的分类见解;又与现代习用的语法系统衔接而便于阐述历史的发展? 张世禄先生提出了一个极为重要的见解。他在 1978 年出版的《古代汉语》(上海教育出版社)中指出,古代汉语的虚词应分为语气词和关系词两大类。这一分类法正符合上述要求。

所谓语气词,指的是在句子基本意义的基础上增添某种语气的虚词。它的有无不影响句子结构。所谓关系词,指的是在句子中帮助句中成分或分句按某种关系结构起来的词。前者相当于语气副词、语气助词;后者相当于介词和连词(连词"之"有的称结构助词,实际应属此类)。这种两分法,十分切合古代汉语的实际，也十分符合古代训诂家的认识。

语气词和关系词不仅是由它们在句中的作用来区分的，而且在上古汉语里，还可以发现它们来源的不同：

语气词很早就被区分为"发端""札句"和"送末"三类（见刘勰《文心雕龙·章句》），这三类相当于我们今天所说的句首语气词（发语词）、句中语气词和句末语气词。句中语气词是因填充音节而产生的。上古汉语以单音节为主，而古人说话从来是讲究韵律的。中国的礼乐文化兴盛很早，音乐对语言的反作用很大。为了使韵律和谐，也就是"足其音"，时常要在意义已经完备的句子里植入一个或几个音节。《诗经》中相当一部分句中语助词是因此而植入的。句首与句末语气词则首先由离句而产生。在口语中，为了把两个句子分开使人一句句听明白，在起句与终句时常会有自然的声音调节。书面语把这些自然的声音记录下来，便成为单音节的语助词。这一点，起码在唐代便已有人解释清楚。刘知幾在《史通》中说：

> 夫人枢机之发，鼍鼍不穷，必有余音足句为其始末，是以伊、惟、夫、盖，发语之端也；焉、哉、矣、兮，断句之助也。

句末语气词在断句的同时，又要表现说话人的感情，因而具有了因不同感情而形成的又一层次的差异。这三种语气词，不论位置在句首、句中或句末，都是人在说话时脱口而出的自然之声。因此，它们大部分是发音比较方便又易于延长的，就声母而言，唇音与零声母居多；就韵母而言，很少有入声字。

关系词则不同，它们是由具有实义的动词或形容词虚化而来的。实词的意义越宽泛，使用率便越高，内涵与特点便越淡化，逐渐变成表示某一意义范畴的词，不以其实义在句中起作用，而以表现某种关系为主要作用了。诸如"因"由"依靠""凭借"义发展为表示一切作为凭借的事物，便虚化为引进原因的介词；"顾"由"回头"义发展为表示改换一个方向来述说，便虚化为转折连词等。这些词所表示的关系的类型，还与原来的实义有关，相当一部分是可以追溯的。

正因为语气词与关系词有着这样不同的来源，为它们造字便采用了不同的方案：语气词大部分是原生词，对周秦文献文字进行规范的《说文解字》中大都可寻到它们的本字。诸如"只，语已词也""者，别事词也""曰，词也""乃，曳词之难也""粤，亏词也""兮，语所稽也""乎，语之余也"……语气词没有实义，为这批词造字难有切实的理据，所以，其字多从"口"、从"自"（鼻息）、从"乙"（像口气上出）、从"丂""万"（像气之出迂曲或受阻）……只认定它们与人的口鼻出气有关而已。这部分字实际已是音化的符号。关系词则因是实词虚化而来，大部分袭用了原来实词的本字，一般把实义淡化后的介词、连词认为是原来实词的"本无其字"的假借，或认为是引申，所以，这批虚词本应没有了实义，但都还具有造字理据很切实的本字。这也是习惯了"字本位"的训诂家们对语气词的"虚"一下子就感觉到了，而对后来人认为已是虚词的关系词往往不觉其"虚"的一个原因。

上述这些现象表明，语气词和关系词的两分措施，合乎古代汉语的实际，因而合乎中国传统语言学的习惯，并且与现代的分析方法有比较整齐的对应，易于衔接与沟通古今，在古汉语虚词研究上十分必要，对古代汉语教学又是极易掌握、完全可行的。

张世禄先生 1978 年出版的《古代汉语》一书，是一部学术价值与实用价值都很高的古代汉语通论。书中不少地方积聚了张世禄先生多年来在古代汉语领域里的研究成果，特别是其中表现出的张先生关于古代汉语教学体系的精辟见解，尤为可贵。上面所说虚词按语气词和关系词两分的主张仅为其中的一项。遗憾的是这部《古代汉语》一直未能再版，虽然只是 12 年前的书，现在已经很难看到了。希望这部书还能被更多的人读到！

（原载《语苑新论》，上海教育出版社 1994 年版。王宁，北京师范大学中文系教授）

张世禄先生在文字学上的贡献

许威汉

张世禄先生治学严谨,学识渊博,在语言文字学领域卓有建树,贡献突出。这里不能一一地详叙,只打算简述先生在文字学上的贡献。先生在文字学上的贡献也是多方面的,这里也还只能择其要者略陈数端,兼申管见。

一、从"文字上之上古社会观"透露古文化信息

《张世禄语言学论文集》中所收集的最早的一篇文章《文字上之上古社会观》是1923年发表的(东南大学《国学丛刊》第1卷第2期)。这篇文章例析文字构造,洞察我国社会的演进"由渔猎而畜牧,由畜牧而耕稼",审视受农业影响的"政俗诸端",即"尊天之思想特富""宗法社会与大家庭制度之发达""重民政治之特著""崇和爱而不失尚武"等,透露了古文化信息。这在当时是可贵的,在今天仍然是可贵的。

在我国,唐宋时期已经注意到社会生活的各个方面,开了文化和文化史研究的先河。特别是宋代的郑樵,在他的《通志》中开列了二十略。自上古至唐,就有氏族、六书、七音、天文、地理、都邑、礼、谥法、器服、乐、职官、选举、刑法、食货、艺文、校雠、图谱、金石、灾祥、昆虫草木这些;其中除袭用唐代杜佑《通典》旧文外,氏族、六书、七音、都邑、昆虫草木五略为旧史所无,极具创见。

在西方,摩尔根依据实地调查和文献资料,写出了《古代社会》一书,创立了社会人类学(亦称文化人类学)。恩格斯采用摩尔根的研究成果作为历

史唯物主义的资料,写了《家庭、私有制和国家的起源》的名著,指出"摩尔根是第一个具有专门知识而想给人类的史前史建立一个确定系统的人;所提出的分期法,在没有大量增加的资料认为需要改变以前,无疑依旧是有效的"(《马克思恩格斯选集》第四卷第17页,人民出版社1972年)。

在我国传统文化的熏陶下,在西方文化学思潮影响下,梁启超20世纪20年代后期在清华大学国学研究院开设《中国文化史》课程,提出撰写文化专史的主张,并拟就了《中国文化史目录》(惜未成书)。后来郭沫若撰写《中国古代社会研究》,闻一多研究《诗经》和《楚辞》,也多少渗透着文化人类学意识。顾颉刚等人的《古史辨》则体现了文化人类学的应用。王云五的《编纂中国文化史之研究》、钱穆的《中国文化史导论》等一二十种有关文化的编著,自然也不能排除文化人类学意识的影响。这也就是说,近代的西学东渐和"五四"后马克思主义的广泛传播,在相当程度上对中国文化和文化史的研究起了促进作用。在这重要的历史时期,张先生同具慧眼,通过文字构造的分析透视古文化,且为自己在30年代从整个文化发展角度阐明音韵学演进而撰写《中国音韵学史》率先拉开了帷幕。建国以来,由于种种原因,文化和文化史的研究沉寂了30多年,文字与文化关系的探讨也随之受到影响,直到80年代,在当前现实的感召下,才又引起我国理论学术界的普遍关注。回顾过去,展望未来,张先生的《文字上之上古社会观》显示的历史意义和现实意义是很值得重视的。即便同一字例的说解可能仁者见仁,智者见智,但开创之功,毕竟令人艳羡。

二、强调汉字对社会文化的作用

张先生《汉字的特性及其对社会、文化的作用》(《张世禄语言学论文集》第555—561页)一文的第三部分"汉字对社会文化的作用"着重指出:"汉字对维持我国统一的局面以至历史上就形成这样的大国,实在有不小的帮助";"汉族的形成和汉族文化的影响于国内及东亚诸民族,都是跟这种表意文字的传播有关";我国古代文化一直继承下来,"这也跟我国这种独存的'前人所以垂后,后人所以识古'的文字有关";"历代留存下来我国书籍的浩繁,不能不推许汉字在历史上的功绩"。诚然,汉字有其光辉历史,无可置疑。它经历了旧质要素的逐渐衰亡和新质要素的逐渐增加的过程,高效发挥自身职能,更好辅助汉语。特别是我国地广人多,汉字对维持传统文化的高度一致、广泛传播和久远延续,起了非常重要的保证作用。其所以能够这样,实是因为汉字已发展成为"完善的表词文字体系"(布龙菲尔德《语言论》)了。翻开历史,谁都不可能无视汉字这一光辉史实。唐德刚先生(美籍华裔学者,纽约市立大学教授)说得好:"中国文字即中国文明,保留了 19 世纪以前人类最丰富的纪录,总量超过人类文明史上所有其他文字所保留的总和。"(转引自《编译参考》张文中摘)。这一汉字史实,该是我们有目共睹的。(按:上述是把"文字""文明"乃至"文化"都糅在一起说的。关于"文化",本来就有不同说法。有人认为文化就是知识;有人认为除了政治、经济、军事便是文化;有人认为区别于自然的便是文化;有人认为文化是生活方式的总和;有人认为文化等同于意识形态;有人认为文化就是文明,是物质财富和精神财富的总和,即人类创造的总和;有人认为文化范围比文明广泛,文化产生早于文明——人类产生就有文化,文明系进入阶级社会才产生。凡此种种,理解上的分歧很大。人们曾经作过统计,全世界从各个学科、各个角度给"文化"下的定义竟有 260 余种之多。但不管怎样分歧,"文字、文明、文化"糅在一起毕竟是较有代表性的。由此推断,唐德刚"中国文字即中国文明"说当言之成理。)而汉字能谱写这一光辉历史,当离不开汉字自身坚实的逻辑基础。我们知道,作为人类思维的普遍形式的逻辑范畴从一般概念发展而来,经历着从个别到特殊再从特殊到普遍的发展过程;作为概念的表达形式的语词也有相应的发展过程,即当人类思维中产生某种概念的时候,必然产生表达某种概念的语词,概念以简约的形式体现于语词之中。所以黑格尔说,"思维形式首先表现和记载在人的语言里","语言渗透了成为人的内在的东西,渗透了成为一般观念的东西"(《逻辑学》上卷第 7、8 页)。列宁重视这一见解,在《哲学笔记》中作了"思想史=语言史??"的标记,并且在另处强调为了研究人类的认识史应当充分研究语言发展史(《列宁全集》第 38 卷第 399 页)。语言与思维相辅相成,当确凿无疑。而"汉字是以象形为基础、表意为主导而又兼有表音成分的表意制(体系)文字"(许威汉《谈汉字的发展演变》,《语文论丛》第 1 辑),"与汉语单音成义的特点相适应"(王力《汉语浅谈》),它和汉语关系至为密切(不同于表音文字和语言的关系),亦其理至明。从这一情况看来,汉字与思维显然有着直接的联系。这一事实真相,早在甲骨文字中就有具体反映了(甲骨文字是后来文字的发展基础,后来文字是甲骨文字的继承与发展)。甲骨文字能够有效地记录当时的语言,如实地反映当时的社会状况,明晰地传达当时的文化信息,显然是取决于它的表意制特点与思维的直接联系。由此可知,张先生强调"汉字对社会文化的作用"的各点表述,经过逻辑的检验和实践的检验已经获得真理性的证明。

三、重视汉字形、音、义的综合研究

张先生早在 30 年代就说过:"对于中国文字的研究,必须要形、音、义三方面并重。"(《研究中国文字的方法》,《张世禄语言学论文集》第 187 页)并说明研究中国文字,须得如下式:

这一见解,十分重要,但没有引起人们足够的重视。进入 80 年代,张先生《汉字的特性及其对社会、文化的作用》一文又一次指出汉字的形、音、义三种要素之间的关系,并不是直线关系,而应当像如下的三角关系(混合制关系):

张先生区别了字的形、音、义的"直线关系"与"三角(混合制)关系",揭示了汉字的独特性质,有助于对汉字作切实而有效的研究。呈直线关系的文字,也可称线形文字;呈三角关系的文字,我们管它叫作平面文字。方块汉字属平面文字。有人这样认为:"1. 平面文字优于线形文字。因为,平面比线形贮存的信息多。在等长的视幅中,从平面文字中能比线形文字获得更多的信息。2. 每个汉字方块是相等的,同线形文字比,阅读方块可减轻一种负担。因为,在阅读线形文字时,一要分辨音节,二要分辨每个音节的内容,这是两种负担。方块则不然,每个字无论是一划或几十划……完全浓缩在一个相等的方块中。这就使人阅读汉字时,只有识别每个方块字不同内容的负担,而没有区分音节的负责,所以易读值高。"要而言之,汉字信息量多,易读值高。仅就汉字信息量多而论,张先生的申述也是很有启发性的。其所以有启发性,是因为完全切合汉字事实。鉴于这一事实,先生便提出汉字研究"必须要形、音、义三方面并重"。关于"形、音、义三方面并重"的研究,是近世汉字研究的优良传统。重形不重音的观点控制着1700年的中国语文学,清代学者段玉裁、王念孙"形音义互求"说的提出,给中国语文学方法论以革新(王力说"这是训诂学上的革命"),古代经史子集中许多难懂的字都讲清楚了。这一传统无疑应该继承发扬。张先生在这方面从理论到实践,都给我们做出了好榜样。

四、利用《说文》资料施之于词汇研究

数十年来,张先生不断合理地选用《说文》资料进行词汇研究。《张世禄语言学论文集》直接提到《说文》上百次,引用《说文》字例不可胜数。《古代汉语》(张世禄著,上海教育出版社1978年)对《说文》资料的利用也不少见,而且鉴古观今,持论尤有独到之处。这里仅以同义词和多义词的研究为例作说明。

(一)同义词研究

这可以《"同义为训"与"同义并行复合词"的产生》(《论文集》第544—554页)一文的研析为代表。它列出:

1.《说文》中所见"同训"及后来构成同义复词例(稍有更动调整,无伤总体,下同):

雕(治玉也),琢(治玉也)——雕琢;

冷(寒也),漂(寒也):寒——寒冷、冷漂;

凄(痛也),恻(痛也)——凄恻;

迅(疾也),速(疾也):疾——迅疾、迅速;

把(握也),持(握也):握——把握、把持;

排(挤也),抵(挤也):挤——排挤、排抵;

诏(告也),谕(告也)——诏谕;

训(说教也),诲(晓教也):教——教训、训诲。

2.《说文》中所见"互训"及后来构成同义复合词例:

吹(嘘也),嘘(吹也)——吹嘘;

讽(诵也),诵(讽也)——讽诵;

歌(咏也),咏(歌也)——歌咏;

偏(颇也),颇(头偏也)——偏颇;

险(阻难也),阻(险也)——险阻;

奉(承也),承(奉也)——奉承;

谄(谀也),谀(谄也)——谄谀;

意(志也),志(意也)——意志;

追(逐也),逐(追也)——追逐;

辽(远也),远(辽也)——辽远;

排(挤也),挤(排也)——排挤;

吟(呻也),呻(吟也)——呻吟;

杀(戮也),戮(杀也)——杀戮。

3.《说文》中所见"递训"及后来构成同义复合词例:

论(议也),议(语也):语——议论、论语;

诽(谤也),谤(毁也):毁——诽谤、毁谤;

惶(恐也),恐(惧也):惧——惧恐、恐惧;

税(租也),租(田赋也):赋——租税、赋税;

借(假也),假(非真也)——假借;

祸(害也),害(伤也):伤——祸害、伤害。

4.《说文》中所见"同义为训"及后来构成同义复合词例:

祐,助也——祐助;

祷,告事求福也——祷告;

禁,吉凶之忌也——禁忌;

小,物之微也——微小;

分，别也——分别；

公，平分也——公平；

释，解也——解释；

咙，喉也——喉咙；

各，异辞也——各异；

局，促也——局促；

丧，亡也——丧亡；

造，就也——造就；

迎，逢也——逢迎；

遭，遇也——遭遇；

通，达也——通达；

徙，移也——移徙；

读，诵书也——诵读；

譬，谕也——譬谕；

欣，喜也——欣喜；

调，和也——调和；

攻，击也——攻击；

敏，疾也——敏疾；

督，察也——督察；

乖，戾也——乖戾；

殆，危也——危殆；

朽，腐也——腐朽；

残，贼也——残贼；

肌，肉也——肌肉；

肤，皮也——皮肤；

肌，肉也——肌肉；

制，裁也——制裁；

创，伤也——创伤；

触，抵也——抵触；

宁，愿词也——宁愿；

亏,气损也——亏损;

馆,客舍也——馆舍;

墙,垣蔽也——垣墙;

柢,木根也——根柢;

华,荣也——荣华;

囿,苑有垣也——苑囿;

邦,国也——邦国;

稀,疏也——稀疏;

完,全也——完全;

宥,宽也——宽宥;

寄,托也——寄托;

宄,奸也——奸宄;

宫,室也——宫室;

穿,通过——穿通;

疲,劳也——疲劳;

促,迫也——迫促;

歇,息也——歇息;

契,大约也——契约;

惇,厚也——惇厚;

想,冀思也——思想;

悟,觉也——觉悟;

慰,安也——安慰;

怠,慢也——怠慢;

憎,恶也——憎恶;

悲,痛也——悲痛;

注,灌也——灌注;

汁,液也——液汁;

涕,泣也——涕泣;

接,交也——交接;

招,手呼也——招呼;

摇,动也——摇动;

技,巧也——技巧;

捐,弃也——捐弃;

均,平遍也——平均;

增,益也——增益;

阴,暗也——阴暗;

继,续也——继续;

界,境也——境界。

张先生从《说文》中归纳出来的字例分条列出,展示了汉语词汇内部发展的主要规律。上古前期汉语单音词占优势,但西周复词已处于萌芽状态。从复合词看,西周金文出现 165 个,东周金文也出现 127 个,两周金文计出现 292 个。加上《易经》《诗经》《尚书》《左传》《国语》中的复合词 1645 个,总共 2917 个(联绵词暂未统计)。战国时期,可以用作统计分析的著作很多,有人拿《韩非子》作分析,单音词为 2356 个,复音词 2223 个,复音词数量接近单音词。这样看来,有人说,"春秋战国时期,新词的增加以单音节为主",就未必算是定论了。笔者倒认为,春秋战国时期,新词的增加以复音节为主。最早的字书《仓颉篇》《训纂篇》《急就篇》已经不传,据说西汉扬雄《训纂篇》只有 2040 字,春秋时期单音词的数量似乎不会很多。即便是内容分布很广的《诗经》,总字数 30000 多,其所用的字也只有 3400 个,而到了战国时代的《韩非子》,单音词与复合词大致相当。复合词的剧增,这是无可讳言的。而上古复合词中,同义复合词最多。如在《左传》一书中,这类复合词占全部复合词(其他的联合式、动宾式、主谓式、偏正式、补充式等)一半以上,这是因为两个词根意义互相补足、互相制约,使表意明确(单音词的多义性、灵活性和模糊性必然引致同义复合词的增多)。张先生审视汉字特性,揭示词汇内发因素,给人以重要启迪,其认识价值与实践价值自是不应低估的。

(二) 多义词研究

多义词顾名思义是指具有多种相关意义的词;这多种意义,主要是指一个词由其本义推演而成的意义。对于词的多义现象,张先生在所著的《古代汉语》第三章第三节"词的意义及其发展"以《说文》字例为据,指出"词所代表的概念,并不是一成不变的,完全固定的,而是依据社会上的应用,常常有发展变化";"词义引申转变,一方面根据于社会上实际应用的需要,另一方面也根据于反映客观事物的人们心理上联想的规律"。这里,张先生提到了"词所代表的概念""社会上实际应用""人们心理上联想"这些内容,言不多而要其中。为把张先生的见解深入加以阐发,笔者拟作必要的申论。

笔者认为前期的词汇学分析意义系统,人们常为词的概念意义所胶固。现代词汇学把词的意义分析为概念意义、联想意义和社会意义。这种意义的三分法,反映了现代词汇学的新成就,正与张先生历来的见解相吻合。

概念意义以逻辑为基础,属封闭系统;联想意义以经验为依据,属开放系统(有系统就有控制,词联想意义有其控制性特征,不尽同于文学艺术上的若干联想);社会意义强调动态的、社会的词义分析(不同于前期着重于静态的词典式的固定的词义分类)。比如"铁"的概念意义指一种金属,表示坚硬、坚强,便是联想意义了;而用在"铁的纪律"中,铁就具有社会意义,社会意义常交织着联想意义。联想意义可以是"多向""多重"的。社会意义则来自多渠道的,它包括地区方言与社会方言的变素、不同职业的变素、不同语域与不同语言的变素、作家风格的变素、作者的意图与不同读者的不同理解的变素等。由此看来,张先生合理地利用《说文》资料施之于多义词研究,其所阐发,也具真知灼见。

《说文》主要讲概念意义,段玉裁注《说文》,阐释了其中 1000 多个常用字(词)的引申义。引申义多半是联想意义和社会意义。比如"桡"的"曲木"义是概念义,"百折不挠"的"挠"便是联想意了;"宰"解释"罪人在屋下执事者",也是本义,段注说"引申为宰制",便是社会意义了。怎样理解属于社会意义呢? 我们知道,"宰"本来是屋内奴隶("宰"早在甲骨卜辞中就出现,与"婢、仆、妾、奚、奴、臣"等同属奴隶),即所谓"罪人",因贴近奴隶主,有可能得到奴隶主的信用,逐渐具有职权,乃至扩大职权;到了后代,直至成为官僚,执掌国政,相当于"总理大臣"了。这样看来,"宰"的社会意义就十分明显。不仅如此,它已由贬义演为褒义,感情色彩也随之起变化了。

词义引申问题是词汇学中一个十分重要问题,也是我们应认真研究的重要课题。按理说,前贤发其端,时秀继其后,今后重在继承与开创。但综观近几十年来词义引申的研究历史,是不能令人满意的,到目前为止,似尚缺乏坚实基础和理论升华。我国语言学界一向流行着词义的扩大、缩小、转移的说法,这一说法原来是德国语言学家赫尔曼·保罗(1846—1921)在《语言史原理》中提出来的。它对我国词义引申演变的研究曾经起过重要的促进作用,可是它并没有使汉语词义引申演变的研究有大的进展(只见词例不断增加补充,余则看不到分析入木三分之迹,更看不出有理论突破)。原因不在于这种说法本身缺乏理论价值,而在于人们没有紧密结合汉语特点,立足于吸收我国传统的词义研究的丰富而宝贵的成果的基础上。段玉裁词义引申的探讨比德国学者保罗词义扩大、缩小、转移说早 100 多年,涉及的内容之丰富,是首屈一指的;而且他有许多理论性阐述,虽然还不是严格的科学抽象,毕竟是发前人所未发。即使有些内容前人略已提及,段玉裁也还有自己的见解,乃至对前人述说进行补正。比如唐代颜师古《匡谬正俗》说:"副贰之字本为福,从衣,畐声;俗呼一袭为一福衣是也。"《段注》则说"颜说未尽然也",接着便表明己见,指出:"副之,则一物成二,因仍谓之副。因之凡分而合者皆谓之副。"我们如能很好地总结归纳前人研究成果,必将有新的发现,对词义引申规律有新的揭示。任何学术研究都不可能从零出发,应该看到可以继承的基础。况且段玉裁由于历史的局限,也由于缺乏科学的方法论的指导,许多理性认识散见于各字例的训释中,没有能升华到一定的理论高度,没有建立起一套理论体系(这也是乾嘉学派共有的弱点),这未竟之业正有待我们今人去完成而后来居上。在这过程中,当然要吸取众长,精益求精。仍拿前面提到的"副"字来说吧,段玉裁的说解比颜师古高明,但颜师古说"俗呼一袭为一福衣",从另一个角度看,颜师古看到了"副"充当量词的倾向,为段玉裁训释所未备。我们如能借鉴段玉裁的训释,参照颜师古的提示,如实观察词义的历史现象,则不仅可知其引申之迹,还不难理解"副"由动词转变成量词的情况,有利于古汉语语法现象的探讨,起到词义与语法研究相辅相成的作用。我们知道,"周人言贰,汉人言副",这只是就一般用法说的,不是说"副"在汉代已经用为量词了。"副"用为量词是在魏晋南北朝时期,如"今赠……赤戎金装鞍、辔十副"(魏武帝《与太尉杨彪书》)、"赐钱百万,床帐、簟、褥百副"(《全晋文》卷六晋武帝文),崔复"致衣一袭,被、褥一副"(《世说新语·方正篇》注引《孔氏志怪》)。这里的"副"就是当时新兴的量词。

在借鉴外国学者说法的同时，也应结合汉语言文字事实，有所开拓。德国学者保罗说词义有扩大、缩小、转移，这是词义发展演变的一个方面，我们还应该看到另外一个方面，即继承、充实、深化。比如"电"的最初含义是相当模糊的，而且带有神秘成分。古人尽管也观察到"摩擦起电"现象，可是并没有形成对"电"的科学概念。现在，随着人们对电的本质、特性和控制方法日益深入了解和掌握，"电"的含义就比古代深刻得多了。无论是扩大、缩小、转移，还是继承、充实、深化，总的方向是由低级向高级，由粗疏到精细。如果它所代表的客观事物已经不存在，自然也不被使用，只存在于特定的历史文献中了。仍在使用的也好，还是只存在于特定的历史文献中的也好，作为语文研究，都得兼顾而有所侧重和取舍。总之，词义的引申是客观存在的，重视引申义，是势所必然。清人江声在《六书说》中认为："凡一字而兼两谊（义）、三谊者，除本谊之外皆假借也。"这是江声把引申误看成假借了。其实，引申是词义在本义基础上的发展变化；假借是用音同音近的字来记录语言中的词。如果把引申也叫作假借，在研究词义时就会产生混乱视角，分不清词义发展变化的来龙去脉。如果把本义外的都称假借，就只会使词义研究失去科学性。历来类似说法，不乏其例，自应引以为戒。

综上所述，不难看出《说文》是一部研究汉语词汇学、词义学的极有价值的著作，是中国语言文字学的宝库；段玉裁是许慎的功臣，《段注》在很大程度上起到透过文字研究语言的作用。《说文》及《段注》不仅对古文献研究、词汇学、词义学研究的认识价值与实践价值都很高（这当然并不是说二书已完美无缺，什么弊病都没有），对若干科学探讨问题也是有启示的。比方说，猛禽类如何攫食小动物，曾经被中外生物学界认为久久未能揭开的谜，20世纪 60 年代我国科学工作者从实际观察中，发现猫头鹰吃老鼠一类小动物是整吞的，吃完后皮毛搅成一团吐出，这被有些专家看成揭示了生物界的一个秘密，并拍成了科教片。可是我国古代的"䲜"字却早就记录了当时的语言而反映了这一事实。许慎《说文解字》中"丸"部作过这样的解释："䲜，鸷鸟食已，吐其皮毛如丸，从丸，咼声，读若骫"［例说转引自陆宗达《〈说文解字〉的价值和功用》一文，《北京师范大学学报》（社会科学版）1978 年第 3期］。《说文》在分析字形考释字源方面是何等精到！诸如此类，既是文字学、词汇学所要探讨的，也是其他新学科所应重视和参照的。

目前汉语词汇学研究似乎还处在起步阶段,词汇学理论体系正有待建立。如何在前人研究的基础上体现继承和创新的辩证统一,这将是我们的重要任务。《说文》研究对词汇研究有莫大启示,我们在《段注》的基础上,循途继轨,必将更有新的发明发现,创立有民族特色的汉语词汇学。多着眼于《说文》及《段注》的研究,是从汉语实际出发的一个重要方面;从汉语实际出发,而不过多在名词术语上"争鸣"。

在"争鸣"中,有人说词义的扩大、缩小、转移是词义演变的三种现象,50年代编写的初中汉语课本参考书也跟着采用"三种现象"的提法;有人说词义的扩大、缩小、转移是词义演变的三种方式,同时把"转移"改说成为"移动";有人又说词义的扩大、缩小、转移是词义演变的三种结果,同时把"扩大"改说成"放宽";还有人说词义的扩大、缩小、转移是词义演变的三种规律;也还有人说词义的扩大、缩小、转移是词义演变的三种情况,同时把"扩大"改说成"扩展",把"缩小"改说成"收缩"。凡此种种,不一而足。考其实际并无新意,例证也只是互相辗转引用而已。

（原载《语苑新论》,上海教育出版社 1994 年版）

怀念张世禄先生

濮之珍

　　记得不久前,我们酝酿着要为张先生庆祝 90 岁大寿,想不到先生突然离我们而去,深感悲痛,这是语言学界不可弥补的损失。

　　我认识张先生较早。1948 年,我考进前中央大学中文研究所,导师是胡小石先生。当时,张先生是中文系老师。我大学毕业论文写的是《扬雄方言研究》,因此,时常向先生请教,先生总是热心指导。记得我把论文《扬雄方言研究》请先生看,时隔不久,先生把论文还给我时,论文中夹了不少条子,端正的字迹,富有启发性的提示,给我的帮助很大,印象很深。研究生毕业,我来复旦大学中文系任教,张先生也请到复旦大学中文系任教了。我们同在汉语教研组,后来又同住第九宿舍。多年来在教学科研方面时向先生请教,音容笑貌宛在眼前,现在先生离我们而去,令人怀念不已!

　　先生执教 60 余年,培养了大量大学生,也培养了不少硕士研究生和博士研究生。最近,国务院表彰先生为"为发展我国高等教育事业做出突出贡献"的专家之一,并颁发了荣誉证书。先生确是位优秀的好老师。他先后为中文系学生开设汉语史、古代汉语、中国音韵学、文字学、训诂学、《广韵》研究等课程。先生学识渊博、教学内容丰富、充实、有启发性。先生不仅重视教学内容质量,也重视教学方法。我们知道语言学课程比起文学课程来比较枯燥,但是,先生上课,娓娓动听,课堂上时有笑声。他教学循循善诱、引人入胜,观点和材料统一,即使讲解难懂的中国音韵学等课程,也能深入浅出。课堂上板书字迹端正、上下有序,便于同学笔记,所以多年来,好多学生爱听张先生上课。先生还为教学方法写文章,如:《文言文的教学问题》《古代汉语教学中的几个问题》等。上语言学方面的课,能有如此好的教学效果是很不容易的。先生不仅课上得好,课外辅导也好,对培养研究生、青年教师,无不用心,是位优秀的好老师。

张先生一生认真教书,一生努力科研。他不仅是位好老师,也是我国卓越的现代语言学家。先生的科学研究,首先重视科研和教学相结合。先生执教 60 余年,科研也 60 余年。由于教学实践,推动科学研究;由于科研深入,从而提高教学质量。先生专精研究,勤于述作,早在 1933 年便出版了《广韵研究》,1935 年出版《中国音韵学史》,1938 年出版《中国文字学概要》,1941 年出版《中国训诂学概要》。建国后,先生开设"汉语史""古代汉语"等课程,结合教学多次编写教材。后来出版了系统的大学汉语教材《古代汉语》。这本著作对古代汉语的语法、词汇等学科提出了富有创见的学说。

先生的科学研究既重视提高,也关心语言学知识的普及。先生的科研成果丰硕,从《张世禄语言学论文集》后附的"著译目录"来看,计有 18 部专著,110 多篇论文。在这些专著和论文中,多数是科研成果、学术专著。如《广韵研究》《中国音韵学史》等学术专著,和《等韵学派系统的分析》《汉语语音发展的规律》《关于汉语的语法体系问题》《汉语同源词的孳乳》等学术论文。但是,在他的著作中,有不少著作和论文是为了普及语言学知识而写的。如 1956 年出版的《小学词汇教学基本知识讲话》、1959 年出版的《小学语法修辞》等。大学教授写学术专著、论文者多,而关心普及的则少。先生关心语言科学事业发展,从小学教学中普及语言学知识做起,是深有远见的。不仅如此,先生还对语言学研究中的薄弱部门下功夫,如 20 世纪 50 年代后期,当时语言学界研究语法者多,而研究词汇者则少。先生在《我和语言学》一文中说:"我对语言学的研究转移到以汉语词汇为重点。"在上海《语文知识》1956 年第 1—8 期、第 10 期,1957 年第 12 期上,发表词汇系列讲话。如《词是什么?》《词和词组的分别》《语音和词义的关系》《同音词和同义词的产生》《基本词汇的性质和范围》《现代汉语里的古语词》《汉语历史上的词汇变化》等一组有关汉语词汇的论文,为汉语词汇研究做出了重要贡献。

先生的科学研究,一方面对我国古代传统语言学能加以继承发展,另一方面又能引进西方语言学理论,并重视文化交流。他在《我和语言学》一文中说:"20 年代末至 40 年代,我主要的精力放在汉语音韵学、普通语言学的研究上。一方面系统介绍前人在传统音韵学上的成就,著有《中国声韵学概要》《中国古音学》等书,以及《朱翱反切考》《杜甫诗的韵系》等论文;另一方面又积极介绍西方语言学理论,著有《语言学原理》《语言学概论》《语音学纲要》等书。先生重视文化交流,早年翻译了英国斐尔司著的《语言学通论》、瑞典汉学家高本汉著的《中国语与中国文》和《汉语词类》。他在教学和著述中,力图引进采用西方语言学说方面的先进理论和方法。如先生看到汉学家高本汉运用西方比较语言学的方法来研究汉语及汉藏语系,取得了成就,对汉语音韵学研究有推进、有见解,就翻译高本汉的著作,并宣传高本汉的学说。同时,先生自己还积极用西方语言学理论来研究中国传统音韵学,取得成绩,著作有《广韵研究》《音韵学》和《中国音韵学史》等。50 年代初,由于斯大林有关语言学理论著作的输入和推广,先生也感到学习和运用马克思主义观点方法来研究汉语语言学是非常必要的。

先生引进西方语言学说,能联系汉语实际,提出自己的看法,在《张世禄语言学论文集·前言》中有一段:"近年来,我认为汉语语言中语音、词汇、词法三种要素,基础不同,学习和研究的途径也有差异。语音在语言学中物质性最强,与自然科学联系较紧密,各民族的语音规律往往有相同之处,所以学习汉语语音时,宜多多采用西方先进的技术和方法。至于语法,民族的标志的作用特别显著,所以研究汉语语法时不应当生搬硬套西洋的语法学。至于词汇,它的性质和基础,我认为是介于语法和语音之间的,所以有一部分可以参考西洋词汇学,另一部分必须强调汉语的独特性,不应当一味模仿西洋词汇学。"以上一段,可以说是先生多年对语言学深入研究的独特见解。而这一见解,对我国现代语言学的发展具有启发意义。

我们怀念张先生。我们更应该向张先生学习:学习他的教学和治学精神,学习他那种为祖国教育事业辛勤耕耘,为中国语文现代化建设事业的发展孜孜不倦的献身热忱。

（原载《语苑新论》,上海教育出版社 1994 年版。濮之珍,复旦大学中文系教授）

新松恨不高千尺

——张世禄先生治学回忆

李行杰

1962年9月,我和朱庆坪一道考取了张世禄(字福崇)先生的研究生,攻读汉语史。每逢周二晚间7点,准时在先生寓所的客厅上课,风雨无阻。

第一次上课,趁先生还在书房的间隙,我们在客厅里观赏墙上的字画,其中一幅花鸟特别引人注目,作者是张书旗先生。庆坪告诉我,书旗先生是福崇师的胞兄,在美术界与徐悲鸿齐名,抗战时期移居美国。正说着,福崇师踱了进来,见我们在看画,便指着墙上的花鸟说:"为这幅画,一名很有才华的学生曾被家兄逐出师门。"先生告诉我们,这个学生是一位老朋友介绍给书旗先生的,很有才气,也很勤奋。但有一次却近半年没交作业,等到交来作业一看,正是这幅花鸟的临摹品,临摹得惟妙惟肖,完全可以乱真。学生带着得意的神情等待老师的称赞。不料书旗先生勃然变色,斥责道:"我没有你这样的学生!没出息。你跟在我后面亦步亦趋有什么意思?至多成为又一个张书旗,可是张书旗又算什么呢?"就这样,这位学生被断然逐出了门墙。后来,由于徐悲鸿等先生的再四说项,书旗先生才同意重新举行拜师仪式,收下了这名弟子。

我们做研究生的第一堂课,就从这"逐出师门"的教诲中开始。杜工部有句云:"新松恨不高千尺,恶竹应须斩万竿。"先生对我们的期望如此殷切,敢不努力?

在以后的几年中,先生反复告诫我:要独立思考,走自己的路,不要轻信别人的结论,即使是老师讲的,也不能全认作真理,要多问几个"为什么"。

"闻道有先后,术业有专精。"先生要求我们一定要有自己的见解。平常上课,每次先生的第一句话都是:"有什么问题吗?"

为了提出问题,听课时要时时留神,课后读先生开列的参考书目,总要多问几个"为什么"。那时的情形,真可以用"挖空心思"来形容。30多年过去了,偶尔翻出当年的读书笔记,看到上面记的问题,五花八门,有些问题,现在看来十分幼稚,但先生都用绿笔作了批答。有些问题较有意思,先生则在每次正式讲课之前跟我们讨论,让我们先发表看法,然后由先生作总结。

因为老想提出自己的看法,不论看什么书或文章,只要是自备的,上面总会留下种种记号。那时年轻,不知天高地厚,对自己不同意的地方,批过一些很不礼貌的话,现在翻出来一看,不免脸红。

先生笃信"尽信书则不如无书"的古训。他总是说:"要在看来没有问题的地方发现问题,这样才会有新发现,作出的文章才会有意义,学术也才可能有发展。"一次,先生讲吴棫《韵补》,指出此书在古韵分部方面有发凡起例之功,同时指出,吴棫分部过于粗疏,材料使用太滥。至于《韵补》在语音史上的价值,先生说:"还要再仔细看看。"课后,我认真读了《韵补》,并且试作了一部分卡片。发现《韵补》反切上字的选用很有特色,如知、庄、章三系的分合、疑母的失落等,很能反映南宋的一些实际音变现象。在下一次课上,我把这一情况报告给先生,先生非常高兴,要我对《韵补》的反切上字作一次全面研究。后来,我作了《吴棫〈韵补〉与南宋声母》一文,先生看过之后很高兴地说:"这篇文章,有几句话是别人没有说过的。要进一步复核、修改。要经得住推敲。"

"有几句别人没说过的话",这是先生对写文章的要求。他说:"没有自己的话,老是重复别人的话,或者把别人的话拿来,改头换面再说一遍,对学术发展一点帮助都没有,只会浪费读者的时间。"

先生反对重复别人的话,也反对重复自己的话。《中国音韵学史》,是先生的一部力作,出版于20世纪30年代。几十年来,一直是治音韵学者的重要参考书。但是,由于出版时间已经久远,后来又一直没有重印,很难见到。许多朋友和学生一直劝先生重印此书,先生始终不同意。1982年初,我到山东大学看望殷孟非(焕先)教授,殷先生对我说:"张老的《中国音韵学史》是一部价值很高的著作,研究生们经常用到,但很难见到。听说台湾方面已经重印,你劝劝张老,还是重印一下,以应社会急需。"我把孟非先生的话转告给福崇师,先生说:"台湾方面重印,我已经知道了。去年,一位日本友人来看我,曾经送给我一本。"说着,起身到书房里拿出那部日本朋友送他的《中国音韵学史》,扉页上赫然写着:"张世禄教授惠存。"我说:"先生自己的著作,由读者反赠回来,您不觉得很滑稽吗?"先生笑笑说:"台湾方面重印,没有经过我同意,我可以不负责任。在大陆重印,我就要负责了。几十年前的有些看法,本来就未必恰当,应当修订;这些年来,音韵学研究有了很大发展,新材料、新成果很多,都应该补充进去。不加修改,原封不动地重印,怎么好意思。要印,总得有几句新话。"几经磋商,先生同意写一篇重印后记,阐述高本汉之后音韵学的发展,附在书后重印。1983 年,在杨剑桥师弟的协助下,写了两万多字的"重印后记"。"后记"对 30 年代以来的上古音、中古音、近代音研究,对汉语拼音文字的研究,都作了精要的叙述,对诸家异同,给予了准确的评论。尤为可贵的是,"后记"中还介绍了几十年来大陆以外学者的研究成果,读后给人以视野开阔之感。"后记"第五节"几点附带的说明",对《中国音韵学史》原版中的一些提法,作了修正和说明,显示出先生高度的负责精神。"重印后记"以其令人折服的学术水平,获得上海市社会科学优秀成果一等奖。

1984 年 6 月,附了"重印后记"的《中国音韵学史》终于由上海书店影印出版。此书重印的曲折过程,充分显示了先生严谨的学术态度,堪称楷模。

60 年代初,先生已经年过花甲,教学和研究工作依然十分繁重,既要为本科学生开设《汉语史》《汉语诗律学》等课程,又要为研究生单独讲课。1963 年秋季开始,只有我一个人听课了(庆坪同学因眼疾休学),先生依然一丝不苟地撰写了《等韵学讲话》的讲稿,每逢周二晚上为我一个人讲三个小时的课。除了教学任务和先生自己的研究工作之外,当时先生还担任《辞海》语词部分的分科主编,每周几天挤公共汽车到浦江饭店上班。我看到先生如此繁忙,几次提出帮先生做点查阅资料和抄写之类的事,但先生坚决不同意,说:"我自己的事,自己做,能做多少做多少。你的任务是学习,书读好了,就完成了任务。不能占用你的时间。"师母张瑞云先生告诉我:"张先生向来不肯让学生帮自己做事,更不肯在学生的文章上署名联合发表。"想来确乎如此,先生一生出版的著译 22 部,除晚年的《音韵学入门》是由杨剑桥师弟据其讲授纲要扩充完成、联合署名而外,都是先生独自完成的,另有论文 100 多篇,也是如此。

（原载《语文建设》1994 年第 10 期。李行杰,青岛大学中文系教授）

我 师 张 世 禄

余志鸿

我是在"文化大革命"期间,从《古代汉语》中开始了解张世禄先生的,那时我还关在牛棚里,在长江口的崇明岛上耕作。书中说到阅读古典作品须要具备三个条件:正确观点、文化知识、语文工具,我觉得异常精辟透彻。当时《古代汉语》就成了我唯一被允许阅读的知识书,谁知一读,就被张先生深邃广博的学问深深吸引,爱不释手,竟从此与古代汉语结下了不解之缘。

"文革"过后,大梦顿醒,我考上了研究生,有幸亲聆先生教诲。在一大批研究生中,我的年龄最大,一些同龄学友已经当了官,做了"长",成了专家,他们善意地说我是"范进中举"。但在70岁高龄的张先生面前我只能说还是个孩子,他也一直像慈父一般关心我的生活和学业,把自己的备课笔记借给我参考,鼓励我要学好外语,要做好学问。我是当研究生时结的婚,张先生知道后特意书写"锲而不舍,金石可镂"的匾幅赠我,以示勉励,苍健的笔力凝聚着先生对我的深意和寄托。

先生在教学上认真而负责,他操着一口带有浓重浦江方音的普通话,跟我们讲解《左传》,朗读《诗经》。先生在音韵学方面有许多创见,他把这一"绝学"放在传授古代文化知识的语境中,讲活了,讲绝了。为了说明古韵阴入相通的道理,他举《诗经·小雅·角弓》"毋教猱升木,如涂涂附;君子有徽猷,小人与属"为例。先生戴着深度近视的眼镜,垂着苍白的头,一字一句地说:"不要教猴子爬树,好像涂了泥再涂泥;君主如有美德,不信谗言,下边的人就会附属于你。'木'与'属'都是入声,收[-k]尾,可以推定去声字'附'也押韵,它应该是收[-g]尾了。这是首咒骂谗臣讽喻君主的诗,合韵合辙,我们不能说本来没有入声,后来有了,这不符合语音规律,反之韵尾失落才是汉语倾向性规律。"张先生深入浅出,循循善诱,把我们引进语言学神殿,打开"绝学"之门。

我始终不能忘记,在我们即将结束学业之际,先生因患白内障,眼睛已经大大不便,但他仍然整日伏案捉笔,为我们精心指导论文。我的硕士论文选题是《上古汉语语序的推移》,内容涉及少数民族的语言。当年语言学的研究方法尚相当传统,而复旦也没有专门从事民族语研究的教授,对民族语与上古汉语的那种千丝万缕的关系还少有人认可。但是,张先生却不仅不加责备,相反鼓励我说:"汉语中的非汉语现象在 30 年代就被人注意到,但后来很少有人专门研究,你可以试一试。"张先生支持我去少数民族地区进行实地调查考察,鼓励我把这一论题写好。先生那慈祥的语气,那亲切的教诲,如同清澈泉水汩汩流注心田,激起了我为语言学事业奋斗的自信心。他还说这个问题他不熟悉,希望我向严学宭老师和邢公畹老师请教,我也就这样有幸进一步得到了语言学前辈严师和邢师的教导。

张世禄先生通古博今,学贯中西。先生祖居风景秀丽的江南山村,出生在浙江省浦江的一个书香世家,自少酷爱古文,熟谙音韵之学,24 岁(1926年)大学毕业,27 岁就著有《中国声韵学概要》《德国现代史》(商务印书馆 1929 年),次年出版《中国古音学》《语言学原理》(商务印书馆 1930 年);1931 年率先引进瑞典汉学家高本汉的《中国语与中国文》和《汉语词类》的著作,介绍国外语言学。后又翻译了高本汉的《诗经研究》和《老子韵考》。先生受高本汉的影响很大,对高本汉运用西洋比较语言学的方法来研究汉语及汉藏语系,特别感兴趣。尽管如此,在教学中张先生一再提醒我们,不要盲目地模仿西洋语言学,他说:"语音在语言学中物质性最强,与自然科学联系较紧密,各民族的语音规律往往有相同之处,所以学习汉语语音时,宜多多采用西方先进的技术和方法。至于语法,民族标志的作用特别显著,所以研究汉语语法时不应当生搬硬套西洋的语法学。至于词汇,它的性质和基础,我认为是介于语法和语音之间的,所以有一部分可以参考西洋词汇学,另一部分必须强调汉语的独特性,不应当一味模仿西洋词汇学。"讲得很实在,很精到。

先生治学严谨,一丝不苟,但为人朴素厚笃,谦和高洁。即使在先生挨斗受批执帚恭扫的日子,他也一无抱怨,扫地竟像做学问一样,角角落落绝不放过;写检查就像做论文,字字句句皆有推敲。诚如学问家兼书法家王蘧常教授 80 岁时为张先生题的对联中所述:"花座振衣清似鹤,灯前作字小如蝇。"这副对联至今悬挂在先生给我们上课的客厅里,使我们不时回想起先生的治学和为人。对联的右侧有苏步青教授的《咏水仙花书呈世禄教授方家两政》,诗曰:"黄冠翠袖足清闲,淡泊生涯水石间。南闽有家归梦远,西湖无庙属杯难。闻香晓日春何早,听雨青灯夜更寒。我似老僧偏爱静,案头不厌两相看。"无疑是对先生品格和人生的真实写照,反映了老一代学者深厚的友谊。

先生正直无私,爱憎分明,凡是和先生接触的人,无不为之感动。20 世纪 50 年代,先生为维护语言科学的严肃性,与某权威进行了学术论战,尽管由此产生了许许多多的麻烦,但他终不后悔。先生主张考察中国语文,应从实际现象入手,所谓"临渊羡鱼,不如退而结网之为愈也"。在"受审查"时期,先生怕连累别人,一个人默默忍受着痛苦,好几次与贾植芳教授贴面而过,两个老朋友唯能相视一笑,一个眼神,一声叹息,传达无限的问候。事后两老回忆往事,都非常感叹。先生不爱吹牛拍马,一身正气,他一再跟我们说,他痛恨坐轿子的人,更厌恶抬轿子的。先生对年轻人却是爱护倍加,不少年轻人慕名向先生求教,先生总是给予最大的支持,热情地给予回信。有一次,四川有位教师买不到先生编著的《古代汉语》,来信求助,先生就把自己备课用的教材寄给了这位素不相识的教师,而自己就此失去了原本。先生每有新书问世,总是赠送给我一册,并题上"志宏学兄指政"字样。不知为什么先生一直把我的"鸿"写作"宏",我也从没想到提示先生改正,但称我"学兄"则万万不敢当的。先生的平易近人,使我永远不能忘怀。自我毕业离开复旦,仍然不时去先生家做客,先生从不以师生之礼相待,而视若亲子,常使我愧疚万分。一晃十余年,时光流逝,岁月催人,不意先生竟就此作古!每忆及此,令人不由悄然泣下……

先生身材高大魁伟,年轻时爱踢球、打拳,体质一向硬朗,如果没有那段低头弯腰、精神折磨的时光,也许会活得更长久一些。先生离我们而去,他唯一的遗憾是某家出版社承诺出版他翻译的房德里耶斯《语言论》,而他至死也没有见到这本书的出版,现在更是杳无音信。这本书花了他十余年心血，一手精细的蝇头小楷，可惜从此藏之高阁，无人问津！"文革"期间，先生失落了许多珍本和手稿，他感到十分痛心，他给自己提出了两句座右铭："自我抢救"和"还读我书"。

先生一生作客飘零，历尽坎坷。1921 年考入南京国立东南大学中文系，1926 年毕业后到福建厦门集美学校任语文教师，1928 年至 1932 年间在上海商务印书馆编译所任编译员，并兼暨南大学、复旦大学、中国公学等校文字学、语言学、语音学讲师。1932 年至 1939 年间，任暨南大学中文系教授及复旦大学、无锡国专、诚明文学院、光华大学等校语言文字学教师。1934 年应日本中国语言学会之邀，赴日讲学。1940 年至 1947 年到西南各省，先后在昆明云南大学、坪石中山大学、桂林师范学院、贵阳大夏大学、重庆中央大学、重庆大学、四川教育学院等校执教语言文字学。1947 年到南京任中央大学语言文字学教授。新中国成立后先生在南京大学、金陵女子文理学院任教，1952 年院系调整，才到上海复旦大学和华东师范大学任教。先生多才多艺，学识渊博，在动荡颠沛的岁月，分明有多种可能的选择，但是先生选择了语言学的道路，走南闯北，呕心沥血，从教 65 年，把自己的毕生精力贡献给了教育事业。先生曾无限感慨地写了一首《自嘲》(1947 年)诗，他把这首诗抄写给了我。想不到后来这首诗成了先生的悼诗(1991 年 11 月 16 日先生逝世，我把它印制在追悼会的纪念卡上)。这首诗是先生的自我写照，也是中国知识分子的写照，让我录下作为对我师张世禄先生的纪念：

书剑飘零作客频，莲花落里探真情。

分明别有青云路，犹把儒冠自误身。

(原载《语文建设》1994 年第 8 期。余志鸿，上海大学研究生部调研员)

师 情 难 忘

——忆张世禄先生

严 修

　　走进复旦大学中文系的办公楼,一跨出电梯,迎面就是中文系已故的十大教授的肖像,他们是:陈望道、郭绍虞、朱东润、吴文祺、张世禄、赵景深、陈子展、刘大杰、王欣夫、蒋天枢。在这十位教授中,我接触最多的是张世禄先生。在大学本科,听过他讲授的好几门语言学课程;毕业后做研究生,张世禄先生和吴文祺先生是我的导师,留校工作后,领导为了加强对青年教师的培养,实行"青老挂钩",我又继续得到张先生的指导,后来又和张先生合作培养研究生,合作编写《古代汉语教程》,再加上张先生是中文系十大教授中最后离世的,故而与他相处的时间长达40年。

　　张世禄先生成名很早,对中国现代语言学的建立和发展有重大功绩。记得有一次北京大学王力教授来复旦作学术报告,他看到端坐在台下听他讲演的张先生,便谦逊地说:"我是读了张世禄先生的著作,受到启发,才走上语言学道路的。"吕叔湘先生曾写了"学贯中西"的条幅,作为"世禄学长执教六十年纪念"。

　　我很爱听张先生讲课,他讲课,条理清楚,语言洗练。高深的理论,冷僻的音韵,繁细的训诂,他都讲得深入浅出,通俗诙谐。语言学课程是比较枯燥的,但在他的课堂上,能时常听到阵阵笑声。

　　原先我只知道张世禄先生是一位著名的语言学家,后来才发现,他还写过许多历史、文学、哲学方面的论著。他27岁时出版过《德国现代史》,31岁时出版过《中国文艺变迁论》,他还在《东南论衡》上发表过《〈文心雕龙·

明诗篇〉书后》《印度前后弥曼萨派思想进化之比较》。进入中年以后,张先生由博返约,把主要精力集中到语言学方面。

张先生对学生总是关心爱护,热情帮助,甚至社会上的一些不相识的青年登门求教,送来文稿请求审阅,或来函要求答疑,他都是有求必应,来信必复。他的一位老学生赵克刚教授,曾经讲过这样一件事:"40年代,在重庆中大中文系创设语言文字组,世禄先生为主任。日本投降,中大迁回南京,匆忙间,以毕业论文《释名声韵研究》呈世禄先生。新中国成立后,与先生消息隔绝。70年代中期,先生从郭昭穆问我何在,在当时我任《汉语大字典》编委,即奉函请先生赐教。承先生寄还《释名声韵研究》稿本,嘱修改出版。不意历30年此稿犹为先生所保存,感激师谊崇高深厚,岂言语所能形容!"

张先生做事实事求是,踏踏实实。在"大跃进"时期,对教学科研上的浮夸风深为反感。那时要"挑灯夜战",师生集体编写教材,而且限定每天要完成多少万字,比赛"放卫星"。有一天晚上,编教材的教室里电灯突然熄灭了,平时很少讲话的张先生幽默地说了一句:"电灯都感到吃不消了!"想不到这句开玩笑的话,却招来了一顿上纲上线的批评。

1958年开始,开展"插红旗,拔白旗"运动,对所谓资产阶级学术权威进行批判,语言学界的一些著名学者,如王力、吕叔湘、黎锦熙等均遭批判。当时我也奉命与其他教师合写了一篇批判张世禄先生的文章。这篇违心的文章发表后,我心头一直被一种"负罪感"压迫着。后来,我到张先生家向他表示歉意,而张先生却和蔼慈祥地一笑,说:"我的学术观点确实也有错误,何况这是搞运动。"他这句宽容的话,像和煦的春风,消融了梗塞在我胸中的心理障碍。

张世禄先生是一个纯正的学者,他淡泊于名利,潜心于学问,他除了读书、教书、写书,别无所求,他最大的愿望是"还读我书"。1947年,他曾写过一首《自嘲》诗:"书剑飘零作客频,莲花落里探真情。分明别有青云路,犹把儒冠自误身。"

张世禄先生享年90岁,作此诗时为45岁,正值他人生的中途。此诗是他前半生的总结,也是他后半生的预言。此诗真实地反映了张先生一生的生活轨迹。凭张先生的学识才华,完全可在青云路上飞黄腾达,然而他却不求闻达,心甘情愿地选择了清贫寂寞的教师职业。

　　表面上看,张世禄先生不太关心政治,平日交谈,只谈学问,从不触及时事,但在关键时刻,在大是大非面前,他的立场是鲜明的。新中国成立前夕,国民党撤退,张先生所工作的学校已经替他准备好了飞机票,劝他到台湾去。但他根据长期来对中国社会的观察与体验,对中国未来的前途有明确的判断,他最终选择了社会主义的新中国,坚定地留了下来,为新中国的教育事业,贡献其后半生。

　　1996 年 11 月,是张世禄先生诞辰 95 周年,又是先生逝世 5 周年,我特撰此小文,以寄托对先师的怀念。

（原载《文汇报》1997 年 1 月 26 日）

怀　师

陈四益

　　这两年,大学时代的老师一位接一位去世,尚健在的,也"譬如朝露,去日苦多"。每当想到这些曾为我授业、解惑的师长,心头总漾起一阵苦涩。

　　我这一代人,尊师的观念,可说是很淡薄了。岂止是淡,有时简直是冷,冷得今天回想起来仍时时感到心寒。

　　蒋天枢先生前些时已经作古了。听到他辞世的消息,首先浮现于脑海的,是他那张带着几分怅惘、几分哀愁的苍老瘦削的脸。

　　那一年,蒋先生教我们先秦部分中国文学史。第一次授课时,他要全班学生每人写一份履历。本来,教书育人,总得了解自己的学生,看简历不失为了解之一途。但我们那时却大不以为然——凭什么要把我们的履历告诉一个"资产阶级教授"? 一周过去了,没有一个人交。到第二周上课时,蒋先生用苍老颤抖的声音说:"在我的箱子里,至今保存着我教过的历届学生的履历。我一直记得他们,他们也一直记得我……"他没有再催促我们,我们也终于没再理会他。前几年回母校,路上遇到拄着拐杖的蒋先生。这时的他,不但声音,连走路也是颤抖的了。我向他问好,他也向我点头,那眼神却是茫然的——他认不得我了。望着他颤巍巍地远去,我突然想:要是我的履历也保存在他的箱子里,他的双眼可会那般茫然?

　　还有张世禄先生,前年,我去看望他时,是他自己开的门。深度近视眼,几乎贴近我的脸才看清了我是谁。大学念书时,张先生的教学最为学生们赞赏,不但学识渊博,讲述生动,旁征博引,深入浅出,就是板书也工整、漂亮,而且极有计划,有时到一节课讲完,他那起初东写一个、西写一个的词儿,才最终联成一篇完整的笔记。现在,他给我倒茶,那双书写流利的手,不停地抖动着,以致必须全神贯注才能勉强将开水倒入杯中。岁月不居,他是不会再登上讲台了。我真懊悔,当初若是多听听他讲课,而不是去搞什么劳什子的批判,该多好。

那样的批判,今天想起,已成笑柄。我写过批判张先生贩卖高本汉资产阶级语言学观点的文章,但我当时既未读过张先生的著作,也未读过高本汉的著作。

我不知道他是否还记得那次批判,但显然他不曾记恨于我。他说,前些年到长沙,想去看我,终因不知我的住处而作罢。我惊奇于先生的记忆力。我是在"文革"期间悄然离开学校的。离校前刚经历了一场莫名其妙的隔离审查,因此,既不敢,也没有心情同老师们一一话别。我不曾料到先生竟记得我是去了湖南;更不曾料到,七八年后,先生到长沙还想到去看我。他忘却了我对他的非理性的批判,却似乎不曾忘却别人对我的非理性的批判。

说起那时的学术批判,不禁又想起了已经故去的刘大杰先生。有一次他对我说:"马列主义太难学了。今天认为对的,明天又错了。"他是有感而发的。他的《中国文学发展史》20 世纪 50 年代修改过一次,是为了学苏联;六七十年代又修改一次,则是为了用所谓"儒法斗争"来解释全部文学史。两次修改都是迫于政治上的压力。大杰先生的第二次修改文学史,曾使他不见谅于同辈人,骂他的话有些很难听,但我知道他有不得已的苦衷。听说,那时曾有人劝他:"刘先生,你这样做,身后怎么过得去?"大杰先生回答说:"我不这么做,现在就过不去。"

......

老师们在短短的几年间连连谢世。从这一代学人经历的坎坷和我们后辈对师长的追念中,可以引出多少可怀、可思、可叹、可悲的教训啊!

陶渊明《自祭文》说:"不封不树,日月遂过。匪贵前誉,孰重后歌。人生实难,死如之何。"已经作古的师辈和依然健在的师长,或许早已达到不计毁誉的境界。但作为后学的我们,作为比我更年轻的一代呢? 不能尊师,怎能做人? 随着岁月的流逝,当我们再忆及师长之时,总应当更多一些温馨、少一些苦涩的滋味才好。

(原载陈四益《乱翻书》,学林出版社 1997 年版。有删节。陈四益,《瞭望》周刊高级编辑)

学术贵在独立与自由

——纪念张世禄教授 95 岁诞辰暨逝世五周年

申小龙

读陈寅恪，很自然地想起我的导师张世禄。在复旦大学中文系的走廊上，悬挂着这个有 90 余年历史的文科大系的已故"十老"遗像，其中有陈寅恪的弟子蒋天枢，还有陈望道、朱东润、郭绍虞、张世禄、吴文祺等，他们都是全国一流的文史大家。1991 年 11 月张世禄师在 90 岁华诞之际逝世，为中文系"十老"的时代画上了句号。他与陈寅恪的经历何其相似：无论是新中国成立前夕拒绝国民党在台湾院校的聘请，还是晚年因高度白内障导致失明，直至辞世后仅一年一生相濡以沫的师母张瑞云追随他而去……这一代学术大师的命运，每每令我们这些不成器的弟子唏嘘不已！

"文革"结束恢复高考后第一年，我从插队 9 年的海岛考进复旦大学中文系。记得一次听北大王力先生的报告，他开场白就说："张世禄先生是我的老师，我是读他的书后开始研究音韵学的。"在后来一次系学术报告会上，终于见到 80 岁高龄的张世禄先生在人们的搀扶下走上讲台。其报告的内容是对 20 世纪整个汉语语法体系的"洋框框"作系统的批判，呼吁彻底变革。这在当时的中国学术界无异于一声惊雷。我惊叹这样一位垂垂老者竟迸发出如此年轻的学术生命力！从 1982 年初本科毕业开始，我就一直跟随张世禄先生，先是做他的硕士、博士研究生，留校任教后经他的提议，学校又派我做他的助手。十多年的弟子生涯，有一件事我印象很深，那是 1985 年我写了一篇《汉字改革的科学性与民族性》，呈老师教正。我提出汉字因其与汉语、汉民族思维的内在联系，故汉字改革的方向不应是为实现拼音化的不断简化，而应是表意框架的合理化。这个观点和老师新中国成立后写的一些文章不尽一致，没想到却得到老师的深切赞同。于是我乘兴问老师："您解放前写的汉字研究论著都论述汉字的文化属性，肯定汉字不能走西方的拼音化道路，而您解放后的一些论文观点却变了，这是什么原因呢？"老师显然激动起来，他说："我是没有办法，不这样说不行啊！"老师的话让我良久无言。即使是 20 世纪 80 年代，上海历史悠久的《学术月刊》在收到我这篇论文后，编辑仍踌躇再三。最后是主编罗竹风先生拍板，云："学术问题应该允许百家争鸣。"文章终于在 1987 年《学术月刊》"青年学者专号"上发表。当我把发表的文章恭恭敬敬呈给老师时，老师脸上露出了极其欣慰的笑容。其后不久先师为我的著作《人文精神，还是科学主义？——20 世纪中国语言学思辩录》写下这样一段序文："小龙这一代毕竟碰上了好时代。在这个时代，全民族都有振奋探索创新的勇气。小龙这一代语言学青年一定能比前人更健全、更深刻、更成熟，因而也更多贡献。"

　　陈寅恪先生一生崇尚"自由之思想""独立之精神"，作为一个语言学家，他对 20 世纪盲目套用西方语言理论曲解汉语的思潮有深刻的针砭。然而他的意见与张世禄先生的意见一样，由于不入"流"而被以"官学"自居的语言学"主流派"置若罔闻，以致今天后生学子在踏入学术门槛之际，首先考虑的不是"自由之思想"，而是拜在哪一座显赫的山头之下以求荣达。这不仅是学术的悲哀，更是人格的麻木与悲凉。读完《陈寅恪的最后二十年》，适值我师张世禄逝世五周年及 95 岁诞辰，无限感触涌上心头，多想向老师和师母倾诉！而作为老师的关门弟子，我所能做到的，只能是对我今天的研究生们说："坚定地走自己的路，不仅超越老师，而且不断地超越自己！"

　　（原载日本《留学生新闻》1997 年 1 月 15 日；又载《复旦逸事》，辽海出版社 1998 年版）

张世禄先生在汉语
音韵学研究中的贡献

李行杰

张世禄先生是我国著名的老一代语言学家。他在中国现代语言学上的建树是多方面的，而最为语言学界所称道的，是他对汉语音韵学的贡献。有一位非常著名的前辈语言学家，在一次会上十分谦虚地说："我是受了张先生著作的启发，才研究音韵学的。"此言一出，满座皆惊。这件事，一方面表现了这位学问大师高贵的谦虚品德；另一方面也说明，张先生在汉语音韵学上，确实有重大影响。

西方先进理论与方法的早期引进者

汉语音韵学从传统向现代的转变，跟以下三点密切相关，其一是科学的语言学理论，其二是科学的研究方法，其三是新材料的使用。西方学者最早应用新理论、新方法、新材料观察和研究汉语历史语音，取得了引人瞩目的成绩。"五四"前后，以钱玄同为代表的中国学者，开始积极地引进和介绍西方语言学成果。张先生就是其中的一位。

理论的高度，决定着科学发展的水平。张先生在汉语音韵学研究上，首先致力于西方语言理论的介绍，并且结合汉语实际，建设中国自己的语言学理论。早在 1930 年，他就参考美国语言学家布龙菲尔德在 1914 年出版的《语言学入门》(*Introduction to the Study of Language*)编著了《语言学原理》一书，向国人系统地介绍了语言学的基础知识。如果说《语言学原理》还是以介绍为主,那么,1934 年出版的《语言学概论》则更侧重用西方先进的语言学理论来研究中国的语言事实。他在该书自序中说:"我们中国,科学向来不很发达,过去对于语言虽然有许多的著述,终究未能组织成为一种科学,因此,我们要研究中国的国语和各种方言,自然必须有西洋语言学理做个基础,我们要考明中国语的性质和历史,也必须先具有世界语言学的智识。"1937 年张先生又和蓝文海合作翻译了英国语言学家斐尔司的《语言学通论》。在介绍和引进西方语言学理论时,张先生一方面十分注意吸收其先进的思想和方法;另一方面,又始终不忘批判某些西方学者的民族偏见,大义凛然地捍卫汉语和汉民族的尊严。1933 年发表《汉语在世界上之地位》,从理论上批驳了汉语是劣等语言的谬说。何九盈教授在《中国现代语言学史》中论到中国语言学的早期理论建设时指出:"张世禄在介绍西洋语言学理论方面,用力最勤,成绩突出。"

运用新理论、新方法、新材料研究汉语音韵学的西方学者中,高本汉起步较早,研究成果最系统,影响也最大。他从 1915 年开始发表的研究成果,对早期从事汉语音韵学的学者产生了巨大的吸引力,每一论出,学者争相阅读。张世禄先生从大学时代就服膺于高本汉的学说,介绍高氏的论著,可谓不遗余力。早在 1930 年就发表了《高本汉的中国语言学说》,系统地介绍了高氏的音韵学思想;1931 年翻译出版了高本汉的《中国语与中国文》;1937 年翻译出版了高本汉的《汉语词类》,高氏此书是用新方法系统研究汉语同源词问题最早的著作。张先生认为,此书代表新时代的词源研究,而章太炎先生的《文始》,则代表旧时代。此外,还先后翻译了高本汉的《诗经研究》《老子韵考》《中文分析字典序》等论著、文章。1937 年张氏在《高本汉与中国语文》中指出:"(西洋人)运用西洋的学理和方法把汉语作语言学的研究。他们对中国语文的研究,在态度方面比较的客观,采用的材料和工具也比较的精确;因之他们的成绩竟能超过了中国过去的学者,他们的学说有很多可以供我们的借镜。高本汉是集西洋人的中国语言音韵学的大成的;他的著作,我们应该多多阅读,他的学说,尤其应该加以深切的认识。"(《张世禄语言学论文集》第 176 页)在这篇论文中,先生详细介绍了高本汉的研究成果,指出其特点,做出客观的评价,并且一一介绍高氏论著的中文译本,这对研究高本汉者无疑是极大的方便。

运用新方法研究汉语音韵学的早期音韵学家

介绍和引进外来学说与方法，是为了学习和运用。张世禄先生是我国最早运用新理论和新方法的学者之一。早在 1929 年，商务印书馆便出版了由他编著的《中国声韵学概要》。全书共 4 编 13 章 53 节，外加序论。该书首先结合汉语特点讲解一般语音原理，接着分析汉语的声韵调系统并随文诠解有关术语和概念，再讲历代声韵变迁即汉语语音简史，最后讲到拼音问题。根据现有资料看，在新派汉语音韵学通论性著作中，这差不多是最早、最系统的一部，此后出版的汉语音韵学通论性著作大体都是这一基本框架。1932 年，《音韵学》一书作为《万有文库》的一种，由商务印书馆出版。这部书产生的影响比前一部更为广泛和深远。与此同时，他运用语音系统论、现代语音学、现代方音比较、域外译音比较等现代方法，对汉语语音史中的若干问题进行了卓有成效的研究。1929 年发表了《从日本译音研究入声韵尾的变化》，从日语汉音和吴音证明《切韵》入声有 [p][t][k]收尾，并且从"音长和音调相互的变化""异化作用与同化作用""韵尾变化和收音[i][u]的关系"三个方面，探讨了近代入声韵尾变化的原因和过程，从而补充和修正了高本汉的研究结论。后来又陆续发表了《中国语的演化和文言白话的分叉点》《言语演变的原则》《中国语音系统的演变》《国语上轻唇音的演化》《朱翱反切考》等一系列的研究论文，对中国音韵学的发展起了重要的推动作用。鉴于普通语音学在现代音韵学研究中具有不可替代的作用，张世禄特别重视语音学的建设，1935 年开明书店出版了他的《语音学纲要》。据我们所知，除了刘复 1930 年翻译的法国保尔巴西的《比较语音学概要》之外，这是我国最早的普通语音学著作。

中国音韵学史学科的创立者

学术史是学科发展历史的科学总结，它清楚地告诉研究者，前人已经解决了哪些问题，还有哪些问题没有解决，前人的治学经验是什么，教训又是什么;同时,它又向研究者指出本学科今后的发展方向。因此,学术史的建立对任何一门科学说来都是十分必要的。有鉴于此,张先生从一开始就特别注意对音韵学史的清理与研究。1930年出版了《中国古音学》,第一次对我国周秦两汉语音研究的历史作了全面清理,作者在本书的结论中指出:"今后考证古音,必将尽量应用西洋发音学上、语言学上种种原理,或采用西洋学者研究中国古音之方法,使中国古音学完成为一种公认的科学,是则今后学者所应负之责任也。"1931年发表《中国音韵学史之鸟瞰》,1933年作《等韵学派系统的分析》,对汉语音韵学的发展描绘出了基本轮廓;同年出版《广韵研究》,用现代语言学的方法,对《广韵》及《广韵》一系的韵书作了系统研究,在现代音韵学史上,这是第一部音韵学专书研究。所有这些工作,都为音韵学史的写作作了比较充分的准备,这意味着,一部系统的中国音韵学史即将诞生。果然,1937年,张世禄先生完成并出版了他的力作《中国音韵学史》,全书分上下两册,共9章18节。本书从文化史的高度,对汉语音韵学的发展源流进行了全面梳理。作者在"导言"中指出:"不论哪一种学术,总是要受着一般文化演进的影响;一般文化上发生了剧烈的变动,各种学术自然会敦促它们本身的进境。"又进一步指明:"我们这里要叙述中国音韵学的源流和它怎样的发展,我们必须知道中国在一般文化上曾经发生过两次的大变动,一次受了印度文化的影响,一次就是由于西洋文明的输入;这两次文化的变动,使得国人对于音读分析的智识大大的增进,在研究的方法和工具上也知道加以改良,同时对于运用的材料和所取的途径也渐渐加以扩充;因之,中国音韵的研究,无论过去和现在,都具有日新月异的情形,未曾一时停留不进。"(《中国音韵学史》上册,第2页)这是一部最权威的音韵学史专著,直到60余年后的今天,依然是治音韵学者必备的参考书。此书初版之后,一直没有再版,有人劝作者先重印以应急需,他却说:"几十年前的旧作了,总要修订以后才好拿出来见人的。"先生在学术问题上就是这样认真负责。但先生毕竟年事已高,全面修订已无可能,在大家的一再动员下,先生同意补写一篇"重印后记",讲清高本汉和高本汉以后的汉语音韵学,附于书后重印。1983年,3万余字的"重印后记"在杨剑桥君协助下完成,1984年,附有"重印后记"的《中国音韵学史》由上海书店出版。

《中国音韵学史》的突出优点在于：其一，全面系统。汉语音韵学史上的所有重要著作和重要问题，书中都有详尽而又系统的论述和评价，考镜源流，脉络清晰，条理畅达；其二，资料赅博。每论一事，必穷搜博采，务求详尽无遗。书中不仅引用大量历史资料，而且最为可贵的是大量引用今人的研究成果。各节之后所附的注释，往往有几十条之多，这些注释，很多都是近人对该节所论的研究成果，连有些学者油印讲义中的材料都引证到了。其三，论断科学。传统音韵学中的种种术语，本来就缺乏明确的界定，又强行比附阴阳五行之类的谬说，加之使用者各师己意，致使音韵学术语更不科学，更不规范。作者用现代语音学原理，对各种术语，若"轻重、开合、内外"等，随文加以诠解，使之顺然理释。例如讲到"开合呼等"问题时说："关于韵素上主要元音和中介元音两种成分，在字音里彼此间的差异，便是所谓开合呼等的分别。我们依据元音的唇的形状来观察，圆唇的元音，或者带着圆唇化的[w]音之韵，在等韵学上称为'合口呼'，否则，称为'开口呼'；江永《音学辨微》云：'合口吻聚，开口吻不聚。'开合之分，便是依据于主要元音和中介元音的唇的形状上的差别。而同在开口呼或同在合口呼之韵，我们又可依据元音的舌的位置再为分别，就是等韵学上'洪细'的'等第'；带有舌前化的[i]音或者元音的舌位较前较高之韵，口腔间共鸣作用较小，音响亦较小，而字音所具有的'固有音调'（inherent pitch）亦较高，就称为较'细'的音，所列的'等第'也较次；否则，就称为较'洪'的音，所列的'等第'也较高。"（《中国音韵学史》下册，第57页）其四，结合语音演变讲明韵书和等韵条例。例如，在讲宋元等韵和明清等韵的区别时说："宋元学派既依唇的形状分列开合，又于开合当中，依音的洪细各分四等；这种繁复的区分，原来是用以适合《切韵》等书的音读系统的。到了近代北音的发展，语音由繁复化为简单，等韵学上自然要起了一种大改革：一方面把关于元音舌位变化的洪细分别，加以并合，大抵由一、二等或一、二、三等合并为后元音或中元音，由三、四等或二、三、四等合并为前元音；另一方面更将从前开合的区别并入于等第当中，而当作一种重要的分等标准，首分开口、合口两类，即关于两唇的收圆与否；再各分正副，即关于舌的前进或后退……从前的开合各有四等，演进为近代的开合共只四呼了。"（《中国音韵学史》下册，第170页）开合各分四等，是宋元等韵的体例，所反映的是《切韵》时代的语音系统；开合各分正副，即开、齐、合、撮四呼,是明清等韵的体例,"并等为呼"是实际语音发生变化的结果,所反映的是明清时代的语音系统。

长于吸收,善于综合的音韵学家

张先生的音韵学研究,善于博采诸家研究之长,加以综合比较,从而得出更加科学的结论。典型的例子是先生晚年对《韵镜》内外转的解释(参看《等韵学讲话提纲》,《青岛师专学报》1990年第2期),张先生把罗常培先生的考证和陆志韦先生关于《切韵》纯四等韵的拟音结合起来,得出了很科学的结论。

罗常培先生在《释内外转》一文中,根据不同版本定《韵镜》为内转七图,外转九图。

内转:止、遇、通、流、臻、深、曾。

外转:果、假、蟹、效、山、咸、宕、江、梗。

罗氏依据高本汉的拟音,认为:"所谓内转者,皆含有后元音[u][o],中元音[ə],及前高元音[i][e]之韵;外转者,皆含有前元音[e][ɛ][æ][a],中元音[ɐ]及后低元音[ɑ][ɔ]之韵。"(《罗常培语言学论文选集》,第98页)根据这些元音,罗先生画出了一幅内外转图(见附图一),在元音舌位图上出现了一条不直的虚线,线以上的元音属于内转,线以下的元音属于外转。但是,[e]恰好在交点上,有时算内转,有时算外转,罗先生说短[e]属内转,长[e]属外转。这种解释有些勉强。张先生接受罗氏内七外九的结论,但否定高本汉纯四等主要元音为[e]的结论,而采用陆志韦先生的拟音,齐、先、萧、青、添的主要元音为[ɛ],且没有[i]介音。根据这一拟音画出的内外转的元音舌位图(见图二),虚线是直的,虚线以上是内转元音,虚线以下是外转元音。内转元音高而后,高则口敛,后则舌缩,口敛而舌缩的元音,在听感上自然有"内"的感觉;外转元音低而前,低则口侈,前则舌舒,口侈而舌舒,在听感上自然有"外"的意味。

张先生关于内外转的解释,很恰当地综合了罗、陆两家的意见,择善而从,自然得出了较为科学的结论。

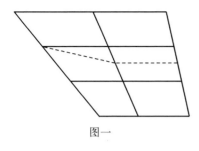

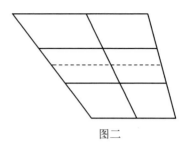

图一　　　　　　　　　　　　图二

　　历史语音学的任务在于发现语音演变的规律,指出语音发展的总趋势。要做到这一点,必须能够站在宏观的高度,综合各种成说,抽象概括出最明确的条例。早在20世纪30年代,张先生就很注意总结学界研究的成果,尽力指出规律性的趋势,《中国语音系统的演变》和《国语上轻唇音的演化》两文,就是很好的代表。到了晚年,先生发表《汉语语音发展的规律》,用高度概括的语言,总结出汉语语音发展的八条规律,即:1. 起首辅音的失落和复辅音声母的单化;2. 浊音声母的清化和鼻音声母的简化;3. 鼻音韵尾的简化和闭口韵的消失;4. 塞音韵尾的失落和开音节字的增多;5. 韵母中元音的混同化和呼等的简化;6. 音节里元音的逐渐占优势和音节结构的单纯化;7. 入声的消失和声调种类的减少;8. 声调上平仄长短关系的消失和轻重音的趋于重要的地位。这八条规律,几乎算得上一部汉语语音简史。

1998 年 7 月于青岛

（本文是中国音韵学会年会论文）

张世禄——学贯中西的语言学家

李行杰

张世禄(1902—1991),字福崇,浙江省浦江县礼张村人,生前为复旦大学教授。

福崇先生出身于书香门第。祖父张有烈是前清贡生,父亲张道型、叔父张道垲,都是前清秀才,父祖两代都以教书为业。先生幼年即从父辈学习"四书""五经",打下了坚实的古文基础。从 12 岁入乡办小学,直至小学毕业考入省立金华中学,仍以学习古文为主。直到五四运动之后,才开始接触英语和白话文。1921 年考入南京国立东南大学中文系,著名学者胡小石、陈中凡、竺可桢、梅光迪、吴宓等都给他上过课。大学期间就已经培养了对语言文字学的兴趣,1926 年大学毕业,从此走上了语言学教学与研究的光辉道路,直至 1991 年 11 月 16 日逝世,60 余年中始终没有离开过这条战线。

张世禄先生是我国著名的教育家。从 1926 年大学毕业到厦门集美学校任语文教师开始,直至以 90 岁高龄逝世为止,先后在包括复旦大学、南京大学、前中央大学、光华大学、重庆大学等十几所高等院校任教,先生在教育园地上整整辛勤耕耘了 65 年。张先生教学极其认真,又特别讲究教学方法,教学效果特别好。语言学课程比较艰深枯燥,但张先生讲来,却既深入浅出,又生动有趣,条理特别清晰,章节之间衔接异常紧密,板书字体端正凝重,一丝不苟,听先生讲课是一种真正的艺术享受。65 年中,张先生以其高度负责的精神和高超的教学艺术,培养了一批又一批的本科生、硕士生和博士生,其中不少人已经是蜚声海内外的学者了。说张世禄先生桃李满天下是再恰当不过了。

　　张世禄先生是一位著述宏富的学者。1923 年,他还在读大学二年级时,就发表了第一篇学术论文《文字上之古代社会观》,从此以后的近 70 年中,他多方开拓,勤于著述,创获宏富。先后出版专著 21 部,译著 4 部,另有待刊专著 2 部、译著 2 部,发表论文 120 余篇。如此众多的专著、译著和论文,真可谓著作等身了。

　　1986 年 10 月,张世禄先生 85 岁寿辰,吕叔湘先生题词祝贺,词曰:“学贯中西。”这一题词准确地概括了张世禄先生的学术特点。

一、中国语言学界“西学东渐”的先行者之一

　　科学的发展水平,取决于理论水平的高低。张先生在中国语言学研究中,首先致力于西方语言理论的介绍,并且结合汉语实际,建设中国自己的语言学理论。早在 1930 年,他就参考美国语言学家布龙菲尔德在 1914 年出版的《语言学入门》(*Introduction to the Study of Language*)编著了《语言学原理》一书,向国人系统地介绍了语言学的基础知识。如果说《语言学原理》还是以介绍为主,那么,1934 年出版的《语言学概论》则更侧重用西方先进的语言学理论来研究中国的语言事实。他在该书自序中说:“我们中国,科学向来不很发达,过去对于语言虽然有许多的著述,终究未能组织成为一种科学,因此,我们要研究中国的国语和各种方言,自然必须有西洋语言学理做个基础,我们要考明中国语的性质和历史,也必须先具有世界语言学的智识。”1937 年张先生又和蓝文海合作翻译了英国语言学家斐尔司的《语言学通论》。在介绍和引进西方语言学理论时,张先生一方面十分注意吸收其先进的思想和方法;另一方面又始终不忘批判某些西方学者的民族偏见,从理论上否定了“汉语落后论”的谬说。何九盈教授在《中国现代语言学史》中论到中国语言学的早期理论建设时指出:“张世禄在介绍西洋语言学理论方面,用力最勤,成绩突出。”

二、现代音韵学的早期开创者之一

　　张先生是高本汉音韵学理论和研究成果最早的译介者。早在 1930 年

就发表了《高本汉的中国语言学说》，系统地介绍了高氏的音韵学思想。1931 年翻译出版了高本汉的《中国语与中国文》，1937 年翻译出版了高本汉的《汉语词类》，高氏此书是系统研究汉语同源词问题较早的著作。此外，还先后翻译了高本汉的《诗经研究》《老子韵考》等著作。1937 年张氏在《高本汉与中国语文》中指出"（西洋人）运用西洋的学理和方法把汉语作语言学的研究。他们对中国语文的研究，在态度方面比较的客观，采用的材料和工具也比较的精确；因之他们的成绩竟能超过了中国过去的学者，他们的学说有很多可以供我们的借镜。高本汉是集西洋人的中国语言音韵学的大成的；他的著作，我们应该多多阅读，他的学说，尤其应该加以深切的认识"。这便是张世禄大力翻译介绍高本汉的音韵学著作的根本原因。

张先生是运用新方法研究汉语音韵学的早期音韵学家。介绍和引进外来学说与方法，是为了学习和运用。张世禄先生是我国最早运用新理论和新方法的学者之一。早在 1929 年，商务印书馆便出版了由他编著的《中国声韵学概要》。全书共 4 编 13 章 53 节，外加序论。该书首先结合汉语特点讲解一般语音原理，接着分析汉语的声韵调系统并随文诠解有关术语和概念，再讲历代声韵变迁即汉语语音简史，最后讲到拼音问题。根据现有资料看，在新派汉语音韵学通论性著作中，这差不多是最早、最系统的一部，此后出版的汉语音韵学通论性著作都是依照这一基本框架。1932 年，《音韵学》一书作为《万有文库》的一种，由商务印书馆出版。这部书产生的影响比前一部更为广泛和深远。与此同时，他运用语音系统论、现代语音学、现代方音比较、域外译音比较等现代方法，对汉语语音史中的若干问题进行了卓有成效的研究。1929 年发表了《从日本译音研究入声韵尾的变化》，从日语汉音和吴音证明《切韵》入声有 [p][t][k] 收尾，而且探讨了韵尾变化的原因和过程，补充和修正了高本汉的研究结论。后来又陆续发表了《中国语的演化和文言白话的分叉点》《言语演变的原则》《中国语音系统的演变》《国语上轻唇音的演化》《朱翱反切考》等一系列的研究论文，对中国音韵学的发展起了重要的推动作用。鉴于普通语音学在现代音韵学研究中具有不可替代的作用，张世禄特别重视语音学的建设，1935 年开明书店出版了他的《语音学纲要》。据我们所知，除了刘复 1930 年翻译的法国保尔巴西的《比较语音学概要》之外，这是我国最早的普通语音学著作。

张先生是中国音韵学史学科的创立者。学术史是学科发展历史的科学总结,它清楚地告诉研究者,前人已经解决了哪些问题,还有哪些问题没有解决,前人的治学经验是什么,教训又是什么;同时,它又向研究者指出本学科今后的发展方向。因此,学术史的建立对任何一门科学说来都是十分必要的。有鉴于此,张先生从一开始就特别注意对音韵学史的清理与研究。1930 年出版了《中国古音学》,第一次对我国周秦两汉语音研究的历史作了全面清理,作者在本书的结论中指出:"今后考证古音,必将尽量应用西洋发音学上、语言学上种种原理,或采用西洋学者研究中国古音之方法,使中国古音学完成为一种公认的科学,是则今后学者所应负之责任也。"1931 年发表《中国音韵学史之鸟瞰》,1933 年作《等韵学派系统的分析》,对汉语音韵学的发展描绘出了基本轮廓;同年出版《广韵研究》,对《广韵》及《广韵》一系的韵书作了系统研究。所有这些工作,都为音韵学史的写作作了比较充分的准备,一部系统的中国音韵学史即将诞生。果然,1937 年,张世禄先生完成并出版了他的力作《中国音韵学史》,全书分上下两册,共 9 章 18 节。本书从文化史的高度,对汉语音韵学的发展源流进行了全面梳理。作者在导言中指出:"不论那一种学术,总是要受着一般文化演进的影响;一般文化发生了剧烈的变动,各种学术自然会敦促它们本身的进境。"又进一步指明:"我们这里要叙述中国音韵学的源流和它怎样的发展,我们必须知道中国在一般文化上曾经发生过两次的大变动,一次受了印度文化的影响,一次就是由于西洋文明的输入。"这是一部最权威的音韵学史专著,直到 60 余年后的今天,依然是治音韵学者必备的参考书。此书初版之后,一直没有再版,有人劝作者先重印以应急需,他却说:"几十年前的旧作了,总要修订以后才好拿出来见人的。"先生在学术问题上就是这样认真负责。但先生毕竟年事已高,全面修订已无可能,在大家的一再动员下,先生同意补写一篇"重印后记",讲清高本汉和高本汉以后的汉语音韵学,附于书后重印。1983 年,3 万余字的"重印后记"在杨剑桥君协助下完成,1984 年,附有"重印后记"的《中国音韵学史》由上海书店出版。

《中国音韵学史》的突出优点在于:其一,全面系统。汉语音韵学史上的所有重要著作和重要问题,书中都有详尽而又系统的论述和评价,考镜源流,脉络清晰,条理畅达;其二,资料赅博。每论一事,必穷搜博采,务求详尽无遗。书中不仅引用大量历史资料,而且最为可贵的是大量引用今人的研究成果。各节之后所附的注释,往往有几十条之多,这些注释,很多都是近人对该节所论的研究成果,连有些学者油印讲义中的材料都引证到了。其三,论断科学。传统音韵学中的种种术语,本来就缺乏明确的界定,又强行比附阴阳五行之类的谬说,加之使用者各师己意,致使音韵学术语更不科学、更不规范。作者用现代语音学原理,对各种术语,若"轻重、开合、内外"等,随文加以诠解,使之顺然理释。例如讲到"开合呼等"问题时说:"关于韵素上主要元音和中介元音两种成分,在字音里彼此间的差异,便是所谓开合呼等的分别。我们依据元音的唇的形状来观察,圆唇的元音,或者带着圆唇化的[w]音之韵,在等韵学上称为'合口呼',否则,称为'开口呼';江永《音学辨微》云:'合口吻聚,开口吻不聚。'开合之分,便是依据于主要元音和中介元音的唇的形状上的差别。而同在开口呼或同在合口呼之韵,我们又可依据元音的舌的位置再为分别,就是等韵学上'洪细'的'等第';带有舌前化的[i]音或者元音的舌位较前较高之韵,口腔间共鸣作用较小,音响亦较小,而字音所具有的'固有音调'(inherent pitch)亦较高,就称为较'细'的音,所列的'等第'也较次;否则,就称为较'洪'的音,所列的'等第'也较高。"(《中国音韵学史》下册,第57页)其四,结合语音演变讲明韵书和等韵条例。例如,在讲宋元等韵和明清等韵的区别时说:"宋元学派既依唇的形状分列开合,又于开合当中,依音的洪细各分四等;这种繁复的区分,原来是用以适合《切韵》等书的音读系统的。到了近代北音的发展,语音由繁复化为简单,等韵学上自然要起了一种大改革:一方面把关于元音舌位变化的洪细分别,加以并合,大抵由一、二等或一、二、三等合并为后元音或中元音,由三、四等或二、三、四等合并为前元音;另一方面更将从前开合的区别并入于等第当中,而当作一种重要的分等标准,首分开口、合口两类,即关于两唇的收圆与否;再各分正副,即关于舌的前进或后退……从前的开合各有四等,演进为近代的开合共只四呼了。"(《中国音韵学史》下册,第170页)开合各分四等,是宋元等韵的体例,所反映的是《切韵》时代的语音系统;开合各分正副,即开、齐、合、撮四呼,是明清等韵的体例,"并等为呼"是实际语音发生变化的结果,所反映的是明清时代的语音系统。

三、努力创建符合汉语实际的汉语语法体系

早在 20 世纪 30 年代末参加"中国文法革新讨论"时,他就说过:"中国过去文法家过于因袭西洋,以致普通流行的文法书上有很多削足适履的地方;我们应该依据中国语文'特殊'的性质和现象,重新来建立中国文法的体系。"(《张世禄语言学论文集》,第 196 页。以下引文,凡出自《论文集》者,均只注页码)40 年后的 1980 年,张世禄先生又发表了《关于汉语的语法体系问题》,这是他几十年研究汉语语法问题的思想结晶,随着研究的深入和时间的推移,这篇文章的重要价值,将被人们愈来愈深刻地认识。文章一开始就说:"汉语语法学的建立,从开始到现在,快要一个世纪了。在这八九十年中间,研究、学习汉语语法的,几乎全部抄袭西洋语法学的理论,或者以西洋语言的语法体系作基础,来建立汉语的语法体系。"(第 515 页)张先生认为:"西洋语言的语法现象和西洋语法学的理论,有很多可以供我们研究汉语的借镜;但是我们必须坚持'洋为中用'的原则,不能受洋框框的束缚。"(第 516 页)关于"洋框框",张先生认为主要有三种:"一种是关于词类问题,有'九品'之说,即把所有的词分为九类;另一种是关于结构形式问题,有'动词谓语'之说,即把所有动词和谓语牵和在一起;还有一种是关于句子类型问题,又有'主谓结构就是句子'之说,即把所有主谓结构统统认为是句子,或者把具有主语和谓语两部分的句子才认为是意思'完整'的句子。"(第 516 页)他大声疾呼彻底打破洋框框:"首先就要大大地精简现行教学上应用的'学校语法体系'的内容,把那些烦琐的用语尽量地删除,把那些繁复的分类尽量地合并,务使在词类方面、结构形式方面、句子类型方面都切合于汉语语法的实际情况。"(第 524 页)

根据打破洋框框、切合汉语实际的要求,张先生从词类问题、结构形式问题、句子类型问题三个方面,揭示了汉语的特点,建立了自己新的、以简驭繁的语法体系。

在汉语词类方面,他指出:"汉语里的词,分作'实词'和'虚词'两大类:实词的定义,是代表种种事物的概念,并作为一般语法结构的成分;虚词的定义,是表示概念与概念之间的关系(亦即语法结构中各个成分之间的关

系)以及整个辞句的语气。"(第 524 页)按照这样的原则,他把汉语的词分为八类:名词、动词、形容词、数量词、副词、代词、关系词、语气词。现行语法体系中的连词、介词、结构助词、时态助词、连接副词等,都是表示词组结构中概念与概念之间的各种关系的,所以可以合并为一类,统称关系词;现行语法体系中的叹词、语气助词、语气副词、判断词,都是表示整个辞句的语气的,因此应予合并。特别值得注意的是对"是"这个词的归类处理。汉语中表示判断意义的"是"字,有的叫"系词",有的叫"联系动词",有的归为动词的附类,有的干脆叫"动词"。所有这些说法,都是比附英语"verb to be"的结果。英语"verb to be"表示"存在",有形态变化,是个典型的动词;跟英语不同,汉语中"是"这个词"是由指示代词、形容词虚化而成为表示'断定'的语气词。从'是'这个词的意义发展来看,绝不能与英语'verb to be'牵合起来","既然把'是'归成'判断词',认为是表示断定的意味,就该归属于语气词"(第 518 页)。

在语法结构形式方面,张先生认为,汉语语法学上深受英语'动词谓语'理论的影响,因而造出许多无谓的名目。"连动式""兼语式"即为一例。他说:"在一个主语下面出现连续的几个动词的,叫作'复杂谓语'或'复合谓语'。而由这样连续的几个动词所造成的词组结构,在整个句子里不是供作谓语用的,也依然叫作'复杂谓语'或'复合谓语'。这种所谓'复杂谓语'或'复合谓语'里连续的几个动词,有的认为是属于同一个主语的,有的认为不是同属于一个主语的,于是又立起'连动式''兼语式'等的名目……其实所谓'连动式'当中,凡是表示一连串有连贯性的动作的,可以隶属于联合结构(顺递的联合);几个动词或动词性的词语所构成的一种联合词组,在整个句子里,可以作谓语用,也可以不作谓语用。所谓'兼语式',实际是一种补语式的偏正结构,后一个动词或动词性的词语供作前一个动宾结构的'目的补语'或'结果补语'。"(第 520 页)张先生主张取消"连动式""兼语式"等类名目,分别归入不同的结构形式中去。经过归并,一般的语法结构简化为主谓结构、动宾结构、偏正结构(定语式、状语式、补语式)、联合结构(并列式、顺递式)四种。

关于句子类型,张先生指出,汉语和英语不同,必须打破"主谓结构才成为句子"的观念。他说:"在汉语里,句子成立的要素,不是属于语法结构,而是属于语气和语调;汉语里不论哪一种结构,主谓结构也好,其他各种结构也好,有一定的语气和语调的,才是句子;没有一定的语气和语调的,就不是句子。所以语气词,在标明句子类型上的作用,特别显著。汉语里,'测度句'和'反问句',都有独特的语气词来标明,也有独特的语调,所以除了'学校语法体系'中所列的'直陈句''疑问句''感叹句''祈使句'之外,还应当增进'测度句''反问句',共为六类。"

1978 年出版的《古代汉语》,全面体现了他的语法理论。北京师范大学王宁教授指出:"张世禄先生 1978 年出版的《古代汉语》一书,是一部学术价值和实用价值都很高的古代汉语通论。书中不少地方积聚了张世禄先生多年来在古代汉语领域里的研究成果,特别是其中表现出的张先生关于古代汉语教学体系的精辟见解,尤为可贵。"

四、贯通古今的词汇研究

1983 年,张先生在《我和语言学》中说:"50 年代开始,由于斯大林语言学理论的输入和推广,感到用马克思主义观点方法来研究汉语语言学是非常必要的。我对语言学的研究转移到以汉语词汇为重点。"当时,语法研究非常热闹,相比而言,词汇研究显得比较冷清,但是,对于汉语规范化和语言教学而言,词汇研究又是十分重要的。张先生选择这一重要而又薄弱的学科为研究重点,体现了一位学者的责任感。从 1956 年开始,张先生在《语文知识》上连续发表了《词汇讲话》《现代汉语里的古语词》《词义和词性的关系》《基本词汇的性质和范围》等一系列论文;同时出版了《普通话词汇》《小学词汇教学基本知识讲话》等著作。作为词汇研究的结晶,则是他亲自撰写、胡裕树主编的《现代汉语》词汇部分。

五、张先生词汇学研究的主要特点是贯通古今

张先生的词汇研究,是从训诂学入手贯通古今的。汉语训诂学与汉语词汇学有着极为密切的关系,它不仅关乎对词义的解释,而且跟汉语词汇的丰富与发展、汉语构词法都密切相关。张先生指出:"应用训诂学上的材料,

来研究古汉语的词汇成分,来分析汉语词汇成分的性质,这是汉语词汇学中的一个新途径。"(第 574 页)他的这种思路,集中体现在对同源词、同义并行复合词和类义词的研究上。他在对同源词的研究中发现,同源词的孳乳,是汉语词汇丰富与发达的重要原因。1980 年,在《汉语同源词的孳乳》一文的结语中说:"汉语同源词的孳乳,有单音词和单音词之间的,也有单音词和双音词之间的,又有双音词和双音词之间的,而在声音形式上都用音同、音近、双声、叠韵的原理作为相互转化的关键。这种孳乳转化的现象,一方面属于构词法不断产生新词的范围,另一方面也由于词汇成分来源多种,吸收古语词、方言词的结果。"又说:"同源词的孳乳和汉语基本词汇的丰富性,词汇成分来源的复杂性,构词方式、方法的多样性,彼此相关,互相促进,使得汉语词汇日益丰富,日益发达。"(第 537 页)1981 年又发表《"同义为训"与"同义并行复合词"的产生》,精辟地论述了训诂学与汉语构词法的密切关系。在指出汉语词汇中同义词的重要作用、同义词的丰富性之后,着重从训诂体例上分析了同义词的构成方法。在列举大量事实之后,得出结论说:"从同义词在训诂上和构词上的这种交互作用,我们又可以推知训诂学和构词法原来有密切的关系。构词是使单词组成复词,其目的原来与训诂上的要求了解词义、明确词义相一致的。"(第 553 页)"训诂和构词,都是为着加强语文的明显性和准确性,都是为着阐明词义,通晓名物,达到相互了解、沟通思想、发挥语言的交际作用。构词上的'化单为复',把构词成分结合起来,实际就像训诂上训释词和被训释词的关系一样,有互相注释的作用。所以一个同义词的联合结构,也就包含着一个'同义为训'的体例;换句话说,同义词相联合使用的过程,也就是同义词相训释的过程。"(第 554 页)1985 年,先生以 85 岁高龄,撰写了《从词义问题谈到汉语中的"类义词"》,论述了汉语词汇学中的又一个重要问题——类义词。

张世禄先生的语言学成就,除音韵学、语法学、词汇学之外,在文字学上,著有《中国文字学概要》;在训诂学方面,著有《中国训诂学概要》;对文字改革,也有深入的研究,著有《汉字改革的理论和实践》一书。说先生"学贯中西",确非溢美之词。

莲花落里探真情

——记张世禄先生

吴中杰

我一直不能忘记"文化大革命"初期那一幕。那时,大字报还是有控制地张贴,除了各系办公楼走廊之外,每个系均分得几间教室作为固定的张贴地点。被贴大字报的对象也是内定的,张世禄先生即是其中之一。有一天,张先生被勒令到教室里去看揭发他的大字报,严厉的措辞,不实的指摘,使他惶恐万分。好在一重重大字报帘幕还勉强能遮住他一脸的尴尬。突然,一拨子"革命"学生衔命而来,在门口凶神恶煞般地大吼道:"张世禄,滚出来!"张先生赶忙从大字报帘幕中转了出来,低头,弯腰,接受现场批斗。学生批上几句,就要张先生表态承认一次。对于这些不实之词,承认不好,不承认又过不了关,真使人处于两难境地。但张先生一脸谦卑神态,一口一个"我有罪""我有罪"的回答,总算把场面应付过去了。

这些学生,在不久之前还听过张先生的课,转瞬之间就变成这副样子,实在有些不可思议。

张先生的课讲得很好。即使是资料繁多、缺乏趣味性的语言学课程,他也讲得条理清楚,幽默生动。同学们很喜欢听他的课。但一向少有人与他接近,因为听说他的社会关系复杂,有历史问题。社会关系多,现在已经成为一种无形的资本,同学会、同乡会之类,就是为了拓展关系网而建立的,但在那段特殊的岁月里,这却是人人怕沾惹的事,回避与疏离也是必然的。不过人并非石头里蹦出来的孙猴子,既然生长在枝蔓繁复的人类社会里,就总会有各种各样的社会关系的,君不见那些社会关系最清楚、最单纯的人,在改革开放之后，也纷纷亮出许多海外关系来，这就可见马克思所言之不谬：人是社会关系的总和。

张世禄先生的胞兄张书旗是有名的花鸟画家，任教于中央大学，很为国民党当局所器重。1941 年，罗斯福第三次当选美国总统时，张书旗创作了一幅《百鸽图》，由蒋介石题上"信义和平"四个字，作为中国政府的贺礼，由国民政府代表团带到美国。这幅画在一个很长时期里，被悬挂在白宫总统办公室，现收藏在罗斯福纪念馆中。后来张书旗侨居美国，客死在那里。张世禄先生的堂弟张纪恩却是共产党的干部，1928 年就在党的中央机关工作，毛毛在《我的父亲邓小平》一书中载有张纪恩对当时情况的回忆。后来向忠发叛变，中央机关被破坏，张纪恩被捕，此事电视连续剧《潘汉年》中还曾提及。据说张世禄先生就是为了营救张纪恩而与国民党 CC 系发生关系的。其时 CC 系主管教育，正需要拉拢张世禄这样的名教授来支撑门面，张世禄也需要利用 CC 系的力量来营救堂弟，这样就有了交换的条件。张纪恩死里逃生，判为五年徒刑，而张世禄却陷入了 CC 圈套，参加他们主持的大学教授联谊会。虽然后来张先生下决心摆脱了 CC 系的关系，1949 年国民党给他送来飞机票，要他到台湾去，他也没有去。但是历史的痕迹已经无法抹去了。

正因为有这样种种复杂的关系和历史的陈迹，建国以后张世禄先生就在精神的重压下过日子。尽管他业务很好，但总是不受信用，而且有事没事总是被找茬子来批一通。比如，张先生努力工作，课上得最多，本来应该表扬的，但却反而被批评为拿那么多的超工作量补贴，是资产阶级思想，倒不如那些不上课或少上课的人。但批评者也不想一想，张世禄有十个子女要抚养，怎么能放弃这份劳动所得呢？而一到政治运动来临，张先生的日子就更难过了。20 世纪 50 年代初期，到"革大"（革命大学之简称）里去学习，交代清楚历史问题是必不可免的；到 1957 年，又被内定为"右派"分子，虽然他并没有鸣放什么意见。好在这份上报名单恰巧落在他的浦江老乡石西民手里，石西民晚于张纪恩参加共产党，时任中共上海市委宣传部部长，有很大的发言权，他大概看在革命前辈张纪恩的面上，就借口业务上还要用人，把张世禄保了下来。所以张世禄先生后来又有一顶帽子，叫作"漏网右派"。而且"文化大革命"运动中在批斗石西民时，还被拉去做过陪斗。

　　张世禄先生在政治上很谨慎,绝不标新立异,无论什么问题,只要一觉得与政治有关,他马上放弃自己意见,立刻表态认同。比如,他根据汉语的特点,一向是反对汉字拉丁化的,但建国后看到用政治力量来推行汉字拉丁化,意识到这是政治问题,马上改变态度,撰文表态赞成。又如,对于"大跃进"时代的大兵团集体科研方式和日日夜夜持续作战做法,他是不赞成的,但是他也坚持参加,不敢懈怠。虽然有时也会压抑不住,难免要蹦出一句惊人之语。有一天晚上,挑灯夜战编教材的教室里,电灯突然熄灭了,张先生脱口而出:"电灯都感到吃不消了!"这本是一句幽默话语,却被当作对待"三面红旗"的态度问题,上纲上线地进行批判。从此,张先生就更加谨慎了。

　　但是,一涉及学术领域,张世禄先生的态度依然硬得出奇,大概他觉得语言学上的问题,除个别带有方向性者外,大都与政治无涉,他可以坚持自己的意见;而且,学术研究是他生命的寄托,在这上面,他觉得必须坚持自己的意见。20 世纪 60 年代初,语言学界有"语法"与"文法"之争,因为陈望道校长是"文法学派"的首领,所以复旦有许多原来主张用"语法"二字来表述的人,都纷纷放弃己见,投到"文法学派"的旗下,只有张世禄先生仍旧坚持用"语法"的称谓。陈望道为了统一复旦语言学界,形成一个完整的复旦学派,特地登门拜访——这是 1949 年以来,陈望道唯一的一次登上张家之门,目的是要张世禄先生同意"文法"的提法。但是,张先生就是不肯答应。他说:"我的观点,我会在报纸上发表的。"而他发表的,仍是"语法"之见。虽然这只是学术见解的不同,但是在当时,在复旦,张先生要如此坚持己见,还是要有相当的勇气的。

　　其实,张世禄先生在学术上一向是自有主张,不肯随俗的人。他勤于著述,富有创造性。张先生出身于南京东南大学,这里是《学衡》派的基地,"五四"以后,以提倡"国学"闻名,校方也的确聘请有许多国学家来教学。张先生在这里打好了旧学的基础,但是他不愿意沿着前人的老路子走下去,他想用现代化的方法来研究汉语。于是他看中了瑞典汉学家高本汉的学说。高本汉将西方语言学理论同汉语音韵学传统结合起来,形成了一种新的汉语史研究方法,张先生认为这是汉语音韵学科学化现代化之路。他翻译了高本汉的许多著作,如《中国语和中国文》《汉语词类》《诗经研究》《老子韵考》等,将这新的研究方法加以引进。同时,他还用新的理论和方法来研究中国古代音韵,出版了《中国声韵学概要》《中国古音学》《广韵研究》《语音学纲要》《中国音韵学史》等著作。这都是20世纪40年代以前之事。当然,他还写过其他许多著作,如《中国文艺变迁论》《语言学概论》《音韵学》《中国文字学概要》《中国训诂学概要》等书,但那段时期主要是研究中国古代音韵。他有意识地要改进中国音韵学的研究方法,将它推向现代化。赵元任在第一次见到张先生时,把高本汉的《汉语词类》与章太炎的《文始》相提并论,张先生就深不以为然,他认为章太炎的古音研究虽然是集古人的大成,达成了一个不可企及的高峰,但其研究方法是古典式的,毕竟还有局限性,要突破传统格局,必须用现代的科学方法,而高本汉的方法则是以现代科学为基础的,他们两人代表着两个不同的时代。这可见研究方法的现代化问题,在张先生的心目中占有很重要的位置,而他对中国音韵学的研究,也的确起了推动的作用,可以说是中国现代音韵学的开拓者。有一次北京大学王力教授到复旦讲学,看见张世禄先生坐在台下,就说:“我是读了张世禄先生的著作,受到启发,才走上语言学道路的。”可见其影响之大。

50年代以后,张先生研究的重点转到词汇方面来,虽然也出版过几本著作,但影响不及三四十年代大。不过他没有停止学术上的思考,到“文革”结束之后,他又焕发了学术青春,80岁高龄之时,在中文系的学术报告会上提出了《关于汉语的语法体系问题》的报告,说80年来中国语法研究都是洋框框,要重新建构,引起语言学界很大的震动。1978年他出版了《古代汉语》专著,提出了新的语法体系。张先生在学术上一生不断地创造,真是老而弥坚。

“文革”结束之后,张世禄先生的政治待遇大有改善。在“两个凡是”思想指导的时代,给他作的政治结论还是“历史反革命”,张先生本着在政治上从来不抗争的原则,也就签了字,但是子女不同意,提出申诉,恰好转眼已到十一届三中全会之后,重新审查的结果,才去掉了这顶帽子。学术界也恢复了对张先生的尊敬,他成为全国第一批博士生导师,后又被国务院定为第一批有突出贡献的专家。张先生此时认真地带博士生,一如他当年认真地教本科生。张先生本来就高度近视,以前上课时,常把鼻子贴着讲稿看字,现在加上白内障,视力就更差了。但他还是要认真地审阅学生的论文,就叫研究生把论文抄成大字本,并且录好音,他边听边看,边提意见,其吃力程度是可想而知的。

1986 年,上海学术界隆重召开会议,庆祝张世禄先生从事语言教学与研究 65 周年,张师母看到这个场面,当场就激动得流泪了——她万万没有想到张先生在晚年还能享受到这样的荣誉!这些事,对于一个学者说来,本不必太在意,但对张世禄先生,却的确具有特殊意义。

张世禄先生是在 90 岁高龄逝世的。1947 年,他 45 岁,正走到人生旅途一半的时候,曾作过一首《自嘲》诗云:"书剑飘零作客频,莲花落里探真情。分明别有青云路,犹把儒冠自误身。"这是对他自己前半生的总结,也是对后半生的预言。

(原载《美文》1998 年第 9 期;又载《海上学人》,广西师范大学出版社 2005 年版。吴中杰,复旦大学中文系教授)

记忆中的张世禄先生

许道明

一

　　人们不是为着观看赛事，而能如痴如醉地在大型体育馆内挥霍感情，当下好像多为着亲睹演艺巨星的风采。在我的印象中，刘德华、郭富城、理查德·克莱德曼等，还有那个冷艳的王菲，都在上海体育馆弥散过说不清道不明的光华。复旦大学在工宣队、军宣队管事的日子里，每年倒也有几度假座江湾体育馆开大会，批判"反革命集团"的大头目，包括它的一些从属要员。此外，在我的记忆中就得算上批张世禄和严北溟了。复旦当时所谓的"反革命集团"，上海滩的东西南北中、工农商学兵几乎无人不知，无人不晓，声名爆矣。至于张世禄和严北溟，就没有如许显赫。两个老翁，一个是音韵学权威，一个是中国哲学史名家，却一律精瘦，张世禄面如土色，严北溟倒阳阳如平常。无论怎么说，没有场内革命群众排山倒海的声讨呼声，没有大幅标语"反革命不投降，就叫他灭亡"血淋淋的烘衬，终究是谈不上风采之类的。当时场内除革命师生外，还来了不少"反革命嫌疑"或"尚有问题者"的家属，他们倒是我们平日里很难识得的。他们是战战兢兢的一群，而我等与他们参伍席地，随某些永远正确的革命教师中的通人一一指点，我们好奇万般地分辨着这批来客的子丑寅卯。同在阳光普照下，同在春风抚拂下，人的心境竟各各有别、颇难同一，这类经验在那些日子里即便最为粗心潦草的人也是不难体味一二的。

　　这也是一次名曰"落实宽严政策"的大会，事情起因于为了挖尽复旦大学所有的反革命,对象指定为教师,尤其是老教师。凡在建国前已经享有一定地位的教授,差不多都已上了年纪,有些人来历也难免曲折。张世禄先生的政历问题在历次运动中都已交代清楚,态度据说向来不坏,此番要挖反革命,他再三再四认罪,甚至还认定自己"没有资格当教师"。严北溟却面目殊异,小小个头,依然犟头倔脑,搞得上海机床厂来的那位工宣队领导相当难堪。于是张世禄被定为"从宽"的典型,严北溟则落得"从严"的出路。当天在用几张乒乓桌拼成的主席台上,那位工宣队领导装束非常摩登,的确良白衬衫外挎着个红布包,一顶半新不旧的黄军帽遮掩着他那颗似癫非癫的脑袋。他说了些什么已经记不得了,似乎当时压根儿就没有听清。而随他手上的小红书在空中画了一个圈,严北溟似乎想说什么,却硬被两条汉子死死地扳下了头;张世禄嘴唇哆哆嗦嗦,一如秋风中的叶片……

大会照例在革命歌声中收场,策划者费尽了心力,与会的人们却只顾乱哄哄地夺门而出。在某些人自以为爆发了一颗原子弹,不料谁也不愿关心,差不多像是放了一枚哑炮仗。当然,日后类似"严北溟胆大如斗,张世禄没得胆"的话题,私下还挂在大伙的嘴边,不过终究无关痛痒。人们还是在一阵风一阵雨中打发着日子。说严北溟先生"胆大如斗"未必是誉扬,视之"不识相"的看法毕竟居多;说张世禄先生"没得胆"也未必有多少轻蔑的意味儿,显得真切的大半倒是"可以理解"。说到底,个中滋味,一切的一切,欲说还休。

说人们对张世禄先生的行状"可以理解",实在并非诳话,这位教授先生的胆小怕事早已享有颇高的知名度。唯张先生所说的"没有资格当教师",留给我们这班同学的,似乎更多是苦涩和同情,甚至是愤怒。

二

由《语言学概论》这门课,以及某几种巴尔扎克小说的中译本,我们在进大学不久便记住了北京大学高名凯教授的大名;他在 1965 年初英年早逝,特别加深了我们对他的印象。正是高先生谢世那年的秋天,我们有《古代汉语》课,系里通知授课教师是张世禄,据传还是高名凯的老师呢。张先生是声名显赫的音韵学家,他的《中国音韵学史》《中国古韵学》和《音韵学》著述名重一时。说来惭愧，当时我们谁都懵然无知，但是借重"高名凯的老师"，我们这帮那个时代的"追星族"预先给了张先生一份不算轻的尊敬。

中等身材，一袭藏青旧西服，自然没有领带领结，此外，一张瓦爿样稍稍内凹的脸庞，颜面是青黑还是黄黑难以分辨，不太高耸的鼻梁上架着一副差不多随时可以滑落下来的深度眼镜。我们有些失望，多少有了些相仿鲁迅先生最初见到藤野先生时的感受。他把讲义放在讲台上，仿佛也是"用了缓慢而很有顿挫的声调，向学生介绍自己道'我就是叫作张世禄的'"。说的当然不是藤野先生的日本话，而是一口字正腔圆的浙江官话。他接着说明教材，倒使我们大大地振奋了一番——"你们手上的是王力先生的《古代汉语》，这本书很有特点。但是我以为它更像是一种古代语文读本，作为《古代汉语》的教本好像杂芜了些，课程性质不够突出，将它作为你们课后的主要参考书是相宜的。上课我们另发由我编写的讲义"。那几句话，所以至今还记得，因为相当地满足了我们当时的情绪——表面批判而内里激扬的"大复旦主义"。不过，到底是远不若张先生达于学术的见识的。

几个星期下来，我们不只惊异于张先生学识的渊博，更被他废弃满堂灌，讲究基本概念的分明而叹服得目瞪口呆。每次他讲得那样少，可又结结实实。夹缠不清与他无缘，同多数大学教授的矜才炫学相去更远，全是些基本之基本，可供我们触类旁通和举一反三。他还拎着一只敞口人造革袋经常出现在我们的住处，算来是当时难得到学生宿舍辅导的教授。他也许识不得我们班上的所有人，然而我们班上几乎人人得到过他细微而精警的教诲。我们班大半是工农子弟，就当时的风气，他固然不敢怠慢，但在学问上好像从来没有迁就过，从来不敢姑息。虽说他会不时为我们的浅陋叹息蹙眉，但最终不会使我们任何同学难堪得交不了差。

好像就在那个学期，陈望道校长邀请叶籁士和倪海曙来复旦讲学，题目是《关于普通话》。大批教师和比我们高些班次的同学都去乡下搞"四清"了，可以凑凑热闹参加听讲的就算我们这些人了。叶、倪两位都有不低的学术职务，荣誉在我们当时的趣味上是远胜于张世禄先生的。望老德高望重，简单的开场白过后，就端坐在讲台左侧的皮沙发上，叶、倪都是极有风度的人物，很是令人肃然起敬。叶籁士是主讲，一开口便是"陈望老和福崇先生"。哪来的"福崇先生"？听讲者在场内四处搜寻，终于发现张世禄先生在末排座位上躬身而起，一脸的谦恭。随后是倪海曙氏回答问题，他在"尊敬的望老"之后，"我的老师张世禄教授"竟然说了两遍。我再次回过头去，张世禄先生再一次从座位上躬身起来，依然一脸谦恭。我记得，我特别清晰地记得，那一刻，在将讲台上的陈望道校长的望之俨然，叶、倪两位的飞扬神采同"忝列"末座的张先生的一脸谦恭相较之后，我发现自己长大了许多，算是第一度酸楚地体味到学术地位是怎么一回事。然而，我同时也真切领略了学界优秀传统又是怎么回事，除岸然的道德原则和学术良心之外，我实在为我们的张先生骄傲。

三

"文革"结束后，张世禄先生终于重新手执教鞭，甚至还终于被他的复旦大学的老少同事们公认为"课上得最扎实、最会带研究生"的导师。时隔十年，当我重进复旦读研究生时，张先生居然还叫得上我的姓名。原因恐怕是我是班上最早知道画家张书旗是张先生的胞兄的人，曾在老人家面前说起过张书旗的《中国风格的绘画》，好像还能说出他的老哥的《雄鹰》曾获得国际画家名作展览会水彩首奖。说实话，我心里是很有些滋润的。20世纪80年代末，我为撰写一本关于朱光潜的书稿向张先生求教，拿着他建国前发表于《国文月刊》上的《评朱光潜〈诗论〉》复印件到他的寓所。老人家眉开眼笑："你今天还能找出这篇文章，一定辛苦啊，我都有些糊里糊涂了。"他的这番话让我相当受用，这远不是因为老师表扬了我，而是在这番话后老师又来了一番语重心长的忠告：做学问得有规矩，随心所欲不逾矩，在基本概念上不能放任自由。比如他说，讨论古代诗歌的节奏和声韵，要有音韵学的知识准备，得深入到音韵学的传统中间去。朱光潜先生是美学大家，自有其专长。但他对专门性的古代音韵问题的研究毕竟尚有不周。他好像把古音与今音的系统搞混了，所谓"诗的习惯，平不分阴阳"是依据中古时期的四声系统，而所谓"阴阳平已有悬殊"，根据却又是近代语言学上的习惯。"笼统不行啊，学问有它普适性的规范啊！"

1991年，当了一辈子教师的张世禄先生去了，我喜欢也多次说过一句话，天国里也需要教师。当今大概谁都不会怀疑张先生是个好教师，也许有更多的人会真正咂摸出他在那个荒诞的年代里为什么自况"没有资格当教师"。他生前经历过学术生命是如何粗暴地被糟蹋的,然而,他已经无法看到,学术前途在他身后又在经受新的考验。他似乎能够洞察在某些以"学术"谋名利的人眼中存在着一个无须胆怯的世界,面对学术的生命与前途正日渐被某些人"炒作"得近于失范,他也许会对我大喝一声:"我播下了龙种,却收获了一大堆跳蚤!"

（原载《解放日报》2007 年 7 月 26 日。许道明,复旦大学中文系教授）

善教者使人继其志

——怀念恩师张世禄教授

李行杰

1962 年金秋,我和朱庆坪同学一道考取了张世禄(字福崇)先生的研究生,攻读汉语史。每逢周二晚 7 点,准时到先生寓所的客厅上课,风雨无阻。

第一次上课,趁先生还在书房的间隙,我们在客厅里观赏墙上的字画,其中一幅花鸟特别引人注目,作者是张书旗先生。庆坪告诉我,书旗先生是福崇师的胞兄,在美术界与徐悲鸿齐名,抗战时期移居美国。正说着,福崇师踱了进来,见我们正在赏画,便指着那幅花鸟说:"为这幅画,家兄曾把一位很有才华的学生逐出师门。"先生告诉我们,这名学生是书旗先生的一位朋友介绍的,既有才气又很勤奋。但有一次却近半年没交作业,等到交来作业,正是这幅花鸟的临摹品。临摹得惟妙惟肖,完全可以乱真。学生正期待老师的嘉奖,不料书旗先生勃然变色,斥责道:"没出息!你跟在我后面亦步亦趋有什么意思? 至多成为又一个张书旗,可是我张书旗又算什么呢? 我没有你这样的学生!"就这样,这位学生被断然逐出了师门。后来经过徐悲鸿等先生的再三说项,书旗先生才答应,重新举行拜师仪式,收下了这名学生。

我们做研究生的第一堂课,就是在这"逐出师门"的教诲中开始的。在以后的教学中,先生反复告诫我们,一定要独立思考,走自己的路,不要轻信别人的结论,即使是老师讲的,也不能全认作真理。先生经常挂在嘴边的一句话是:"闻道有先后,术业有专精。"一再鼓励我们,学生一定要有超过老师的勇气,如果只会亦步亦趋地跟着老师走,学术就不能发展了。《礼记·学记》说:"善教者使人继其志。"我想,这志,就是精神。张世禄先生的精神,首先是一种学术上的创新精神。我们反观先生的学术成就,处处都洋溢着这种创新精神。现在,举国上下都在呼唤创新思维,而先生早在 40 年前就已经高倡这种精神了。

先生的"志"或曰精神的另一方面,就是他对学生的深切关怀和高度认真负责。有两件事最令人难忘。

第一件,1977 年秋天,我陪本科时的同班同学费锦昌去看望先生,先生不仅马上叫出了费锦昌的名字,而且问道:"张静贤同学好吗?"我们两人当场惊呆了。我们是 1962 年毕业的,时隔 15 年,先生不仅清楚地记得费锦昌和张静贤是同班同学,而且记得他们是两夫妻。这件事,不仅仅证明了先生有着惊人的记忆力,更证明先生对学生充满无可比拟的关怀之情。

第二件,1964 年春,先生开始给我讲授等韵学。为我这一个学生,先生专门写了讲稿,毛笔工楷,题为"等韵学讲话",共十讲。这年秋天,我奉命参加"四清",课程中途停顿。1965 年暑期归来,已经面临毕业,因为忙于毕业论文的撰写,课程时断时续。1966 年,"文化大革命"开始,"等韵学讲话"只好在第七讲的中途戛然而止。1977 年 4 月,沐浴着和煦的春风,我从青岛回上海看望先生,一见面先生便问:"'等韵学讲话'的笔记还有吗?"原来先生的讲稿在"文革"中被抄走了,连同包括先生胞兄张书旗所作的那幅花鸟画在内的大量文物一起,至今下落不明。这门只有我一个学生听过而且见到过讲稿的"等韵学讲话",从此广陵散绝!尽管我还保存着当年的听课笔记,经过初步整理,后来发表了,在音韵学界产生了很大的影响,其中有的结论已被学者写进了现代语言学史;但是,我所记录的只能算是"半璧"。这是学术上的重大损失,已经无可挽回,实在令人扼腕。这件事,对我个人而言,更难忘的是先生为我一个学生,专门写出讲稿,这种极端的负责精神,除了张先生,恐怕不会有第二位了。有句套话,叫"师恩如海",我今天用这句话怀念老师,却是发自肺腑的,但愿先生在天之灵能够听到。安息吧,先生。您的精神是不朽的!

2001 年 6 月于青岛半山楼

真正的学者　执着的追求

——世禄老丈谈经典著作的校勘

张进贤

20多年前,我在人民出版社从事编辑工作,居北京,岳父张世禄先生于复旦大学执教,家居上海。由于两地相隔甚远,那时见面机会极少,偶尔借出差之便去看望下他。我每次逗留时间短暂,难得聆听老人教诲。岳父给我的印象总是伏案写作或坐在藤椅上看书,神情专注,很少与人闲谈。除非向他提出有关学术性的问题,才能打开与他通话的途径。时间对老人比什么都宝贵,话毕接着就回到他那习惯的座位上,把高度数的近视眼镜又贴近到他的书或稿纸上去了。此外就是在共餐时或饭后稍事休息时闲谈几句,以作应酬,这大概是世禄老人为了事业尽心竭力在生活中给自己留有的一点空间吧!即使如此,每次短暂见面和谈话都给我留下了难以磨灭的记忆。

世禄老人执教一生,桃李天下,他精研学问,著述甚丰。而我是从事编辑出版工作的,业余爱好汉字形体学,还是一知半解。世禄老人主攻语言学,在音韵与训诂以及古今汉语方面均取得了卓著成就。他虽不研考汉字形体,但老人学识博大精深,触类旁通,对汉字形体也时有高见,这就成了我们交谈的主要话题。每次见面我总要向他请教一些平时的存疑,诸如《汉熹平石经》究竟包括哪些篇章,"隶书""八分书"名称之解等。老人无不兴致勃勃、引经据典地一一阐述己见。遗憾的是他早已作古,再无可能向他求教了。

我与岳父第二次见面是在1969年底,时逢"十年动乱"高潮,我被全国毛主席著作出版办公室抽调去组织"毛选"新版本的试制工作。试制组成员走遍全国各大印刷厂、造纸厂和装帧材料厂，了解情况，安排试制，出差上海就是其中一程。

我到沪后，抽时间去探望岳父母及家人。那天至家时已近中午，只有岳母一人在，攀谈少许见岳父蹒跚进屋，他身着沾满尘土的旧棉衣，一顶棉帽歪斜着顶在头上，两片护耳耷拉着，脏兮兮的口罩遮着他那下半部的面孔，只见两只凹陷的、无神的眼睛藏在高度近视镜后面。老人进屋后脱去帽子，露出蓬乱斑白的头发，冻僵了的身躯显得十分疲惫……比我两年前见他时苍老了许多。眼前的老人活像个清洁工人，谁还能想到他是一位著书立说多达 40 余部、学生遍布海内外的著名学者和名牌大学的老教授？！我起身与岳父握手，发现他的十指贴满了胶布，手掌上结满了老茧，粗糙得像锉刀，被他轻轻地一握，我内心感到一阵刺痛。老人或许看出了什么，对我寒暄了两句就避开去了。

到吃饭时间，岳母将午饭端上桌，仅有几碗面条和一点点咸菜。她郑重地从柜橱里取出剩有一点的酒瓶，给我们各斟上一小杯，意味深长地说："今天是毛主席的寿诞之日，特意做顿长寿面，以示庆祝！"我这才记起这天正逢主席生日，岳父慢慢地端起酒杯，崇敬地说了声："敬祝毛主席万寿无疆！"我随即应了一声："万寿无疆！"喝下了这杯酒。

饭后，岳父以试探的口气问我："进贤，'毛选'中有无校对之误？"对他的这一发问，我甚愕然，因为我当时正在专门从事出版"毛著"的单位，曾参与过"毛选"的校对工作。我清楚地知道"毛选"在付印前，反复校对多达 10 次以上，并获悉前四卷是由著名语言学家叶圣陶先生作最后通读，岂能有错？于是我脱口而出："不可能。"岳父似乎不能苟同，一时没有作声，起身从他的书桌上拿起一本"毛选"，然后从书中取出一张写满密密麻麻小字的稿纸给我看，并逐条说给我听。事隔 20 余年，现已记不清具体内容了，但我还清楚地记得稿纸上列举的差误有 10 多条。其中一例，是说书中有五处重复了同一词语，而其中四处相同，另一处则不同，在他看来显然有误。岳父边说边翻动着张张书页，一一指给我看，看来是证实他不是凭空乱说。对此我无言以对，颇为尴尬。岳父为解我的难堪忙说："你在出版'毛著'的单位工作，可否向社领导反映一下，以求纠正。"这一建议如在今天，当属正常之举，可是在那个年代怎能行得通？老人想得太简单了，太学究气了，竟然没有考虑到当时的现实及反映后的结果。于是我当即答道："不是时候，现下反映不得，会被误解……"他理解了我的话意，不再说什么，将书慢慢合上，放回了原来的地方。

事后，我了解到了岳父被关牛棚里时将"毛选"通读了几遍，陆续发现书中一些文字差误，在他看来这些语法和标点上的差错是纯学术上的问题，所以认真地一一记了下来，想向有关方面反映，以求纠正……世禄老人治学严谨，用心赤诚，对于这位学者的痴迷求索，我深为钦佩。

今逢世禄老人 90 岁寿诞，追记往事，记录面谈片段，算作纪念集的余纸补白吧！

1991 年 8 月于深圳

补说：

又过去了近 30 年的今天，我为写本书，找出上文，准备收入，为说明真实性，特与岳父家联系，索取原件照片，以配图。经细心查找岳父存书及手稿，见有经他整理为 8 页更为详细的正式一文，有前言说明，之后逐卷逐条一一言明。由此可见他的态度十分认真，心地赤诚，望能向有关出版单位反映，以起校正作用。当时由于他晚年体衰，已没有精力顾及此问题。不知何时能了他老人家的心愿？

（本文是作者在 2019 年冬张世禄先生百岁诞辰追思会上的发言。有删节。张进贤，人民出版社编辑）

一代语言学大师张世禄

何保华

张世禄先生是我心仪已久的著名学者。早年在他的家乡礼张工作时，就听说过他少年时勤奋学习，夏夜读书把脚藏在坛子里以避饕蚊叮咬的故事。但拜识他则是在 1986 年以后。那时我主持编纂《浦江县志》，先是写信请他担任县志编委会顾问，后来又请他为县志作序，他都慨然应允，还特地撰寄了《浦江方音记》，对县志编纂多有指教，拳拳乡情洋溢于字里行间。那时他已 80 多岁高龄了。1986 年，上海学术界周谷城、苏步青、罗竹风等发起庆贺张世禄教授从事学术活动 65 周年大会。我去上海得以亲聆张老教诲，并参加庆祝活动。那天有许多领导、专家、学者及张老的学生到会，大会开得隆重而祥和，篇篇热情的讲话感人肺腑，张师母禁不住热泪盈眶，张老致辞时竟激动得一时说不出话来。有一位专家还讲到，著名语言学家王力教授曾说自己是读了张先生的书才走上语言学道路的，因此谦虚地尊世禄先生为"老师"。

世禄先生字福崇，号锦堂，出生于浦江县礼张村的一个书香世家，自幼接受了深厚的传统语文教育。1918 年考入金华浙江省立第七中学，在古文方面受到校长金兆梓的深刻影响。1921 年就学于南京国立东南大学中文系，师承胡小石、陈中凡、柳诒徵等，聆听章太炎、梁启超的讲学，研读高元、赵元任、林语堂、刘半农的著作，1926 年毕业时获文学士学位。

五四新文化运动使张世禄意识到中国传统的语言研究必须用西方语言科学的新知来革新改造。他勤于治学，成名很早，28 岁时就出版第一部专著《中国声韵学概要》，接着又出版了《中国古音学》《音韵学》《广韵研究》《中国音韵学史》，开我国现代音韵学之先河。20 世纪 30 年代，进而引进国外语言学理论，撰著《语言学原理》《语言学概论》《语音学纲要》等，从而成为我国理论语言学的奠基人之一。1949 年后将研究重点转向词汇学，出版《普通话词汇》《小学词汇教学基本知识讲话》《词的构成与词汇的构成》等著作，在所撰上海本《现代汉语》教材的汉语词汇研究方面，提出了"同义互训词"和"类义词"等学说。70 年代末至 80 年代初又转向汉语语法的研究，他的汉语语法体系及其所提出的突破"洋框框"束缚并进行改革的创见，在学术界引起很大反响。1978 年出版的大学教材《古代汉语》，集中了他在语言学各个领域的深刻而富有创造的思想。

张世禄博古通今，学贯中西，学术研究领域十分广泛。在早年就出版了《中国文艺变迁论》，用语言学的观点研究中国文学。又重视与外国的文化交流，翻译了英国斐尔司的《语言学通论》，瑞典汉学家高本汉的《中国语与中国文》和《汉语词类》，法国房德里耶斯的《语言论》等。此外，还出版了《中国文字学概要》《中国训诂学概要》《汉字改革的理论和实践》等论著。

他于 1926 年赴厦门集美学校任语文教师，后任上海商务印书馆编译所编译，兼暨南大学、复旦大学、中国公学的文字学和语言学、语音学讲师。此后任暨南大学中文系教授、系主任，复旦大学、无锡国专、诚明文学院、光华大学等语言文字学教授。1934 年曾应日本中国语学会之邀东渡讲学。1940 年至 1947 年到西南各省，先后担任昆明云南大学、坪石中山大学、桂林师范学院、贵阳大夏大学、重庆中央大学、重庆大学和四川教育学院教授，并曾到中央研究院历史语言研究所从事研究工作。40 年代初在重庆中央大学创设了我国最早的大学语言学专业，1947 年后任中央大学、南京大学、金陵女子文理学院教授，1952 年起任上海复旦大学中文系教授，兼华东师范大学教授。他对学生真诚谦和，诲人不倦，先后在大专院校执教 60 余年。他讲课条理清晰，深入浅出，生动平易，善于把艰涩枯燥的语言学内容化解得明快易懂，是最受学生欢迎的教师之一。他真诚谦和，诲人不倦，即使在晚年视力已经很差，看文稿几乎要把稿子贴在脸上，读写都异常困难的情况下，依然对学生有求必应。他是国务院批准的首批博士研究生导师，获得国务院授予的"有突出贡献的专家"称号。从 1978 年开始，他以耄耋之年带了三届硕士研究生和三届博士研究生，直至 1991 年 11 月去世，一生教书育人,桃李满天下,是我国教育界的一代名师。

张世禄历任中国语言学会理事,《汉语大词典》和《汉语大字典》编委会、中国音韵学研究会、中国训诂学研究会、上海语文学会、全国高等学校文字改革学会、上海古籍整理小组等组织的学术顾问,经常应各地高等院校和学术团体之邀外出讲学,先后参加过全国文科教材、《辞海》(任语词分科主编)、"二十四史"标校注释和《汉语大词典》等重大科研项目。他品德高尚,淡泊名利,治学严谨,著述丰赡,一生撰写出版了 20 部专著,发表 110 多篇论文,被称为治学的楷模,为人的表率。

1994 年上海教育出版社出版《纪念张世禄先生学术论文集》,苏步青为题"黉门遗泽,辞苑流芳"。1995 年先生被列为浦江十大历史文化名人之一。2001 年 5 月复旦大学隆重举行张世禄先生诞辰 100 周年纪念会,今年11 月又在上海青浦举行纪念世禄先生的座谈会,缅怀这位我国著名的语言大师和教育家。

(原载《浦江报》2002 年 12 月 5 日。何保华,浙江省浦江县人大常委会副主任)

张世禄先生百年学述

申小龙

对于复旦大学的师生来说,张世禄先生是一位有口皆碑的出色的教师。他是当年中文系讲授课程最多的教师之一,也是最受学生欢迎的教师之一。1984年,张世禄和王力、吕叔湘等一起成为国务院批准的语言学方面首批(六位)博士生导师。他培养了我国第一位词汇学博士和第一位语法学博士。1991年张世禄先生因病逝世,终年90岁。今年在张世禄先生诞辰100周年之际,上海语文学界老、中、青专家学者举行了隆重的纪念活动。

张世禄(1902—1991),字福崇,浙江浦江人。1926年毕业于南京国立东南大学,获文学士学位。1928年至1932年任上海商务印书馆编译员,兼暨南大学、复旦大学教授。1932年至1939年任上海暨南大学、复旦大学、光华大学等校语言文字学教授。1940年至1947年先后任教于昆明云南大学、坪石中山大学、桂林师范学院、贵州大夏大学、重庆中央大学、重庆大学、四川教育学院。1947年到南京中央大学任教授。1949年后历任南京大学、金陵女子文理学院、复旦大学、华东师范大学、复旦大学教授。张世禄主要研究语言文字学,所涉面甚广,在古汉语文字、音韵、训诂,现代汉语语音、词汇、语法、修辞以及普通语言学方面,都有很深的造诣。

20世纪20年代末至40年代,张世禄主要从事汉语音韵学和普通语言学的研究。在音韵学方面,张世禄撰著的《中国音韵学史》是第一部用现代语言学思想写出的音韵学史专著,从整个文化发展的角度阐明音韵学的演进,勾勒出其发展变化的轮廓。这部著作在海内外多次再版,成为张世禄著作中最负盛名的学术经典,在海外许多大学至今仍作为教材使用。张世禄的其他音韵学著作还有《广韵研究》《中国声韵学概要》《中国古音学》《音韵学》以及《语音学纲要》。他的《等韵学讲义》在他晚年由他的学生李行杰整理出版。在古代汉语研究方面,张世禄还撰有《中国训诂学概要》《中国文字学概要》等。

在普通语言学方面,张世禄著有《语言学原理》《语言学概论》,系统地介绍了西方语言学理论。在我国对国外语言学理论的引进方面,张世禄是一位先驱。他与人合作翻译出版了英国学者斐尔司的《语言学通论》。他最著名的引进成果是翻译出版了瑞典著名汉学家高本汉的《中国语和中国文》《汉语词类》《老子韵考》《诗经研究》等著作,并把高本汉的现代语音分析理论和方法扎实地运用于汉语音韵研究的实践中,为我国的现代音韵学的建立与发展做出了杰出的贡献。他在晚年还主持翻译出版了高本汉的《汉文典》。

建国后,张世禄以汉语词汇为研究重点,著有《词汇讲话》《普通话词汇》《词义的发展规律》《同源词的孳乳》及《现代汉语》(复旦本)的词汇部分。1978 年出版大学教材《古代汉语》。以后他又主编了大学教材《古汉语教程》。他的重要论文收入 1984 年出版的《张世禄语言学论文集》。

1980 年张世禄发表《关于汉语的语法体系问题》,首次提出"打破洋框框(即西方语法学理论)",建立新的汉语语法体系。他对汉语语法特点的创见,在这篇论文和他的《古代汉语》一书中作了系统的阐述。张世禄先生在语法学上突破西学大纲,建立民族化、科学化的汉语语法理论,在音韵学上则坚持西学大纲,建立科学的现代音韵学,这两方面的成果形成了他的学术思想的极大的张力,留给后人深刻的启示。

(原载《雅言》2002 年 12 月 18 日)

《历代语言学文献读本》序

张振德

　　50 年前,也就是 1953 年,我在重庆西南师范大学中文系读到三年级了。新开的专业课程中,有一门"古代汉语"。听老先生们讲,这个课程名称,新中国成立前的中文系还没有听说过,是向苏联学来的。主讲这门课的是徐德庵教授。徐先生是山东人,毕业于武昌高师(今武汉大学前身),50 岁出头了,说一口山东官话。现在回忆起来,那时的"古代汉语"课实际上是经过整理改良的传统小学(即文字、音韵、训诂)加上文言语法。我从徐先生的口中陆陆续续听到了《说文》《尔雅》、联绵、孳乳、通假、破读、声训、互文、兼类、活用,以及什么古无轻唇音、古无舌上音等,给我这个从小爱好文学而选读中文系的人另开了一扇窗户,使我眼界大开,才知道中国传统语言学里还有这么一些掷地有声的"硬性"知识值得咀嚼。徐先生对学生要求严格,不仅布置作业,还亲自批改。有时我也将学到的规律性的知识联系实际,居然屡试不爽。可惜限于课时,徐先生也只能做到蜻蜓点水,学生也限于条件,接触不到古代语言学家的原著,终究是知其然而不知其所以然。

　　到了 1955 年大学毕业,我到复旦大学张世禄教授门下做古汉语专业研究生,情况才开始有了变化。20 世纪 50 年代的复旦,研究生比较少,所以能够进入学校图书馆专门为教师开设的大型阅览室,见到四周书架满是分门别类的重要典籍,中间摆着桌椅,读写都很方便。可是传统小学的研究成果散见群书,查找起来颇为费事。所幸导师张世禄先生是一位极其尽责的引路人。他对研究生的教导是多方面的,有三桩事情印象最深,至今受益:一是要我们首先购置段玉裁注《说文解字》《广韵》以及王力的《中国音韵学》,这三种书我都是在上海福州路的古籍书店买到的,到现在还完好无缺;二是把《广韵》压缩成一个简编本,只列韵目、反切和较为常见的例字,以便加强记忆,方便查找;三是多读重要古籍,以增强语感。张先生当时是汉语教研室上课最多的人。每期要上三门不同的课,又要编讲义、写文章,居然主动提出每周两个晚上在他的家里给我和郭昭穆、方夏二位师兄讲《史记》,风雨霜雪不变。我们大受感动,不敢偷懒。

这里我要专门提一下王力先生的《中国音韵学》,这是一部音韵学教材,是抗战前教育部认定的"大学丛书"之一,由商务印书馆出版发行。这部书的最大特点是各章节后面所附参考资料的篇幅远远超过正文,这给学习音韵学的人带来的极大方便,应是不言而喻的。再举一个更近的例子:蒋礼鸿、任铭善二位先生曾合著过一部《古汉语通论》(浙江教育出版社 1984年),一本 500 页左右的书竟有上百页是附录的参考文章。由此可见前辈名家是何等看重原著资料的。

"文革"之后,语言研究重新步入正途。20 世纪 80 年代,曾先后出版过几种历代语言学文选方面的书,但因印数不多,时间久了,已很难见到。现在,张能甫君编注的《历代语言学文献读本》将由巴蜀书社刊行,并要我为这本书写几句话。我想告诉读者的是,这是一本值得购置的好书。首先,它可以帮助中文系的大学生打开眼界,认识传统学术的魅力;其次,可以让有志升堂入室的研究生们在研究方法和资料上得到某些借鉴;其三,还可以为从事我国语言学史研究的学者提供不少方便。

最后,向作者和书社送上几句肺腑之言:眼下图书错讹多多,本书所选文献的原作者早已作古。如果校勘不精,不仅是对不起读者,更是对不起古人。慎之! 慎之!

个人感受,聊以充"序"。

2003 年 9 月 17 日于四川师范大学

(原载《历代语言学文献读本》,巴蜀书社 2003 年版。张振德,四川师范大学中文系教授)

敬爱的恩师张世禄先生

鲍明炜

一

张世禄先生(1902—1991),字福崇,浙江浦江人。先生出身于书香门第,父亲、叔父都是前清秀才,自幼熟读"四书""五经"和古文诗词,为日后研读文史、小学打下深厚基础。1918年先生考入浙江省立第七中学(金华中学),校长金兆梓是著名语言文学家,著有《国文法之研究》《实用国文修辞学》,先生在中学阶段的攻读自然深受其影响。1921年先生中学毕业,考入南京国立东南大学文学院国文系,师从胡小石、陈中凡、顾实、王伯沆诸名师,还受教于吴宓、梅光迪等名家。从家学渊源,经中学到大学阶段之机遇,都有利于先生走上语言学的道路,广泛接受现代语言文学的系统知识,并在此基础上潜心研读我国传统小学类古籍,从而萌生个人的新见解,开辟视野,著书立说,遍及音韵文字训诂,成为一代宗师。斯时学术界新生一代学子,正在全国几所主要大学(包括东南大学在内)孕育之中,张先生蓄势待发。

1926年先生大学毕业后,在厦门集美学校任教。1928年到上海,任商务印书馆编译员,并在暨南大学、复旦大学、中国公学等校授语言学、文字学、语音学等课,从此一生未离大学教席。抗日战争期间,先生辗转西南各省,先后在中央研究院历史语言研究所、云南大学、中山大学、桂林师范学院、贵阳大厦大学任教并从事科研工作。1943年夏来到战时陪都重庆沙坪坝国立中央大学文学院中文系,重返阔别17年之久的母校。这时胡小石先生仍在校,任中文系研究所主任,系主任是汪辟疆先生,系里还有唐圭璋、卢冀野、王玉章、杨潜斋、李长之诸先生,各科阵容齐备。

二

由于张先生的回归,中文系语言文字学阵容大为加强。在胡小石先生的支持下,中文系增设"语言文字组",其课程设置有别于文学组,必修、选修课程不同,约相当于后来的"专门化"或"专业"。当时只有在昆明的西南联合大学中文系设此方向,全国只此两家。此实为中央大学中文系有史以来学科建设上的里程碑。1943年秋季开始,笔者读二年级,成为语言文字组的第一届学生,共6人(全班20余人),其中3人日后从事语言文字教学工作,在大学任教。张先生开课范围甚广,举凡文字学、音韵学、语言学、语音学、《广韵》研究、古音学、训诂学等课均曾讲授。先生讲课平易轻松,有条不紊,不紧不慢,板书工整劲美,常会征引一些有趣例证,激发同学兴趣。语言文字学较为枯燥,音韵学尤甚,初学者往往不易理解,老师以为很普通的道理,学生竟不能领会,遇此情况,先生总是仔细讲解,务求让大家听懂。当时文字学和音韵学是全系必修课,不能疏忽,张先生的课同学非常欢迎,可惜参考书太少。说到这里,不由想起抗战期间图书缺乏,图书馆里也不易借到。学校图书馆从南京带来的大量图书大部分封存在柏溪分校,以避日寇轰炸。那是中大图书馆全部图书,如一旦被炸,付之一炬,损失将无法弥补。所以抗战八年,终未启封,广大师生不能使用,此亦日寇侵略之一大罪状。

先生对学生亲切爱护,关心备至。我们宿舍距先生寓所很近,都是学校附近新建之简易房屋,墙壁是竹笆涂泥外加石灰粉刷,看起来还算干净新鲜,但颇不牢固安全。我们常到先生家去求教疑点或随便叙谈,师生之间十分融洽。那时教授待遇很低,师母既无工作,小孩又多,生活甚不宽裕。一次先生大衣被盗,正值寒冬季节,无力再行购置,其家境之清贫可知。当时一切为了抗战,大家毫无怨言,学校教学秩序稳定,颇有生气,并且逐步发展壮大。现在回想起来,当时情况特殊,全校学生大多数家在沦陷区,有家归不得,暑假很长,有一年竟长达4个月,到11月才开学,主要是敌机轰炸所致。在长假中,大部分学生留在学校,他们思家心切,如果能到老师家叙谈,还可以向老师请教,从中受到教益,别有一番滋味。新中国成立后,重庆师院赵克刚、开封河南大学刘溶池和台湾蔡国栋等三位同学,都曾不远千里到上海去看望张先生,其情其境令人泪下!我到上海方便,总是利用一切机会去看望先生,先生也热情接待学生。一次次看到先生逐渐衰老,一次师母说,现在先生只知道音韵学,其他都不知道了。最后几年眼见先生衰老益甚,且视力极差,想求先生写字,最好写成条幅,并拜求师母设法,后来果得成功。师母的办法是,趁先生精神特好时,先把纸笔备好,再用两张报纸平放在上面,当中留出夹缝,请先生在夹缝中写字,以免写在报纸上,结果写得很整齐,不偏不倚,虽不如以前飘洒自如,但仍刚劲有力。张先生本是书法家,尤以行书为佳,但从不以书法名家为人写字。

三

五四运动前后,几所主要大学中正在孕育着的新一代语言学者,已是呼之欲出。一批早期留学生从西方学成归来,他们在大学任教,加上一些新派学者也具有新的学术观点,在这些先进人物的培养下,自会有一批新人出现。下面是几位当时还是青年的学者出版专著的情况,专著前为作者出生年份,后为出版年份。罗常培(1899 年;《中国音韵学导论》,1930 年)、王力(1900 年;《中国音韵学》,1936 年)、魏建功(1901 年;《古音系研究》,1934年)、张世禄(1902 年;《中国声韵学概要》,1929 年)。诸先生应运而生,在20 世纪二三十年代,他们的论文和专著接踵问世,形成一派崭新局面。1929 年张世禄先生的《中国声韵学概要》在商务印书馆出版,在这方面占了先声。《音韵学辞典》介绍说:"此书共分 4 编 13 章,主要运用近现代语言学理论解释汉语音韵诸现象及研究中的难题,并对汉语音韵研究加以总结。"这是先生平生第一部专著,全面系统地论述了纷繁万端的传统音韵学,庶几乃全国第一部运用现代语音学原理论述之音韵学专著,具有筚路蓝缕之功。自此以后,到1938 年,10 年间先生出版专著达 10 种之多,其中包括《语言学原理》《语音学纲要》《中国古音学》《中国文字学概要》《中国训诂学概要》《中国文艺变迁论》和《中国音韵学史》等。这段时期先生正当盛年,学问走向成熟,成就取得丰收。

先生早年治学之初就重视现代语言学科系统,当年从学的老师是:胡小石、陈中凡、顾实、柳诒徵、竺可桢、梅光迪、吴宓,其中陈先生是系主任,胡先生是最重科学系统的,竺先生是理科名教授,梅、吴两先生是外文系西方语文学家。先生崇尚明确,学术思想来源有自。

先生回忆当年从师情况说:"语言文字学可分形体、音韵、训诂三门,独于音韵感到特别难学。当时我就去请教胡小石老师,他告诉我先读高元著的《国音学》,再读赵元任、林语堂、刘复、唐钺等人的著作。从此,我就开始根据西洋的语音学来研究音韵学了。不但参考各种中文语言学书,而且还参考各国的语言学书籍,逐渐懂得各种语音现象的分析和汉语音韵的各种名词用语。"(《论文集・前言》)又说:"在教学和著作中力图引进、采用西方语言学说方面的先进理论和方法,强调中国语言学若要真正成为一门独立的科学,必须吸收和借鉴西方语言学理论。同时,我还积极用西方语言学理论来研究中国传统音韵学。"(《论文集・我与语言学》)

张先生从教近 70 年,足迹遍及南北各大学,教学经验丰富,著作涉及语言学各领域,培养了一大批语言学者。我忝列门墙,聆听过许多课程,而今先生已辞世,思慕之情萦绕于心。近又读先生若干著作,觉得颇有新知,同时也是先生的可贵创获,过去竟尔疏忽,未能深刻领会。今略记于后。

先生认为语言和文学原本是一回事,文学作品由口头开始,最初的民歌是口头歌唱的,既是语言又是文学。有了文字记载,语言文学可以分开,文学作品同时也是语言艺术,任何文学现象都是以语言为基础的。文学上的诗、词、曲等各种形式,都和汉语的单音字和二、三音词的结构分不开。《诗经》的诗篇都是四言,汉魏六朝出现五言诗,隋唐盛行七言诗,宋元的词曲则是杂言长短句,这和汉语的复音化演进亦步亦趋。由六朝隋唐间的音韵系统称为诗韵系统,包括押韵和平仄规律,可知语言和文学的关系非常密切。因此要欣赏某种文学就必须了解其语言基础。在我国语言文学界对此问题的认识有一过程,就南京大学中文系而言,南高师叫国文部(含经、子、古典文学),东南大学叫国文系(含经、子、小学、古典文学),中央大学叫中国文学系(含小学、古典文学、现代文学),南京大学改称中国语言文学系(含语言学、古今汉语、古今文学),表明我们在认识上终于弄明白语言与文学的关系。就中文系的教学而言,1928 年黄侃先生来系任教,20 世纪 20 年代末,我系开始了小学时期。至 40 年代初张世禄先生到系任教,建立了"语言文字组",从此我系开始了汉语语言学时期。至 40 年代末,方光焘、吕叔湘、周法高来系任教,我系进一步开始了语言学时期。新中国成立后改称中国语言文学系,至此中文系成为现代语言、文学并驾齐驱的学系,张先生早年的认识得以实现。

关于汉语的三要素,张先生说:"我认为汉语语言中语音、词汇、语法三种要素(先生是就静态语言,即语言的本体而言——笔者按),基础不同,学习和研究的途径也有差异。语音在语言学中物质性最强,与自然科学联系较紧密,各民族的语音规律往往有相同之处,所以学习汉语语音时,宜多采用西方先进的技术和方法。至于语法,民族标志的作用特别显著,所以研究汉语语法时不应生搬硬套西洋的语法学。至于词汇,它的性质和基础,我认为是介于语法和语音之间的,所以有一部分可以参考西洋词汇学。"(《论文集·前言》)这项论断是先生晚年才总结出来的,他从语言类型学上指出汉语与印欧语言的类型特征,更加可贵。西学东渐,汉语语言学走了不少弯路,现今已渐上正轨。

张先生毕生从事语言研究和教学,直到接近 90 岁高龄时,还主编颇具特色的《古代汉语教程》,并结合以前所写有关论文和新近见解,写成《关于文言文的教学和阅读问题》,作为该书的前言和纲领,对全书具有指导意义。

先生这篇论文虽然包含旧作,但乃以新意组成的新论,其中不乏对后辈的培养和对青年学子的谆谆教导。先生说:"在揭示古今语言矛盾的同时,又必须指出现代语对于古代语的同一性和继承性。因为在教学上,如果只注意于古今汉语相矛盾的一面,或者过分夸大两者之间的矛盾性,就容易使学生们对学习文言文产生畏难的心理。为着祛除这种畏难心理,必须指出现代语的词汇和语法里,有很多保存或沿用古代语的成分。而且有些现代白话文的名著中,往往因应用了文言词语和古语结构,而增强了语言的表达力。这样可以使学生们了解语言是历史范畴,古代语和现代语原来是源流相承、不可分割的。"先生最后告诉我们:"拿这些古汉语的规律来跟现代语里的相比较,就可以从古今语言的变异上看出汉语发展的种种趋势,因而认识了整个汉语发展的种种规律。如词汇的双音化和复合化、词义的明确化、词性的确定化、虚词用法的专一化、语法结构里词序的规则化,等等。"这就是学习和研究古汉语的方法和门径,恐怕是先生给后学弟子们同时也是广大学生的最后一次上课了。

先生于 1991 年病逝,享年 90 岁。

(原载《南雍骊珠:中央大学名师传略续篇》,南京大学出版社 2004 年版;又载《鲍明炜语言学论文集》,南京大学出版社 2010 年版)

学 贯 中 西

——张世禄教授传论

赵文君

张世禄先生（1902—1991）出生在风景秀丽的江南山村,浙江省浦江县的一个书香世家。他自少酷爱古文,熟谙音韵之学,1929 年著有《中国声韵学概要》《德国现代史》,1930 年出版了《中国古音学》《语言学原理》。张先生为介绍国外语言学,于 1931 年率先引进了瑞典汉学家高本汉的《中国语与中国文》和《汉语词类》,后又翻译了高本汉的《诗经研究》和《老子韵考》。张先生受高本汉的影响很大,对高本汉运用西洋比较语言学的方法来研究汉语及汉藏语系,特别感兴趣。在《张世禄语言学论文集·前言》中,他说:"语音在语言学中物质性最强,与自然科学联系较紧密,各民族的语音规律往往有相同之处,所以学习汉语语音时,宜多多采用西方先进的技术和方法。至于语法,民族标志的作用特别显著,所以研究汉语的语法时不应当生搬硬套西洋的语法学。至于词汇,它的性质和基础,我认为是介于语法和语音之间的,所以有一部分可以参考西洋词汇学,另一部分必须强调汉语的独特性,不应当一味模仿西洋词汇学。"[1]张先生一方面非常重视引进西方现代语言学的理论和方法,重视文化交流;另一方面又注重从汉语的实际出发,一再提醒不要盲目地模仿西洋语言学。他以从传统小学继承下来的深厚积累,对古代传统语言学加以继承发展,推进了中国传统语言研究的改造和创新。

张世禄先生著述等身,有 20 部专著、3 部译著、110 多篇论文,在古汉语文字、音韵、训诂,现代汉语语音、词汇、语法、修辞以及普通语言学方面,都有很深的造诣。20 世纪 20 年代末至 40 年代,张先生把主要精力放在汉语音韵学、普通语言学的研究上,50 年代开始,对语言学的研究转移到以汉语词汇为重点。他主编了《辞海》语词分册,同时为适应教学的需要,编写了《古代汉语》等大学教材。他知识渊博、学贯中西,对语言学的几个主要领域都能融会贯通,且有独特的创造性见解。张先生始终坚持历史主义和唯物主义的科学研究法则,古为今用、洋为中用,积累了一套适合汉语特点的语言学理论。他积极利用西方现代语言学的科学方法来研究中国传统音韵学,是中国现代语言学领域引进西学的先驱;在语法研究上强调汉语的民族特色,大胆摒弃西方语法理论体系,倡导语法学的民族化道路。张先生真正做到了尊重汉语实际而不妄自尊大,引进西学而不妄自菲薄,始终走在时代的前面,是建设中国现代语言学的先驱。

张世禄先生是我国著名的语言学家、教育家,复旦大学教授、博士生导师,他把毕生的精力献给了语言学研究和教学工作。"云山苍苍,江水泱泱。先生之风,山高水长",这正是对复旦大学中文系老一辈著名学者张世禄先生的深切缅怀。吕叔湘先生为张世禄先生诞辰 85 周年和从事学术研究 65 周年题词:"学贯中西。"张世禄先生 65 年学术生涯,被汉语学界誉为在引进西学上"有重要贡献的学者之一"。1984 年,张世禄成为我国语言学方面首批博士生导师,为我国语言科学的发展、语文人才的培养,做出了卓越的贡献。1986 年,上海学术界隆重召开了庆贺张世禄先生从事语言教学与研究 65 周年的大会。1991 年,国务院授予张世禄先生有突出贡献的专家证书。

一、语言学理论的现代化

(一)重视文化交流——引进西方语言理论

1901 年到 1949 年是汉语语言学变革、创造的时期。一方面在传统小学基础上进行平稳的研究,另一方面又用西方语言理论和方法对传统研究进行变革。学者们直接或间接地从西方语言学原著中获取了营养,运用到他们的研究工作之中。

张世禄先生早年很重视文化交流,积极介绍西方语言学理论。张先生认为,中国的科学向来不很发达,过去对语言虽有很多著述,但终未组织成为一种科学。因此,我们要研究中国的语言和方言,必须有西方语言学理论作基础;我们要考明汉语的性质和历史,也必须先具有世界语言学的知识。他在《我和语言学》一文中说道:"20 年代末至 40 年代,我主要的精力放在汉语音韵学、普通语言学的研究上。一方面系统介绍前人在传统音韵学上的成就……另一方面又积极介绍西方语言学理论。"[2]

1. 普通语言学知识的引进和介绍

张先生在 1933 年翻译了瑞典汉学家高本汉的《中文解析字典序》,1937 年翻译了英国斐尔司的《语言学通论》、高本汉的《中国语与中国文》《汉语词类》。在 20 世纪 30 年代集中出版了一批理论语言学著作,如《语言学原理》《语言学概论》《语音学纲要》等。

中国从古代到 19 世纪前没有关于汉语音韵的专门研究。受到梵语音理的影响,对汉语音韵系统的研究,早在东汉时期就开始了,但对汉语语音学的研究,却是西方近代语音学在 20 世纪初传到中国后才开始的,受西洋语音学理的影响而建立了普通语音学。1935 年开明书店出版了张世禄先生的《语音学纲要》,全书 6 篇 13 章,全面系统地介绍了语音学。《语音学纲要》讲到现代语音学的目的和方法,语音构成的原理,并以国际音标为工具对辅音和元音诸音素逐一进行了分析,还讲了音素的拼合及其在语流中的变化。

石安石先生指出,在普通语言学知识的启蒙上,较有影响的两部著作是沈步洲的《言语学概论》和张世禄的《语言学概论》,号称北沈南张。沈、张两部《概论》相比较,张先生的著作视野更宽,内容更为充实,尤其具有作为教科书的特色,极有利于语言学知识的普及。张著不但通俗易懂,而且眉目清楚,章内分节,节内又立若干小标题;凡所引用,一概注明来源。每章末都附有复习用的"问题"和"参考书"目录。书末有"中文名词索引"和"西文名词索引"。书中所用若干基本的语言学术语,如"元音""音素""国际音标""语法的范畴""形态学"以及语音的"同化""异化"和语义的"缩小""转移"等今天仍然通用。[3]

2. 语言理论的研究

在 20 世纪 30 年代出版的一系列理论语言学著作中,张先生对语言的起源、语言的社会性、人类专有性及语言符号的任意性和语言学同哲学、心理学、人类学的关系都有深入详尽的论述,为在中国建立普通语言学理论做出了重要的贡献。

严修先生认为，张先生非常重视方法论，善于运用历史唯物主义和辩证唯物主义来指导学术研究，用历史发展的观点、发展不平衡的观点、矛盾的观点、普遍联系的观点来分析语言现象，如"语言学的主要任务，在于研究语言内部发展的规律"，"语言是一种历史的产物，语言的规范也是在发展变化当中"。他的一系列语言学理论著作，就是学习西方语言学先进理论和方法的显著成果[4]。

（1）明确语言学的范围

张先生指出，所谓语言，就是人类的一种表现行动，在表现的形式方面主要是语音，在表现的内容方面就是意义。语音形式和意义内容之间依据社会的习惯发生联想的关系。要研究语言，可以从语音形式、意义内容、言语组织三方面考察。这与现在的语音、词汇、语法的研究正相吻合。这里要指出的是，张先生在著作中说的"言语"即指现在的"语言"。

张先生指出，关于语词本身组织的研究，属于"形态学"的范畴；关于语词和语词联属关系的研究，属于"措辞学"的范畴，也就是今天的词法学和句法学研究。

张先生强调一定要区分语言和言语，"语言科学的研究对象是语音系统和词汇、语法等，是关于语言这种工具的结构和性能；言语科学的研究对象是修辞、风格和文章作法等，是关于人们运用语言来表达意思的方式和手段"[5]。他批判了索绪尔把社会的语言和个人的语言对立起来的观点。他以古代文献中"言""语"为例，说明语言和言语的实质区别："语言之所以成为特定社会的重要标志，就是由于语言是社会共同的交际工具。至于言语活动及其结果，那必定是有具体的思想内容，有具体的对象、情景和目的，并且要发生一定的效果的。"[6]他把语言工具本身和对于语言运用的方式看作不同的研究对象，语音、词汇、语法的研究属于语言科学，文体、风格、修辞、文章作法属于言语科学。这样可以解释很多语文上的问题，如简略句、独词句现象，各种不同类型句子有各种不同语调的原因，语音学和音位学的关系问题，语义学和训诂学的关系问题。

（2）指明研究语言的途径

张先生认为，语言科学的成立和进步必须以特殊语言学和比较语言学的发达为基础。这就指明了必须从语言的历史上来研究某种语言,而该语言又并非孤立发展的,还要从其他亲属语言的比较中进一步推究。这正是当今历史比较语言学的研究方法。

(3)解析语言的本质、构成与起源

张先生分析了"摹声说""叹词说""身势进化说"。因为语言不全是出于自然音的模仿和生理上的反应,因而"摹声说""叹词说"虽然有事实上的理据,但终究无法解释自然音的模仿如何发展为现在的语言。对于当时人们信奉的"身势进化说",他补充介绍了两种不同的观点:一是马林诺夫斯基、行为心理学派、行为学派的观点,认为语言以内部的思想用外部的语音为表现的工具;一是行为学派瓦特孙、罗素等人的观点,认为语言不是思想的记号,只是人类一种身体的习惯。这类不同学说的介绍引进,有助于人们从更广阔的视野,尤其是用现代科学的眼光来审视语言,消除了当时人们对语言研究的神秘感。

张先生从生理、物理、心理方面来考察语言的构成和组织。他指出,从语音学上强弱、轻重、高低的变化来研究各种音素的拼合;通过现代神经学对失语症等语言障碍的治疗,可以明白言语神经中枢的作用;物理学上各种机械如浪纹计等的利用,使得对音素、音长、音调的变化有更精细的考察;通过社会学和民族心理的研究来解释语言的意义。

(二)确立汉语地位——分析汉语的特性和演进

19世纪的一些西方学者考察语言的演变,通过对古代梵语、希腊语、拉丁语和现代英语、法语的比较,发现语音的形式和词句的组织大都有趋于单纯和简省的情形,于是以为语言演变的趋势是一种退化的现象。他们出于民族优劣的观念,把民族的观念和语言的分类混在一起,把世界语言形态的孤立、黏着、变形三分看作语言进化的三个阶段,把孤立语汉语看作是家族生活的民族使用的最低等的语言,而印欧系语言是最高等的。

1. 否定语言优劣论

张先生从声音的变迁、类比的变迁、意义的变迁三方面,区别了语言变化的种种类型。因为语言的变化大都由自然的情势变化而起,其中意义的变化同社会事物的发展有关,类比的变迁使语词的形式归于统一,也是由于社会心理上对类别事物注意力的不断进步要求以相同的形式来表示相同的意义;声音的变迁也是为增进语言的便利。语言的变化也符合"适者生存"的公例,一种变迁的成立,就是因为适合于当时社会的经验,所以语言的变化是一种进化。

张先生以古代的藏语和汉语相比较,考察得出原始汉语也是一种变形语。现今汉语孤立的性质正是几千年来演变的结果。汉语的演变是从变形到孤立的,这正与三段进化论假定的演变步骤相反。而考察印度-日耳曼语演变的趋势,也是由综合进趋于分析,由变形进趋于孤立,也与三段进化论相反。西方学者只得另外提出言语退化论以自圆其说,然而这种出于民族偏见的语言观终究是站不住脚的。"六七世纪以来,藏语已有拼音文字记录出来。当时的藏语确也是一种变形语,并非孤立语,"他举了高本汉的研究为证,"上古汉语某种方言,把吾和我、汝和尔分别应用,即为一种变形语的残迹。"[7]

张先生指出,语言作为一种社会的公器,语言的变化是社会约定俗成的。语言在本质上是一种社会习惯,如果语言不适用于现实生活就自然要起变化。语言演变的原动力是介于自然和人为之间,民族文化的高下和语言本身的优劣是两回事。这种语言进化论的观点,否定了 19 世纪西方某些学者的狭隘的语言进化论。

2. 分析汉语特性

张先生在引进西方语言理论的同时,还注重在世界语言的大背景上来考察汉语的事实,从整个世界语言的发展来确立汉语在人类语言中的地位。他指出,和世界上别种语言相比,汉语有两点最显著的特性:孤立的和单音缀的。

相对英语等变形语来说,汉语的语词没有形式变化,不体现语词的功用或文法的关系,好像彼此孤立。然而这只是语言的外表,实际上语词的意义是自然显现、有机地结合成语句,绝非孤立的。人称、位格等形式变化在汉语中是画蛇添足,没有存在的必要。因而汉语依靠的是措辞上的语序,而不是形态变化。

张先生指出,汉语的单纯语词是单音缀的,而大部分文字都代表各个独立的语词,所以每个字只含有一个单独的音缀。这种语言上单音缀的性质,使文字演成一字一音的制度。

张先生说的"单纯语词"是代表独立意义的各个原质,如"金""铁"之类即一个字的词,即现代汉语中由单独的一个自由词根构成词干的单纯词。他指出,汉语语词是很简单的,只有单纯的语根语词和复合语词两种。汉语的单纯语词,都可以说是语根语词,而这种语根语词都是单音缀的。同时他也指出,汉语里也有复音缀的单纯语词,如"葫芦""蟋蟀"之类。可是一般人总是当作复合语词看待。这是由于汉字的性质影响了语言,无论是复合的或复音缀的语词,在书写上,只列成两个或多个独立的字体。语音单纯化的结果,使同音语词激增,一方面使复合语词增加;另一方面,在单纯语词上,附加以表白的词语,如"头、子、儿"等加在单纯名词之后,像"位、条、口、管、顶"等许多词语都有类别的作用。张世禄指出,这实在是中国人语言上很巧妙的发明,是英语等其他语言都没有的。

濮之珍先生指出,张先生在教学和著述中,力图采用西方语言学说方面的先进理论和方法,积极翻译介绍高本汉的著作。张先生引进西方语言学说,能联系汉语实际,提出自己的看法。特别是关于汉语语言中语音、词汇、语法三种要素的分析,是他多年来对语言学深入研究的独特见解,对我国现代语言学的发展具有启发意义[8]。

(三)注重语言研究与文学现象的结合

张先生认为,用语言学的观点来研究中国文学,就是运用语言演变的史实来比照历史文学兴衰的现象,并根据语言发展的趋势建设新文学的理论。文学对语言更有深刻的影响,文学作品本身就是语言研究不可缺少的珍贵材料。文学促进了语言的艺术化,一方面使语言的表现作用更加丰富、深切;另一方面文学作为传播语言的利器,对于语言的材料也是一种洗练。

1. 杜甫诗韵的研究

张先生说:"诗歌的语言必须要吸取实际的活语,因为文学的生命力与语言的生命力两者是密切关联、不可分割的。"[9]很多学者从文学的角度来研究杜诗,可是很少有人从语言学角度来研究杜诗。他的《杜甫与诗韵》就是用音韵学的方法来考证杜甫诗的用韵系统及其与隋唐语音和韵书的关系的。

宋明以来的一些古音学家，引用杜甫诗的用韵来考证周汉古韵。张先生指出，要考察唐人用韵的情况，必须分别各家各体。为此，他把杜甫诗里的韵字分为古体和近体两个部分，依照《广韵》的韵母编成《杜甫诗韵谱》，分析杜诗里古体和近体两种不同的用韵系统。通过杜甫近体诗的用韵系统，又可以确定《切韵》一系韵书的性质，并考明平水韵也是源出于唐代。杜甫近体诗的用韵系统是把当时同用的韵部合并起来，对《切韵》一系韵书发展的趋势，实在有一种启示的作用。

张先生通过对杜甫诗的用韵的分析，看出诗韵有宽、严两式的区分及其形式的由来，发现了这两种用韵系统在实际诗文创作中的交互影响。他指出，近体诗在汉魏六朝古诗上发展起来，汉魏古诗在齐梁后演变为新体诗，到唐初演变为律绝诗，诗歌有逐渐律化的趋势。唐初的古体诗是模仿汉魏六朝古诗而产生的，其形成在律绝诗之后，在体制上受律绝诗的影响。以杜甫的古体诗为例，上下句开头两字常常平仄相对又隐然有对仗之势。律绝诗里关于平仄的格式有拗体，律诗里的颔联和颈联也有很多失对的。说明古体诗的用韵受了近体诗的影响，近体诗在格律上和用韵上有时也受了古体诗的影响。近体诗的用韵系统不仅是受了古体诗的影响，实际上也是因为作家所操活语的影响。从杜甫古体诗的用韵当中，可以认定诗人"以秦音入诗"，具体表现有佳、麻两韵的合并，去、上两声的通押，韵部的放宽，入声韵尾的逐渐失落。从中可以看出当时实际语音——唐代长安音的情况，以及杜甫诗韵和当时实际活语的关系。杜甫诗中最富于人民性的名篇，如《兵车行》、"三吏"、"三别"等，不仅内容反映了民生疾苦，形式格律方面也比较自由。

申小龙先生指出，张先生将文学的发展同语言的发展有机结合起来，将中国文学的生命力与中国语言的生命力紧密联系在一起，大大拓宽了中国现代语言学的视野，为汉语研究与中国历史文化研究的贯通与相互促进提供了有益的启示。[10]

2. 诗歌韵律的研究

张先生分析了诗歌格律，并考察了历代用韵的变化。通过语言音韵的研究来追寻诗歌声调系统的变迁，把语言上的诗律研究和文学的递嬗紧密联系起来。他揭示出语言作用于文学的一条规律：文学上的改革必须顺应语言演进的趋势。语言是文学的基础,语言的演变导致文学上的革新。

张先生指出,诗歌随时代变化,形成历代不同的诗体。语言也跟随时代变化,历代诗歌各自依据其时代的读音来押韵。历代的语音系统不同,诗歌用韵的系统也就不同,这样就关系到韵部的分合。他分析了不同时代诗歌用韵的变化,周代古诗用韵依据《诗经》韵系统,汉魏六朝古诗渐渐接近于平水韵,隋唐律绝诗用平水韵 106 韵,唐宋古体诗又较平水韵要宽,词所用的韵又较平水韵为宽,接近于现代音,曲所用的韵,依照《中原音韵》19 部,更近于现代音。

在《关于旧诗的格律》中,张先生分析了构成诗歌格律的 5 种要素:押韵脚、调平仄、讲对仗、整字数、定句式。押韵的系统与诗歌体制都同平仄的分别有关。依据向来相传的四声区别、六朝人关于平仄的描写、诵读诗歌的经验、中古梵汉对译的梵文字母,他指出,由平仄构成的诗歌格律是一种长短律,平仄相间,合于语言自然的规律在诗歌中形成一种格律,成为本民族喜闻乐见的形式。

韵书的四声和平仄的制定,起初是为了使文学的形式适应语言规律而来。张先生指出,韵书上四声的意义和以往平仄的分别,要从语言音韵的历史上去追寻。而陆法言作《切韵》的时候,实际各地的声调现象和齐梁间所规定的四声系统,已经有很多的变更和出入。传统的四声论规定了一派韵书的体例,支配了文人诗歌上的韵律,定为近代士子应试的标准;在文学上形成了绝大的传统势力。

在讨论了传统平仄四声的实质意义后,张先生指出,因实际语言中声调系统的变迁,致使平仄的分别不复存在,依平仄而构成的长短律亦失其时代性而不得不加以变更,结果促成了文学的演变。

针对王光祈先生提出的"依平仄构成中国诗歌中之音律等于现代西洋诗歌之轻重律"一说,张先生认为不能相提并论。他分别从语音学原理和文学上进行了论证。

首先,现代西洋诗歌的轻重律完全根据音势的强弱,中国语的平仄之分是从四声系统得来,两者绝不相关。王光祈从音势的强弱来看,把"平声"比作西洋语音的"重音"。而平声的长短与音势的强弱并无关系,在音理上、事实上都无所根据。从文学上看,张先生指出,韵律和声律主要的意义都是指协调文辞上节奏的规律,并非单指押韵的规则。"先有技术而后有理论;先有发达的文学,而后有神秘的文学规律;而后有与此类规律相辅而行的详细的韵书。四声的创立,完全是用来应付当时文学上的需要。"[11]张先生从三个方面对平仄分别在诗歌上之应用作了说明:一是名词和术语都是当时人对于声音本质的直觉描绘,二是从依据平仄的原理而构成诗歌的音律本身上来解释,三是从诗歌押韵的历史上来推论。骈文和律诗就是依据平仄的原理所造成的体制。他指出,虽然音乐的演变是诗文体制新旧递嬗的一种因素,但歌词上的字句总不能离开实际的读音系统,歌词必须顺着字音以合乐。所以观察文学的变迁,尤须注意于实际语言当中的音读现象。

最后张先生得出结论,中国诗歌是由单音缀的字体上声调的区别以构成长短律,现代西洋诗歌则依据其语言中各个语词具有的轻重音变化成为轻重律,两者的实质意义不能混为一谈。他指出,诗歌以何种语音的成素来应用支配使之具有和谐的节奏,要看实际各种语言的特性。语言的特性不同,则所构成诗歌的音律也各异其实质。文学的作品,是不能离开实际语言现象的背景的。

张先生指出,实际的语言现象一有变异,诗歌当中的音律不能不有变更。文学的体制也当然随着递嬗变化。他以《中原音韵》为例,旧式韵书的四声系统由宋代开始演变,到元代完全破坏。因语音的变化反应出词曲的文学,而随着词曲的文学而产生新式的韵书。他以元代关、马、郑、白诸家的戏曲文学为例,分析了当时语言的特征,即入声的消失和阴阳平的分别,打破了旧式韵书的平仄四声系统。元曲的发达使得平仄的分别成为历史的遗物。他指出,"创造新文艺,必定要以新语言为其基础;新语言的特征,就是那种创造出来的新文艺的特征"[12]。

3. 文学作品中的语言问题

张先生认为在对中国文学的研究中,语言学的方法尚未被充分利用,他提出运用语言演变的史实来比照历代文学兴衰的现象,并且根据语言发展的趋势来建设新文学的理论。

早在 1930 年的《中国语的演化和文言白话的分叉点》中,张先生就指出,语音单纯化的结果使得语言的原料发生了急剧的变迁,单纯语词大半变为复合语词,单纯语词上附加以表白的词语,表明了他的文随语变的观点。

张先生指出,文艺作品由口头到笔写,本身原是一种语言的记载,同时也是一种语言的艺术;某种作品,必定是用某种语言来做根据,必定是用某种语言来做它的素材的。所以要欣赏某种文学,必须明了它所根据的语言;要批评某种文艺作品,也得在它的语言背景上作一个深切的观察。他指出无论新旧文学各有它的语言背景,都离不了语言的基本材料。如由普通谈话的方式所演成的文学体制是散文,由歌唱的方式所演成的文学体制就是韵文。

张先生从语文的现象分析了五言、七言的律绝诗的产生,“由语文上的几种现象综合起来,构成了某种文学的体制”[13]。他列举了周汉间《诗》《骚》辞赋的递嬗,汉魏六朝时乐府古辞的产生,宋元以来词曲小说的发达,说明了语言演变创造了新文学,是对旧文学体制的自然解放。如唐宋古文运动以至近代桐城派,绝对禁止语言上新材料的采用,不依照语言演进的趋势,其影响是消极的。“文学上的改革和解放,必须要顺着语言演进的趋势;否则,即无成功之可言,或者更会发生坏影响。我们必须认定一种新文学的产生和成立,必定以当代的一种新语言做它的基础。”[14]

张先生从音韵、词类、文法三个方面考察了历代文艺的演变,唐诗、宋词和元明的戏曲文学三者递嬗的关系正和语言演化的历史相符合。“诗、词、曲这三种文学,各自代表它的时代,各有它的语言背景,而彼此间都有相承的关系,和当时语言演进的事实,息息相关;它们相互间的递嬗,也正和语言上承袭的跟变异的两种相反相成的作用,彼此吻合。因此可以见得文学之于语言,正如影之于形,亦步亦趋,相随不舍。”[15]

申小龙先生指出,在1933年出版的专著《中国文艺变迁论》中,张先生对《诗经》《楚辞》、汉赋、骈文迭相兴起的语言根源作了精辟的分析,并且讨论了宋词的语体化和散文化问题,宋词之异于元曲的语言特征,南北曲之语言异同,戏曲小说与八股文的关系等[16]。

建国后,张先生开设了“汉语诗律学”的课程,深入阐释了汉语的特点及其对中国文学的影响,系统论述了现代汉语与现代文学、汉语史与中国文学史、古代汉语与古典文学的关系,如从语体风格来研究文体诗词,用语义学、词汇学来研究排偶句中的同义、反义、同音、多义词,用语法学来研究作品的词法、句法特点,从音韵上来研究平仄、押韵和语言的音乐性等。

二、音韵学研究的科学化

张世禄先生是著名的音韵学家,他的音韵学研究十分注重用现代科学的理论、方法来研究、阐释、发展中国的音韵学传统。

五四运动兴起后,当时的思想文化界也面临着中西古今的冲突。1921年,张先生考入南京国立东南大学中文系,承师于著名学者胡小石、陈中凡、顾实、梅光迪、吴宓等。他参照比较了中外语言学著作,认识到语言研究的功用和研究手段的科学化与精密化。他认为在传统小学的文字、音韵、训诂三个门类中,音韵学最难弄通,而其传统的研究方法和手段又有着严重局限。在把握汉语传统音韵学各种概念范畴的基础上,他采用西方语音学理论来研究中国传统音韵学,走上了一条开创性的科学研究道路。

(一)先生的音韵学著作

张先生从 1929 年开始发表音韵学著作,先后出版了《中国声韵学概要》《中国古音学》《广韵研究》《语音学纲要》《中国音韵学史》等著作。

1929 年商务印书馆出版的《中国声韵学概要》,是第一部中国人自己写的富有科学思想的入门性、通论性声韵学著作。全书共 4 编 13 章,由语音原理、声韵调的构成与分析、历代语音变迁以及拼音的历史演进几个部分组成。第一编总论语音,阐述人类发音原理、语音与文字的关系、时地的影响,讨论了语音发生分歧的原因;第二编讨论了声母韵母的分别以及各种术语的内容;第三编历述古音、今音、国音研究的途径及音系结构的概貌,阐明语音演变的大势;第四编论述字音的构成及注音方法的变化,最后讲述了反切的原理、利弊和改良的情况。全书知识全面,安排得当,尤注意从语言学理论上阐述声韵问题。

1932 年出版的《音韵学》跟《中国声韵学概要》一样重视语音学原理的介绍和应用。全书共有 5 篇 16 章,第一篇讨论音韵学的名称、术语及研究方法和音韵学演进的大概;第二篇讨论《广韵》的体例、韵部、声类及韵书的源流;第三篇讨论古韵(上古音);第四篇讨论等韵学的构成及演变;第五篇讨论国音(即普通话)系统的来源、中国注音方法的进步及国音字母的价值。

各篇之后又开列了相关的参考书目。

1938 年商务印书馆出版了《中国音韵学史》,这是第一部用科学的现代语言学理论写出的系统的音韵学史专著。这部音韵学通史,共分上下册。上册从上古讲至隋唐,下册从宋代等韵讲到 20 世纪 30 年代。张先生从现代语言科学的高度来分析论证历史上纷繁的音韵及音韵学现象。全书史论结合,既有史的线索,又有是非评断,资料征集丰富,音韵学的有关方面几乎都涉及了,是 20 世纪最优秀的音韵学通史。1984 年重印了《中国音韵学史》,在数万言的"重印后记"中,张先生集中评述了高本汉以来近半个世纪海内外中国音韵学的新成果、新发展,填补了国内音韵学史研究的一个空白;全面追踪、介绍了国外著名学者研究汉语音韵的新观点、新方法、新动向,为国内的音韵学研究打开了一扇窗口。

张先生认为西方的语音学和语言学理论使汉语音韵学具有新观点、新材料、新方法,成为一门现代化的新科学。张先生在介绍国内外音韵学说的同时,还十分注重对这些学说作分析评价,如在介绍高本汉具有首创性的研究的同时,指出他在取材方面,记录各地方音多偏于现代北方方音,文献资料未引用各种《切韵》残卷及《韵镜》等书,反切材料只根据《康熙字典》,所构拟音值又有许多主观成分。

(二)吸取西方现代语音学的理论和方法

张先生认为,传统音韵学上的种种紊乱现象,究其根源在于它们都是使用方块汉字表音的,语音的变迁和纷歧无法在音读上反映出来。今天如果我们仍用汉字作标音工具而不运用现代科学的语音学方法来改造传统研究,那么我们只能认识一些同音的双声叠韵关系,而得不到各个字音里所包含的音素,得不到各个字音在某种语音系统里的确凿的读法,于是对于各种语音系统的析别和语音演变史上阶段的划分就容易发生混淆和迷乱。因此,中国音韵学的进步必须采用一种适当的音标字来作注音的工具,同时又根据现代语音学和语言学理论,辅以汉字以外的音韵材料,整理现代音,考证古代音。唯其如此才能有丰富的创获和科学的认识。

1. 积极引进高本汉学说

瑞典汉学家高本汉对中国音韵学的贡献是巨大的,给中国音韵学界带来了全新的理论和方法,是全面构拟汉语中古音和上古音的第一人。他把印欧语言学的历史比较法和内部拟测法引进到中国来,在 20 世纪上半叶的汉语音韵学界产生了广泛而又深刻的影响。

在现代音韵学的各家学说中,张先生以其独到的见解认定高本汉的汉语音韵学研究最有成就,汉语音韵学要想走上科学化、现代化的道路就必须借鉴高本汉的汉语音韵学研究方法。为此,他宣传西方比较语言学的方法和工具,积极翻译高本汉著作,如《中国语和中国文》《汉语词类》《诗经研究》《老子韵考》《中文解析字典序》《汉文典》,使中国汉语音韵学向国际化发展,成为世界语言学的一部分。

张先生指出,为研究中国语的历史,就要从东方语言学上得到辅助和证明。而东西方比较语言学的建立,需要先研究中国的语源学,依照中国上古音的音读分列中国语词的族类。所以必须首先构拟中国上古音,第一步就是构拟古音的音值。而构拟音值需要运用比较语言学的方法和材料,所以中国音韵学的工具和方法日益精密,取材的范围也趋于扩大,目的也更深远。这些都是引进西洋语文、语音学、语言学知识的成果。

章太炎的《文始》和高本汉的《汉语词类》都是研究汉语同源词音系,都是由古音韵学研究的结果进为中国汉语语源的研究,同样都为汉语开凿了一条以音变规律来研究同源词的道路。赵元任先生把两本书相提并论,张先生却指出,两书虽都由古音入手探究汉语词源,但在方法上却代表两个时代。章氏讲音变,是中国古典音韵学式的;高本汉讲音变,是力图建立东方比较语言学。旧式的音韵学,因为工具、材料和方法上的缺陷,缺乏科学的学理基础,其结果只能是古典式的、拘牵于汉字字形的,因而是主观、武断且不成系统的。而《汉语词类》以现代科学为基础,条分缕析、层层推进,处处和中国旧时代的学术相反照。申小龙先生说:"《文始》得之于音系理念而失之于旁转无际;得之于语根理念而失之于笃信'初文';得之于义衍理念而失之于拘牵本字本义,这些都是其历史局限性的体现。"[17]

2. 用现代语音理论分析传统音韵学

张先生善于运用现代语音学原理揭开传统音韵神秘的面纱,如揭示古汉语双声叠韵的根源,从语音学角度分析国语叹词,从日本译音上找出近代入声演化的原因等。他采用科学的方法,又加以细密的论说和翔实的例证,让人读后有茅塞顿开之感。

在《中国音韵学史》中,张先生运用了现代语音学来揭示古汉语双声叠韵的根源,即大多数是由具有复辅音组织的单音节词演化出来的。过去的古音学家依据六朝以来的《切韵》系统,用阴、阳、入三类来区分上古韵部。运用现代语言学拟测的上古音的音值,他指出周汉时收尾音的种类远比《切韵》系统繁多,从上古音演变到《切韵》系统必然有许多收尾音失落,因而只能假定声调的变化在上古音也很重要,否定了上古声调只有平入之分的说法。

在《国语叹词的研究》一文中,张先生首先从语音生理学角度分析叹词在语言学上的价值:"原始的语音,完全出于生理上自然的反应,是纯粹的主观方面情感所激发的。而且超出社会同化力的支配,不受一种语音系统的范围的;我们语言当中,和这种直接反应的语音性质最接近的,只有叹词。"[18]对于《马氏文通》认为叹字是猝然感发不及转念的语音,所以有普遍的价值,张先生表示赞同。他认为中国古代"吁""呼"等字是读开口声,与泰西语族叹声不约而同,而马氏认为国语叹字是闭口声则是错的。

其次,张先生根据语音学原理给国语叹词分类。依据发音形状,把叹词分为"重音在韵元"和"侧重辅音"两种。"重音在韵元"又细分为 6 种叹词。中国古代表明感叹的音及其他的发声,常用"见""溪"母的字,章太炎说"喉牙二音,互有蜕化",他用斯韦特氏的流音和重音的道理来解释,并用中国古文辞上叹词互转的痕迹来作例证。"侧重辅音"依声母的种类分为口声、鼻声韵,张先生也用语音上自然的作用来解释,以古文辞上口声、鼻声为例证。"侧重辅声的叹词,大都以表示愤懑或反对的心理或者种种'猝然之感''勃发之怒',所以注重唇、舌、齿等部位气息的阻碍,或者气息转从鼻腔发舒出来。"[19]"兮、于、乎、猗"等字的前后,张先生推测是由"嗟嗞"等字的浊流转变成功,原因在于"声母的前流和后流,各有清浊的分别。声母的浊流,要是加以重读,就像另外附带一个韵母或浊音似的"[20]。这也是叹词的分化,流音和重音的关系。最后,张先生总结了叹词有人类相通的价值,认为叹词的互相转化合于人类语音自然的趋向,可用作一般语言研究的基础。

在《从日本译音研究入声韵尾的变化》中,张先生从日本译音上找出近代入声演化的几个解释。首先依据语音学原理,解释入声短促的原因:[k]

[t][p]都是清音,清音前的韵母一定有急促的趋势,古时入声韵原来是短音。因而现在的西南、东南的入声失掉韵尾,仍保持短促音,韵母还保留短促的痕迹。唐鹢黄先生说:"入声的收声,大约最后完全丢掉的是闭口收声,即[p],而[k]与[t]的亡失比较地早得多。"[21]张先生依据语音学上节劳的公例和日本译音的例证作了反驳。

他从语音学的同化、异化作用解释入声韵尾的变化:高本汉说中国合口字有避唇音韵尾的倾向,发生异化作用,这在日本译音也有例证。广东音里舌前收[k]的字,在客家音里大都变收[t],就可以用同化作用解释,舌前韵和舌后韵大都着重内部作用,发音部位自然和[k][t]接近,因同化作用的结果,收[k][p]的都变收[t]了。合唇韵,如合口呼的[u],外部作用比较显著,和[p]很接近,但依异化作用,有避免唇音韵尾的倾向,因而收[p]的音最不容易保存。对于入声失掉韵尾变作平、上、去的原因,高本汉解释为:去声本来也带[k][t][p]归于入声类,因为降音调的原因,变为收[g][d][b]的音。张先生又补充了一点,那就是音长同时也发生变化。日语的音读中本来收[p]的汉字,现在都变作长音。从日本译音上看音长变化的重要,高本汉认为古音没有辅音韵尾的字,大都以[i][u]结尾,韵尾收[t]的大都变作[i],张先生从日本译音一字两读中给予了证实。

在《等韵学派系统的分析》中,张先生批判了用明清派分等的道理来观察宋元人的书籍的做法,如章、黄排斥宋元等呼论的破碎。他提出,应该用语音系统的观点来看各家等韵学理的根据。

清代的古音学曾被认为是"前无古人,后无来者"的音韵学顶峰。张先生以现代语言学的观点指出其理论和方法的缺陷:清代古音学所建立的韵部,无论怎样细密,总不能免除各部间相通的字音,于是就由"异平同入"之说进而列着"阴阳对转""旁转"诸例。而上古音的声组,只能求合而不能求分,在并合的各类上又是相通的,章炳麟的《古双声说》就根据《广韵》上的切语来证明他建立的古韵 28 部和古声 19 类,这样不但使上古音的系统混入于陆法言的《切韵》,而且把《广韵》的 206 韵简单地看作是因古今音而设。张先生指出,这是汉字作为标音工具的弊病,无法采用现代科学的音素来分析语音系统。

张先生指出,处理音韵学上的材料,应该尽量地脱离文字观念的牵制,专门从语言学的立场上把它们表彰出来。过去的音韵书籍,都可以看作各种语音系统的缩影,要应用比较和历史的方法推求它们异同的所在,窥探各种系统演化的痕迹。

3. 考察汉字的注音方法

张先生运用现代语音学原理,考察了汉字注音方法的演变,通过对各种注音方法的语音学分析,揭示了反切、等韵上种种门法的弊病,注音字母的本质,国语罗马字母的优点。

(1) 梵文音理的影响

张先生在《从"反切"到"国语罗马字母"》《中国音韵学史之鸟瞰》中讲到反切的起源,实是受了梵文拼音学理的影响:"反切不一定是起于汉末的孙炎。要晓得世界上无论哪种变迁,或大或小,总是'渐'的,不是'顿'的。"[22]

张先生认为,反切的发明在音韵学上具有里程碑的性质,它标志着汉语音韵学的诞生。反切的注音比直音的譬况的注音前进了一大步,是中印文化交流的结晶,是佛教的催生物,受到了梵文的影响。从印度文化传入中国之后,中国音韵学上的改进,没有一件不受梵文字母的影响。"梵文上'体文'和'声势'的区别是很足以启示中国字音上声韵的分析,而利用二合音的形式,作为一种注音方法;只是文字的本性未曾改变,仍用两字分寄其音,就成为上字代表声,下字代表韵的反切了。"[23]

何九盈先生也指出,汉末人在梵文的拼音字母直接启发下创造了反切,佛教徒们译经时所传进的拼音法是反切法得以产生的具有决定意义的外因条件。汉末人运用梵文拼音法的知识来分析汉字的音节结构,这是洋为中用的范例[24]。

张先生指出,反切与双声、叠韵在本质上有着区别。虽然反切的方法和双声叠韵的原理暗相符合,钱大昕的《音韵问答》主张反切出于双声叠韵,但双声叠韵仅仅是语词形式上一种转变的原则,反切却进一步用来注明文字的音读,效用上是异趣的。

张先生在评价等韵学与反切的关系时说:"等韵学上设立种种门法来解释韵书上的反切,是等韵家的牵强附会;而语音有转变,切语也应当随着语音的变化而加以更改。"[25]对于江永的"借韵转切法"、李光地的"合声反切法",他指出反切的弊病,即用字太繁,上下二字不易合读。反切的弊病必定要等到正式的拼音符号产生之后，才能扫除净尽。自反切发明之后，经过了一千几百年，实际在注音方法本身上并没有多大进步。西洋教士要学习中国语，要研究中国的音韵，就用"罗马字母"来注汉字的音读，而且根据西洋的拼音学理来整理反切和等韵之学。

（2）注音字母的性质

民国时期为统一国语读音，当时的教育部制定了 39 个注音字母，字母的形式取于简笔的汉字。张先生指明了注音字母的性质，"注音符号乃是承接等韵和三十六字母的学说，融合现今西洋拼音文字和语音学学理，更因时势趋迫而产生的一种记音工具"，"注音字母的系统，合于声韵拼合的原理，和外国的拼音文字可以两相比照，而仍旧保存汉字原来的面目，可以说是一种'沿今酌古'之作"[26]。张先生认为注音符号虽然在应用上和反切有许多地方不同，但在音理上，注音符号也只是把声母和韵母分析出来，仍旧依据于反切上声下韵的习惯，并没有将声母和韵母所包含的音素再加以分析。因而注音符号只是从反切中演化出来的东西，其目的始终在改良反切和统一读音。

（三）对中国传统音韵学的质疑和再研究

张先生指出了传统古音学的两个通病：

一是材料处置的不精密。古音学在材料上杂取《诗经》《离骚》、其他古书韵语和《说文》等书里的形声字系统，旁及假借、读若、声训。而这些材料不属于同一个系统，彼此间存在着时代和地域上的分歧。从这种混杂性的材料所归纳得来的音韵系统难免有许多字音出入相错。而为了解释这种矛盾变异现象，就不得不由"合韵"说进而为"异平同入"说，再进而为"阴阳对转"及"正转""旁转"等。如"古本声""古本韵"学说在材料上用代表魏晋隋唐间的读音系统的《广韵》来"考三代迄于六朝之音变"，而《广韵》的声类和韵部只代表魏晋隋唐间的读音系统，不包括周汉古音。

二是将韵部的区别绝对化，以为一个韵部仅包含一种音值，于是对许多穿错易变的字音不得不立通转的条例。条例繁衍仍不能统括字音的转变，又不得不委之以双声相转。张先生指出，"音类"的考证和"音值"的拟测虽然有密切的联系，但一定要加以区分。黄侃的音韵学说中缺乏这种观念，认为古今音类相同者音值也相同,音类变异者音值也变异,把音类和音值两种概念混淆了。这样非但不能贯通古音和今音,反而使古今读音系统混乱了。

张先生指明了历史语音学的研究步骤:一是划分时代,区别历代读音系统,考明现在各地方音的历史关系;二是处理材料,应该分别处理不同时代不同语音系统的材料;三是审定名词,以免因同名异实与同实异名而混淆;四是考求规律,运用西洋语音法则考察音变规律;五是推寻演变,依据语音演变原理由近及远来推断;六是拟测音读。

张先生说:"现象之发现,考古之事也;原因之说明,审音之事也。审音而不依于考古,则失之妄;考古而不依于审音,则失之固。"[27]他从考古和审音两个方面来整理传统音韵学,用现代科学的知识来研究和阐释古代音韵学范畴,深入研究传统音韵学的范畴、术语。

1. "清浊"问题

对古人经常使用的"轻""重""清""浊"这几对范畴的内涵,历来众说纷纭,令初学者目眩。张先生指出,这几对范畴原是用来表明音读上相对比较的区别的。陆法言、孙愐等所说的清浊系指韵部的分析,而非近代用以辨别声纽的"清浊",也非魏晋六朝用于刊明字调的"清浊"。

张先生用语音学理论分析了传统音韵学上"清浊轻重"的实质,揭示了这类复杂现象产生的内在原因。

首先,传统音韵学以音感上的相对区分来归纳范畴。从前用五音的名称来区别字调,虽然把音素的差异混在一起,但这种区分不是绝对的,而是相对的,所以字调的种类可以概括地用"清浊""轻重"一类的词语来指示。音素的差异虽然同乐音的高低没有关系,但在实际听感上,因声纽或韵素的影响也可以使整个字音发生高低的区别,于是原来用以表示音读上相对区别的"清浊""轻重"一类的词语,也转而表示音色方面绝对的差异。

其次,汉语各种声调的演化成功,是原始汉语复音词和词尾变化的一种节缩作用的结果。四声很可能是原始汉语形态变化的一种遗迹。既然声调的产生和音素的变异有密切联系,那么古人对声调的种种规定和描写就自然会包含各种有关的音素。

2. 《切韵》音系问题

《切韵》一系韵书,是从陆法言的《切韵》到孙愐的《唐韵》,又沿革到李舟的《切韵》及宋代的《广韵》。张先生在《中国音韵学史》中指出,陆、孙诸人只注意韵素上的清浊轻重,把各韵分析开来,而没有注意到韵次排列问题又是关于收尾辅音的性质的,尤其因为入声诸韵具有[-p][-t][-k]的音原被看作是一种特殊的种类,未能使它们各自和平、上、去相配的诸韵次序相适合、相连贯。这种部次上的失当,到了李舟的《切韵》才加以订正。他使[-m]系和[-y]系诸韵不相参错,又使平、上、去、入四声相配井然有序。宋代《广韵》206韵之部次实源出于李舟《切韵》,辨清了这一重要时期韵书的沿革。

有关《切韵》音系的性质问题,有综合体系说和单一体系说两派,双方到现在仍然争执不下。在《中国音韵学史》中,张先生说《切韵》是"包罗古今南北的多种语音系统"[28],而他晚年所写的《治学严谨的语言学家赵元任先生》中,举了许多方言的证据说明"中古音二呼四等是有客观根据的","有人说,韵图中的'等'是'洪'、'细'的古今南北综合物。此说实不经一驳"[29]。潘悟云先生指出,有些音韵学家随着他们研究的逐渐成熟,也转而支持单一体系说。他认为张先生是从综合说转向单一说的唯一孤例[30]。

3. 阴阳入韵尾问题

张先生指出,研究古音,除了"考古"的方法外,还须注重审音。审音时如果没有语音演变的时空观念,单把韵书和等韵的研究结果作为直接测定古音的根据,就会把后代的语音系统混入古音之中。

有关阴阳入韵尾问题,有韵尾脱落说和韵尾增生说两种。从高本汉到李方桂坚持韵尾脱落说,即主张从有到无;黄侃、杨焕典持韵尾增生说,即从无到有。

王力、俞敏反对韵尾脱落说。王力反对高本汉把上古汉语阴声字大部分加了[b][d][g]尾读成闭音节,以为世界上没有任何一种语言的开音节是像这样贫乏的。而李方桂指出了王力主张开口阴声字与有[p][t][k]尾的入声字押韵相矛盾,王力承认了这一点。俞敏考证后汉、三国梵汉对音结果,以为上中古入声韵尾,不是[p][t][k],而是容易脱落的[b][d][g]阴声仍为开口。

黄侃从异平同入看,以为入声是个短元音,引长而为阴声,助以鼻而为阳声,即所谓鼻化元音。杨焕典承袭了黄侃的观点,但更极端,杨焕典以为原始汉语可能和纳西语、哈尼语一样,应全为阴声字,在未产生阳、入两种韵尾前,它们互相谐声押韵不足怪,不可与产生了韵尾的后世汉语同样看待。

张先生认为,在世界及汉藏系语言中,闭音节丰富的语言亦非罕见。以"不完全韵"来解释"去入通押"与我国韵文传统习惯不符。他提出,上古汉语阴阳入互谐互押,可以认为是不同时代、不同地域、不是一个语音系统的读法。

4. 探索汉语语音发展规律

赵克刚先生指出,因为有碍于音位音变渐变理论的理解,"浊上变去"在音理上无人解释,只有张世禄先生解释为"渐变",功莫大焉。在西洋音理上,音变不是以词而是以音位为最小单位的,音变的最小单位是音位。一个音位的变化必然要引起有这个音位的词的变化。所以字词音变是系统的有规律的突变。因而中外学者认为"浊上变去"是突变。张先生不同于前人,他解释为:全浊在平声变为次清后,在仄声更因字调的影响先把送气成分消失再渐渐和全清音混并。弱辅音[b][d][g]等全浊声母强化为次清声母,把浊上变去解释成渐变。王士元教授在美国提出了一个字词音变是渐变的理论,即词汇扩散论,在美国、欧洲、日本、印度等国家和地区成为盛行的新学说。而张先生无论在"浊上变去"的理论解释上,还是在古音学观点上,都持字词渐变观点。这是张先生领先于前人的重大的音韵学说观点[31]。

关于汉语语音的发展趋向问题,传统音韵学认为"古音简,今音繁"。黄侃以"古音简,今音繁"作为研究前提,即认为周汉上古音中声、韵、调的种类,比《切韵》一系"今音"韵书中所反映出来的要简少。张先生指出,周汉古音中的每一个韵部,实际上包括好多个韵母,其范围比《广韵》韵部大得多,"古音简,今音繁"的论断不能成立。现代的音韵学者有的固守传统音韵学的认识,有的认为语音的历史发展是一种平行稳固不变的延续,有的认为汉语语音是一种枣核形(即简—繁—简)的发展。张先生从 20 世纪 30 年代开始就与高本汉、赵元任、李方桂等现代语言学家持同样的观点,即认为从汉语的上古音到中古音,再到近代音,观察声、韵、调三方面发展的趋向,应当是"古音繁,今音简"。这一观点得到汉藏系语言历史比较的有力支持。1979 年张先生发表了《汉语语音发展的规律》一文,在他 60 余年音韵研究的基础上提出了具有总结性的汉语语音发展规律,这 8 条规律是:1. 起首辅音的失落和复辅音声母的单化;2. 浊音声母的清化和鼻音声母的简化;

3. 鼻音韵尾的简化和闭口韵的消失；4. 塞音韵尾的失落和开音节字的增多；5. 韵母中元音的混同化和呼等的简化；6. 音节里元音的逐渐占优势和音节结构的单纯化；7. 入声的消失和声调总类的减少；8. 声调上平仄长短关系的消失和轻重音的趋于重要的地位。

这8条规律用具体的事实论证了汉语语音由繁到简的趋势，标志着现代科学意义上汉语音韵学一个成熟的阶段，体现出整个汉语语音的发展是由繁到简的历史，是现代科学意义上的汉语音韵学研究成熟的标志，对于研究古今汉语、汉语史以至制定文字改革政策，都将发生深远的影响。

三、语法学研究的中国化

张世禄先生毕生致力于传统语言文字研究的现代化，对外来科学文化敞开胸襟，以西方语音学原理和分析方法引领中国传统音韵学研究走上科学化的道路；在汉语语法的研究上，张先生认为世界各民族在思维形式上各有其独具的特色，语法是具有强烈的民族性的。汉语语法的研究应该从汉语实际现象出发，重视汉语的民族特点，体现鲜明的民族特色。张先生独树一帜的语法改革观，和他的音韵学说殊途同归，其实质都是用现代科学理念推进源远流长的汉语语言学的继承、改造、丰富和发展。张先生在《论文集·前言》中说："至于语法，民族标志的作用特别显著，所以研究汉语语法时不应当生搬硬套西洋的语法学。"[32]

（一）坚持以汉语事实为依据的语法观

马建忠的《马氏文通》是中国语言学史上的第一部系统的语法著作，中国语法研究由此成为独立的学科。以白话文为研究对象的语法著作首推黎锦熙的《新著国文语法》，他用丰富的国语资料初步建立了他首创的"句本位"语法体系。然而这些论著都存在一个共通的显著的毛病：《文通》效仿拉丁语法，《新著》则模仿英语语法，即皆以西方语法体系为框架，拿西方语法著作为蓝本，来建立汉语语法体系。他们只知道把西洋的语法体系套用到汉语语法上来，而不能很好地结合汉语的具体情况来进行创造。于是在多数情况下还不能突破西洋语言学的框子，有时甚至拿自己所信奉的普通语言学家的理论来套汉语的材料,始终不能彻底地创立中国的风格。

在照搬西方语法理论成为时髦时,1930 年张先生在《中国语的演化和文言白话的分叉点》中提出:"中国语言具有什么性质? 它和世界上别种语言比较起来,有什么特异的地方? 它在中国的其他方面,发生了什么影响?"[33]张先生从汉字的特性来说明汉语的性质。世界上只有中国文字还保持着象形文字的性质,没有进到拼音的境界,是因为汉语天然和这种文字适合的缘故。和别种语言比较起来,汉语最显著的特性有两点:一是孤立的,二是单音缀的。

1938 年,陈望道先生在上海发起了一场关于汉语文法问题的讨论,史称"中国文法革新讨论"。从 1938 年至 1943 年的"文法革新讨论运动",使"科学化""口语化""中国化"成为多数学者认同的开展汉语语法研究的标准,要求将引进的西方语言理论与中国的语言事实相结合。在这场讨论中,张先生探讨了语法研究中的理论、方法,涉及了语法研究中许多基本问题,开拓了语法研究者的视野,开始改变采用西方语法间架来建立汉语语法学的传统习惯,开始展现了运用西方语言理论来独立地研究汉语语法的革新气象,为如何根据汉语的特点建立科学的汉语语法体系作了有益的探索。

陈望道先生的"功能观"就是由对意义和形态的注重转到对功能的注重。方光焘先生直截了当地把词与词的关系称为"广义形态",因为汉语单词本身缺少形态,因而辨别词性要求助于广义的形态。张先生在讨论中明确指出,必须要先认清汉语的特性,以决定研究方法:"要讲中国文法,当然要主张'国化的'。我们正因为反对'马氏文通派'的模仿文法而起来大家讨论,不然,何以有中外之分?"[34]张先生指出应凭语序来研究中国的文法以适合中国语文的特性,提出了语序论的基本思想。

对于白话文与文言语法的分合问题,傅东华的主张是建立一个"兼用语体和文言"的文法系统。他试图以古今兼通的文法代替模仿文法,却同样行不通。张先生从语音不同意义各别、语词组织不同、语句组织变异等方面论述了文言与白话的区别,批判了研究文法引用材料文白不分、国语方言不分的混乱状态,明确了文言文法与白话文法的两大分野。

吕叔湘、朱德熙先生在《语法修辞讲话》里认为,现代语里的主谓短语与其说是古代格式的复活，毋宁说是外国语法的输入。王力在《汉语史稿》中认为，西洋语法里很多的行为名词使我们翻译外语感到便利，后来我们写文章时也感到这种便利，因而句子形式转成名词性仂语相当盛行。

张先生指出，这样的说法不符合汉语的历史事实，不能把现代汉语中这种结构的应用认为是"外国语法输入"的结果。外国语法学的输入并非外国语法现象的输入，应该认定语法构造的稳固性和历代语言的继承性、现代语对古代语的继承性。

在 1959 年发表的《古汉语里的偏正化主谓结构》中，张先生阐述了偏正化主谓结构的定义、构成条件、表达功能等。他指出，偏正化主谓结构在复合句里作为一个分句，用来表示时间、条件、假设、因果等关系。以"寡君之以为戮"为例，朱东润先生在《左传选》中解释为"倒句，寡君以之为戮也"。把"之"字作为倒置宾语的代词。张先生认为这样的解释和古代语法的规律不相符合，首先它不是否定句，如果通过下文中的"若从君惠而免之"来看，更可以明白是表示假设关系的结构，应解释为"如果我们的君主拿来杀戮了"。这种作为复合句里分句的用法，在现代汉语里一定要用表示关系的词语来相配合。

张先生分析了偏正化主谓结构的另外三种表达功能，即"在整个句子里作为一个句子的成分，而须要加强某种意义的，就用来突出那些意义上重心所在的词语"，"用来表示事物状态的比照关系"，"用来表示感叹的语气和激动的感情"[35]。后三种表达功能在现代汉语里都完全继承下来了，因而偏正化主谓结构在现代汉语中的应用是相当广泛的。

（二）有鲜明民族特色的汉语语法体系

1. 语序论

汉语语法学界历来重视汉语语序的研究。

黎锦熙说："汉语乃是各词孤立的分析语，全靠词的排列来表达意思。"[36]他还认为句子有"正式句"（正常语序的句子）和"变式句"（倒装语序的句子）之别。

吕叔湘曾经讨论过语序问题。他认为汉语叙事句的"正常次序"是"起词—动词—止词"（"猫捉老鼠"之类），但又指出还有"变次"的情形[37]。

（1）张先生的"语序论"

语序是当今众所周知的汉语重要语法手段，而早在20世纪30年代末的文法革新讨论中，张先生就强调应给予重视："某种意义或某种文义的关系，在综合语里用语词形态的转变表明出来的，在中国语里往往要用语词和语词的联接关系，才能表明出来。"[38]张先生的"语序论"认为，汉语句子中语词间的关系不是用语词本身的某种标志表明出来的，而是用固定的序次和附加的词语表明的。

30年代末开展"文法革新"讨论时，针对汉语缺乏形态变化的特点，张先生提出了"语序说"。他列举了在措辞的表现上适用于汉语分析的几种表现方法，认为词在句中的位置和连接上的先后次序是最值得重视的，例如"花红—红花，水流—流水"，结构上的区别通过语序显示出来。他主张"凭语序来研究中国的文法"，以适应汉语的特性。应该依据汉语特殊的性质和现象，重新来建立汉语语法体系。他认为现在研究语法，不妨暂时撇开形态学上的关系，而专心注重在措辞学上的关系，才可以达到"建立范畴"和"构成体系"的目的。他的"凭语序而建立范畴，集范畴而构成体系"[39]，把语序在语法研究中的作用提到了极高的地位。张先生认为可以从语序来分辨词义，他引用了王念孙的《读书杂志》来加以阐述："王念孙《读书杂志》里把《左传》'今灭德立违'的'违'解作'奸回'；'恶之易也，如火之燎于原'的'易'解作'延易'；《庄子》'井蛙不可语于海者拘于虚也'的'虚'解作'所居'的'居'；《逸周书》'力争则力政，力政则无让'的'政'解作'征伐'的'征'之类，都是从字在句中的位置上来确定它的意义的。"[40]

（2）"语序论"的延伸

申小龙先生认为，随着人们对汉语句法形式规律认识的加深，张先生"语序论"的价值才逐渐显示出来。世界语言发展分析性的倾向，使得汉语语序在语言类型学上具有了普遍意义。他指出，应该挖掘语序规律与动词性质的深刻系统，并以此为基础概括动词的次范畴，进而建立句型系统。[41]

张维鼎先生指出，中外学者们长期以来执着地从主、谓、宾三个语法成分为核心来探索汉语句子的语序规律，诸如丁声树的"主谓谓语句"，朱德熙的"动词向"理论，黎锦熙的"宾踞句首""宾踞动前"等观点。然而这些研究和讨论似乎并未真正澄清汉语语序的问题，反而使越来越多的学者意识到，用主、谓、宾这套术语来分析汉语语序有极大的局限性。

张维鼎将汉语和西方语言作比较,以功能语法观来分析汉语的语序问题。他指出,在形态丰富的语言中,主、谓、宾各有明确的形态特征并且还形成具有相当独立性的形态系统,用这个系统来分析这类语言是行之有效的。语法构造有一个自主性很强的形态系统,语境对语法构造的制约作用则隐性化了。

在汉语中,没有形态变化式来区分主、谓、宾,尤其是主语和宾语。用这种术语和系统来分析汉语语序的固定性与语序原则就不能不时时陷入困境。语境作用没有形态系统的拘束则可以明显地表现在句法构造,尤其是在语序分布中,因为语序是汉语最显性的句法形式。因此可以认为汉语语序可以较直观地体现人的内外经验,反映汉文化的某些思维特点[42]。

2.“语气说”

张先生从传统语文中找依据,认为词类、结构形式和句子类型的研究是洋框框附于汉语语法研究的三条主要绳索,汉语句子的成立要素不是语法结构形式,而是语气。张先生把语气和语调看成构成句子的重要因素、语言交际中必不可少的成分,并把语气词的运用看成区别句子类型的重要依据。

(1)打破洋框框

自西学引进以后,汉语语法学接受了一整套“单句、复句、子句、分句、句子形式”等名目。正因为无法解释汉语语法特点,因而制定出一套烦琐的名词术语,如“无主句、主谓句”等,汉语语法学是在模仿印欧语法学的基础上建立的,在方法论上忽略汉语语法本来面貌而倾向于模仿的语法体系或语法理论;在研究目的上又极自觉或不自觉地寻找与印欧语法不同的汉语语法特点,企图摆脱印欧语的影响。

张先生在《关于汉语的语法体系问题》一文中尖锐地指出了洋教条的具体表现。如词类问题的“九品”说把所有的词分为九类,结构形式的“动词谓语说”把所有动词和谓语牵合在一起,句子类型的“主谓结构就是句子说”把所有主谓结构统统认为是句子,或者把具有主语和谓语两部分的句子才认为是意思完整的句子。词类、结构形式和句子类型这三方面的问题,占据语法学上的主要部分。

张先生提出了一个很重要的问题,建立汉语语法学体系,必须依据汉语本身的特点。他指出,从"独词句"到多重复句,都是属于句子的范围,实际上都是关于结构的繁简问题,与句子的根本性质及其所以成立的问题无关。汉语里句子的成立,是关于语气和语调的现象,与结构的繁简无关。因而依据语法结构来区分句子的类型,在汉语里是牛头不对马嘴的;在汉语语法里所谓"单句""复句""子句""分句""句子形式"等名目,实在是多余的。

(2)"语气说"的功能观

在西方语言中,语气是依附于动词的形态变化来表现的。动词的词形变化涵盖了句子大部分的结构信息、功能信息甚至语义信息。张先生认为,汉语句子的表达功能主要是依靠语气词来表现的,它传达的不是一个动词的语气,而是全句的语气。因为语气传达说话人的表达意图,帮助人们从整体上确认句子这个功能体及其结构类型。与句法结构可以形成不同的层次一样,语气也可以作层次分析。汉语中不同的语气词连用就是表明这种层次的。直陈句中静态的语气往往属于内层,动态的语气往往属于外层,而最外层的语气词则指明全句的总调。由于语气在组句时的重要性,语言学界大多依据它对汉语句子进行语用上的分类。张先生根据语气和语调,把"连动式"归属于联合结构,把"兼语式"归属于偏正结构,把句子区分为:测度句、疑问句、感叹句、陈述句、祈使句,形成了句子语气的六大类别。

从语气论的观点出发,张先生认为汉语所有的虚词都可以归入表示句法结构关系词和表达句子语气的语气词两大类。张先生在《关于汉语的语法体系问题》一文中提出,汉语词分作实词和虚词两大类。实词代表种种事物的概念并作为一般语法结构的成分,包括动词、形容词、数量词、副词、代词五类;虚词表示概念和概念之间的关系(亦即语法结构中各个成分之间的关系)以及整个词句的语气,分为关系词和语气词两大类。

曹丽芳先生指出,虽然张先生根据"关系"和"语气"两种语法意义将虚词分为两大类的做法并非新鲜,黎锦熙、王力、吕叔湘等先生也有类似的术语及概括;但张先生对虚词的本质认识更为明确深入,概括性更强。他把现行语法体系中的连词、介词、结构助词、时态助词、连接副词统归到关系词之中,把叹词、语气助词、语气副词、判断词统归到语气词中。这种对虚词的高度概括可以避免对虚词作过于繁复的分类,避免在一个层面内对虚词的小类产生不必要的争议和分歧,从而有利于求同存异,使汉语语法切合汉语特点,便于学习和利用。因而,这种分类体系有其不可取代的优点和长处[43]。

张先生指出,汉语传统的语法研究往往以训诂学来解释虚词的意义,而不去观察虚词在句子结构中的组织功用。他把古代汉语的虚词分为语气词和关系词两大类。语气词是在句子基本意义的基础上增添某种语气的虚词,相当于语气副词、语气助词,不影响句子结构;关系词指句子中帮助句中成分或分句按某种关系结构起来的词,相当于介词和连词。这种分法既符合古代汉语事实,又和现代语法系统一致。

四、词汇学研究的体系化

20 世纪 50 年代,张先生的语言研究重点转向词汇学,出版了一系列词汇学方面的论著。他认为词汇的性质和基础介于语法和语音之间,所以有一部分可以参考西洋词汇学,另一部分必须强调汉语的独特性,不应当一味模仿西洋词汇学。他在 1956 年和 1957 年发表了《词汇讲话》(共六讲),出版了《普通话词汇》《小学词汇教学基本知识讲话》两本书,还有十多篇关于词汇、词义的论文,如《词的构成与词汇的构成》《怎样正确地认识同音词问题》等,把词汇跟语音、语法、文字、阅读作品、语文教学等所有方面的关系和涉及的问题,都作了深入浅出的介绍和精辟的分析。上海版《现代汉语》词汇部分更是他数十年词汇研究的结晶。

(一)以简明的道理解释纷繁的汉语词汇现象

1. 词汇和语音

语音是语言的物质外壳,然而长期以来,对词的意义和声音的关系都没有系统的理论阐述。对于词的音义关系,有的认为是必然的,有的认为是随意的。张先生从语言的历史性和社会性出发,探讨了词的音义关系问题。他还从语词的音读方面研究了词汇演变发展的原因。

张先生认为语音和词义的结合是由社会历史所假定,受社会的制约和语言发展规律的支配。他分别从语言交际工具的性质、社会对于语言的作用、语言内部发展的规律三个方面,得出语音和词义没有必然联系的结论。

张先生在区分词和词组时,利用了声音形式的标准。他指出,现代汉语的词汇里双音词占多数,这表明汉语词汇的发展有很显著的双音化的现象。该现象,一方面是从单音词扩充作双音,一方面又是从多音的词语缩减作双音。所以从词组转变作词,也往往是一种缩减的过程,就是按着双音化的趋势来缩减的。

张先生指出,古代语中所应用的单音词,到了现代语中常常变成复音词,这说明了汉语历史上词汇发展的复音化的趋势。他分析了复音化的三种情况:一是由于变更名称和说法使原来的单音词复音化,如"日"说成"太阳";二是古代语的单音词和其他单音词结合成为复合词,如"月"说成"月亮";三是古代语的单音词加上前缀或后缀,成为结合词,如"虎"变成"老虎"[44]。

张先生根据语音和词义的差别性来观察语言里的词汇,分析了"同义词""同音词""反义词""多义词"是如何产生的。同义词是意义上相类相近的词,而音读上并不一定相同;同音词是音读上相同的词,而意义上并不一定相类相近;反义词是意义上相对相反的词,但是在音读上并不一定有相对相反的表示;多义词是同一个词有多种不同的意义,这就是用同一种声音形式来表示多种不同的意义[45]。

他指出同音词的产生,是语言词汇的发展在语音上的相互"交接"、词义上的彼此"分割";同义词的产生,却是词汇发展在词义上的互相"交接"、语音上的彼此"分割"。张先生进一步从语音和词义两方面发展的不平衡,解释了同音词和同义词。他举了一些外来词的例子,如"打击"的"打"和"十二数"的"数","谷米"的"米"和"米突"的"米","枇杷"和"琵琶","流离"和"琉璃"[46]。同音相值有时是因为借用别的语言的词而产生的,由于借来的词和我们原有的词在声音形式上相同,就产生了同音词。他指出,借用关系是语言里词汇发展的一种重要的因素。

张先生指出,汉语语词的音读形式非常单纯,语言中包含的同音语词特别众多。因为文字采取借字表音的方法,此时此地用来表音的字体会和彼时彼地用来表音的字体不一致。再加上字义本身会因心理上联想的作用发生转移,意象上相类或相通的字体常可互用,即汉语上的假借和引申两种方式。这使得同词异义和同义异词的现象日益显著,而训诂学的出现正是为了处理这些现象造成的困难。

2. 词汇和语法

（1）训诂与语法相结合

张先生从清代训诂学家的注释中发现，校读古书必须具备文法学的知识，由此他阐述了文法学对训诂学研究的影响。这里的文法即指语法。

张先生在《训诂学与文法学》中指出，清代许多训诂学家已经具有了文法观念，如王筠、朱骏声等注释《说文》，常用"动字""静字"一类的名目以说明各字的意义，已经开了文法学的先河。训诂学家要想解释清楚疑难字义，扫清前人的弊病，必须具有文法观念。"因为明白了词句里各字的意义，自然能够确定各字的用法；确定了各字在词句组织上的功用，也自然因此了解了各字的意义；而要就各字彼此间的连结配置和上下文的关系上来推断。所以训诂学和文法学两者常互相为用，互相助长，具有不可分离的趋势。"[47]

他引用胡适的《我们今日还不配读经》，说明文法学和训诂学的研究是互为助长的，批判了过去的训诂学拘围于校读古书而太偏于实用的目的，而文法的研究也只是在学文。他指出应该扩大研究范围，一方面注重现今方言俗语的整理，使过去训诂学和文法学两者相助长的情形作为现代方言学的基础；另一方面注重历代语言演变的实际情形，使训诂学的目的不仅在读古书，更在于发现古今语言上运用语词的异同。文法学的研究目的不仅在学习古文的便利，更能发现古今语法的差异。这样使实用研究趋向于理论研究，使训诂学和文法学互相助长，以达到建立汉语语言学的目的。

（2）词义与词性的争论

汉语中词与词之间的同义关系，是不是必须伴有相同的词性，这是我国语言学界 30 多年来一直争论不休的老问题。主要有两种意见：以刘叔新为代表的学者认为同义词一定要按照词类来划分；以张世禄、高名凯为代表的一批学者，坚持认为词汇意义上的基本共同性是确定同义词的先决条件。

1956 年，张先生在《词义和词性的关系》中说："词所表达的概念，就是它的意义内容；词在语言构造当中的功用，就是它的性能，也就是语法上所要区分词类的主要标准。这两方面的现象是有互相的密切的联系的，但是不能把它们混为一谈。"[48]

张先生肯定了词义和词性相互的联系性，有时需要从一个词的意义来断定它在语言构造当中的功用，有时却需要从一个词的性能来讲明它所表示的概念,有时又需要把一个词的意义和它的用法结合起来讲。

同时他又强调绝不能把词的意义和功用这两种要素等同起来,并且一定要加以严格的区别。因为在实际语言里,一些意义上相近似的词,在语言构造中的功用并不一定相同。词汇上的同义词,在语法方面并不一定是同属于一个词类;反转来,语法上词性相同的,当然在词汇方面并不一定是意义相近的。所以,不能完全根据几个词有没有相同的性能来断定它们是不是同义词。

周祖谟先生认为,不同词类的词虽然意义近似,可是未必就属于同义词。张先生不同意他的观点,并作了反驳。以周先生举的"光辉""辉煌"为例,虽然前者一般作名词,后者一般作形容词,但究竟还是同义词。由此张先生得出结论,同义词必须根据词汇之间的意义相近似或不近似来断定,不必要看语法方面是不是同属于一个词类。不同词类的词,只要意义近似,也就可以属于同义词。

张先生还指出,词义和词性两方面在发展上也是不平衡的。现代汉语里独立运用的词,和在复合结构或成语里的成分,词性不一定一样。词性不同,可是词义没有多大变化,这是由于两方面不平衡的发展。

张先生在《古代汉语》中还指出,随着中古以来语言里"词性活用"的逐渐减少,实词词性的固定化是汉语语法发展的一种趋势[49]。

（3）儿化的语法意义

张先生在《因文法问题谈到文言白话的分界》里谈到儿化的语法意义。例如"儿"字在国语里,除了副词下面常常应用的(例如"好好儿走"的"儿")以外,还有下列的几种用法：① 微小之意："风儿""短裙儿"等;② 具体名词抽象化："到头儿""外皮儿""压根儿""口儿"等;③ 动词名词化："锅贴儿""没救儿"等;④ 形容词名词化："今儿""拐曲儿""亮儿"等。上面所举的例子当中,如"口儿"是指"任何开口的地方","亮儿"是指"亮光","没救儿"是指"没有救的可怜虫"等。由"口"变成"口儿",由"亮"变成"亮儿",由"没救"变成"没救儿"等,都是派生作用[50]。这可以看成汉语构词法,尤其是词缀理论的萌芽。

3. 词汇的变化发展观

张先生的语言研究向来注重科学的世界观和方法论,因而他也善于从历史的、社会的、发展的角度来考察分析词汇的发展演变,揭示汉语词汇学复杂现象背后的规律。

周祖谟先生在《汉语词汇讲话》、卢绪元先生在《究竟什么是文言词》中认为,文言词区分为在现代汉语上被吸收和不被吸收的两类。针对这个问题,张先生从词汇的发展的历史出发,批判了用静态的绝对的观点区别文言词和现代词的做法:"对于文言词问题,不从词汇的历史发展来看,而仅仅就现代语上吸收的结果来看,把文言词区分为两类,这是静止的固定的看法,也是不能叫人满意的。"[51]

张先生分析了文言词进入现代口语词汇的原因,是由于表达需要或书面语里的应用,经常使用就逐渐进到现代口语词汇里。他指出,文言词和现代语词是矛盾对立的两个方面,两类词之间的划分不是绝对的,只能在实际语言词汇的发展过程中加以相对的区别,这是一对矛盾发展的过程。

张先生认为,文字上的意义和用法的变化,与语言上词义的发展也是不平衡的。汉字的一个字体总是代表一个音节,但语言里大多数词都是双音节或多音节的。汉字的假借形成了"同言异字"和"同字异言"现象,这是汉字和语言的矛盾现象。所以一个汉字有不同的意义,常常是由于代表的词不同,不一定是由于词义本身的变化。以"笾豆"和"菽豆"为例,前者指古代盛食物的器皿,后者指一种农作物。两个"豆"意义不同,是因为分别代表不同的词,而不是因为词义的发展使得"豆"的字义发生变化[52]。他指出,不能把字义的变化完全看作词义本身的发展,应该看到汉字和实际语言的矛盾现象,所以必须把词义和字义区分开来。张先生在《古代汉语》第三章第三节"词的意义及其发展"中指出,"词所代表的概念,并不是一成不变的,完全固定的,而是依据社会上的应用,常常有发展变化","词义引申转变,一方面根据于社会上实际应用的需要,另一方面也根据于反映客观事物的人们心理上联想的规律"[53]。

其中"词所代表的概念""客观事物的心理联想""社会上实际应用",突破了当时狭隘的词的概念意义。后来的现代词汇学把词的意义分为概念意义、联想意义和社会意义,正是对其词汇意义学说的继承和发展。

4. 同义词、多义词、类义词的探讨

"五四"以后,有关多义词的探讨在名称上不用"多义词",而是说"词义引申""词义演变"之类,较多的是从"演变"来说解。在三四十年代用以说明词义演变的,已有学者关注同义词问题,较早的是张先生在 1934 年发表的《言语演变的原则》一文。

张先生认为,词义具有两种主要的作用:一是概括作用,一是区别作用。同义词是彼此之间具有词义上相同或相近的概括作用和区别作用的不同的词;多义词则是在同一个词里包含多种意义,多种意义之间虽然各自的词义作用不同,但由于都从同一种词义分化发展而来,所以具有相类属的显著的联系性。1947 年,张先生在《语言变化与"同义异词"的现象》中提出了"同义异词"现象,即所谓"同样的意义用不同的语词来表达"[54]。多义词的倒转,不是同义词,而是一种类义词。类义词不同于多义词,它不是同一个词里具有彼此相类属的不同意义,而是不同的词彼此之间在词义上具有相类属的关系。如果说多义词是"同词异义",那么类义词则是"同义异词"。类义词又不同于同义词。因为词义上同属一类的事物不一定是相同相近的概念,但相同相近的概念又必定是包括在同一类事物内的,所以同义词包含在类义词之内。古代的同义词典往往既类集同义词,又分别类义词。类义词在汉语的运用上具有重要的作用,是张先生为汉语词汇学开辟的又一新领域。

5. 基本词汇问题的探讨

1956 年,张先生与《初级中学汉语课本》相照应,在《基本词汇的性质和范围》中阐释了基本词汇的三种性质:稳固性、构词能力、全民性。他指出,基本词汇的三种主要性质,是综合了语言词汇发展和形成的历史事实来说的,并非所有的基本词都具备了这三个条件。判别基本词还引出了虚词是不是基本词的讨论。张先生指出,那些代表各种关系的概念的虚词以及指称词等,构词的能力虽然很弱,但具有全民性和稳固性这两个条件,所以必须把它们归属于基本词汇里。

(二)"同义互训"学说和训诂学研究

张先生将训诂学和词汇学研究交相运用,使汉语词汇学的研究突破了西方词汇学的研究模式,为汉语的研究开辟了一个崭新的领域。他说:"应用训诂学上的材料,来研究古汉语的词汇成分,来分析汉语词汇成分的性质,这是汉语词汇学中的一个新途径。"[55]

1. 对传统训诂的现代化认识

黄侃先生把训诂定义为"以语言解释语言",这引起当时不同观点的讨论,有的主张把训诂的范围扩大开来,注重纵横双方的研究,以同新文学发生关系。有的将训诂学"缩小",比附于西方的语义学。1940 年,张先生在《训诂学与文法学》一文中明确指出"训诂学的性质,与其说它是字义学,不如说它是解释学",它并非纯粹的字义理论,"而是大部分偏于实用的研究,是读书识字或辨认词语的一种工具之学"[56]。张先生认为,训诂学的发生,主要原因在于需处理中国文辞当中同字异义和同义异词现象,及这种现象所造成的种种困难。训诂学的产生和发展有其独特的语言文字和社会历史条件。

申小龙先生指出,相对"扩大"和"缩小"两种观念,张先生所持的是"还原"观。"扩大"了的训诂理念力图肯定口语在训诂研究中的价值和意义。"缩小"了的训诂理念力图使训诂摆脱文本解释而演绎抽象的语义系统。"还原"的训诂理念则不仅肯定训诂作为一种狭义的文本解释的方法论,而且肯定了训诂学以意义的研究为核心对文化和社会历史发展所起的深刻作用,肯定了训诂学作为我国古代人文科学一般方法论的重要地位[57]。

2. "同义互训"学说

"同义互训"说将传统训诂学和汉语构词法紧密相连,开拓了在现代语言学新背景下训诂学研究的新领域。

在《"同义为训"与"同义并行复合词"的产生》一文中,张先生指出,同义词相训释的过程,实际上就是同义词相联合使用的过程,所以同义词在训诂上的作用,与构词上同义并行复合词的产生密切相关。

汉语的同义词是一些在意义上有细微差别而所表示的基本概念和用法相类同的词,因而它们彼此可以联合起来表示一个共同的意义,如"脂膏""言语""性情""婚姻""洗澡"等。这些同义词的联合结构,经过不断地多次使用后就凝结成为复合词,叫作"同义并行复合词"。这类词既然是由于同义词的联合使用而产生的,所以常常与训诂学上"同义为训"的体例密切相关。他举了《尔雅》里的词为例,"首""基""肇""元"等常和它们的训释词"始"联合起来使用,就凝结成为"首始""始基""肇始""原始"等复合词[58]。

　　陈澧把反切用字按同用、互用、递用关系连成一类,张先生从中得到启发,在训诂学上也仿照这种办法来系联"义类"。由于同义词在语法组织、构词形式上能组成同义联合结构,训诂学上根据"同训""互训""递训"之例所系联的"义类"就可以确定是同义词。以《尔雅》中的词为例,张先生阐释了训诂学上"同训""互训""递训"和构词法的关系,三种训释体例都组成了同义并行复合词或同义词的联合结构。汉语同义词的丰富性促使训诂学上广泛地应用"同义为训"的方法,因而在构词法上又促使同义并行复合词的产生,而同义复合词的不断产生更增加了词汇当中同义词的丰富性。

　　张先生指出,从同义词在训诂上和构词上的这种交互作用,可以推知训诂学和构词法原来有密切的联系。训诂和构词,都是为加强语文的明显性和准确性,为阐明词义,通晓名物,达到相互了解、沟通思想、发挥语言的交际作用。

　　张先生按"同义为训"的体例,进一步将基本词和非基本词划分开来。在《从训诂学上来看古汉语的基本词》一文中,他指出训诂中的训释词与汉语历史上的基本词汇有必然的内在联系。词汇学中作为基本词的条件,就是训诂学中作为训释词的条件。张先生认为《说文》训释的体例,比一般的训诂更加精密完备。他分析了《说文》里关于基本词的训释,举出了六种最显著的方式:同义为训、反义否定为训、相关义为训、本字为训、同音为训、种属名为训。张先生指出,《说文》利用一般人所熟知习闻的基本词作为训释一切词的工具,不但应用基本词来训释其他词语,还用来训释基本词本身,这足以显示基本词的性质。由此推知,古汉语的基本词汇里,有不少同义词、反义词、同源词,又有很多意义上相联系的词,足以见得古汉语基本词汇的丰富性,古汉语已经是一种极其丰富、发达的语言。

（三）同源词的研究

　　张先生指出,族属关系的研究早已成为汉语词源学的主要工作,所取得的成绩,可以作为科学的汉语词源研究的基础。现在建立汉藏语系语言的比较语言学,首先必须把汉语词汇内部当中许多语词的族属关系搞清楚,在这个基础上进行汉语跟其他汉藏语系语言的比较研究,是汉语词源学的重要内容和特点。

1. 从现代词汇学角度看同源词的孳乳

张先生善于运用现代词汇理论,从词的音义关系、词义等方面分析同源词孳乳分化。

(1) 词的音义关系与同源词的孳乳

张先生指出,语音和词义具有的相互依存、相互联系的适应性对新词的产生和词汇的丰富化起了极大的促进作用。正是由于语言和词义之间具有相对的联系性和适应性,意义相近的事物在命名时就可能用相同或相近的音素来表示,语言就在一定历史条件下形成"音同义通"现象。

从同源词的声音形式出发,张先生分别阐述了单音词间的同音孳乳、单音词和双音词间的转化、双音词之间的互相转化。其中单音词和双音词间的相互转化,在汉语里有三种显著现象:古代语里,名词、动词、形容词等的重叠,只是由于单音词声音的延长作用,大概到了上古时期,才逐渐发展成为有特殊表义作用的重叠形式,即单音词和叠音词的转化。虽然最初只是纯粹的语音变化,但在词汇上,不能不说是构词方式多样化的现象;合音词的产生是由于语音的紧缩作用;联绵词的分合变化是语词形式上单音节和复音节的相互转化,对于词汇的孳乳分化,也起了促进作用。

张先生指出,汉语同源词的孳乳,无论是单音词间、单音词和双音词间,还是双音词之间,都是在声音形式上用音同、音近、双声、叠韵的原理作为相互转化的关键。汉语语音里双声、叠韵的关系,实在是词汇发展中孳乳繁衍和丰富化的一个关键问题。

张先生认为,《释名》运用声训的方法来解释词义,就是从语音出发来探究词语相互间的义类关系及其同源词孳乳的事实。这种音近义通的理论被后来的语言学家扩大起来运用,发展成为汉语词源学上语词族属关系的研究,即根据字音相近、义类相同的事实来推求汉语词汇内部当中许多由同源孳乳而来的语词族属。

(2) 词汇的丰富性与同源词的孳乳

在《汉语同源词的孳乳》一文中,张先生还从汉语词汇的丰富性说明了同源词孳乳的原因。对于语言里同源词的孳乳,一般认为是属于构词法的范围。他指出,实际上由同一词源孳生多个词语,不仅仅是词语相互派生、相互繁殖的结果,也是由于古语词、方言等多种不同的来源,把产生出来的词语不断地输进到基本词汇和一般词汇中去,因而使整个词汇不断地积累、丰富起来。

（3）词义与同源词的孳乳

训诂学上历来有"反复旁通""美恶同名"之说,即两种相反的事物可以共用同一个语词来表达。黄侃先生在上古语词的研究中发现了义反而同声。张先生认为,由同一语源上产生出来的词,不但有意义相类或相同的,也有意义相对或相反的,用同样或类似一个语言来表示矛盾对立的意义。从词义方面来区分同源词,最常见的是词义相同相类的,其次是相对相反的。他举例说明:"从'尧'的声的字,有很多个包含有'高大'义。如'峣'是指高山;'颡'是指高长的头;'骁'是指高大的马;'猇'是指高大的犬;'翘'是指长大的尾巴;'蹺'是指高高地举足。可是其中也有几个包含有'短小'义。如'僥'(僬僥),是指短小的人;'蛲'(蛲虫),是指腹中的小虫;'铙'(小钲),是指一种小铃。"[59]

2. 有关词源学问题的论争

张先生指出,岑麒祥先生的《词源研究的意义和基本原则》一文所持的理论和叙说的层次及种种提法,几乎完全与苏联学者阿巴耶夫的文章《论词源研究的原则》相雷同。岑文以汉语的例证来套用印欧语系的例证,不符合汉语和汉语词源学的事实。在《汉语词源学的评价及其他——与岑麒祥先生商榷》一文中,张先生从汉语词源学的评价、词源学的内容、避讳和词源的关系、字源和词源的关系、词源学的类推方法、词源和考古学的关系等十个方面展开了论辩。

岑文中以"南唐李后主讳煜,改鹦鹆为八哥"为例,认为八哥的定名出于南唐李煜,以此替代阿文中举的容易找到词源的例子。张先生认为,由于避讳而更改事物的名称固然促使产生同名异实的现象,但这样的避讳改名,实际还是沿袭旧称而不是另创新名,这就无法假定避讳改名起源于避讳的当时。岑文中用这个例子替代阿文中合成词的例子,是不伦不类的。

岑文中以"字源学"上的现象来代替词源的研究。张先生指出,从对汉字形体的分析和"字源"的研究,可以知道各个字的"本义"。汉字"字源学"和汉语词源学互相启发、互相促进,这确是汉语词源学本身的特点。但"字源"研究的结果不能用来充当真正的"词源"的实例,两者之间必须加以区别。

岑文依据印欧语里词源事实来类推汉语词源,依据阿文中所举印欧语系中"城"的原始意义,推出汉语中的"城"的原始意义,即都是出于"城堡、堡垒"的概念。张先生指出,汉语里的"城"既有"城墙"的意义,也有"城市、城镇、都城"的意义,并不一定源出于"防御敌人"的意义。岑文的这种类推是把外国语的帽子套在汉语头上,显然不合适。张先生指出,语义发展的规律性,应该像语音对应的现象一样,是在同系族的亲属语言中显现出来的;汉语既然跟印欧语系的语言不同系统,怎么可以依据它们的词源来类推呢?这在理论上与坚持语法学的中国化是一致的。

岑文以广州话把"隔壁"叫作"隔篱"为例,论述了词源学与历史学、民俗学、考古学的关系。张先生认为"隔篱"不是原始的广州话里所具有的,可能是从古代文学语言中流传到广州方言里去的。他指出,运用词源学的材料来阐明历史上的问题,首先要考明词汇本身的历史,岑文的推断忽视了词源学上最基本的历史主义的原则。

五、文字学研究的民族化

张世禄先生注重在中国语言、文化的大背景中来研究汉字的特性,考察了语言与文字的交互影响、汉字与汉民族文化的关系,提出了形音义并重的表意文字理论。

(一)形音义并重的表意文字理论

1. 汉字研究与语言、文化相结合

张先生历来强调语言研究的民族性,注重把汉语的特性和汉字的性质联系起来考察。汉语最显著的特性有两点:一是孤立的,二是单音缀的。汉语的这种特性使得书写上有一种特异的文字,汉字始终未曾脱离表意文字的范围以进到拼音文字的阶段,那是因为受了语言上这种性质的影响。如果割断了文字同语言性质的深刻联系,文字也就失去了生命力,必然要枯萎。

早在1923年发表的《文字上之上古社会观》中,张先生就通过分析文字构造来考察我国社会的演进,开创了文字与文化的研究:"世界言象形文字

者，必推吾国，则此文字者，诚有史以前，先民遗迹之所留，曷借之以窥其政俗之梗概，以补史策所未及者乎。"[60]张先生进而揭示了"尊天之思想特富""宗法社会与大家庭制度之发达""重民政治之特著""崇和爱而不失尚武"等古文化信息。许威汉先生指出，在文字和文化关系的探讨上，该篇论文有着不可抹杀的开创之功[61]。

张先生在《汉字的特性及其对社会、文化的作用》一文中论述了汉字对社会文化的作用。汉字的表意作用，使得字形和意义具有强固的保守性，这种语言上的保守性对我国社会、文化起了一些积极的作用。"汉字对维持我国统一的局面以至历史上就形成这样的大国，实在有不小的帮助"；"汉族的形成和汉族文化的影响于国内及东亚诸民族，都是跟这种表意文字的传播有关"；"汉族文化，历史悠久，而且直线相承，未曾中断……这也跟我国这种独存的'前人所以垂后，后人所以识古'的文字有关"；"历代留存下来我国书籍的浩繁，不能不推许汉字在历史上的功绩"[62]。

2. 汉字作为表意文字的特性

张先生提出汉字为表意文字，第一次把汉字放在世界文字类型的大背景中，以比较的方式来探讨、概括汉字的本质特征，从而把汉字的特性与以字母拼音为特点的表音文字严格区分开来，因而具有重要的理论价值。

首先，张先生阐明了文字的根本性质：无论哪种文字，总是具有形体、音读和意义这三种要素。不过这三种要素怎样配合，又因文字的性质不同而各有区别。

依据这三种要素的配合关系，他分析了图画文字、标音文字、表意文字的构成。图画文字用形体直接显示意义，形体本身并非作为记录语音的工具，而有直接显示意义的效用。标音文字用形体作声音的记号，从字体上得到音读而认识所代表的意义。表意文字是介于图画文字和标音文字这两者之间的，有一部分的字体是由图画文字上脱胎而来的，原是用形体来直接显示意义的，但其中另有一部分的字体，在结构和实际应用上，却已经有进入到标音文字的趋向。

张先生从形体和音读上进一步分析了表意文字的性质。从表意文字的性质和演化的历史上看来，一方面它还保持着一些图画文字的遗迹，另一方面却又具有很丰富的标音成分。但是我们对这种文字的应用，既不能纯粹从形体上看出意义,又不能完全依据字体的分析得到确凿的音读,而只是把许多字体作为习惯上各种意义的符号罢了,所以称为表意文字。他指出,中国现行的汉字就是现今世界上表意文字唯一的代表。

张先生在《从"反切"到"国语罗马字母"》一文中分析了汉字的性质。汉字的性质,只是一种"目治"的意义符号,并不是"耳治"的声音符号。汉字本身并没有显著的表音作用,在形体的组织上,往往得不到原来确凿的音读,又不能随着语音的转变加以改造。因此汉字只是一种习惯上的意符。这使它在根本上有别于拼音文字,汉字的音化是在意化的框架内进行的。

张先生分析了形声字的起源,后代所通行的形声字,在金石甲骨的刻文上往往原来就用它们声旁的假借,并不另加形旁。后世文字上认定的形声一例,最初原来只是一种借字表音的方法,大部分的形声字就是在这种表音的字体上另加表意的形旁而组合成功的。

3. 强调形音义研究并重

张先生认为,表意文字脱离了图画文字的范围,但在形体上仍有一部分直接显示意义的效用;虽然未曾进到标音文字的阶段,可是在字体的构造和应用上,也常和语音上的音读系统发生密切的关系。1939年他在《研究中国文字的方法》一文中提出,对于表意文字的研究,不能偏重于形体方面或音读方面,要形、音、义三种要素并重。可是当时这一见解未能引起学者们足够的重视。

1981年,张先生在《汉字的特性及其对社会、文化的作用》中又一次指出,图画文字是形—义—音,标音文字是形—音—义,而汉字的形、音、义三种要素之间的关系,并不是直线关系,而是三角混合制关系。

许威汉先生指出,张先生区别了字的形、音、义的"直线关系"与"三角混合制"关系,揭示了汉字的独特性质,有助于对汉字作切实有效的研究[63]。

张先生从文字的构形和社会功能两个角度阐释汉字的表意性质,认为任何文字都有形、音、义三个要素,三个要素的配合决定于文字的性质。从构形角度分析,表意文字是用形体直接显示意义。从功能角度分析,虽然各字体具有一定的读音,但不能完全依据字体的分析得到确凿的音读。从构形和功能两个角度来认识汉字的表意性质,这和西方学者对表意文字的理解大不相同,揭示了汉字的独特性质,有利于汉字的进一步深入研究。

（二）汉字改革的理论和实践

张先生从语言文化的大背景下考察汉字的演变发展，明确揭示了汉字的特性。因而他能从汉语实际出发，探寻汉字改革理论和方法。

早在 30 年代初期，张世禄就十分重视汉字改革运动。针对汉字认读困难的问题，张世禄主张要有一套先进的注音工具。在 1931 年发表的《从"反切"到"国语罗马字母"》一文中，张世禄详细分析了汉字和拼音文字的根本区别。汉字本身没有显示音变的效用，自然需要有适当的注音方法。张世禄分析了直音法的笨拙、反切法的弊病及其改良、注音符号的性质及国语罗马字母的诸多优点，指出国语罗马字母在注音上比注音符号要进步得多。

在 1948 年发表的《汉字的简化运动》中，张先生对汉字改革的方式提出了自己的看法。他首先阐明了文字的性质，指出文字的蜕变有简易化和明晰化两种趋向，无论是"避难就易"还是"由混趋晰"，都是为着意义传达的便捷，相辅而行，并行不悖。他着重指出，汉字的改革绝不可与汉字的废止混为一谈："近今有所谓汉字拉丁化运动，实在不能算是真正的汉字改革运动，而只是一种废弃汉字的主张；这种主张实在违背了一般汉字和历史及文化相关的原理，并且所要采用的拉丁化文字，绝不适用于中国的民族社会。"[64] 他明确了汉字简化运动的性质，即从汉字本身的性质和演变的趋势上寻求补救汉字缺点的办法，这样才能继承历史文化，适应中国的民族社会和当前的时代和环境。他分析了汉字的构造方式，指出"形声""假借"、偏旁的配合在表意上的妙用，汉字改革也要适应这种演变的趋向。"简化汉字，就是顺应着我国文字蜕变的情形和趋向而加以调整的。"他提出了一些简化汉字的具体原则以便减轻汉字写作和记学的困难。"简化汉字，应以近代的俗体字为主要的根据，同时也不妨酌用行书、草书中的写法。""顺着近代语文的演进，扩大利用假借的条例。"[65]

张先生指出，汉字的简化运动，必须与文字教学的改进两相配合。他提出首先要增进平民识字教育的效率。这就应该把应用字体分为一般性、普通性和专门性、职业性两大类。平民识记的字体要力求简化，数量也不可过多，使汉字的简化运动和平民的识字教育配合进行，并行不悖。

50 年代，张世禄先后发表了《汉字的改革和简化》《怎样正确地认识同音词问题》等论文及专著《汉字改革的理论和实践》等,研究文字改革。

张世禄先生是在国内外享有很高声望的语言文字学家,80 多年来,先生卓越的研究成果已经成为中国语言学的宝贵财富。先生学贯中西,既有传统小学的深厚基础,又深受西洋先进科学思潮的影响,因而先生的语言学理论,是古为今用、洋为中用,既有大刀阔斧改革的魄力,又深得中华民族的文化精髓。中国语言学与西方语言学既有共性又有明显的差异,中国语言学承担着继承本土传统的重任,又应借鉴世界的先进文化,怎样处理好这两者的关系,是张世禄先生毕生都在探索的问题,并以自己的学术实践为中国语言学的现代化奠定了基础。

从张世禄先生在几个主要领域的研究中,可以看出他的治学是以历史主义和唯物主义为指导,以实事求是为原则,勇于学术争鸣、寻求真理。于音韵学,他不断探索先进的理论方法,不遗余力地介绍高本汉的学说,奠定了中国现代音韵学研究的基石;于语法研究,他从汉语实际现象出发,重视汉语的民族特点;于词汇学,他为突破西方词汇学的大纲而致力于词汇学研究。先生既重视语言学的提高及语言理论的建设,又重视语言学的普及,为汉语言文字教学和汉字改革做了大量实际工作。

1991 年冬,张世禄先生病逝。2001 年 5 月,复旦大学隆重举行张世禄先生诞辰 100 周年纪念会,缅怀这位著名的语言学大师。张世禄先生把毕生的精力都献给了中国的语言科学。"书剑飘零作客频,莲花落里探真情。分明别有青云路,犹把儒冠自误身。"先生的这首《自嘲》诗正是对其学术精神的真实写照。

张世禄先生留给后人的不仅仅是他的语言理论和诸多著述,更宝贵的是他脚踏实地、探求真理的精神。经历了时间和实践的检验,张世禄先生的语言科学观越发显出真理的光辉,这正是我们所要努力学习和进一步加以开拓、发展的。

注:

[1]张世禄:《张世禄语言学论文集·前言》,第 2 页。

[2]张世禄:《张世禄语言学论文集·我和语言学》,第 2 页。

[3]《20 世纪的中国语言学》,北京大学出版社 1998 年版,第 307 页。

[4]申小龙:《为中国语文现代化勤奋探索》,《语文现代化》1989 年第 9 辑,第 80—

83 页。

　　［5］张世禄：《张世禄语言学论文集》，第 437—438 页。

　　［6］同上书，第 428 页。

　　［7］同上书，第 109 页。

　　［8］《语苑新论——纪念张世禄先生学术论文集》，上海教育出版社 1994 年版，第 562 页。

　　［9］张世禄：《张世禄语言学论文集》，第 461 页。

　　［10］《语苑新论——纪念张世禄先生学术论文集》，第 554 页。

　　［11］张世禄：《张世禄语言学论文集》，第 251 页。

　　［12］同上书，第 260 页。

　　［13］同上书，第 285 页。

　　［14］同上书，第 287 页。

　　［15］同上书，第 289 页。

　　［16］《语苑新论——纪念张世禄先生学术论文集》，第 552—553 页。

　　［17］申小龙：《中国传统语言学在近代的自我超越》，《南昌大学学报》1997 年第 2 期。

　　［18］张世禄：《张世禄语言学论文集》，第 7 页。

　　［19］同上书，第 16 页。

　　［20］同上书，第 17 页。

　　［21］同上书，第 28 页。

　　［22］同上书，第 64 页。

　　［23］张世禄：《中国音韵学史》，商务印书馆 1998 年版，第 131 页。

　　［24］何九盈：《中国古代语言学史》，广东教育出版社 2000 年版，第 94 页。

　　［25］张世禄：《张世禄语言学论文集》，第 69 页。

　　［26］同上书，第 73—74 页。

　　［27］同上书，第 233—234 页。

　　［28］张世禄：《中国音韵学史》，第 193 页。

　　［29］张世禄：《治学严谨的语言学家赵元任先生》，《语文杂志》1983 年第 11 期，第 32 页。

　　［30］潘悟云：《汉语历史音韵学》，上海教育出版社 2000 年版，第 3—4 页。

　　［31］赵克刚：《张世禄先生的音韵学说》，《语文现代化》1989 年第 9 辑，第 71—73 页。

　　［32］张世禄：《张世禄语言学论文集·前言》，第 2 页。

　　［33］张世禄：《张世禄语言学论文集》，第 32 页。

　　［34］同上书，第 201 页。

　　［35］同上书，第 418—420 页。

[36] 黎锦熙:《新著国语文法》,商务印书馆 1992 年版,第 7 页。

[37] 吕叔湘:《中国文法要略》,商务印书馆 1982 年版,第 28—41 页。

[38] 张世禄:《张世禄语言学论文集》,第 197 页。

[39] 同上书,第 201 页。

[40] 同上书,第 200 页。

[41] 申小龙:《当代中国语法学》,广东教育出版社 1996 年版,第 55 页。

[42] 张维鼎:《从功能语法看汉语的语序》,《学汉语》1995 年第 11 期。

[43] 曹丽芳:《现代汉语虚词研究的现状刍议》,《镇江师专学报》1997 年第 1 期。

[44] 张世禄:《张世禄语言学论文集》,第 382 页。

[45] 同上书,第 309 页。

[46] 同上书,第 311 页。

[47] 同上书,第 226—227 页。

[48] 同上书,第 324 页。

[49] 张世禄:《古代汉语》,第 114—115 页。

[50] 张世禄:《张世禄语言学论文集》,第 199 页。

[51] 同上书,第 443 页。

[52] 同上书,第 369 页。

[53] 张世禄:《古代汉语》,第 86 页。

[54] 张世禄:《张世禄语言学论文集》,第 357 页。

[55] 同上书,第 574 页。

[56] 同上书,第 221 页。

[57] 申小龙:《传统汉语研究的近代学理系统》,《辽宁师专学报》2000 年第 5 期。

[58]《20 世纪的中国语言学》,第 81 页。

[59] 张世禄:《张世禄语言学论文集》,第 533 页。

[60] 同上书,第 1 页。

[61]《语苑新论——纪念张世禄先生学术论文集》,第 466 页。

[62] 张世禄:《张世禄语言学论文集》,第 559—560 页。

[63]《语苑新论——纪念张世禄先生学术论文集》,第 469 页。

[64] 张世禄:《张世禄语言学论文集》,第 269 页。

[65] 同上书,第 279 页。

(本文是申小龙教授指导的硕士论文,原载《名师名流》,广西师大出版社 2005 年版。赵文君,复旦大学中文系研究生)

张世禄《中国文艺变迁论》

苏永延

　　中国的文学史写作是从西方传进来的，早期的文学观是杂文学观，即为旧文学观；而西方的文学观念则被称为新文学观，或为"纯文学"观。到了20世纪20年代，新旧文学观混杂的思想仍在一些文学史著作中体现出来。刘大白、顾实、张世禄的文学史，就具有这样新旧过渡的性质。他们著作的过渡性，或表现在语言上，或表现在概念、体裁、看法上。他们带着鲜明的旧文艺思想或语言的印记，同时又努力挣脱传统思想的影响，徘徊在"新"与"旧"的边界线上。

　　张世禄的《中国文艺变迁论》（商务印书馆1930年）是一本较早的文学史论性质的文学史。在这薄薄的小册子里，它的独特性质也不容忽视。它与一般的早期文学史著作不同，虽以半文半白写成，骨子里却充满着西方学术的精神。在体例设置上，《中国文艺变迁论》分为总论与分论两大部分。

　　一、二章属于总论性质，对旧的文艺观念进行分析与批评，通过对古今中外"文""艺"这两个词的概念的比较分析之后，得出自己的心目中的文艺观，那就是"以感情想象与兴趣为主……其要素重在情感、想象、兴趣等之实质"[1]。其次是归纳了文艺变迁的几种不同的表现形态：1. 社会一切事物之进化，以渐不以顿；2. 一种文艺变为他种时，其间常又发生一种过渡物；3. 凡一种新文艺之发生，必包含承受多种旧文艺之要素；4. 凡一种文艺之出现，实为后来种种新文艺之因缘；5. 凡一种文艺由生长而成熟而衰退，其形式，必日趋于扩大而渐形固定，其格律必日趋于细密，其工力必日趋于技巧。

这五种不同的变迁形态,讨论了文艺变迁过程中量变与质变的关系、因袭与创造以及各种文艺内部的生命周期等多方面特点,言简意赅,奠定了以下 33 章的文艺变迁基调。他对每一个时代的变迁转折点进行详细论述,每一个论题作为一章,加以深入研讨,而不仅仅只是着眼于描述文学发展的现象,达到了作者预期的对"内容之变迁""时代思潮之影响""文艺本身外之事实"的完整论述,剖析了各个时代、各种文体之间"递嬗交替"的种种情况(《中国文艺变迁论·自序》)。

具体写法上,采取史论结合的方法,以史带论,并以论显示史的发展线索。现从他的几章内容安排便可得知。"上古传疑之诗篇""古代文艺发达之推测""中国古无史诗之原因""《诗经》作述之渊源""《诗经》文辞之由来""《诗经》之时代与地域"……每一专题的设立,其实都是文学发展转关时期的敏感话题,张世禄就是采用这样一个个话题,把几千年的文学发展历程、变迁大势用十分简洁的语言(6 万字)勾勒出来。如果说以描述文学史面貌为主的文学史著作是工笔画,那么张世禄的这本小册子就是速写。它只抓几个主要的特征,稍加勾勒,便神情毕肖,至于大量的空白,则由读者自己去填补了。从这个意义上说,《中国文艺变迁论》开创了后来专论文学转关变迁史的先河。陈思和欲用专题的形式来写现当代文学史,他的《中国新文学整体观》的体例创意就与张世禄的设想不谋而合。

注:

[1] 张世禄:《中国文艺变迁论》,商务印书馆 1930 年版,第 4 页。

(原载《复旦中国文学史传统研究》,广西师范大学出版社 2007 年版。苏永延,复旦大学中文系博士生)

恩师张世禄先生莅扬讲学记略

刘如瑛

在 20 世纪 50 年代,我就受到恩师张世禄先生春风化雨般的教育。其时恩师容貌清癯。自 1950 年我毕业于中央大学后,直到 1980 年 4 月下旬,才得与恩师重聚于扬州。恩师偕师母莅扬,乃是应扬州师范学院邀请讲学的。惜乎在扬时间太短,前后不过一个星期便又赋别。其时两位老人家辞高级宾馆不住,而住在学院简陋的招待所中。该所在院"邻芳馆"之侧,已于几年前改造为今天的离退休办公室了。每至这里,总不免忆起老师、师母的慈容而不胜感喟。恩师莅扬时,比我就读于中大时慈容要丰润得多。

恩师于 1991 年仙逝后,师母张瑞云夫人曾以恩师的复印遗照见赐,旁附恩师于 1947 年作的《自嘲》诗:"书剑飘零作客频,莲花落里探真情。分明别有青云路,犹把儒冠自误身。"虽题为《自嘲》,但其精神实为自况、自许。恩师为了学术与教育事业,付出了毕生心血精力,矢志不渝,不为名利而动摇。虽有"青云路",但不屑履之,宁甘心儒冠误身,而坚持不渝,其高尚劭美之风,令人肃然起敬。

恩师在扬讲学时,已近八秩高龄,短短几天内,共开讲座四次,简述如下:

1. 1980 年 4 月 22 日上午 7 时半至 9 时 10 分,讲题为"汉语语法体系问题"。此题分词类、结构形式、句子类型等三个子题进行表述。

2. 4 月 23 日下午 2 时至 4 时 50 分,讲题为"如何研究汉语音韵学"。此题分掌握发音学理,审定名词用语,现代音与古音之比较,音类,测定古音之音值、音变规律—发展趋势等六个子题进行表述。

3. 4 月 25 日上午 8 时至 10 时,讲题为"训诂学的意义"。此题分训诂的性质、训诂的方法、训诂的范围等三个子题进行表述。

4. 4 月 26 日上午 8 时至 10 时,讲题为"关于诗词的格律"。此题分诗的押韵、诗的节奏、用韵系统等三个子题进行表述。

恩师是享誉国内外的语言学家。他的伟大成就,南京大学鲍明炜教授已于《敬爱的恩师张世禄先生》一文作了较详的论述。这里只谈谈恩师在扬讲学使我感触较深之几点。

一、汉语语法体系。恩师指出,现代汉语语法体系烦琐、臃肿,造成这种现象的原因是从 19 世纪末期提出的汉语语法体系全部抄袭西洋语法,生搬硬套,以此为基础,始终不能摆脱。必须彻底打破这种洋框框,建立符合汉语自身特点的汉语语法体系。例如词类问题,连词、介词不必区分,可以合并为关联词。旧体系中"由于"是介词,"因为"是连词,"由于……使得……""因为……使得……"便被认为是结构残缺。实则二者均表明原因与结果,"毛选"中就有多处这类句子,不能说是病句。

汉语"不破不立,不塞不流,不止不行","破""塞""止"表示条件,"立""流""行"表示结果,本身是完整的,简洁明白,显示出汉语的优点。但受西洋语法限制,被称为"紧缩句",乃至被称为残破句。又如"下雨了",意思已很明白,不必受西洋语法影响,在"下雨"前加 it(it rains)。

二、研究汉语音韵学的步骤。汉语音韵学是较难学习的一门学问,恩师乃"示人大路",指出研学的六个步骤。对于西方的学术,哪些该学,哪些须摆脱其束缚,必须认清。语法,不应抄袭其理论,但其发音学原理比我们精深,应该认真学习。对于音浪分析,有浪纹计,包含四个方面:1. 音色。喇叭、笛子不同,虽声音高低一样,但可以听出,哪是喇叭音,哪是笛音。2. 音高。3. 音量。4. 音势。

三、训诂学的意义。文字学分形体、音韵、训诂三个部分。字与词要分清。就文字而言,称之为"字";就语言而言,称之为"词"。不同的字,可表示同样意义。如年、载、祀、岁,义皆为年。周代重农业,用年(从禾,千声);载,取其运输之义,表示时间进行,如"三载考绩";祀,殷代尚鬼,每年皆祭祀;岁,岁星一年运行一周(岁星即木星)。同是一个字,又可以表示不同的词,主要起因是假借。《书·康诰》:"哉生魄。""哉",即"才",始也。

我于 1946 年至 1950 年就读于中央大学时,文字学、音韵学课程皆恩师所授,共四个学期。训诂学课程是李笠老师所授。因此,我于 1992 年 9 月所写《禄师忆赞》中曾云:"曩在中大,禄师设帷。春风时拂,化雨常施。文字音韵,禄师所治。穷原竟委,锱铢不遗。"其实恩师是位语言学大家,在他讲文字学时,已涉及训诂学。在扬州讲学又以"训诂学的意义"为题,使扬州师生受益良多。

恩师讲学是在大教室(阶梯教室)进行的,全院中文系师生数百人以及旁听者多人都是受众。不仅如此,在讲授之余,师生前往招待所质疑问难者几乎络绎不绝。恩师不辞劳苦,细为解答,了无厌倦之情。恩师仁蔼之容、

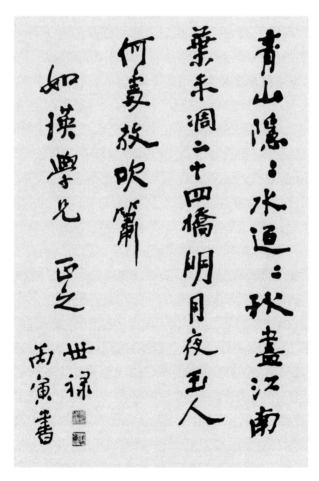

1986 年张世禄先生书写杜牧诗赠刘如瑛

炽热之心,令师生倍感温馨,如沐春风。

　　恩师、师母在休息之顷曾一往平山堂参望鉴真大师雕像巡展。返沪前夕,我敬请两位老人家到寒舍吃顿晚餐。对于拙妻手烹菜肴,老人家赞美有加,特别是对烹鱼一菜。因为翌日即别,令我不禁凄然。老师、师母安慰再三,答应再来,然而从那以后,再未相聚,古人云"别易会难",其信然矣!

　　恩师于 1986 年(岁在丙寅)曾手书杜牧《寄扬州韩绰判官》诗条幅惠赐。今年 1 月 21 日恩师的公子小隽学兄从上海专程来扬把这一裱好的墨宝送我,令我感激万分。展示之余,忆及当年,不禁潸然泪下。恩师、师母先后于1991 年、1993 年仙逝。前尘如梦,何可复寻,怅何如哉!

2007 年 9 月

(原载《江海学院学报》2009 年第 1 期)

怀念父亲——张世禄

张暨生

父亲一生勤奋好学。小时由祖辈授以古文,为后来研究古代汉语打下了基础。小学毕业后,以优异成绩获得金华中学公费生资格,开始接触到白话文和英语。中学毕业后,坚持勤工俭学,以解家境困难,一面教书,一面读书完成了大学的课业。

父亲青少年时好学上进的故事,常在家乡人口中流传。门外锣鼓喧天,他却闭门用功,专心致志,毫不分心;有时刻苦读书,竟废寝忘食;穿的衣服,最先破损的地方是两手弯肘处。

父亲当了一辈子教师,热爱教育事业,热爱学校和学生。先后执教于暨南大学、中山大学、南京大学、复旦大学等十几所高等院校,几经风雨,未尝中辍。他在1947年写过一首《自嘲》的小诗:"书剑飘零作客频,莲花落里探真情。分明别有青云路,犹把儒冠误自身。"道出了父亲淡泊功名,安贫乐教,为祖国语言文字筚路蓝缕,默默耕耘的献身精神。我家祖孙三代,从事教育工作的有十多人,都能以教为荣,以教为乐,这同父亲的言传身教是分不开的。

父亲治学严谨,为人谦和,也是我学习的榜样。老父年逾大耋,犹谆谆诱掖后学,指导硕士、博士研究生及校内外青年教师,日不暇给。平时,不顾年迈体弱,常跑教室宿舍,接近学生,解难释疑。凡是前来求教的,不论是教师、学生,或是素不相识的同行晚辈,父亲总是亲切接待,吃饭时放下筷子,午休时立即起床,不厌其烦地查证讲解,从不马虎敷衍。对于交到他手中的文稿,则细细推敲修改,及时回复。由于深度近视,看书写字几乎得贴近脸上才能看清,书桌上的小小台灯,也常常要亮到深夜。甚至在治病住院期间,仍热心辅导来访的年轻人,丝毫没有专家名流的派头架子。倒是在旁的我为他的病体担心,也明白了什么是"学而不厌,诲人不倦"。

我常年在外工作,不能经常陪伴在父亲身边。每当回家探望,老父亲总会静静地听我谈工作、生活情况,默默注视着的眼神里,流露出欣喜之意和关爱之情,使我难以忘怀。父亲留给我的,不是钱财房产,而是勤奋好学,俭朴谦和的精神财富。

1991 年 12 月 5 日夜

(张暨生,张世禄先生的儿子)

此虫何虫

张小隽

我自幼顽皮好动，在家闲不住，兄弟姐妹又多。爸爸每每准备外出购物、寄信、游览或访友，妈妈总会趁机向爸爸提出要求："把小隽带出去，带出去！"爸爸从不推却，我当然也很高兴，所以经常是爸爸走到哪里，我就跟随到哪里，便有了许多故事。

1954 年春张世禄先生与家人在复旦大学国权路校门口合影

　　记得八九岁时，在南京中央大学，爸爸为了考明古文中某只昆虫的解释，便带我到了生物系解剖室，向一位教授请教。我们见那位教授正在解剖一只虫儿，被解体的昆虫奄奄一息，有时还会一动一动的。我忍不住用重庆话便问："死虫？活虫？"那位教授闻言，便惊异地向父亲称赞道："啊呀！你的公子也会雅语文言，如此年纪便能说出'此虫何虫'，不得了。"爸爸见我面有喜色，即对那位教授说："惭愧，惭愧，小儿哪里是有这些本事呀！他问的是死虫还是活虫，并非说的是'此虫何虫'，是你听错了。"经爸爸道出原委，双方哈哈大笑起来。

　　在回家的路上，爸爸告诫我说："即使你有许多本事受到赞扬，也要客气，不可沾沾自喜，这样才会进步。"

2012 年 1 月 28 日记

（张小隽，张世禄先生的儿子）

我国现代语言学大师

——忆张世禄先生

乐秀拔

    我不是一个宿命论者,不相信命运,但我确实相信人有不同的机遇,而我的一生中能遇到我国现代语言学大师张世禄先生,确是我的幸运。

    我最初认识张先生,是受命去迎接他一家来复旦大学宿舍,帮他搬行李。那是 1952 年 10 月下旬,全国高等院校实行院系调整,张先生从南京大学调至复旦大学。我接到中文系办公室通知,要我和其他两位同学一起前往,等候先生的到来。我们在复旦第五宿舍门口大约等了半个小时,学校派去火车站接张先生的三轮车就到了。张先生的行李极为简单,并没有金笼玉箱,衣着也极为平常,并没有西装革履。先生穿一套整洁的灰色人民装,中等身材,戴一副深度的近视眼镜,温文儒雅,用略带浙江浦江乡音的普通话,笑容可掬地对我们说:"烦劳大家了,谢谢!"我们帮张先生搬完了行李,完成了使命,就回学校宿舍了。我万万没有想到,这位大名鼎鼎的大教授,竟如此俭朴,平易近人,和蔼可亲,给我留下了难忘的印象;而我更没有想到的是,我于 1955 年毕业后,先生竟会成为我学习上的引路人、指导老师。

一、语言学泰斗,音韵学前驱

    张世禄先生是我国语言学大师,学贯东西,著作等身,对语言学的理论、语音、词汇、语法、修辞等各门类均有精深的研究。早在 20 世纪 30 年代,张世禄先生就出版了《中国声韵学概要》《中国古音学》《语言学原理》《音韵学》

《广韵研究》《语言学概论》《语音学纲要》等著作,还翻译了高本汉的《中国语与中国文》《汉语词类》,他与赵元任、黎锦熙、吕叔湘、王力等语言学家齐名,享誉中外。

抗日战争时期,半壁河山陷入敌手,上海成为孤岛。在敌伪的控制占领下,人民过着受煎熬的生活。先生目睹敌人杀害爱国志士,蹂躏我国同胞,铁蹄横行,就冒着风险举家离开上海,挈妇将雏,先乘船前往香港,再经越南到达大后方重庆。

张世禄先生热爱新中国,痛恨旧社会。1949 年,当旧政权在大陆行将垮台时,有人劝先生去台湾,并给他买了机票,但先生目睹旧政权的腐败,社会的黑暗,官僚的贪污,决定留在大陆,为新中国的教育事业服务,为学术研究做贡献。他在两年前所写的一首《自嘲》诗正可以表明其磊落的心迹:“书剑飘零作客频,莲花落里探真情。分明别有青云路,犹把儒冠自误身。”他淡泊名利,自甘寂寞,不愿享高官厚禄,决心把知识献给新中国和人民。他是农工民主党的成员。复旦大学农工党的成员很多,周谷城先生和吴文祺先生都是农工民主党市委的领导,当时伍蠡甫、严北溟、赵景深、蒋孔阳等先生,都在新中国成立后不久参加了农工民主党。他们都是著名的学者和教授,思想进步。张世禄先生也是在新中国成立后不久就加入了中国农工民主党,并且积极参加组织生活和活动。他积极参加了对知识分子的思想改造,批判旧思想,曾获得学习模范称号。

二、殚精竭虑,培养大批语文人才

张世禄先生是我国著名的语言学家,是我在复旦大学中文系求学时的导师,也是我毕业以后在中文系语言教研室任助教时的教研室主任。他热爱祖国,学问渊博,毕生从事语言学研究和教育工作,为我国语言学的研究和教育工作,为培养大批语文人才,做出了卓有成效的贡献。正如时任全国文字改革委员会主任的他的学生倪海曙在张世禄先生从教 65 周年庆祝会上的贺词所说:“万花如海,松柏长青。”

张先生 20 世纪 50 年代在复旦大学任教期间,曾担任语言教研室的主任。他开设的语言学的课程是最多的,教学任务是最重的,那时文、史、哲、新闻系高年级学生都要听他的《古代汉语》课。同时,他在语言学的研究中,也是著作颇丰,成绩最突出的。他把教学与科学研究紧密地结合起来,达到了教学与学术研究双丰收的效果。

早在 20 世纪 40 年代,张世禄先生一面在昆明云南大学、桂林师范学院、重庆中央大学、重庆大学任语言文字学教授,一面著书立说,出版了《中国文字学概要》《中国训诂学概要》,翻译了法国房德里耶斯的英文版《语言论》。进入 50 年代,他撰写了《小学词汇教学基本知识讲话》《普通话词汇》《小学语法修辞》等三部语言学专著。他的目光注视着现代汉语词汇和语法修辞的研究。当时在语言学界有北王南张之称,"王"指王力先生,"张"指张世禄先生,可见其学术地位之高。可是当时频繁的运动,影响了先生的研究,尤其是 60 年代,先生只与胡裕树先生合作出版了《现代汉语》,个人的语言学专著一本也没有出版。70 年代,先生除参加"二十四史"标校注释和《汉语大词典》编写工作外,仅出版了专著《古代汉语》。

"文革"期间,他被剥夺了教学和著述的权利,连一本语言学的著作也没有出版,令人扼腕感叹。"文革"结束,先生精神振奋,曾想再写十部专著书,然而已到耄耋老年,终因年龄、身体和助手短缺的环境而未能如愿。80 年代初,先生开始带博士研究生,培养了很多语言学人才,并将历年所写的论文集结,出版《张世禄语言学论文集》及《音韵学入门》(合著),并为《浦江县志》作《浦江方言》部分,在《青岛师专学报》发表《等韵学大纲》。这时,先生已高度近视,几乎不能阅读,而且衰老多病。1992 年,即先生逝世后的第二年,先生主编的《古代汉语教程》在严修等学弟的努力下出版,台湾方面也拿去出版。国务院授予他有特殊贡献的专家证书。如果先生地下有知,应该含笑九泉了。然而,这荣誉的得来,凝聚着先生多少的心血啊!

三、教学相长,循循善诱

张世禄先生是一位教育家,主张教学相长。他讲课形象生动,基础好的学生听之不觉其浅,基础差的学生听之不觉其深,深受广大同学的欢迎。他给我们开过"古代汉语""汉语史""语言概论"等课程,是中文系开课最多的教师之一。一次,他在课堂上讲到古汉语中的"反训",随意举了一个例子说:"如入芝兰之室,久而不闻其'臭'。"这里的"臭"是"香"的意义,就是"反训",好比上海话中说小孩子聪明听话,说他很"乖",是"乖孩子"一样,这"乖"也是"反训"。这样讲解"反训"就很通俗易懂,印象深刻,一辈子也不会忘掉。

在教学中,先生重在启发,善于引导、激发学习兴趣。语言学课是一门相对枯燥的课,但是听他上课,看他的文章,实是一种享受。他认为,应该启发学生学习的积极性、主观能动性,一位好的老师,不但要会指点迷津,释疑解惑,而且要善于启发和引导,鼓励学生对学习产生强烈的兴趣。他说好学生不是教出来的,而是学出来的。老师只能教他们学习的方法,指出学习的途径,提高他们学习的主观能动性和兴趣。所以在教学中,张先生采用深入浅出法。深入容易浅出难,分析容易综合难。先生认为:学习、做学问,是很艰苦的,要持之以恒,孜孜不倦。要化苦为乐,在战略上要作长期奋斗的准备和努力,在战术上要"学而时习之,不亦乐乎",积小乐为大乐。刻苦努力,对研究产生巨大的兴趣,久而久之,不断努力积累,就会取得成功。

作为导师,张世禄先生尽心尽责,循循善诱,诲人不倦,让我受益匪浅。我从复旦大学毕业后,留在中文系汉语教研室任助教,先生是导师。这是我的荣幸,又是天赐的缘分。他学识渊博,又毫无架子,给我开阅读书目,指导我阅读,为我改论文。他安排我一起参加编写教材,让我承担《古代汉语》教材中南北朝民歌的部分,指导我了解民歌中的双关修辞法和用韵,我从中受益良多。我老来能写一点诗歌,很大程度上是得益于这次编写南北朝民歌教材的实践。他勉励我多作科学研究,要我把教学和科学研究结合起来,不断提高教学和研究水平。当他看到我在《语文知识》上发表了一篇小文章,就向我表示祝贺,给我鼓励;我写了一篇有关文言虚词"其"的论文,向他请教,他就仔细阅读,并用铅笔写了不少修改的意见;我与人合作,编著了一本有关标点符号的书,请他作序,他不顾年迈,视力又很差,一口答应,认真审阅了全书,为之作序。他对我恩重如山,我终生难忘。几十年过去了,先生的谆谆教诲,言犹在耳,刻骨铭心。这是一种深沉的对青年教师的爱,是导师的责任心的具体表现,他热切地希望我国的语言学研究后继有人,青出于蓝,一代胜过一代。

"文革"结束后,张世禄先生重返教学岗位,虽然他已年过八旬,体弱多病,但他仍然全力以赴,细心指导博士生,为培植桃李,不辱使命。"春蚕到死丝方尽,蜡炬成灰泪始干。"先生就像春蚕、红烛,将自己的知识传授给学生,毫无保留,其崇高的精神境界真可谓高山仰止!这两位语言学博士也不负先生所希望,勤奋学习,卓然成才,也可告慰于先生了。

四、著作等身,遗泽后世

张世禄先生学贯古今,融会中西,语言学功底既深厚又广博。他出生于浙江浦江的一个书香门第,父亲和叔叔都是秀才,他从小阅读"四书""五经",打下了深厚的古文基础。小学毕业后,考入了浙江省立第七中学,受著名语言学家金兆梓的影响,对语言学产生了浓厚的兴趣。中学毕业以后,考进南京国立东南大学中文系,在著名学者胡小石、吴宓等的教导下,他大量阅读了清代著名语言学家的著作,如段玉裁的《说文解字注》,朱骏声的《说文通训定声》等,还阅读了当代语言学家高元的《国音学》以及赵元任、林语堂、唐钺的著作,聆听了章太炎、梁启超等著名学者的讲学。从此,他走上了语言学研究的道路。在大学三年级时(1923年),先生在东南大学《国学丛刊》上发表了第一篇论文《文字上之古代社会观》。先生不仅关注中国语言学家的著作,同时也学习外国语言学家的语言著作,先生翻译出版了瑞典的高本汉、英国的斐尔司、法国的房德里耶斯等学者的语言学著作,真正做到中外古今兼收并蓄,奠定了先生深厚而广博的语言学功底。

复旦中文系人称有十大教授,他们中有陈望道、郭绍虞、刘大杰、张世禄、朱东润、王欣夫等。张世禄先生的语言学研究是全面的,能够做到理论联系实际。他既研究语言学理论,又研究语言学的分支,例如音韵、文字、训诂、词汇、语法、修辞,对各个语言学的门类他都作了精辟的阐述,这可以在他的著述中得到证明。所以,罗竹风在《语苑新论——纪念张世禄先生学术论文集》的序言中写道:"我以为,他是我国语言学界的多面手,专著有20多种,译书3种,专论100多篇。综合张世禄教授的著译加以分析,他的语言观是理论联系实际,数十年如一日,始终抬头向前看,为祖国语言现代化开辟道路。从《张世禄语言学论文集》中,就清晰地贯串着这个脉络,充分表现出正确的走向。"

新中国成立后,我国进行了汉字改革和汉语拼音方案的制订,张世禄先生积极参加了汉字改革和汉语拼音的研究,出版、发表了《汉字改革的理论和实践》《汉语拼音方案的公布和语文教学的改进》《汉字的特性及其对社会、文化的作用》等著作和文章,为汉字改革和汉语拼音指出正确的方向。张世禄先生的语言学研究总是紧密地联系社会实际,联系语文教学的实际,关注普及和提高。他的论著中有一大部分论述中小学语文教学,也有一部分论述大学古汉语教学和专业化的语言学,如《小学词汇教学基本知识讲话》《小学语法修辞》《普通话词汇》等,都是普及性的语言学论著。一个大学教授、一位著名的语言学家,甘愿为小学的语文教学写作,为语文知识的普及,为语言的纯洁和健康,不惜呕心沥血,这种精神是难能可贵的。对于外国的语言理论,他也是采取实事求是、理论联系实际的态度,批判地吸收。

他在《张世禄语言学论文集》的"前言"中说:"近年来,我认为汉语语言中语音、词汇、语法三种要素,基础不同,学习和研究的途径也有差异。语音在语言学中物质性最强,与自然科学联系较紧密,各民族的语音规律往往有相同之处,所以学习汉语语音时,宜多多采用西方先进的技术和方法。至于语法,民族标志的作用特别显著,所以研究汉语语法时不应当生搬硬套西洋的语法学。至于词汇,它的性质和基础,我认为是介于语法和语音之间的,所以有一部分可以参考西洋词汇学,另一部分必须强调汉语的独特性,不应当一味模仿西洋词汇学。"这种实事求是地对待西洋语言学的态度,对我国现代语言学的研究具有指导意义。这也是先生深入研究西方语言学和汉语的经验之谈,十分珍贵。所以语言学界有"北有王力,南有张世禄"之说,可见先生在语言学研究中声望之高。1958 年,他担任了《辞海》语词部分的主编;1977 年"文革"结束,他参加《汉语大词典》的编写工作,并任学术顾问。此后他参与的大部鸿篇巨制的集体撰写显著增加了,而他个人的著述出版却明显减少了。

张世禄先生执教 65 年,著述 65 年,真是著作等身,桃李满天下,为我国的教育和文化事业做出了卓越的贡献。桃李不言,下自成蹊。1986 年,在他执教 65 周年时,上海学术界隆重召开庆祝张世禄教授从事语言教学与研究 65 周年大会,并为他出版了学术论文集,复旦大学校长、著名数学家苏步青先生为他的学术论文集题字:"黉门遗泽,辞苑流芳。"亦可谓一时之盛哉。

人生有限,天地无穷。时光匆匆,催人易老。我也已到了耄耋之年,然而恩师的音容笑貌犹在,他的教导犹在,他的学术业绩犹在,并且将与天地共存。

(原载《复旦名师剪影》,复旦大学出版社 2013 年版。乐秀拔,上海财经大学基础部教授)

由"音韵学入门"教案看父亲的治学精神

张小平

我的专业是美术设计,对父亲教授的语言学是个"门外汉",特别是音韵学方面更是一头雾水,一窍不通。

最近我有机会回到上海复旦宿舍,整理父亲生前留下的书稿,在成堆的教案中看到爸爸有关音韵学的教学提纲,引起我的兴趣,就有意搜集这方面的手稿。结果我一下搜到了一大摞爸爸从 20 世纪 50 年代至 80 年代的授课的教案,其中有给本系学生上课的,有给硕士博士生上课的,也有给外校本科学生上课的,还有给校外语言学、古诗词爱好者上课的。细看父亲这些手稿,同是一门"音韵学"课,却连提纲都不一样。后来与小隽哥探讨这一问题,才明白爸爸讲课非常认真,每上一课他都要根据授课对象的专业水平和需求、课时长短,甚至根据不同时代(流行语)和地域(方言)进行备课,重新拟提纲。父亲的课与时俱进,学员能获得实实在在的专业知识,所以很受欢迎。

1980 年春,父亲应邀赴扬州师范学院讲学,对象为有一定语言文学基础的师院学生,他 4 月 26 日"音韵学入门"的授课提纲为"拟分六个步骤:一、掌握发音学理;二、审定名词用语;三、划分语音系统;四、考证音类分合;五、拟测古音音值;六、研究音变规律"。其讲学的重点在"怎样研究汉语音韵学"。然而,1981 年 10 月 12 日父亲给上海中医学院的"音韵学入门"讲座,所拟的提纲却是八节,他安排:"八节分四次来讲,每次大约两节之数。"这次讲学的重点是"入门—初步的知识—讨论门径"。父亲在第一讲就开门见山:"音韵学是文字学的一个部门—汉语音韵学是用来研究汉字读音的—汉字是一种表意文字,不是用字母拼音制—汉字本身没有确定的音值—研究汉字读音应当把'音类'和'音值'分作两个问题来研究。"接着他解释:"音类是各字在'声、韵、调'有关的所属部类,音值是指'声、韵、调'各部各类的实际读音,即各字的实际读音。由于历代读音的变化,上古、中古和近现代的音类、音值各不相同。"最后,他指出研究汉语音韵的步骤应"循序渐进":先要"掌握发音学理—审定名词、用语—划分语音系统—考证音类分合",在"拟测古音音值"之后,才能"研究古音规律"。

有道是"师傅领进门,修行在自己"。这让我深深领教了音韵学入门确实不容易,要真正弄通,还要下一番大力气。通过这段清理爸爸的教案,我仅从"音韵学入门"几份教学提纲,便得以一窥父亲极其严谨认真的治学精神,我的敬重和钦佩之心油然而生。

小平,2017年冬至

(张小平,张世禄先生的儿子)

张世禄先生诗传

陈允吉

崇公生福地,蔚朗浦阳秋。青嶂恒陪对,白云自去留。[1]代珍缃缥帙,光灿珊瑚钩。[2]始践金华旅,偕兄悉敏求。[3]东南亲国故,简册满床头。[4]规慕依潜社,兴吟扫叶楼。[5]升堂参首座,进境识根由。六律皎然辨,四声宛转投。[6]弦歌被集美,书案俯灵湫。[7]商务营行逼,沪门教事稠。[8]欲飞催健翮,将渡觅方舟。萤火夜阑续,晴窗日暮幽。[9]译传高本汉,窥鉴泰西欧。[10]勾画标区界,贯穿费计筹。比年耽理论,岂为稻粱谋。[11]狼暴嚣尘起,血腥寇足蹂。脱身离坎阱,避害走边陬。[12]滇黔山飔栗,坪桂水气浮。飘零终作客,板荡益添愁。[13]邂逅谈文法,豪兴率未休。[14]葛巾归母校,甘逐旧师游。[15]遴设语言组,顾眺尚罕俦。[16]勘寻严训诂,赋咏自嘲讴。[17]钟阜沐风雨,旦苑觐宿修。[18]同仁皆翘楚,挥洒话绸缪。[19]授课开生面,班功第一流。[20]乃心词汇学,倾力付冥搜。[21]命驾之庐郡,欢迎列道周。[22]颠屯罹运动,肺疾料难瘳。负载逾长坂,挽牵若老牛。[23]晚天霁色好,荣景桑榆收。著述与栽培,随时建献酬。[24]颓龄犹矻矻,沧海信悠悠。[25]咿戛鸣声远,烟波没矫鸥。[26]

注:

[1] 张世禄先生,字福崇,浙江浦江人,1902 年 11 月出生于浦江县东乡礼张村一书香门第。该村前后皆山,白云缭绕,秀树小溪掩映,风景十分幽美。浦阳,浦江旧名浦阳。

[2] 张先生一家三代人大抵精熟书画诗文,俱以教书为业。祖父有烈为清代贡生,父道型及叔父道垲都是清代秀才。胞兄书旗比先生长两岁,曾任中央大学艺术系教授,所画翎禽百态之妙堪称独绝。抗战后期,他曾绘《百鸽图》一帧,由当时政府作为礼品赠送美国

并悬挂于白宫，以祝贺罗斯福总统第三次获得连任。先生幼年即被长辈授以"四书""五经"，又跟着祖父有烈先生阅读大量古代诗文，打下了扎实的传统文化基础。

［3］1917年小学毕业后，先生与其胞兄书旗一起考入金华中学，该校时称"浙江省立第七中学"，校长是著名的语言文史学家金兆梓先生。中学阶段，先生精力投放的重点仍是古文，但对当时新设的英语课也很感兴趣，因刻苦诵习而取得优异成绩。

［4］1921年夏，先生中学毕业，尝于厦门大学就读一载。1922年秋，他又考入南京国立东南大学中文系。是时东大名家云集，先生在此研读国故群籍，亲身蒙受胡小石、陈中凡、顾实、柳诒徵、竺可桢、梅光迪、吴宓诸师之教益，还聆听过章太炎、梁启超等名流的讲演，其学术素养获得显著的提高。

［5］著名词曲家吴梅先生执教东南大学，为帮助同学联系实际研习词曲，于1924年成立以学生充当主体的"潜社"，定期召集大家在一起填词谱曲。张先生是该社早期活动的积极参加者。今考吴梅所编《潜社词刊》第二、三、四辑，尚录存他讽吟的《风入松·宋徽宗琴名松风》《桂枝香·扫叶楼秋禊》《霜花腴·红叶》等词作三首。扫叶楼，在南京清凉山，系金陵文士秋日登临游赏之处所。

［6］先生攻读东大期间，博涉人文科学各类知识，并以《国学丛刊》《东南论衡》等杂志为园地，连续发表了《文字上之古代社会观》《日本藤原氏与春秋世族之比较》等六篇论文，针对多个领域中的具体议题作过搜讨。他通读段玉裁《说文解字注》、朱骏声《说文通训定声》等清人著作，受段玉裁所说"音韵明而六书明，六书明而古经传无不可通"一语之启迪，决心选择音韵学作为他主要的研究方向。缘此他去请教胡小石先生，小石师要他"先读高元著的《国音学》，再读赵元任、林语堂、刘复、唐钺等的著作"。厥后先生又锐意借鉴欧洲比较语言学的理念和方法，在现代学术的大背景下开展对中国音韵学的研究。

［7］1925年，东大因学潮停课，先生暂去厦门集美学校就职。不久，胞兄张书旗亦应其邀约南下，与之同在集美执教共事，先生教语文，书旗教美术。1926年春，东大事平复课，先生回校继续学习，至1927年春毕业后重往集美履职。

［8］1928年8月，先生到达上海，经友人介绍担任商务印书馆编译所编译员，又任暨南大学兼职讲师。1932年秋，先生离开商务印书馆，由陈中凡先生推荐专任暨大中文系教授，此后有八年时间先生都在这里执教，负责开设文字、音韵、语言学原理方面的课程，担任过系主任一职。

［9］为求得对音韵学研究的突破，先生于供职商务印书馆、暨南大学期间，苦心治学，莫辨晨昏，俾其科研工作较快就获得丰厚的回报。自1929年起，即由商务印书馆接连刊出他《中国声韵学概要》（1929年）、《中国古音学》（1930年）、《语言学原理》（1930年）等多部著作。另有《德国现代史》一书，1929年亦由商务印书馆出版。

［10］面对欧洲近世有关音韵学的诸家学说，先生特别重视译介瑞典汉学家高本汉的撰述。高氏运用历史比较法和内部拟测法构建古汉语的音韵系统，兼而用词语形式研究的成

果来进而追溯词源,由此形成了一套将西方语言学原理与汉语音韵学传统有机结合的新方法。先生认为在一定条件下借鉴和实践这套方法,乃是推动汉语音韵学研究走向深入和科学化的有效途径,故他对高本汉等西人著作的翻译服膺尤勤(参见申小龙《张世禄教授传略》一文)。经先生译出的高氏《中国语与中国文》一书,1931 年由商务印书馆刊行,缘此曾得到鲁迅和瞿秋白的赞许。1937 年,商务又推出先生翻译的两本欧洲学者的语言学论著,一本是高本汉氏的《汉语词类》,另一本是英人斐尔司氏所著的《语言学通论》。包括高本汉《中文解析字典序》《老子韵考》《诗经研究》等论文,也是先生于此期间译出并介绍给中国读者的。

[11] 20 世纪 30 年代,先生顺沿着前几年形成的思路深入求索,依次出版了《音韵学》(商务印书馆 1932 年)、《广韵研究》(商务印书馆 1933 年)、《中国文艺变迁论》(商务印书馆 1933 年)、《语言学概论》(中华书局 1934 年)、《语言学纲要》(开明书店 1935 年)等诸多著撰。而本时期所发表的语言学论文,又有《中国音韵学史之鸟瞰》《中国语音系统的演变》等 20 余篇。1935 年夏,他应日本语言学会的邀请赴东京讲学。1938 年先生由商务印书馆出版的《中国音韵学史》,全编共九章,分上下两册。该书融会西方语言学原理,采用史论结合的写法,举证精赅,厘析周详,在梳理源流的过程中体现出丰富的原创性,是学界公认的现代汉语音韵学领域之开山力作。先生对语言学理论的爱好和专注探求,使他成为一位引领时代学术风气的开拓者。

[12] “八一三”事变后,身处“孤岛”的张先生还在暨大任教,至 1939 年秋,他因遭敌特之胁迫而“坠入”汪伪组织的圈套。惟先生内心洞悉民族大义,家国之仇未尝暂忘,遂表面虚与周旋,实则密划早日逃离此陷阱。1940 年春,他携妻悄然逃出上海,取道中国香港、越南河内抵达昆明,随即通过媒体声明与敌伪组织脱离关系。

[13] 1940 年夏,先生在昆明受聘去中研院史语所工作,并任云南大学教授。1941 年夏,任贵阳大夏大学教授。同年之秋,改任坪石中山大学教授。1942 年秋,任桂林师范学院教授,兼中文系主任。

[14] 值兹战乱岁月,先生辗转西南,举步维艰,第因其努力克服困难坚持耕耘,故科研上仍有可观的收获。是际他除了曾发表《中国文字孳乳例》《朱翱反切声类考》等论文外,又经由贵阳文通书局出版了《中国文字学概要》和《中国训诂学概要》两书。他积极参加陈望道等发起的文法革新问题的讨论,因提出“语序说”而在学术界独树一帜。

[15] 1943 年夏,先生抵达重庆沙坪坝,任中央大学中文系教授,同时又在四川教育学院等校兼任教职。中央大学的前身即南京东南大学,改名后于抗战初期迁至重庆。“这时胡小石先生仍在校,任中文系研究所主任(后任文学院院长),系主任是汪辟疆先生。”抗战胜利后,先生于 1946 年秋冬随学校迁回南京,继续担任中央大学教授。

[16] 在胡小石先生的支持下,中大中文系增设了“语言文字组”,让一小部分本科生学习的重点向语言文字方面作些倾斜,张先生正是这一计划的主要执行者。先生任职中央大

学期间,科研上也取得一定进展,共发表有关语言学的论文近20篇,并译出了法国学者房德里耶斯的《语言论》。

[17] 1947年,先生45岁,适其踏上教书职岗20周年。他回眸以往走过的那一长段坎坷路程,品嚼自身在炎凉世间所摄受的杂陈五味,乃吟成七绝《自嘲》一首:"书剑飘零作客频,莲花落里探真情。分明别有青云路,犹把儒冠自误身。"此诗不啻抒泄出作者久填胸怀的人生感慨,也宣示了他对文化传承和教师职业道德的一份坚守。

[18] 中华人民共和国成立后,中央大学更名南京大学,先生任南京大学、金陵女子文理学院教授。翌年10月,又受聘为中科院语言文字组专门委员。1952年秋,先生奉调至上海复旦大学,任复旦大学教授,兼任华东师范大学教授。1953年12月,复旦聘任先生为中文系语言教研室主任。

[19] 经过高校院系调整,复旦中文系语言方面的师资力量得到显著增强。这个团队集合了陈望道、吴文祺、张世禄、李笠、郑权中、乐嗣炳等多位著名学者,又有胡裕树、濮之珍、汤珍珠、周斌武、许宝华、严修等中青年后起之秀与之配合,尽执其长,锐意进取,一起营造自由探讨的学术氛围。

[20] 张世禄先生执教复旦,开设过"语文学概论""现代汉语""古代汉语""汉语史""汉语诗律学"等课程,向以教学效果绝佳而获得学生的交口赞誉。1957年9月,笔者初进复旦,即连续两学期在第一教学楼1237教室听张先生讲授"古代汉语"。1237是个可容纳200余人听课的大教室,每逢"古代汉语"上课,总是座无虚席。张先生的讲课广征博引,声情并茂,指事绘形,极具谐趣,在很轻松的气氛中让大家沐受其感染陶冶,愈能展露出他掌握课堂教学节奏的高度能力。日本著名社会活动家中田庆雄先生,青年时代曾在复旦跟班旁听中文专业的课程,他后来撰成的《寄语可爱的日本和中国》一书回顾当年情景,就说:"听张先生的古代汉语课,如听诗歌一样,是一种艺术享受。"

[21] 自调入复旦迄至"文革",为张先生科研上第二个收获较丰的时期。在这十几年里,先生前后刊出的相关著撰,有《小学词汇教学基本知识讲话》(浙江人民出版社)、《普通话词汇》(上海新知识出版社)、《汉字改革的理论和实践》(文字改革出版社)、《小学语法修辞》(浙江人民出版社)等四种,在各种报章杂志上发表的论文多达40余篇。1958年,先生参加《辞海》的编写工作,并担任语词部分的分科主编。至60年代初,他又执笔撰写胡裕树先生主编的全国统编教材《现代汉语》之词汇部分。是时先生学术研讨的重心,已由普通语言学、音韵学、语法学逐渐转向词汇学和文字改革。他的词汇学研究从最基础的小学词汇教学开始着手,广搜材料,纵深开掘,对它包含的基本命题都赋予精辟而明晰的论述,为构建具有系统性的汉语词汇学做出了重要贡献。

[22] 20世纪50—60年代,先生曾在国内多地高校和研究机构作过学术报告,其行踪遍及京、沪、苏、浙、皖、鲁、湘、鄂等省市。60年代前期,他到安徽大学讲学时,受到该校师生热

烈的夹道欢迎。

[23] 1949 年后历次政治运动,让张先生倍觉困扰。1971 年至 1974 年,先生参与"二十四史"的点校整理,与校内中文、历史两系诸多老师一起,先后点校了《旧唐书》和《旧五代史》。过后他被调回语言教研室,为重开有关语言学的课程做准备工作。"文革"中,先生虽身罹肺疾,但说得很少,做得很多,对组织上分配给他的任务从不推诿,甚至连抄抄写写一类事情也做得特别认真。他指导过的后辈严修教授曾说,先生晚年就像一头老牛,任劳任怨,吃的是草,挤出的是奶,终日牵挽着超重的车辆,行走在一眼望不到尽头的山坡路上。

[24] 新时期让张先生告别"文革"的艰难处境,骤又获得一名老知识分子的人格尊严,且从事教学、科研的客观条件亦有显著改善。1977 年,先生参加《汉语大词典》的编纂,并受聘担任该书编委会学术顾问,稍后又任《汉语大字典》及中国音韵学学会、中国训诂学学会、上海语文学会等学术团体的顾问。1981 年,经国务院学位委员会的评议,他被确定为高校文科第一批博士研究生导师。在此前后他共带过三届硕士生和两届博士生,他对培养青年学子满怀真诚,细心煦育训教,不遗余力,遂而给其教学生涯最后增添了一笔浓墨重彩。这十多年里他新出版的著作,当以《古代汉语》(上海教育出版社 1978 年)和《张世禄语言学论文集》(学林出版社 1984 年)较有代表性。《古代汉语》汇聚著者对古汉语丰富的研究成果与教学经验,使之成为一部独出杼轴的创新型教材;《张世禄语言学论文集》全书超过 40 万字,殊足凸显崇公毕生语言学探治之精华所在。

[25] 20 世纪 80 年代中后期,先生的健康状况急剧转差,唯其平生矻矻苦学之习性卒未改变。先生照旧热情应对学生的讨教请益,为了看清楚侪辈所写的学位论文,竟然把文稿几乎贴近到面庞之上。他努力支撑病弱委顿的身体,借助师母或友生的记录整理,务必将自己的知见及时传递给广大读者。矻矻,极其辛劳的样子。

[26] 1991 年,张先生荣获"为发展我国高等教育事业做出突出贡献"的专家证书,并享受国务院特殊津贴。他担任主编的教材《古代汉语教程》上下册(严修任副主编),同年亦经复旦大学出版社刊印问世。先生颓龄卧疾,久治不愈,浸至是年之 11 月 16 日中午 12 时 40 分,不幸逝世于上海北苏州路第一人民医院,享年 90 岁。先生遗世著撰甚多,当数《中国音韵学史》最受社会关注,该书 1984 年曾由上海书店出版社重印。另有《广韵研究》《语言学概论》两种著作,于 20 世纪 80 年代亦被辑入周谷城主编的《民国丛书》(上海书店出版社)。《古代汉语教程》作为先生主持和指导下我系语言教研室完成的一项成果,1995 年获得全国高校优秀教材二等奖。咿戛,鸥鸟的鸣叫声。诗的最后两句,是形容先生虽已去世,但其深远学术影响将长期留在人间。

(原载陈允吉《追怀故老:复旦中文系名师诗传》,商务印书馆 2019 年版。陈允吉,复旦大学中文系教授)

《张世禄全集》编辑出版工作会议召开

中国出版集团有限公司新闻中心

2019 年 10 月 30 日,《张世禄全集》编辑出版工作会议在上海召开,这标志着学界期待已久的这部语言学巨著即将面世。此次会议由东方出版中心主办,中国修辞学会会长陈光磊教授,青岛大学李行杰教授,复旦大学中文系副主任朱刚教授、徐为民教授、全集主编申小龙教授,华东师范大学终身教授潘文国,教育部语言文字应用研究所费锦昌研究员等资深专家学者及张世禄家属张小隽出席。中心副总编辑郑纳新出席致辞,编辑总监梁惠编审主持会议。

张世禄是中国现代著名语言学家和现代语言学的先驱,他在音韵学领域建树卓越,在文字学、训诂学、词汇学、语法学、普通语言学领域都有重要创见。但这些宝贵的学术结晶在作者生前并未全部结集出版。东方出版中心 2017 年立项出版《张世禄全集》,此项工作得到了上海市新闻出版局、复旦大学中文系和张世禄先生家属的大力支持。

与会专家高度评价了张世禄先生在中国现代语言学科的开创和发展上做出的杰出贡献,认为全集的出版对中国语言学的研究、中国现代学术文化史的研究都具有极为重大的意义,专家们对全集的编纂工作提出了许多精彩的中肯的意见和建议,对张先生的一些著作的版权、版本流传等进行了考证确认,对全集编辑过程中最新发现的张世禄著作未刊稿《汉语史讲义》(三卷)的重大学术原创价值予以了高度肯定。这次会议对全集编纂质量的保障和提升起到了非常重要的作用。

张世禄先生《汉语史讲义》前言

申小龙

我国的汉语史研究是在 20 世纪 50 年代开始的。北京大学王力教授首先开讲"汉语史"课程，并按高教部审定的"汉语史"教学大纲编写教材。1956 年科学出版社出版了王力的《汉语史稿》上、中、下三册。

与北京大学王力的汉语史课程几乎同时，复旦大学张世禄教授也开讲了"汉语史"课。当时全国开设这门课的就是北大和复旦，一北一南两家。这当然和当时全国只有北大和复旦有专门化的汉语专业有关，也和王力和张世禄作为中国现代语言学的先驱，都致力于中国传统学术的现代化有关。然而，与王力先生汉语史课程教材一锤定音、多次再版不同，张世禄先生汉语史课程的教材一直处在油印稿的未定稿状态。从张世禄先生家属和 20 世纪 60 年代听课的复旦大学中文系学生保存的当年汉语史教材来看，张世禄先生的汉语史课程教材油印稿一共有四种：

1.《汉语史·绪论、语音篇》(初稿)(22 万字)

2.《汉语史·词汇篇》(初稿)(32 万字)

3.《汉语史·词汇语法部分》(1963 年复旦春季夏季用)(15 万字)

4.《汉语史讲义》(35 万字)

我们从这四种汉语史教材的 100 多万字珍贵存本中，梳理出一个 70 万字的汉语史讲义系统，分为绪论和语音、语法、词汇三个部分，将复旦大学张世禄先生学术研究和教学领域的一项重要成果，较为完整地呈现出来。这是继王力先生《汉语史稿》出版之后，我国语言学史上系统的汉语史研究的标志性创获，也是与北京大学几乎同时开出、历史悠久的复旦大学汉语史课程的优秀传统。这个传统由于作者个人和环境的历史原因长期湮没不闻，甚至"文革"结束恢复高考后的第一届大学生，我们 77 级本科生，入学复旦中文系汉语专业后所上的为时一年的汉语史课程，其教材都是中青年教师自编。今天，在系统整理张世禄先生全集、广泛征集张世禄遗稿的过程中，在复旦大学中文系和东方出版中心的共同努力下，终于拂去 20 世纪五六十年代《汉语史讲义》的历史尘灰，使它以崭新的面貌出现在世人面前。本教材的出版不仅丰富了 20 世纪中国语言学优秀遗产的宝库，而且将有力推动21 世纪中国汉语史研究与教学的传承和发展。

一、《汉语史讲义》的基本特色：现代性

《汉语史讲义》在当时的历史条件下，显示出很强的现代性，具体表现在三个方面。

（一）断代的共时性

复旦版《汉语史讲义》在整体框架上较《汉语史稿》的写法更注重断代的共时性。如果说王力的《汉语史稿》有历史比较语言学的理论轨迹，那么张世禄的《汉语史讲义》则在理论上淡化了历史比较语言学的原子主义，更倾向于从断代共时层面，即将语言作为一个关系系统，来观察和分析语言现象。

我们看王力的《汉语史稿》，基本上是语言要素的推源溯流。在语音部分，简单介绍了中古和上古的语音系统后，就分别论述一个个声母和韵母从上古到中古、中古到现代的历史演变。张世禄的《汉语史讲义》，从一开始就把断代的汉语作为一个系统进行深入的分析。在上古汉语语音部分，呈现给读者的，不是一个个孤立要素的演变史，而是整个要素关系网络，即分章论述上古音的声母系统、韵母系统和声调问题。

在词汇部分，《汉语史稿》的写法依然是线性的类别史，分节论述基本词汇、借词、同类词、同源词、成语典故的历史连续性，甚至包括"古今词义的异同""词是怎样变了意义的""概念是怎样变了名称的"这样细节的量变。而《汉语史讲义·词汇篇》由"上古汉语词汇""中古汉语词汇""近代汉语词汇"

三部断代史组成。在"上古汉语词汇"中,论述"词汇的时代特征""基本词汇""词义变化和词的结构""熟语、方言词、外来词、同行语"四个有机组成部分。其中"词汇的时代特征"部分,由"先秦时期词汇的时代特征""秦汉时期词汇的时代特征"两部分组成。显然,《汉语史讲义》秉持现代语言学对语言的共时系统认识,在语言史论述中遵循严格的断代整体性。

从系统的认识出发,《汉语史讲义》涉及的语言知识领域更宽厚。例如在"中古声母的发展"这一章,内容涉及《切韵》的声类、《切韵》声类的音值、《切韵》声母的渊源、《切韵》系统声母前后期的变化;在"中古韵母的发展"这一章,内容涉及《切韵》系统韵书分部发展概述、《切韵》系统韵类及其音值、中古韵母的渊源;在"《中原音韵》的声母系统"这一章,内容涉及《中原音韵》的编排体例、《中原音韵》的声母、全浊声母的清化、卷舌音的萌芽、零声母的扩大、新产生的浊音,并讨论了从中古《切韵》音系到《中原音韵》声母演变的大势。这样的体例,始终帮助读者在一个整体性的要素网络中观察和把握语言现象。

（二）断代的社会性

语言史是社会史的一部分,张世禄的《汉语史讲义》在论述汉语历史发展的时候,注意把断代的汉语发展和当时的社会发展联系起来,和汉语文学的发展联系起来,和汉语研究的学术史联系起来,和汉语方言联系起来。例如在论述上古汉语语音的时候,首先介绍上古社会和语言的概况、古音学研究的概况;在论述中古汉语语音的时候,分别讨论中古汉语语音发展的社会背景,中古方音和文学语音的语音系统和音韵研究的兴起。在论述近代汉语语音的时候,不仅介绍近代汉语语音发展的社会背景和近代韵书,而且专节论述现代汉语方言中的古音痕迹和口语中的文白异读。这样一部汉语史,把汉语的发展置于宏大的历史背景中作立体的呈现,同时也将听课学生各方面的知识系联起来,对汉语的发展有更深入的理解。由此看王力的《汉语史稿》,在语言史与社会史的关系上,持"语言的历史分期不能机械地依照社会发展的分期"[1],而"应由语言发展的内部规律来决定"[2]的观点,较少关注语言发展的社会原因。两本汉语史教材的这一点不同,在各自的目录上一目了然。

断代的社会性,在《汉语史讲义·词汇篇》更鲜明地体现出来。在上古汉语词汇部分,将社会发展的渔猎时期、畜牧时期、农业时期和词汇的发展融为一体,从手工业、商业、社会制度、社会意识形态的发展论述词汇发展的动因和特色,完整展示上古汉语词汇随社会发展而发展的整体面貌。在中古汉语、近代汉语部分也是如此。近代汉语词汇部分分列元明清和鸦片战争后各时代的词汇特征,读者可以清晰地看到社会制度和农业、手工业等生产力发展对汉语词汇发展的影响,更能看到重大社会历史事件对汉语词汇发展的推动,诸如太平天国运动、帝国主义侵略、中国人民反抗运动、民族资产阶级革命、资产阶级改良运动、清朝官僚反抗等,都深刻影响了近代汉语词汇的发展,表现出各阶段汉语词汇的整体性历史形态和特征。在论述北方话词汇发展的时候,呈现在读者面前的是一幅全方位的历史词汇学图卷。作者深入分析北方话词汇发展的政治原因和语言文学原因,让我们看到近代汉语词汇中独具特色的北方话词汇是如何在唐宋以来口语、元曲、明清白话文学、各地方言的共同作用下形成和发展的。

《汉语史讲义》努力探究汉语史发展的深刻的社会性,显示出作者对语言的本质特征的深刻理解,具有很强的现代语言学意识。

(三)断代的系统性

张世禄《汉语史讲义》十分重视汉语史的分期,并且在分期的标准上持与王力《汉语史稿》不同的观点。为什么要分期?王力的《汉语史稿》认为分期的目的是使历史发展的线索更加分明,使历史上每一个大关键更加突出,从而更深刻地认识历史的面貌。张世禄《汉语史讲义》在讨论"汉语史分期问题的意义"时指出:"只有正确地揭示了事物发展的阶段性,事物在发展诸阶段上质的规定性(特点)以后,才能真正认识到事物历史发展的全貌,认识到事物的本质,从而正确地掌握并驾驭这一事物。"(《绪论》第四节,下同)显然,张世禄把汉语发展的阶段性视为汉语本质而不仅仅是历史面貌的表现,由此汉语史分期的标准就应该是语言发展过程中的质变,张世禄将此解释为"体系的变化""体系的更递"。

体系更递这样的"质变",如何来衡量?

王力《汉语史稿》持单一要素的标准,主张"以语法作为主要的根据",因为"语法结构和基本词汇是语言的基础,是语言特点的本质。而语法结构比基本词汇变化得更慢"[3]。至于语音系统,它和语法系统有密切的关系,也可以作为分期的标准。

张世禄《汉语史讲义》持系统平衡的标准,认为"不能以一种要素的质变来概括语言体系的质变,也不能孤立地看待语法的质变","语言体系的变化,就是打破了原来体系的平衡以及三要素之间的平衡,而达到了新的平衡,形成了语言新的体系"。因此,语言史的分期,"要从基本词汇、语法结构和语音系统三者统一的变化着眼"。那么怎样看出达到了系统新的平衡,亦即进入了发展的新阶段呢? 张世禄断定"不是语法,而是语音实在为质变的重要标志"。张世禄认为汉语的基本词汇和语法的变化受汉字书面形式的束缚,而由于汉字不表示绝对的音值,汉语语音的发展不受书面形式的束缚,最为整齐和明显,最能反映汉语的变化发展。由此我们可以看出,《汉语史讲义》的分期标准与《汉语史稿》的不同,是系统质变(新的平衡)和单一要素质变的不同,也是语音为主和语法为主的不同。我们看《汉语史讲义》对汉语史各个发展阶段的分期,综合了语音、语法、词汇三方面的特点,同时还指出了汉语史分期各阶段社会发展的特征。后者显然和作者关于语言史是社会史的一部分的观点是一致的。

不同的分期标准必然产生不同的汉语史分期。王力《汉语史稿》分四期,张世禄《汉语史讲义》分三期。其中对上古期和中古期两家看法一致。其后,《汉语史稿》分近代期(13 世纪到 19 世纪鸦片战争)和现代期(20 世纪五四运动以后),中间鸦片战争到五四运动是过渡期。《汉语史讲义》将 13 世纪到作者生活的 20 世纪 50 年代统一划为近代期。这一时期初辽金元入侵,北方共同语区域长期战乱,大量人口南迁,语言发生又一次混合。此后随着全国政治经济和文化中心的长期稳定,近代汉语在北京为中心的北方话基础上形成发展起来,逐渐成为现代汉民族的共同语。其最明显的标志就是由《切韵》音系变为《中原音韵》所代表的音系,以至现代的北京音系;同时也表现在语法形式的各种精确化和词汇发展中大量资本主义政治经济文化词汇、北方话口语词汇和借词。《汉语史稿》以单一语法标准划分汉语史现代期的依据是"适当地吸收西洋语法"和"大量地增加复音词"。

二、《汉语史讲义》的体例特色：多维度

思想的现代性贯串于《汉语史讲义》的整个论述过程，在这一过程中，教材的编写体例实现了一系列多维度的创新。

（一）语言史和语言学史相结合

张世禄先生是我国语言学史研究的先驱，从 20 世纪 20 年代起，就出版了系统的中国语言学史著作，包括《中国古音学》《中国声韵学概要》《中国文字学概要》《中国训诂学概要》等，其中最著名的是《中国音韵学史》。张先生的汉语史课程，很自然地将学术史和语言史结合起来。这是《汉语史讲义》非常重要的体例创新。

在上古汉语语音部分，作者没有直接论述上古的声韵系统，而是先介绍古音学研究的兴起及其社会背景，然后对从两汉开始的古音探索进行细致的梳理，清晰地展示了汉语发展的历史过程中对上古音认识的不断深入。由于作者是音韵学史的专家，在梳理和论述中往往高屋建瓴，入木三分。

例如作者认为古音学的兴起与当时具有民主主义要求的哲学思想分不开。古音学使用具有进化论观点的历史主义研究方法，其成就与这一时期欧洲的科学思想和中国科学发展有密切联系。明代由于学术界先进思想的影响给古籍研究打开了一个新局面。陈第是第一个运用历史主义观点系统研究古音的专家。

又如作者指出顾炎武把《诗经》《易经》的韵与汉字的谐声系统结合起来，提出离析《切韵》系统以求古音的方法，即根据方块汉字的谐声系统把《广韵》的某些韵部的字分开来，直到现代学者也没有超出这一方法的基本范围。顾炎武冲破了《切韵》以来入声系统的束缚，提出上古入声只配阴声的原则，尽管其中有许多不正确，但这种大胆的革新精神有利于科学研究的发展。

再如作者指出声母和韵母是紧密结合在一起的，韵母中的许多变化需要靠声母的变化去说明。如果把声母看成一成不变的东西，要全面找出韵母的演变规律是不可能的，因此钱大昕开辟的上古声母系统研究有重大的

意义。

语言史和学术史的结合，不仅让读者了解语言的演变，而且让读者看到对语言演变的认识是如何由一代代学者艰苦探索，推陈出新，接力完成的。这样的汉语史，让人耳目一新。

（二）语言史和研究方法相结合

语言史的撰写，不仅和语言学史相结合，而且和研究方法相结合，《汉语史讲义》在体例上的别开生面令人印象深刻。作者是一位循循善诱的老师，不仅教给读者知识，而且向读者展示这些知识的来龙去脉，更进一步把着手教你如何亲自实践去尝尝梨子的滋味，去探知这些知识。如果不是一位在传统汉语言文字学各领域游刃有余的学术大家，是很难如此全方位深入浅出地为年轻学子讲述汉语史的。例如在上古汉语语音部分，作者用非常清晰的语言讲述了两千多年汉语发展中历代文人对上古音认识逐渐深入的过程，接着就如数家珍般告诉读者今人探究古音所依据的材料：上古书面语的韵文、谐声字、字书，中古韵书、古文献中的异读、重文、双声叠韵，现代方言、外语中的汉语借词，并仔细解释为什么这些材料能够为古音学研究提供依据。作者告诉我们，日语、朝鲜语、越南语等外语中保留了中古或上古汉语借词的某些读音，这给历史比较法提供了可贵的材料。这些借词在该民族语言中用音标固定下来了，而且汉语是作为整个音系影响它们的语音系统，不是个别字的读音，所以上古语音得不到解释的现象，可以从外语中的汉语借词中获得解答的线索。现代对东方各国语言的研究必将为汉语古音学提供更多可靠的材料。作者还特别指出，运用现代语音学知识和历史比较法，古音研究就有了现代科学的基础。

（三）语言史和方言研究相结合

《汉语史讲义》具有现代语言学的视野。作者视域中的汉语，不仅仅是汉语书面语，而且是汉语口语和方言。作者认为，汉语在春秋时代形成了统治阶层比较共同的官方语言——夏言，即后来的雅言。与此同时，春秋战国时代各领主所属范围内的不同语言就是相对于雅言的方言。这些方言是上古汉语史发展的有机组成部分。《汉语史讲义》在上古词汇史部分设专节论述了春秋战国时期的方言词汇,尤其是《楚辞》和《诗经》中运用的方言词。读者会想,怎么知道这些是方言词呢? 作者不厌其详列出了汉代扬雄《方言》一书中对这些方言词的记载。同样,在论述汉代方言词汇的一节中,作者不仅以扬雄《方言》的例子说明汉代方言的复杂多样,而且从《史记》《汉书》和汉乐府中方言词的运用说明方言是丰富汉语共同语的源泉。

《汉语史讲义》十分重视方言研究对汉语史认识的重要作用。在语音史中就指出,汉语南方各种方言中都保留了古音的某些特征。这些特征活在方言日常口语中,可以使今天的人像听到古音一样,确认汉语语音发展的进程,同时据此构建接近古代实际语音的音系和音值。作者认为,随着全国方言基点调查工作的完成,上古音的研究将获得非常丰富的材料,方言学和古音学在新的历史条件下将更紧密地结合起来。

(四)语言史和口语研究相结合

由于表意汉字的特殊性,汉语在历史发展中始终存在书面语和口语的相互关联。《汉语史讲义》认为,汉语在六朝形成以口语为基础的新的书面语形式,至宋朝日渐成熟,并成为现代"白话"的来源。作者详细分析了在口语影响下汉语史新书面语演进的过程,认为魏晋六朝的时候文言文作品有接近口语的倾向,经过文人整理的民歌保留了很多口语词汇;唐朝的敦煌变文和民间说唱变文使用了大量口语词,《晋书》和唐诗中也有许多通俗的口语词汇。逐渐脱离文言文的口语化的书面语言到宋朝的"话本"基本定型。"话本"是在民间口语(说书)基础上整理成文的,其中有大量源自口语的虚词、词头词尾、人称代词甚至基本词。作者还特别注意到口语词汇发展中带入书面语的方言词,不仅详细列举了"三言二拍"中的方言词用例,而且从晋朝郭璞对扬雄《方言》的注解中大量用双音词注单音词的例子,指出郭璞用的双音词都是联绵词,如果这些词当时不存在于方言之中,郭璞是无法了解汉朝扬雄时代的方言情况的;并进一步推论这些联绵词在扬雄时代就已经存在于方言中,只是扬雄受限于汉字,只用单字记录。作者还从郭璞注中揭示了许多口语词通行的方言区域。这些精彩的论述让读者非常直观地了解到以汉字文本为主体的汉语历史发展中口语对书面语的积极参与和重要影响。唐宋以后的白话文潮流中口语词汇的大批涌现极大丰富了北方话词汇,这些内容在《汉语史讲义》中更成为论述的重点。

除了体例创新之外,《汉语史讲义》在全书的论述中还有许多新颖的思想。这些思想有的是张世禄先生长期学术思考的沉淀,例如肯定上古汉语有复辅音,只是由于它消失得早,而方块汉字又没有能力保存,所以无法全面认识。在后来直至20世纪70年代末,张先生对这个问题的思考形成了系统的汉语语音发展规律学说,提出汉语语音史的八大趋势,其中第一条就是"起首辅音的失落和复辅音声母的单化"。又如提出汉语"贷词"的概念,即汉语词汇被其他语言吸收为借词。《汉语史讲义》专门研究了中古时期的汉语贷词,并在近代外来词的研究中专门论述了蒙古语中汉语贷词的回流。《汉语史讲义》中还不乏张世禄先生重要学术发现的萌芽,在其后的学术生涯中又有系统的论述。例如"同义并行复合词",《汉语史讲义》在论述上古词的结构时第一次提出了这个概念,并举了详细的例证。其后在20世纪80年代,张世禄发展了这一思想,提出同义并行复合词与训诂学上同义为训的体例密切相关,两者相互促进,由训诂产生大量的同义并行复合词,丰富了汉语的同义词,反过来又使训诂体例越来越发达和完密。

三、《汉语史讲义》的校订整理

《汉语史讲义》的校订整理工作极其繁重,东方出版中心的编辑团队付出了巨大的心血。讲义印行于20世纪五六十年代,受当时条件的限制,整个"语音篇"的讲义都是人工刻蜡纸后油印的,其中有大量印刷不清和人工疏误之处。而其他各篇虽是打字油印,依然存在难以辨识的情形。讲义的油印稿封面有张世禄先生亲笔写的题注"初稿",说明作者对许多问题的思考还在进行中,许多内容还没有细致梳理,甚至有些内容还阙如。为了对读者负责,也为了更真实和系统地还原《汉语史讲义》的全貌,我们将本书的校订整理工作说明如下:

(一)原著语言的整理

1. 尊重原著的语言风格

《汉语史讲义》的初稿使用的是20世纪五六十年代的语言,带有很重的时代痕迹和作者个人的风格。其中有许多在今天汉语的规范使用中是需要订正的。我们在校订中与出版社编辑团队反复斟酌,确定这样一个原则:整体上尊重原著的语言风格。其中包括:

文言文风格。所谓文言文风格,就是字思维的风格。许多在今天汉语中已经"词化"的概念,在文言文的字思维中有分析性的理解,《汉语史讲义》中这类字思维的表达我们予以充分的保留。例如"频烦"不改为"频繁","种殖"不改为"种植","色采"不改为"色彩","仓猝"不改为"仓促","骗诈"不改为"诈骗","遂渐"不改为"逐渐","统制"不改为"统治","发见"不改为"发现"。

作者个人风格。有些表达虽然不是今天汉语表达的习惯,但作为个人习惯,无伤大雅,我们也保留。例如"为着"不改为"为了","甚么"不改为"什么","笔划"不改为"笔画","特出"不改为"突出"。

时代风格。有些字,今天的汉语规范已经有了明确的功能分工,但在20世纪50—60年代,还没有严格的功能分工。例如"二"的数词用法,如"二个""二种",为保留当时的语言特色,不改为"两个""两种"。

在整体尊重原著风格的基础上,我们也订正了对今天读者理解会有影响的用字。例如"那一方面"改为"哪一方面","一百六韵"改为"一百零六韵","渡过"改为"度过","没煞"改为"抹杀"。

2. 尊重原著内容

由于原著写作当时历史条件的限制,有些材料不够准确,我们不作订正,保留原著的面貌。例如谈近古基本词的变化,作者举了《水浒传》中"目"转换成"眼睛","耳"转换成"耳朵","舌"转换成"舌头"的例子,其实"眼睛"在晋代已经出现,"耳朵"在战国中期帛书《黄帝四经》中已有,"舌头"在东汉《释名》中已有。利用现在的语料库,半个多世纪前的汉语史教材中的语料往往有修正的可能,这项系统的工作只能留待将来了。

由于是初稿,作者在个别章节下的小标题后,未加阐述,注明"(待补)"。对于这些内容阙如的地方,我们也予以保留。

又如,在"近代汉语词汇"部分,作者论述反映太平天国运动的词汇的一节,对所举的例子都详细解释;而在论述反映鸦片战争后重大事件的词汇的一节,只举词汇例子,未作解释。这显然是未完成的内容,我们也保留原貌。

原著中有些内容可以商榷。例如在词汇部分谈词的构成,说到"重叠词",例子中有"瞧瞧""歇歇""玩玩""管管",这些属于动词的语法重叠,而非词汇的构成。由于内容涉及学术观点,我们仍予以保留。同样,作者分析近古复合词时,把复合词的结构分为两类:联合式和偏正式。偏正式中包括主谓结构,这和一般的语法认识不同,我们也予以保留。

本书的"语音篇"存在大量的繁体字、异体字,手工刻钢板油印的文字有不少已经无法分辨。对于实在无法分辨的文字,我们用行文中的黑方块标识该字的阙如。

3. 删改过于意识形态化的语言

受时代的影响,原著中有不少反映当时意识形态的语言。其中无伤大雅的表述我们都予以保留,过于极端的语言则删除。诸如"帝国主义文人高本汉""天才著作""卓绝典范""外国帝国主义的走狗""资产阶级学者的无耻谰言"等,都作了删改。有些过于极端的观点,我们也作了删除。例如:"阶级同行语只是语言发展过程中的一股逆流,注定要死亡的。"又如:"避讳词必然要随着创造者的地位在社会上死亡而随着也死亡,历史事实证明了这一点。"

4. 统一语体

原著中偶有语体冲突的文字。例如书面语体中突然出现口语化文字。如"你看当时的舟车制造吧,造这种东西每个时代都有,不过这时期里造的异常庞大",我们修改为"舟车制造每个时代都有,不过这时期造的异常庞大"。

(二)原著标题的整理

《汉语史讲义》由于是作者的初稿,一些标题的设置和标题语言的格式存在不统一的问题,而且我们将不同时期几种教材合并梳理,也需要在标题语言上相对一致,为此,我们做了以下整理工作:

1. 统一各级标题的语言结构

例如原标题是"关于事物通常的行动和变化",改为"田猎行为的名称",以与同层次的其他标题语言一致。又如原标题是"梵语的吸收",改为"对梵语的吸收",以与其他标题"对东夷语的吸收"等相一致。另外,在《汉语史讲义》标题中,上一级标题中有了历史时期,下一级的标题就统一不再出现相同的历史时期词语。

2. 标题语言的非句化

原著中有些小标题过长，使用了句子甚至复句的形式，我们作了简化。例如原标题是"造成词义分化，词义由单义发展成为多义"，修改为"词的单义分化为多义"。原标题是"使某些词旧义消失，获得新义"，修改为"词的新义替换了旧义"。原标题是"其他国家的词，通过蒙古语的媒介而进入汉语词汇的外来词"，修改为"突厥、波斯语来源的音译词"。原著中有些小标题是述谓性的，我们改为名词性。例如"一些外来词被吸收为基本词"，修改为"近古基本词吸收的外来词"。

3. 增加小标题

一种情况是根据内容增加小标题。例如"近古时期的新谚语"一节，有三个小标题，分别是"有关生产的谚语""有关阶级斗争的谚语""有关人情世故的谚语"，其后的内容谈谚语的发展变化，我们增加一个小标题"谚语的发展变化"。又如中古时期"词汇与社会制度意识形态"一节，下设"魏晋南北朝封建集权制度词汇""魏晋南北朝学术宗教词汇""唐宋典章制度的词汇"三个标题，根据内容我们增加一个标题"唐宋学术宗教词汇"。另一种情况是原著标题序号后面是一个长段落，实际上没有标题，为此增设标题。例如"近代汉语的构词法"一节中"合成词增多""词素构词能力增强""重叠词大量出现""同素异序同义词出现""接合词的主要后缀'儿'"这几个标题都是这样增设的。

4. 调整小标题

例如"北方话词汇发展的条件"一节，下设"北方话词汇发展的社会因素""元曲里运用方言词语举例""明清以来白话文学的传播与北方话词汇发展的关系"三个标题。为使逻辑更清晰，我们改为这一节下设两个标题"社会因素""白话文学因素"，在后一个标题下，增设"元曲中的北方话词语""话本小说中的北方话词语"两个小标题。

5. 简化标题语言

例如"由汉语到蒙古语再由蒙古语回到汉语成为外来词"，修改为"蒙古语中汉语贷词的回流"。

（三）原著用字的整理

第一，订正原著刻写、打字中的错别字和漏字。东方出版中心的编辑团队在文字订正上反复审校，下了极大的功夫。

第二，原著用字前后不一致的，统一用字。例如"重迭"和"重叠"，统一用"重叠"。又如"象"的介词用法，原著有的时候用"象"，有的时候用"像"，统一用"像"。

第三，原著在刻蜡纸的时候为简便用了不规范的民间俗字，改为规范字。例如"咀"改为"嘴"，"付词"改为"副词"，"邦会"改为"帮会"，"正数"改为"整数"，"介释"改为"解释"，"四千另五"应为"四千零五"。

第四，订正原著误写的简化字。例如"肖鼓"改为"萧鼓"。

第五，保留未知的字。由于《汉语史讲义》距今半个多世纪了，原著中有的字实在不清楚是什么字，只能原样保留。例如词汇史中举的例子"衱裤"中的"衱"。

（四）原著内容的整理

第一，原著由于是作者的初稿，且刻写和打字过程中不可避免的误差，在语言上存在一些粗疏之处，我们在整理中按作者的思维逻辑作一定的调整和润色，包括标点符号。例如"（阶级同行语）这些特殊词汇是在极小一部分人中使用。帝王和高级官吏，连下层官吏也不可能知道，一般人民更不用讲了"，从逻辑上看，第一个句号须改为逗号，后加"即"。

第二，原著中个别有误的表述，我们作一些订正。例如原文"雠，《说文》云：对答也"，其中"对答也"误，订正为"犹应也"。原著有的例证十分费解，我们换新的例证。

第三，原著中阙如的内容，局部作了补充。例如上古汉语的词结构，原文在动补式中举了词例"教化"，没有举出处，我们作了补充。又如在论述中古基本词汇的继承时，作者举的例证后写"（第 8 页）"，这显然是出处的页码，我们订正为"（《警世通言》第十二卷）"。这样的订正比较多。

第四，原著例证后附的出处中过于烦冗的文字，我们予以删减，以求例证出处格式统一。

第五,原著中无法看清楚的字,我们作了订补。例如"'( )妻'就是结婚",订补为"'归妻'就是结婚"。

由于时间和精力的限制,我们对《汉语史讲义》的整理工作还无法做到巨细不遗。现在呈献给读者的,是张世禄先生在20世纪五六十年代汉语史教学与研究重要创获的一个基本面貌。复旦大学中文系汉语教研室内李笠先生、周斌武先生等,曾参与《讲义》编写的部分工作,对张先生鼎力协助,贡献良多。

我国的语言文字历史悠久,我国的语言史研究和教学在建国以后就立刻在北方和南方的高校扎扎实实开展起来。以北京大学王力先生的《汉语史稿》和复旦大学张世禄先生的《汉语史讲义》为代表,我们可以看到,我国的汉语史研究根基深厚,源远流长。中国有非常优秀和伟大的语言学家,他们的汉语研究比欧美著名语言学家的研究更客观,更实在,更注重实事求是和理论联系实际。东方出版中心正是看到了《汉语史讲义》对于我国语言和文化研究的标志性的意义,才倾注极大的心血编校文字,勘误补缺。作为张世禄先生的弟子,我们对东方出版中心表示衷心的感谢!我们相信,《汉语史讲义》的出版将有力推动我国语言史的研究与教学。我们期待汉语史研究新人辈出,成果丰硕,前景灿烂。

2020年2月写于复旦大学

注:

[1]王力:《汉语史稿》,中华书局1980年版,第32页。

[2]同上书,第33页。

[3]同上书,第34页。

(本文原载张世禄著《汉语史讲义》,东方出版中心2020年版,部分以《中国本土语言史研究的现代性和多维度——张世禄〈汉语史讲义〉的校订整理及其历史意义》为题发表于《北方工业大学学报》2020年第4期)

汉语三千年发展中的历史和逻辑

——张世禄《汉语史讲义》整理绪言

申小龙

汉语是世界语言史上历史最悠久,研究传统最深厚的语言。我国的汉语研究,可以上溯到春秋战国时期对语言的清理、条梳和阐释。那个时代,一方面是诸侯割据,一方面是百家争鸣,政治经济和文化领域空前动荡,空前活跃。思想意识的更新传播既激发语言的变异和失范,又呼唤统一、规范的语言媒介。人们从当时的标准语"雅言"在古今方国之间产生的巨大差异,从大量的典籍因语言文字的演化变异、兴废损益而难以为当代人理解,第一次意识到语言文字的历史发展是一个民族的文化传承,一个时代的文化建设必须面对的重要现实。对历史语言作现代梳理和文化阐释,是社会变革和文化发展的必要条件。

我国现代意义上的汉语史研究,从 20 世纪 50 年代开始。北京大学王力教授、复旦大学张世禄教授,先后在两校开讲"汉语史"课程。两位先生都是中国现代语言学的先驱,他们在汉语史研究与教学上的南北呼应,反映出在新的历史条件下我国现代语言学致力于传统学术现代化的精神指向。两位先生不同的是,王力的课程教材《汉语史稿》于 1956 年至 1958 年由科学出版社出版,成为全国高校汉语史课程的统一教材,也是汉语史研究的最为经典的成果,迄今无出其右者。而张世禄的汉语史课程教材因作者个人和环境的历史原因长期湮没不闻,多个版本以油印稿的未定稿状态,饱经风霜,散佚民间。

近年来,在系统整理张世禄先生全集,广泛征集张世禄遗稿的过程中,发现了张世禄 20 世纪五六十年代汉语史教材四种油印稿计 100 多万字。我从中整理出 70 万字的汉语史讲义系统,分为绪论和语音、词汇、语法三个部分,较为完整地呈现张世禄学术研究和教学的一项重要成果。最近 400 万字的《张世禄全集》的出版工作正在东方出版中心紧锣密鼓地进行。该社先期出版了张世禄的《汉语史讲义》(上下册)。这是继王力《汉语史稿》后我国语言史研究的标志性创获。作为张世禄先生亲自指导的最后一名博士生,我为《汉语史讲义》拂去历史尘灰,以崭新的面貌问世而激动不已。

张世禄《汉语史讲义》的一个基本特色是现代性。它在整体框架上较《汉语史稿》的写法更注重断代的共时性。如果说王力的《汉语史稿》有历史比较语言学的理论轨迹,那么张世禄的《汉语史讲义》在理论上更倾向于把语言作为一个关系系统来观察和分析。它呈现给读者的,不是一个个汉语要素的演变史,而是汉语不同历史发展阶段的整个要素关系网络。尤其可贵的是,张世禄把语言史看作社会史的一部分,无论在汉语史的历史分期上,还是在汉语史不同发展阶段的特征上,都紧紧联系中国社会政治经济文化的历史发展,为读者立体展示了中国三千年宏大历史背景中奔涌不息的语言长河。

一、汉语三千年分合大势

(一)商周以前,言语纷歧

商周以前,我国在黄河流域一带语言状况十分复杂。"五方之民,言语不通,嗜欲不同"(《礼记·王制》),据传黄帝时中原有万国,夏时三千,周初分封的诸侯也有八百。每一个部落(国)都有自己的语言。

殷商时代既有流动性很大的游牧生活,又有比较固定的农耕生产。殷王朝多次迁都,政治经济和文化的中心很不稳定,活动范围广泛。殷氏族的语言非常强势,在周灭殷后与周氏族语言的融合中胜出,成为后世共同语雅言的基础。周王朝的分封诸侯有力推动了统一语言的传播。

(二)商周时期,部落融合中形成区域共同语——雅言

随着社会生产力的发展,尤其是文字的产生,社会政治、经济和文化上

的联系日益频繁,出现融合的趋势。部落联盟逐渐成形,其标志就是产生了联盟内部的区域性共同语。尤其是先秦时期汉民族逐渐形成,汉语共同语随之定其雏形。春秋战国时期各国使节频繁往来,共同语的通用范围已经相当大。商周以来,无论是甲骨文、金文,还是《诗经》、诸子百家,语言都呈现出一致性。这就是汉语最早的共同语形式——"雅言"。《论语·述而》中记载了当时对民族共同语的认识:"子所雅言,《诗》《书》执礼,皆雅言也。"

随着共同语的形成,汉语方言的融合趋势加速。但在融合竞争中胜出的方言却更为强势,方言之间的差异在扩大。战国以后,"越人安越,楚人安楚,君子安雅"(《荀子·荣辱》)。王畿一带的北方话,即雅言共同语,和楚方言、越方言鼎足而居。汉代政治经济统一的力量进一步加强,秦晋方言逐渐融合,但方言分歧依然严重。这一点我们从扬雄《方言》一书记录的十几个区域的方言异声现象就可知一斑。

(三)周以后,统一的语言大势中有分化

周以后,由于中央集权的国家形态逐渐形成,汉语的历史发展大势是统一。三千年来汉语共同语的发展随社会的演进而波澜壮阔,丰富发达,从未中断。在这一过程中,汉字摆脱方音,以形表意,系联起九州方圆的语义世界,将其整合为中华民族统一的意识形态。

另一方面,又由于国家幅员辽阔,历史悠久,长期保留着封建割据的状态,各地区政治经济文化的发展严重不平衡,汉语方言的分化和方言之间的纷歧日益加深,形成很强的离心力量。

在汉代,共同语的流通范围已经很广,因而被称为"凡语""通语""凡通语"。它们和雅言一样,都是在北方方言(长安话或洛阳话)基础上形成的。

汉以后,新的方言在融合和动荡中相继出现。南粤地区的百粤之族被中央政权征服,自秦始皇以来谪戍几十万人于此,粤地原属僮语一支的语言被汉语所同化,形成汉语新的方言区域——粤方言。五胡乱华社会动荡,"戎膻污染,靡有宁居",黄河流域大批中原百姓避乱迁闽,客居南粤。而闽地自周秦以后就不断有征蛮、谪迁、避乱的移居者,移民潮一波未平一波又起,至唐末农民起义而愈甚。由此中国南方逐渐形成了闽方言和客家方言。

12 世纪随着契丹、女真和蒙古等异族侵入,巨大的社会动乱进一步加剧了方言之间的分合,逐渐形成了较为稳固的方言群雄,由此奠定了汉语方言的基本格局。

（四）12 世纪后,以北方话为基础的共同语广泛传播

表面上看,汉语的历史发展过程,呈现出统一和分化的两条平行线。实际上,分化始终从属于统一的共同语。例如汉魏以后的内忧外患虽然使当时的社会通语"南染吴越,北杂夷虏"(颜之推《颜氏家训·音辞》),但隋的统一结束南北割裂局面后,经济文化的繁荣又对统一的文学语言提出了迫切的需求。以传统的读书音为基础的《切韵》音系在政府的推行下深入人心,极大地稳固了共同语的规范。而当南宋时期稳固的《切韵》体系逐渐脱离了实际语音,又有新的语音规范"中原雅音"(以黄河流域为中心的官话)应运而生。12 世纪后中国政治经济文化的中心在大都(北京),北方话的势力越来越大,并随政治军事力量传播全国各地。宋元明清流行的大量文学作品,如话本、戏剧、小说等,都是北方话作品,有力扩大了共同语的传播。

近代资本主义起步后,共同语和方言在表面上的历史平衡被进一步打破。共同语上升为相互关系的主导方面,控制和销蚀着汉语方言的分裂趋向,历史性地断开了汉语方言的语言独立化进程。晚清以后的白话文运动、国语运动更加速了全国性的语言统一。中华人民共和国成立后,国内政治经济文化高度集中,为汉语发展为高度统一的民族语言创造了必要条件。

汉语三千年历史发展中的分合大势,是中国社会分合大势的缩影。我国中央集权的政治体系,在自然经济基础上统一繁荣的商业网络,思想上的儒学道统和唐以后的科举制度,都从根本上稳定着汉民族共同语的存在和发展,并通过汉字文化维系和沟通九域八方的方言表达,进而在远近四邻中形成汉字文化圈。稳定的共同语和具有巨大语音包容性的表意汉字,使得历代入侵的外族无法在语言上同化汉族,反而被汉族语文所同化。汉语汉字在历史上始终是语言文字融合的胜利者。

二、汉语史的分期叠印中国社会发展史

汉语史发展的历史分期,本质上是一个语言问题,还是社会问题? 汉语

史历史分期的语言标准,是单一的,还是综合的? 在这两个问题上,王力《汉语史稿》和张世禄《汉语史讲义》分持不同见解。

在语言史与社会史的关系这一问题上,《汉语史稿》认为,"语言的历史分期不能机械地依照社会发展的分期",而"应该由语言发展的内部规律来决定"。《汉语史讲义》认为,"汉语的发展,不仅是由于其内部的矛盾性,也是由于推动它发展的社会条件","汉语内部体系的发展,也离不开一定的社会环境","我国社会的特点——封建社会的长期性,大大影响了汉语的发展。我们要了解汉语发展的特点,必须认识创造并使用汉语的汉族人民历史的特点"。

在语言史分期的内部标准上,《汉语史稿》持单一要素的标准,主张"以语法作为主要的根据",因为"语法结构和基本词汇是语言的基础,是语言特点的本质。而语法结构比基本词汇变化得更慢"。《汉语史讲义》持系统平衡的标准,认为"不能以一种要素的质变来概括语言体系的质变,也不能孤立地看待语法的质变","语言体系的变化,就是打破了原来体系的平衡以及三要素之间的平衡,而达到了新的平衡,形成了语言新的体系"。因此,语言史的分期,"要从基本词汇、语法结构和语音系统三者统一的变化着眼"。其中"不是语法,而是语音实在为质变的重要标志"。

《汉语史讲义》对汉语各要素的历史演变及其相互关系的分析,清晰展示了汉语史发展中内部和外部的关联,历史和逻辑的统一。

(一)上古时期的汉语发展

汉语发展中对社会最敏感的是词汇。上古时期汉语基本词汇的格局已定型,包括自然现象、人体、亲属称谓、人称代词、生产和生活用品、数词和量词等。词汇的双音化发展已成趋势。《诗经》中有大量双声叠韵词。先秦的诸子百家创造了大批意涵丰润的成语。

先秦汉语的词汇中有大量反映渔猎时期生产工具、被猎对象、田猎方法的词汇,反映畜牧时期畜牧名称的词汇,反映农业时期农作物、劳动过程、劳动工具、农田水利、劳动分工方面的词汇,反映手工业产品、手工业劳动、手工业者的词汇,反映商业和社会制度的词汇,包括母系制度、禅让制度、井田制度、阶级统治的词汇,反映祖先崇拜、天文历学、医学农学、诸子百家等意识形态方面的词汇。

秦汉时期的词汇全面反映了当时的官吏制度、刑法酷政,以及秦统一后的各项重大改革。汉代的教育事业、宗教思想,农耕水利的新发展都在词汇上有充分的表现。汉代手工业的许多重大发明,如纸和瓷器、玻璃的发明,以及张衡的浑天仪为代表的科学发明,都反映在词汇发展中。

(二)中古时期的汉语发展

汉魏六朝由于政治腐败,社会黑暗,战乱和灾祸持续数百年,一方面,大批北方人避难流徙南方,北方语音在与南方语音混杂的过程中流失了诸多特点;另一方面,北方地区遭受夷族的蹂躏,夷族语言也影响了北方语音。中古时期的社会动荡促使汉语语音"南染吴越,北杂夷虏"(《颜氏家训·音辞》),在声母方面消失了复辅音等辅音,产生了一系列新的声母,唇音也开始分化;在韵母方面消失了一系列韵尾,主元音高化,形成阴声韵与入声韵相配的整齐格局;在声调方面确立了平上去入四声;在音节结构方面出现简洁化、混同化趋势。这些变化固然肇因于语音发展的内部规律,但它们发生的时机具有深刻的社会原因。

中古时期汉语词汇对时代风貌的反映,一大特色是外来词的大量输入。其中包括佛经翻译中的外来词和与外族交往中的外来词。反过来,汉语也向外族语输出了一批贷词。其中有藏语借去的"笔",印欧语借去的"丝、茶",突厥语借去的"唐家子",日语借去的"拔河、道具、石炭、经济、社会、挨拶"等。另一大特色是大批口语词汇出现在六朝的新书面语中,至唐代和尚的语录和敦煌变文趋势更甚。

(三)近代时期的汉语发展

《汉语史讲义》将 13 世纪到作者生活的 20 世纪 50 年代统一划为近代期。这一时期初辽金元入侵,北方共同语区域长期战乱,大量人口南迁,语言发生又一次混合。此后随着全国政治经济和文化中心的长期稳定,近代汉语在北京为中心的北方话基础上形成发展起来,逐渐成为现代汉民族的共同语。其最明显的标志就是由《切韵》音系变为《中原音韵》所代表的音系,以至现代的北京音系;同时也表现在语法形式的各种精确化和词汇发展中大量资本主义政治经济文化词汇、北方话口语词汇和借词。

近代时期在剧烈的社会动乱中,夷族语言与汉语发生深刻的融合。元代的官方文书语言混杂着汉语和蒙古语,元曲中掺杂着大量蒙语词。自元代定都北京后,明代恢复汉族政权定都南京,不久也迁都北京。原来以汴梁一带官话为标准的中原雅音,在与日渐强势的北京音的博弈中此消彼长,至清代北方官话成为汉语的标准音。近代政治生活对汉语语音的发展起了重要的作用,使汉语全浊声母清化,主元音相近的韵类大部分合并,入声派入平上去三声,平声分化出阴阳。

近代时期汉语词汇最重要的现象是北方话词汇的发展,它与北京官话的流行和政治中心的势力有密切的联系。其中明清白话文学巨著《水浒传》《西游记》《儒林外史》《红楼梦》等用北方话撰写,有力推动了北方话词汇的发展和广泛传播。此外,鸦片战争以后外来词,尤其是英语和日语的外来词,在汉语词汇发展中大量吸收。在语法方面,"五四"以后受欧化的影响,句法结构复杂化,新兴用法包括各种新的插说法使汉语的结构趋向精密,丰富和提高了汉语的表现力。

正如张世禄先生所说,世界上现有语言的历史,很少有超过一千年的。汉语历史之悠久,人类其他语言望尘莫及。我国的语言史研究和教学在建国以后就立刻在北方和南方的高校扎扎实实开展起来。以北京大学王力先生的《汉语史稿》和复旦大学张世禄先生的《汉语史讲义》为代表,我们可以看到,我国的汉语史研究根基深厚,源远流长。中国有非常优秀和伟大的语言学家,他们的汉语研究比欧美语言学家的研究更客观,更实在,更注重实事求是和理论联系实际。《汉语史讲义》的出版展示了我国语言史研究新的水平,我们期待在这一领域新人辈出,前景灿烂。

(本文发表于《光明日报》2020 年 12 月 16 日第 16 版,标题是《汉语3000 年——从油印稿遗珍张世禄〈汉语史讲义〉整理出版说起》,编辑有删节。后全文分上下两部分刊登于微信公众号《文化语言学新视野》2021 年 1 月 16 日和 2021 年 1 月 19 日)

中国本土语义研究的理论自觉

申小龙

打开微信,首都师大中文系冯蒸教授问我:"复旦的古代汉语教材是不是用王力的教材?"

我说:"不是,复旦用的是张世禄的《古代汉语教程》。"

冯蒸又问:"张先生书与王力书在通论方面区别在哪儿?"

我说:"王力有许多古代汉语文化知识,张世禄没有。张先生语法上、词汇上有不同于王力的见解。"

冯蒸再问:"张先生具体新见解是哪些?"

我答:"语法上虚词只分语气词和关系词,不强调主谓结构;词汇上提出了同义并行复合词和类义词的重要特点。此外,我刚编完张世禄先生的《汉语史讲义》,和王力的《汉语史稿》很不一样,王力是历史比较语言学的底子,张世禄是现代语言学的底子。"

冯蒸追问:"同义并行复合词是不是王力所说的同义复词?"

我答:"有关系,但理论上深入多了。"

冯蒸要我详告细节,我给了他两篇文章,一篇是《训诂:中国文化阐释的前沿——评〈张世禄语言学论文集〉中的训诂学思想》(《读书》1988 年第 2 期),一篇是《论张世禄语言哲学的民族性》(《复旦学报》1986 年第 2 期)。冯蒸立刻把他刚写完的一篇论文发给我,请我补充。原来冯蒸兄在做一件很有意义的事。他考察了近百年来出版的 75 部训诂学通论性著作,发现长期以来,中国训诂学界多以为训诂学没有理论,而事实并非如此。他将中国传统训诂学具有理论意义的建树进行系统的梳理,提出中国训诂学的理论体系应该是"古籍训解学+古汉语语义学与词汇学+古汉语音义学"三分的框架。在这个框架下,冯蒸确立了迄今为止中国训诂学的 30 个理论及其名称,并对每个理论的内涵和价值做了论述。

有意思的是,冯蒸在他的理论梳理伊始,首先排除了西方语义理论范式在中国的演绎。他说:"那种完全根据外国语言学理论分析古汉语材料的做法,我们认为它们不属于中国传统的训诂学理论。"尽管这类演绎在近代以来中国各种训诂学著作中是标准操作,被视为训诂学的科学化。

冯蒸排除的三个西方语义理论大家耳熟能详:

1. 词义演变的扩大、缩小、转移三种方式理论。这是德国语言学家赫尔曼·保罗(1846—1921)在所著《语言史原理》(1880 年)中提出的理论。此说至今仍在训诂学著作中广为流行。

2. 义素、义位、语义场理论。这是西方结构语义学的术语和理论。

3. 词汇语义学理论。这是西方语言学家克鲁斯在所著《词汇语义学》(1986 年)等提出的理论。

冯蒸指出,以上三个理论不属于中国传统训诂学理论,这并不是说现代学者不可以用这些理论分析古汉语的词汇语义现象,而是说它们不属于中国本土训诂学理论。

冯蒸在中国本土语义研究理论和西方语义研究理论之间划下了清晰的界线,这是中国本土语言理论意识的新的自觉。就像中国本土语法学理论置身西学的重峦叠嶂,需要正本清源,重新认识和阐释,中国本土的语义研究理论也期待在新的洗礼中重生。

我为冯蒸补充了张世禄先生提出的一个重要理论:古汉语词汇的发展与训诂学相互塑造。我从张世禄先生不同历史时期的论著中阐释了这一理论的四个方面:

1. 同义并行复合词与训诂学同义为训相互塑造;

2. 词汇的派生孳乳与训诂学的基本词为训相互塑造;

3. 古代汉语基本词汇系统和训诂学体例相互塑造;

4. 汉语类义词系统与训诂学同义词典相互塑造。

张世禄先生本人并没有概括古汉语词汇发展与训诂学相互塑造这一命

题,但在他多篇论文中这是一个呼之欲出的理论命题,是非常典型的中国传统语义理论的创造性转化,是现代中国学术的范例。

（原载微信公众号《文化语言学新视野》2020 年 4 月 29 日）

中国语文与语文学相互 塑造之文化奇观

申小龙

张世禄先生在 20 世纪下半叶,继在语法研究上对中国现代语言学作出振聋发聩的反思后,在词汇研究上又提出一个极富创造性的理论命题:古汉语词汇的发展与训诂学相互塑造。虽然张先生没有在理论上对这一思想作清晰的概括,但在他的一系列论文中,这一思想呼之欲出。从张世禄先生不同历史时期的论著,我们可以阐释出这一理论的四个方面:

一、同义并行复合词与训诂学同义为训相互塑造

张世禄在研究古汉语词汇时发现汉语词汇的丰富同发达的训诂学有密切的联系。汉语的"同义并行复合词"既然是同义词的联合,就与训诂学上的"同义为训"的体例密切相关。如《尔雅·释诂》"初、哉、首、基、肇、祖……始也",被释词与训释词"始"就常联合起来使用,凝结为"初始""首始""始基""肇始"等复合词。由于同义词相训释的过程实际上就是同义词相联合使用的过程,所以同义词在训诂上的作用与具有构词法意义的同义并行复合密切关联。于是,同义词的丰富性使词义解释上形成"同义为训"的体例,同义词在训诂学上的这种作用又促使同义词之间经常联合起来运用,产生大量同义并行复合词,更增加了同义词的丰富性。由此循环往复,相互推进,使得汉语越发展,词汇越丰富,用来解释词义的训诂体例也越发达,越完整。

从根本上说,训诂和构词,都是为加强语文的明确性,以阐明词义、通晓

名物、沟通思想。构词上"单足以喻则单,单不足以喻则兼"(《荀子·正名》),化单为复,把构词成分结合起来,就像训诂上训释词与被训释词互相注释一样。因此一个同义并行复合词,就包含着一个"同义为训"的体例。

张世禄以其独到的语义阐释眼光,将作为解释学的中国训诂与作为语汇建构的汉语构词法内在地联系起来,画出了一个以同义为训为圆心的释义构词之圆。这个圆的循环不已使人们强烈意识到中国训诂在文化阐释的同时是如何积极地参与中国语言的建构的。

二、词汇的派生孳乳与训诂学的基本词为训相互塑造

张世禄认为,基本词汇是语言词汇库中具有全民性、常用性、稳固性和极强的构词能力的主要部分。它在千百年的长时期中为全民族所普遍认识,普遍使用,对于这类词是用不着再加训释的。因而许多训诂学专书,如《尔雅》《方言》《广雅》之类,以及许多古籍当中的注解,往往略去对多数基本词的解释,而注重于古语词、方言词、专门用语的解释。不仅如此,基本词还经常作为训释词来解释"古今之异言,方俗之殊语"。由于训诂总是从已知推向未知,在这一点上它同词汇的派生孳乳过程和学习词汇的循序渐进过程相叠印。我们从这一契合点上就可以认定训诂的训释词汇与汉语历史上的基本词汇有着必然的内在联系。词汇学中作为基本词的条件,也就算训诂学中作为训释词的条件,即"同义为训"体例的本身将基本词和非基本词划分开来。

张世禄的这一见解是一个有着丰富的文化内涵的创见。基本词汇是反映人类特定集团的基本活动、基本特性、基本观念的符号群。通过"同义为训"认定历史上的基本词,这对研究民族文化心理中一些具有根本意义和永恒价值的观念形态,对研究不同历史时期民族文化的独特精神与结构,都有重要的意义。

三、古代汉语基本词汇系统和训诂学体例相互塑造

张世禄还进一步从基本词之间同义为训、反义否定为训、相关义为训、

本字为训及同音(同源)为训的体例中看出了汉语基本词汇的体系构成,从一种特殊的种属名为训的体例中看出了汉语基本词的一个不为人知的特性——广义性。

张世禄为汉语词汇学的研究开辟了一个崭新的领域,也为汉语词汇研究突破西方词汇学的传统模式提供了一个成功的范例。

四、汉语类义词系统与训诂学同义词典相互塑造

类义词的研究是张世禄为汉语词汇学开辟的一个新领域。张世禄认为,词义具有两种主要的作用:一是概括作用,一是区别作用。同义词是彼此之间具有词义上相同或相近的概括作用和区别作用的不同的词。多义词则是在同一个词里包含多种意义,多种意义之间虽然各自的词义作用不同,但由于都从同一种词义分化发展而来,所以具有相类属的显著的联系性。

多义词的"倒转",不是同义词,而是类义词。类义词不同于多义词,它不是同一词里具有彼此相类属的不同意义,而是不同的词彼此之间在词义上具有相类属的关系。

如果说多义词是"同词异义",那么类义词则是"同义异词"。类义词又不同于同义词,因为词义上同属一类的事物不一定是相同相近的概念,但相同相近的概念又必定是包括在同一类事物内的,所以同义词包含在类义词之内。古代的同义词典往往既类聚同义词,又分别类义词。类义词在汉语的运用上具有重要的作用。

张先生说的"古代的同义词典往往既类聚同义词,又分别类义词",依然说的是古汉语词汇的发展与训诂学相互塑造。中国传统训诂学不是西方意义上抽象的语言理论,它从随文注疏中发展起来,与中文实践有天然密切的关系。它对汉字的形音义关系的深刻理解,来自语文实践又自觉投射到语文实践中,由此形成语义研究与语义发展相互促进、相辅相成的闭环,造成人类语言发展中语文与语文学相互塑造的文化奇观。

(原载微信公众号《文化语言学新视野》2020 年 5 月 12 日)

秦汉时期词汇的时代特征再认识

——读张世禄先生《汉语史讲义》

吴小强

一、张世禄先生生平及其学术成就

张世禄先生,字福崇,号锦堂,1902 年 11 月 13 日(清光绪二十八年十月十四日),出生于浙江省浦江县东乡礼张村,中国当代著名语言学家、教育家。1991 年 11 月 16 日病逝,享年 90 岁。根据张世禄先生哲嗣、笔者的良师益友张丕余教授的介绍及《浦江百年人物》(张解民、江东放编著)等相关资料记载,可将这位享誉海内外的学术大师生平及学术成就简略概况如下:

张世禄先生从小生活在一个诗书传家的知识分子家庭,其祖父张有烈(号梅卿)为前清贡生;父亲张道型(号仪甫)、叔父张道垲(号爽甫),均为秀才,善诗文书画。在这样的书香门第里浸润成长,为他奠定了良好的学养基础,对其后来的学术发展无疑产生了积极的影响。

以 1949 年为界,张世禄先生的学术生命及其贡献,大体分为两个阶段:

第一阶段为 1926 年至 1949 年。1918 年,张世禄先生考入浙江省立第七中学(金华中学),1921 年考入国立东南大学(今南京大学前身之一)中文系,曾受胡小石、陈中凡、顾实、柳诒徵、竺可桢、梅光迪、吴宓等名师教诲,并聆听过章太炎、梁启超等名流时贤的讲学。1926 年毕业,获文学士。先在厦门集美学校任语文教师,1928 年至 1932 年在上海商务印书馆编译所担任编译员,兼任暨南大学、复旦大学、中国公学等高校文字学、语言学、语音学讲师。1932 年至 1939 年,任暨南大学中文系教授、系主任,复旦大学、无锡国专、诚明文学院、光华大学等校语言文字学教授。1940 年至 1947 年先后任教于云南大学、国立中山大学(时播迁至广东乐昌坪石)、桂林师范学院、大夏大学(时迁至贵州)、国立中央大学(时迁至重庆)、重庆大学、四川教育学院等。1947 年至 1949 年重返南京国立中央大学任教授。

他在这一时期重要著作有《中国声韵学概要》(商务印书馆 1929 年)、《中国古音学》(商务印书馆 1930 年)、《语言学原理》(商务印书馆 1930 年)、《广韵研究》(商务印书馆 1931 年)、《语言学概论》(中华书局 1934 年)、《音韵学》(商务印书馆 1933 年)、《语音学纲要》(开明书店 1935 年)、《汉语词类》(商务印书馆 1937 年)、《中国音韵学史》(上下册,商务印书馆 1938 年),译作《中国语与中国文》(瑞典高本汉著,商务印书馆 1931 年)、《汉语词类》(瑞典高本汉著,商务印书馆 1937 年)、《语言学通论》(英国斐尔司著,合译,商务印书馆 1937 年)等。其中《中国音韵学史》是继王力《中国音韵学》(1936 年)之后又一部研究音韵学理论的力作,在语言学界产生了广泛影响。1947 年,他作《自嘲》诗:"书剑飘零作客频,莲花落里探真情。分明别有青云路,犹把儒冠自误身。"对其前半生学术活动的心理历程略作总结。

第二阶段为 1949 年至 1991 年。张世禄先生 1949 年在南京大学、金陵女子文理学院执教,1952 年至上海复旦大学中文系任教授,兼任华东政法大学教授,为国务院首批批准的博士研究生导师,国务院授予其"有突出贡献的专家"称号。1958 年参加《辞海》编辑工作,任语词分科主编。1974 年参加"二十四史"标校工作。1977 年参加《汉语大词典》编写工作,担任《汉语大词典》《汉语大字典》学术顾问,中国语言学会理事,上海语文学会、中国汉语音韵学研究会、中国汉语训诂学研究会、上海古籍整理小组学术顾问。

这一时期主要著作有《小学词汇教学基本知识讲话》(浙江人民出版社 1956 年)、《普通话词汇》(上海新知识出版社 1957 年)、《小学语法修辞》(浙江人民出版社 1959 年)、《汉字改革的理论和实践》(文字改革出版社 1958 年)、《现代汉语》词汇部分(高校教材,上海教育出版社 1962 年)、《古代汉语》(上海教育出版社 1978 年)、《张世禄语言学论文集》(学林出版社 1984 年)等。

据《浦江百年人物系列·张世禄》一文介绍,张世禄先生生前出版学术专著 20 余种,译著 4 种,论文 139 篇,被誉为"治学的楷模,为人的表率"。

他逝世后,1995 年被家乡列为"浦江十大历史文化名人"之一。1997 年冬至,其骨灰被安葬于上海福寿园中的文星园。著名数学家、教育家苏步青为《纪念张世禄先生学术论文集》(上海教育出版社 1994 年)题词:"黄门遗泽,辞苑流芳。"2001 年 5 月 30 日,复旦大学隆重举行张世禄百年诞辰纪念活动。

更为重要的是,由张世禄先生的博士弟子、复旦大学中文系申小龙教授担任主编,与东方出版中心联手合作,2017 年立项,经过多年艰辛努力,编辑了张世禄先生的全部论著,包括未发表的手稿、讲稿、译稿和书信等,于2020 年 8 月出版《汉语史讲义》,同年 12 月出版巨著《张世禄全集》。《全集》共 11 卷,约 400 万字,具体为:第 1 卷音韵学史,第 2 卷古代汉语、音韵学,第 3 卷文字、音韵、训诂,第 4 卷语言学理论、等韵学,第 5 卷词汇学、语言教学,第 6、7 卷论文集(上下),第 8 卷译文集,第 9、10 卷汉语史(上下),第 11卷文艺学、历史学及其他。整理出版《张世禄全集》是一项浩大的学术工程,集张世禄先生 60 多年来在音韵学、语法学、词汇学、训诂学、语言学等诸多领域理论研究成果之大成,主编申小龙教授认为恩师张世禄先生是"治学全面、各领域兼善的大家,其独立不迁的精神品格和学术思想皆能从作品中得到体现,因此此项工作极具文化价值"[1]。《全集》既是对张世禄先生个人学术思想、生命历程和研究成果的全面系统的总结,也是对中国现代语言学理论研究的重要回顾与展示,对继承与弘扬中华民族的优秀文化无疑具有十分积极的作用,意义不容小觑。可以说,以《张世禄全集》出版为标志,进一步确立了张世禄先生在中国现代语言学领域的开创者、奠基者和领路者的崇高地位。

二、张世禄先生《汉语史讲义》的学术价值

张世禄著、申小龙整理的《汉语史讲义》(东方出版中心 2020 年版)是编辑出版《张世禄全集》的副产品。据整理者介绍,在编辑《全集》的过程中发现了张世禄先生的手稿《汉语史讲义》未刊稿,"该著从汉语语音、词汇、语法的发生发展学的角度精微覃思,追根溯源,钩沉探赜。从上古的甲骨文字讲起,直到现代的'五四'时期汉语言,全面检点研究了四千余年的汉语史,多

有精彩的发明创见,堪称是继王力先生《汉语史稿》之后的又一部汉语史研究的鸿篇巨制,弥足珍贵,是我国汉语学史研究的珍贵遗产和可喜收获"[2]。

拜读了《汉语史讲义》之后,笔者为张世禄先生关于汉语发展历史的深刻洞见所折服,也对申小龙教授不辞辛劳、为整理出版该书所做出的贡献深感钦佩。

张世禄先生是和王力先生齐名的中国语言学大师。从 20 世纪 50 年代开始,他们分别在高校开设了"汉语史"专业课程,王力《汉语史稿》(上中下三册)(科学出版社 1956 年至 1958 年)出版较早,影响亦广,而张世禄先生的《汉语史讲义》出于种种原因,则迟迟未能付梓,直到 2020 年 8 月方才面世,但这并不影响张著的巨大学术价值。

根据申小龙撰写的《汉语史讲义》"前言",该书是从张世禄先生遗留下来的 4 种课程教材油印讲稿中整理而成,原稿约有百万字之多:"我们从这四种汉语史教材的 100 多万字珍贵存本中,梳理出一个 70 万字的汉语史讲义系统,分为绪论和语音、语法、词汇三个部分,将复旦大学张世禄先生学术研究和教学领域的一项重要成果,较为系统地呈现出来。这是继王力先生《汉语史稿》出版之后,我国语言学史上系统的汉语史研究的标志性创获,也是与北京大学几乎同时开出、历史悠久的复旦大学汉语史课程的优秀传统。"[3]

张世禄先生《汉语史讲义》(以下简称《讲义》)的学术价值主要体现在以下几个方面。

(一)充分肯定了汉语言在世界各民族语言中的历史地位

《讲义》"绪论"开宗明义地指出,世界上有悠久历史和丰富文献的语言是不多的,例如古埃及、巴比伦、腓尼基等文明古国的语言早已和其国家一起消亡了,现在的语言历史很少有超过一千年的,"汉语历史的悠久,是其他语言所望尘莫及的","汉语经过了三千多年的发展、演化,不断地趋于丰富和完善,以至现代汉语有这样雄伟的表达力,有这样无穷无尽的生命力"[4]。汉语言在西周时期就出现共同语,至七八百年前,逐渐形成了以北方话为基础方言,以北京语音为标准音的民族共同语。伴随中华文明的演变发展,汉语言拥有三千多年持续不断的发展历史,成为当今世界上词汇极为丰富、表达力雄伟强大、使用人数众多的语种之一,这无疑是中华民族祖先留给炎黄子孙的最为丰厚的文化遗产之一。

(二)科学地确立了汉语言演化的历史分期

如同中国社会形态演变历史分期一样,汉语发展的历史分期也是汉语言理论研究的重大学术问题之一。《讲义》依据语言动态演变规律,提出了汉语史分期的基本观点,即汉语发展历史的"三段论"。

第一,上古期,约公元前 15 世纪至公元 3 世纪"五胡乱华"之前。3 世纪至 5 世纪则为过渡期。从商周到春秋,已经形成了区域共同语言"雅言",如甲骨卜辞、金文、石鼓文等,语音为《诗经》音。周以后汉语呈现既统一又分化的平行发展的过程,即共同语的发展和方言的分裂两个方向。

第二,中古期,4 世纪至 12 世纪北宋末期。12 世纪至 13 世纪为过渡期。在这个时期汉语发生重大变化,语音演化为《切韵》,声母、韵母均发生变化,四声声调名称确定,语法判断词"是"出现并由此而产生一系列重大变化。

第三,近代期,13 世纪至 20 世纪 50 年代。语音由《切韵》音系演变成以《中原音韵》为代表的音系,发展成现代北京音系;声母全浊音清化,卷舌音产生,零声母范围扩大;韵母的韵尾变化,元音韵尾发展;声调中阴阳类调逐渐合并,入声慢慢消灭,轻音产生;音节结构更加简化,音节数量大大减少。

张世禄先生指出:"语言体系的质变,其根据是整个体系的变化,其中最明显的物质标志是语音系统的变化。"[5]其汉语史分期的标准,主要是汉语语音系统的质变情况。整理者认为,《讲义》的关于汉语历史的分期具有很难得的现代性,表现为断代的共时性、断代的社会性、断代的系统性等特色[6]。

(三)用科学的观点与方法掌握研究汉语言史的材料

张世禄先生提出:"我们要进行汉语史研究,必须在正确的观点和方法的指导下,即辩证唯物主义和历史唯物主义的观点和方法指导下。"[7]根据马克思主义的观点,对几千年来祖先所留下的浩如烟海的书面文献材料进行选择和利用。例如,保留民间口语较多的具有人民性的文献《诗经》《楚辞》《史记》《世说新语》,以及元、明、清三代的戏曲、小说等,都是汉语史研究非常宝贵的原始材料。

除了传世历史文献之外,现实生活中的口语、方言,也是汉语史研究不可忽视的重要材料来源。张世禄先生认为,由于汉字的保守性,使汉语的书面语言不能准确地反映口语的面貌,汉字的表意性质,掩盖了汉语语音的实际情况。《诗经》《离骚》中尽管也有韵语、双声、叠韵连语等,但远不能反映汉语的历史真实状况。而现代汉语的各种方言,都是经历了长期的历史发展演变而形成的,在这些方言中,保存了许多古代汉语的发音、词汇和语法。例如,两广粤语方言保留了古代某些塞音的韵尾,保留了"行"和"走"两个词的古代差异,粤语中存有"苛政猛于(过于)虎"的古代语法结构[8]。此外,外语中的汉语借词(如日语)、汉语中的外来语(外语借词,特别是梵语的音译词)以及亲属语言的比较研究,都是获取汉语史研究材料的重要途径。少数民族语言与汉语的比较研究,亦值得汉语史研究者加以重视。整理者将《讲义》体例特色概括为"多维度",具体体现在四个结合,即语言史和语言学史相结合,语言史和研究方法相结合,语言史和方言研究相结合,语言史和口语研究相结合[9]。这是对张世禄先生汉语史研究方法和路径的恰当总结。

三、秦汉时期词汇的时代特征再认识

"词汇篇"是张世禄《汉语史讲义》的重要组成部分,集中在《讲义》的下册,共分四编,第一编上古汉语词汇,第二编中古汉语词汇,第三编近代汉语词汇,第四编汉语词汇发展简史。在前三编的开篇均介绍词汇的时代特征,其中第一编,分别介绍了先秦时期词汇和秦汉时期词汇的时代特征。在该编第一章"词汇的时代特征"第二部分"秦汉时期词汇的时代特征"之下,具体列出了反映秦汉的极权制度、秦统一后各项重大改革、汉代教育事业、宗教思想、经济、农民起义等六个方面的词汇实例。值得注意的是,张世禄先生敏锐地观察到秦代所创立的极端残酷的皇帝极权制度在语言词汇上的展现。

首先体现在封建统治者精神上的独尊自大。公元前 221 年(秦王政二十六年),秦国以强大武力征服六国,实现统一,建立了中国第一个皇权专制主义制度。秦始皇独占过去一般的人称代词"朕",以示独尊;皇帝居所称"宫"或"殿",所用之物称"御",皇帝正妻叫"后",皇帝出行叫"巡"或"幸",皇帝讲话叫"诏"。《讲义》一针见血地指出:"这一切都充分表现出极权制度的专横和仇视人民。"[10]据《史记》记载,秦统一初,丞相王绾、御史大夫冯劫、廷尉李斯等竭力称颂秦王政平定天下的空前伟业,"昔者五帝地方千里,其外侯服夷服,诸侯或朝或否,天子不能制。今陛下兴义兵,诛残贼,平定天下,海内为郡县,法令由一统,自上古以来未尝有,五帝所不及",并说"古有天皇,有地皇,有泰皇,泰皇最贵",因此进谏:"臣等昧死上尊号,王为'泰皇'。命为'制',令为'诏',天子自称曰'朕'"。秦王政基本采纳了王绾等人的建议,曰:"去'泰',著'皇',采上古'帝'位号,号曰'皇帝'。他如议。"[11]从此,"皇""帝""皇帝""朕""制""诏"等,均作为皇权独有者的专用词汇,他人不得染指。

其次体现在秦始皇所建立的皇权专制主义郡县制度上。汉承秦制,秦汉官僚制度一脉相承,"秦兼天下,建皇帝之号,立百官之职。汉因循而不革,明简易,随时宜也"[12]。根据史书记载,秦代与西汉时期中央朝廷皇帝之下所设立的官职主要有:1. 左右丞相、相国;2. 太尉、大司马;3. 御史大夫、大司空;4. 太傅;5. 奉常、太常;6. 博士;7. 郎中令、光禄勋;8. 卫尉、中大夫令;9. 太仆;10. 廷尉、大理;11. 典客、大行令、大鸿胪;12. 宗正、宗伯;13. 治粟内史、大农令、大司农;14. 少府;15. 中尉、执金吾;16. 太子太傅;17. 将作少府、将作大匠;18. 詹事;19. 将行、大长秋;20. 典属国;21. 水衡都尉;22. 内史;23. 主爵中尉、都尉;24. 护车都尉、司寇、护车;25. 司隶校尉;26. 城门校尉;27. 奉车都尉;28. 监御史、部刺史;29. 郡守、长史、太守;30. 郡尉、都尉;31. 关都尉、农都尉、属国都尉;32. 县令(万户以上)、县长(不足万户),其下皆有丞、尉;33. 乡村基层管理者,"大率十里一亭,亭有长。十亭一乡,乡有三老、有秩、啬夫、游徼"[13]。秦代创立、汉代完善的中国皇权专制主义极权制度的官僚体系具体名称虽然因时而有差异,但制度本身却被后世完整地继承延续下来,皇权独裁机制随时代的变迁而不断得到强化,至清朝达到登峰造极,军事、行政官职名称的沿革,充分体现了这一皇权政治趋势。

再次是反映了秦汉刑法极其残酷的历史真实状况。《讲义》指出:"皇帝实行极权制度,必须引起人民和一切旧阶层的反抗。为了维护它,就必然要加强刑罚制度,秦汉时期的刑罚的残酷程度是令人毛骨悚然的,我们从词汇中可以见到,刑罚一是表现残酷,二是表现种类繁多。"[14]秦统治者继承了秦国祖先以酷刑治国的传统,死刑有车裂、腰斩、夷三族、磔、坑(活埋)等。秦始皇三十五年,下令将违反禁令的 460 余位诸生、方士"皆坑之咸阳,使天下知之,以惩后"[15]。

汉代死刑有弃市、腰斩、枭首、族等。肉刑有宫刑、黥刑、刖刑、劓刑等:"陵夷至于战国,韩任申子,秦用商鞅,连相坐之法,造参夷之诛,增加肉刑、大辟,有凿颠、抽胁、镬亨之刑。至于秦始皇,兼并战国,遂毁先王之法,灭礼谊之官,专任刑罚,躬操文墨,昼断狱,夜理书,自程决事,日悬石之一。而奸邪并生,赭衣塞路,囹圄成市,天下愁怨,溃而叛之。"颜师古注"参夷,夷三族";镬亨,"鼎大而无足曰镬,以鬻人也";"悬,称也。石,百二十斤也。始皇省读文书,日以百二十斤为程"[16]。

汉代初年,肉刑仍然很盛行:"汉兴之初,虽有约法三章,网漏吞舟之鱼,然其大辟,尚有夷三族之令。令曰:'当三族者,皆先黥,劓,斩左右止,笞杀之,枭其首,菹其骨肉于市。其诽谤詈诅者,又先断舌。'故谓之具五刑。彭越、韩信之属皆受此诛。至高后元年,乃除三族罪、妖言令。"[17]汉文帝十三年,汉文帝接受齐太仓令淳于公少女缇萦的著名上书,下令"其除肉刑,有以易之;及令罪人各以轻重,不亡逃,有年而免。具为令"[18]。《讲义》强调:"秦法有盗法、贼法、囚法、捕法、杂法、具法。汉初萧何增加户法,擅兴法三章,把人民的一切自由权利完全剥夺光,但人民是绝不会向统治者低头的,秦汉时农民起义是一个接一个地起来了。"[19]诚哉斯言!

此外,还有避讳,也是皇权专制主义制度所带来的一种词汇现象。关于避讳,著名历史学家陈垣先生的专著《史讳举例》,对中国历史上这种独特的文字现象有专门的论述,此处不赘叙。

初稿于 2021 年 9 月 21 日

辛丑年中秋之日

注:

［1］见 2019 年 11 月 26 日人民网"汉语言学研究领域的丰碑《张世禄全集》即将面世"报道。

［2］张世禄著,申小龙整理:《汉语史讲义》(上册),东方出版中心 2020 年版,"前言"第2 页。

［3］同上书,第 1 页。

［4］同上。

［5］同上书,第 12 页。

［6］同上书,第 2—7 页。

［7］同上书,第 3 页。

［8］同上书,第 6 页。

［9］同上书,"前言"第 7—11 页。

［10］张世禄著,申小龙整理:《汉语史讲义》(下册),东方出版中心 2020 年版,第460 页。

［11］司马迁:《史记·秦始皇本纪》,中华书局 1982 年版,第 236 页。

［12］班固:《汉书·百官公卿表上》,中华书局 1962 年版,第 722 页。

［13］同上书,第 742 页。

［14］张世禄著,申小龙整理:《汉语史讲义》(下册),第 461 页。

［15］司马迁:《史记·秦始皇本纪》,中华书局 1982 年版,第 258 页。

［16］班固:《汉书·刑法志》,中华书局 1962 年版,第 1096 页。

［17］同上书,第 1140 页。

［18］同上书,第 1098 页。

［19］张世禄著,申小龙整理:《汉语史讲义》(下册),第 462 页。

(吴小强,广州大学人文学院教授)

张世禄：奠定中国现代语言学科学基础

陈 瑜

"分明别有青云路，犹把儒冠自误身"

新中国成立前夕，国民党已替张世禄准备好飞机票，劝他到台湾去。但他却坚定地选择留下来，献身于社会主义新中国的教育事业。1947 年，张世禄曾作一首《自嘲》诗："书剑飘零作客频，莲花落里探真情。分明别有青云路，犹把儒冠自误身。"那年他 45 岁，正走到人生旅途的一半，许多人说，此诗是他前半生的总结，也是他后半生的预言。

开中国现代音韵学之先河

张世禄是我国现代音韵学的开拓者。20 世纪 30 年代初，他陆续出版了多部音韵学著作，并于 1938 年出版了我国第一本用现代语言学的眼光来梳理传统音韵学研究历史的专著《中国音韵学史》。这些著作产生了深远的影响。20 世纪 80 年代，以音韵学研究而闻名的王力在复旦大学讲学时看到张世禄在台下，也曾谦逊地说："张世禄先生是我的导师，我是读张先生的书开始研究音韵学的。"

"课上得最扎实、最会带研究生"

在复旦大学中文系，张世禄是公认的"课上得最扎实、最会带研究生"的导师。语言学是艰涩枯燥的，但张世禄却总能把它讲得明快生动。据学生们回忆，在他的课堂上总能听到阵阵笑声，哪怕是音韵学这样令年轻人望而生畏的"绝学"，他也能讲得深入浅出、通俗易懂。他的板书非常有条理，"端正凝重，一笔一画，毫不苟且"，两堂课下来，满满的黑板就是一个清楚的提纲。

面向汉语实际　注重汉语的民族特色

张世禄是语言学界引进西学的先驱，但在他的治学道路上，面向汉语实际、注重汉语的民族特色是他一贯的主张。在复旦大学中文系，他与同为中国第一代语言学家的陈望道、郭绍虞共同提出要走中国特色的语言学道路，为语言学的复旦学派奠定了宝贵的传统。晚年，他将研究方向转向语法学，通过一系列专论和演讲的形式提出了让人耳目一新的语法理论体系，为长期在洋教条束缚下裹足不前的汉语语法学研究注入了生机。"在当代中国语言学者中，如此鲜明地向积重难返的传统语法观念挑战，张世禄先生是第一人。"学生申小龙这样说。

【学术档案】

张世禄（1902—1991），语言文字学家。字福崇，浙江浦江人。1926年毕业于南京国立东南大学。曾任上海商务印书馆编辑，暨南大学、无锡国专、光华大学、云南大学、贵阳大夏大学、重庆大学、中央大学、南京大学、金陵女子文理学院、复旦大学教授，以及上海市语文学会副会长、中国语言学会理事、中国音韵学研究会和中国训诂学研究会学术顾问。毕生致力于中国传统语言学和现代语言文字研究，对音韵训诂之学造诣尤深。著有《中国音韵学史》《中国训诂学概要》《中国文字学概要》《中国声韵学概要》《中国古音学》《广韵研究》《语言学原理》《古代汉语》《张世禄语言学论文集》等。

谈起我国现代语言学的先驱，在学界有"南北双璧"一说，"北"是北京大学中文系教授王力，而"南"便是复旦大学中文系教授张世禄。张世禄是一位全能型的语言学家，在语言学园地里勤奋耕耘一生，他著作等身，共计发表了近20部著作、110多篇论文，他的"足迹"几乎遍布语言学的各个领域，在古代汉语、现代汉语、普通语言学等领域均有建树。2020年，备受学界关注的400多万字皇皇巨著《张世禄全集》出版，全面展现了他毕生的学术成就。在新旧学科范式更迭的 20 世纪,张世禄留下的学术富矿中贯串着不变的思考,那就是引进西学、面向汉语实际,为走出具有中国特色的语言学道路奠基。正如他的学生、《张世禄全集》主编申小龙所说:"先生毕生致力于对中国传统语言研究的继承、改造、发展和创新,引进、消化、吸收现代语言学的理论和方法,与同时代的中国现代语言学前驱们一起,促成了传统语言研究全方位的质的更新,奠定了中国现代语言学的科学基础。"

一、引进西学,用科学的方法革新音韵学传统

1902 年,张世禄出生于浙江省浦江县东乡的一户书香门第,他的祖上三代都以教书为业。语言文字学旧称"小学",是研究"经学"的基础和入门工具。和大多数老一辈的语言学家一样,幼承庭训的张世禄从小就熟读四书五经,对古文产生了浓厚兴趣,直到五四运动后才开始接触白话文和外语,这为他后来研究古代汉语打下了深厚的根基。"五四"以后,在新旧文化激烈碰撞的背景下,引进西方语言学理论对中国传统语言学进行革新发展,成为 20 世纪初一代学人的使命,也是张世禄年轻时便立下的志向。

1921 年,张世禄考入南京国立东南大学中文系,师承胡小石、陈中凡、顾实、柳诒徵、竺可桢、梅光迪、吴宓等著名学者,也曾听过章太炎、梁启超等学者的讲学。在这些国学大师的熏陶下,张世禄潜心研究"小学",他通读了清代文字学家的著作,如段玉裁的《说文解字注》、朱骏声的《说文通训定声》等。但他不愿追随前辈们的老路子,而试图用科学的方法来革新传统研究。"小学"分为形体、音韵、训诂三个门类,其中张世禄觉得"音韵"最难学,他在广泛涉猎高元、赵元任等前辈学者的著作,同时参考各国的语言学书籍后发现,传统音韵学上的种种"乱象"究其根源在于方块汉字拼音的使用,使得语音的变迁和纷歧无法在音读上反映出来。中国音韵学的进步,必须采用一种适当的音标字母来作注音的工具,用现代科学的语音学方法来改造。在众多学说之中,他特别欣赏瑞典语言学家、汉学家高本汉运用西洋比较语言学的方法来研究汉语语系,因而不遗余力地翻译介绍他的学说。赵元任曾在一次见到张世禄时将高本汉的《汉语词类》与章太炎的《文始》相提并论,张世禄深不以为然。他认为章太炎、黄侃等前辈学者虽然在古音研究上集

前人之大成，似乎达到了顶峰，但是其方法仍是古典式的，不成系统，一旦运用现代科学理论就能看出他们的局限。自此，张世禄另辟蹊径，走上了用西方语音学原理研究音韵学的科学道路。

20 世纪 30 年代初，张世禄陆续出版了《中国声韵学概要》《中国古音学》《音韵学》《广韵研究》等著作，并于 1938 年出版了我国第一本用现代语言学的眼光来梳理传统音韵学研究历史的专著——《中国音韵学史》。张世禄的音韵学著作产生了深远的影响。20 世纪 80 年代，以音韵学研究而闻名的王力在复旦大学讲学时看到张世禄在台下，也曾谦逊地说："张世禄先生是我的导师，我是读张先生的书开始研究音韵学的。"音韵学研究之外，秉持着"中国语言学若要成为一门独立的科学，必须吸收和借鉴西方语言学理论"的理念，早年的张世禄也积极介绍西方语言学理论，出版《语言学原理》《语言学概论》《语音学纲要》等著作。正如王力曾说："最近五十年来，中国语言学各部门如果有了一点一滴的成就，那都是普通语言学的恩赐。"张世禄在 20 世纪 30 年代出版的这些著作，为普通语言学知识在中国的普及发挥了至关重要的作用。

20 世纪 20 年代起，张世禄先后在福建厦门集美学校、暨南大学、复旦大学、中国公学、无锡国专、光华大学等校任职。在当时，因为张世禄在学界极高的声望，国民党政府一直试图拉拢他。20 世纪 40 年代，为逃离汪伪政府构陷，他携新婚妻子张瑞云离开上海到西南各省，在颠沛流离的战乱生活中仍潜心问学、笔耕不辍。据张瑞云的回忆，"当时正值抗日战争时期，大儿子刚满周岁，女儿又出生了，一家人生活十分艰辛。吃的是夹有沙子、石子、杂粮的糙米饭，睡的是高低不平的硬板床，用的是一块破板、两只长凳搁起来的'写字台'。白天张世禄备课编讲义，或上图书馆钻研业务，晚上就在小碟子加上三根灯草的油灯下翻译房德里耶斯的《语言论》。操持家务的她稍有空闲就用布兜背着老大，抱着老二出门游荡，只有这样才能让仅 10 平方米的出租房安静下来，让张世禄静心工作"（申小龙《张世禄全集》前言）。新中国成立前夕，国民党已替他准备好飞机票，劝他到台湾去。但他却坚定地选择留下来，献身于社会主义新中国的教育事业。

1947 年，张世禄曾作一首《自嘲》诗："书剑飘零作客频，莲花落里探真情。分明别有青云路，犹把儒冠自误身。"那年他 45 岁，正走到人生旅途的一半,许多人说,此诗是他前半生的总结,也是他后半生的预言。

二、回应时代需要,为普及语言学知识"雪中送炭"

新中国成立后,张世禄先任南京大学、金陵女子文理学院教授,1952 年院系调整时来到复旦大学任中文系教授。他在复旦大学和华东师范大学开设了语言学概论、现代汉语、古代汉语、汉语诗律学等课程,悉心地培育学生。20 世纪 50 年代以后,随着斯大林有关语言学理论著作的输入和推广,张世禄意识到"用马列主义观点、方法来研究汉语语言学实在是非常必要的",因而努力用辩证唯物主义作为指导思想来研究汉语发展的内在规律。

当时,国内学界研究语法者多,研究词汇者少,而词汇恰恰是我国现代语言学的薄弱环节。于是,张世禄将目光转向这块荒芜的角落,发表《小学词汇教学基本知识讲话》《普通话词汇》《小学语法修辞》《现代汉语》(与胡裕树等合编)等著作,以及《词义和词性的关系》《汉语历史上的词汇变化》等一系列论文。其中,《现代汉语》中的词汇部分是他数十年词汇研究的结晶,其中提出了许多创新性论点,最引人注目的是他的同义互训词理论、基本词理论和类义词理论。在申小龙看来,先生词汇研究的一大特色,是将词汇学研究和传统训诂学的研究结合起来,"不仅为汉语词汇学的研究开辟了崭新的领域,也为汉语词汇研究突破西方词汇学的传统模式提供了成功的范例"。

值得一提的是,在张世禄的词汇学著作中,有很大部分是为了中小学语文教师和普通读者所作,如《谈文学语言的教学问题》《怎样正确地认识同音词问题》《怎样阅读古典作品》等论文,这些文章一改往常语言学著作的艰深晦涩,文字简明、深入浅出,并且直击语文教学实践中存在的难点问题,为语文教育的改进做出了重要贡献。也是在 20 世纪 50 年代,为回应文字改革的时代需要,张世禄连续发表《汉字改革的理论和实践》《汉字的改革和简化》等多篇论文,就汉字拼音化的意义和作用解群众之所惑。事实上,像这样面向大众的语言学普及是张世禄一生非常重视的工作。在他的著作中,普及性著作占一半以上,新中国成立以后所作的论文中,这样的文章占到了80%。正如学生胡竹安所说,"先生是学术界的权威,但他并没有某些学者那种不屑眼睛向下的高傲。相反,他看到国内语言学知识普遍贫乏的现状,认识到提高先得要有一个普及的基础，学问只有面向群众才有真正的意义，因而把许多的时间和精力尽先用在'雪中送炭'上"（胡竹安《世禄先生在普及语言学知识方面的贡献》）。

20世纪50年代，与王力在北京大学的汉语史课程几乎同时，张世禄在复旦也开讲汉语史课，当时全国开设这门课的就是这两家。1956年，王力出版了我国研究汉语历史发展的第一本专著《汉语史稿》，而后多次再版；但张世禄的汉语史教材却因为历史原因而长期湮没无闻。在50多年后的今天，随着《张世禄全集》整理工作的开展，尘封多年的《汉语史讲义》终于重见天日。复旦大学中文系教授陈光磊认为，这部著作从上古甲骨文字到现代"五四"时期汉语言，全面检点研究了4000余年汉语史，堪称是继王力《汉语史稿》后又一部汉语史研究的鸿篇巨制，是中国语言史研究的可喜收获。

三、打破"洋框框"，致力语法学的本土化创新

张世禄是语言学界引进西学的先驱，但在他的治学道路上，面向汉语实际、注重汉语的民族特色是他一贯的主张。在复旦大学中文系，他与同为中国第一代语言学家的陈望道、郭绍虞共同提出要走中国特色的语言学道路，为语言学的复旦学派奠定了宝贵的传统。拨乱反正后，步入耄耋之年的张世禄不顾年老体迈，着手进行"自我抢救"的工作，"为祖国的语言科学再作努力，以尽绵薄之力"，其中一项重要成果便是大学汉语教材《古代汉语》。他将研究方向转向语法学，通过一系列专论和演讲的形式提出了让人耳目一新的语法理论体系，为长期在洋教条束缚下裹足不前的汉语语法学研究注入了生机。

1980年，张世禄发表《关于汉语的语法体系问题》一文，他直言不讳地对近一个世纪以来抄袭西洋语法学理论而建立的汉语语法学提出了批评，"有时发现一些汉语语法的特点，觉得为西洋语法学上不能概括的，就陆续加以增添补缀"，其结果是语法体系越来越烦琐和难懂难记，不利于普及文化和工农大众学习。因此，要精简当前的一些"学校语法体系"，首先"要打破许多洋框框的束缚"，张世禄将其归结为在词类、结构形式和句子类型三个主要方面的"三根绳索"。他还多方面地论及前人没有提出过的汉语语法

特殊理论问题,比如,他从根本上否定了被汉语语法分析视为"金科玉律"的以形式为纲的西方语言分析原则,提出"汉语句子的成立要素不是属于语法结构形式"这一新颖的命题,这些论点对当时的学界来说是振聋发聩的。"在当代中国语言学者中,如此鲜明地向积重难返的传统语法观念挑战,张世禄先生是第一人,"申小龙至今仍对读书时先生的一场关于语法的学术报告记忆犹新,"当时先生年事已高,由青年教师搀扶着走上讲台,在如此高龄还能提出一个全新的学术体系,这在他的同辈学者中是绝无仅有的,这样的学术勇气我们都非常钦佩"。

1985 年,张世禄出版了凝结其毕生研究成果之精华的《张世禄语言学论文集》。他在"前言"中写道:"语音在语言学中物质性最强,与自然科学联系较紧密,各民族的语音规律往往有相同之处,所以学习汉语语音时,宜多多采用西方先进的技术和方法。至于语法,民族标志的作用特别显著,所以研究汉语的语法时不应当生搬硬套西洋的语法学。至于词汇,它的性质和基础,我认为是介于语法和语音之间的,所以有一部分可以参考西洋词汇学,另一部分必须强调汉语的独特性,不应当一味模仿西洋语言学。"这是他毕生语言学研究经验的总结,也为我国现代语言学的发展树立了标尺。

四、给研究生上的第一课,是从"逐出师门"的教诲中开始

值得一提的是,在张世禄一生发表的著作中,有许多都是为学术争鸣而作,如发表于 20 世纪 40 年代"文法革新"讨论的《向哪儿去开辟中国文法学的园地——敬答光燊先生》,针对周祖谟先生《汉语词汇讲话》而作的《词义和词性的关系》(1956 年),以及《古汉语里的偏正化主谓结构》(1959 年)、《汉语词源学的评价及其他——与岑麒祥先生商榷》(1963 年),等等。实事求是、敢于争鸣是他的治学原则,在学术问题上,政治上极为谨慎的他却出奇地"倔强"——20 世纪 60 年代初,语言学界出现了"语法"与"文法"术语之争,陈望道校长出于本土化的考量力主"文法",但张世禄根据术语使用的社会性原则,坚持"语法"。

这样的治学态度也一以贯之在张世禄对学生的教导和要求中。学生李行杰记得,1962 年他和朱庆坪考取了张世禄的研究生,在先生的寓所客厅

上课。第一次上课,张世禄指着墙上其胞兄、在美术界与徐悲鸿齐名的著名画家张书旗的花鸟画对学生说:"为这幅画,一名很有才华的学生曾被家兄逐出师门。"原来,这位学生有次近半年没交作业,最后交的却是这幅花鸟画的临摹品,临摹得惟妙惟肖,几可乱真。学生期待老师的称赞,不料张书旗勃然变色,斥责道:"我没有你这样的学生! 没出息。你跟在我后面亦步亦趋有什么意思? 至多成为又一个张书旗,可是张书旗又算什么呢?"就这样,这位学生被断然逐出了师门。"我们做研究生的第一课,就从这'逐出师门'的教诲中开始,"李行杰说,"在以后的几年中,先生反复告诫我:要独立思考,走自己的路,不要轻信别人的结论,即使是老师讲的,也不能全认作真理,要多问几个'为什么'。"令李行杰颇为感动的是,一年后朱庆坪因眼疾休学,只剩他一人听课,但先生还是专门写了《等韵学讲话》的讲稿,雷打不动地每周二晚上为他上近四个钟头的课(李行杰《新松恨不高千尺——张世禄先生治学回忆》)。

在复旦大学中文系,张世禄是公认的"课上得最扎实、最会带研究生"的导师。语言学是艰涩枯燥的,但张世禄却总能把它讲得明快生动。据学生们回忆,在他的课堂上总能听到阵阵笑声,哪怕是音韵学这样令年轻人望而生畏的"绝学",他也能讲得深入浅出、通俗易懂。他的板书非常有条理,"端正凝重,一笔一画,毫不苟且",两堂课下来,满满的黑板就是一个清楚的提纲,"每章每节之间总要有关联、照应,好像章回小说一样,'欲知后事如何,且听下回分解'"。

讲课讲得好,得益于张世禄在长达60多年的教学实践中所摸索出来的"方法论"。早在20世纪40年代,他就在重庆中央大学中文系的学生中成立了语言文字组,开我国教育史上语言学专门化教育之先河。作为教学和科研紧密结合的典范,对语文教学方法的研究也是张世禄学术成果中重要的组成部分。他在语文教学上提出了许多创新性的观点,切中教学问题的时弊。比如,古文读本常见的作品编排方法是先秦开首,明清收尾,由源至流,能了然书面语的发展趋势,但张世禄认为这样和教学与教材编排难度由浅入深的原则不符,在古文教学上"逆流溯源"更为有利,先读《聊斋》、明清小品文,次读唐宋八大家散文,再读《史记》《汉书》《左传》《孟子》《论语》及其他先秦诸子,最后读《周易》《尚书》,这样循序渐进,适应性更强(申小龙《张世禄全集》前言)。

为学界不断贡献思想之光的同时,张世禄一直承担着超负荷的教学任务。1981 年,张世禄被国务院学位委员会批准为高校文科第一批博士生导师。他身上的担子更重了,随之而来的是更为忙碌的教学工作,是一再被压缩的科研时间,正如他在给学生的信中提及:"弟台劝我将一切杂务摆脱,事实上杂务正像狂风暴雨般的向我袭来……修改'音韵学史'和编写'诗律学'的计划,不知何时能够实现!'日月逝于上,体貌衰于下!'只有自己叹惋。"但他仍然坚持亲自培养学生,在晚年视力很差、读写异常吃力的情况下,他依然对学生有求必应,评审论文几乎把纸贴在面孔上。改革开放后,他以耄耋之年带了三届硕士研究生和两届博士研究生,直至他去世。"张先生晚年就像一头老牛。它任劳任怨,吃的是草,挤出的是奶,终日牵挽着超重的车辆,行走在一眼望不到尽头的山坡路上。"学生严修这样说。

1991 年,教了一辈子书的张世禄荣获国务院"为发展我国高等教育事业做出突出贡献专家"的荣誉称号和国务院特殊津贴。而这一年,他因病与世长辞,享年 90 岁。

(原载《文汇报》2021 年 9 月 8 日。陈瑜,《文汇报》记者)

读张世禄《汉语史讲义》札记

陈满华

张世禄教授是中国现代语言学的先驱之一,在汉语研究的许多领域都做出了杰出贡献。从 20 世纪 50 年代开始,他与王力先生一南一北几乎同时开设汉语史课程。然而,颇为遗憾的是,他为此课程编写的《汉语史讲义》一直到去年才由其弟子申小龙教授整理出版。该著分上下两册,正文凡 961 页,作为课程讲义,算得上皇皇巨著了。尽管晚了数十年面世,但此书的出版在汉语研究领域仍是一件很有意义的事情,可喜可贺!这部著作必将进一步推动汉语史乃至整个汉语研究。我有幸在本书甫一面世之际,即承蒙张先生之子张丕余先生惠赠一套。近来拜读、学习此著,受益匪浅。下面仅谈谈自己阅读此书(主要是"语法篇")的点滴印象和体会。

一、关于汉语史的分期

本书有两个三分:在门类(大的板块)上分为语音、词汇和语法,这是传统的分法;对汉语发展时期也是三分的。后者的具体情况如下:

第一,上古期:公元前 15 世纪(?)至公元 3 世纪("五胡乱华"之前)。

过渡期:3 世纪至 5 世纪。

第二,中古期:4 世纪至 12 世纪(北宋末)。

过渡期:12 世纪至 13 世纪。

第三,近代期:13 世纪至 20 世纪 50 年代。

值得注意的是,第三个时期包括现代,即一直讲到 20 世纪,甚至有 20

世纪 50 年代的语料,也就是说把作者讲授此课程时所处的时代也包含进去了。我原以为这是一部纯粹讲古代汉语历史的著作,实际上却不限于古汉语,视野延伸到了现在,是一部广角的汉语通史。因此适应面更广了,作现代汉语语法研究的人读读此书(含"语法篇"),大概不能算读相关领域的著作,而是研习完全属于自己专业范围内的知识。另外,为中古期和近代期分别设置一个相对较短的过渡期,这也是很有特色的,应该说,张先生一定是敏锐地发现了这两个(相对)短暂时期的特殊状况和特殊作用——急剧变化、承上启下,有较为明显的转折标志功能。张教授的这一体系为汉语发展史的历史分期提供了一个很有价值的方案,值得语言史研究者重视。

张先生开设这门课程,筚路蓝缕,属草创工作。后来汉语发展史研究方面的一个重大变化是,分出了一个"近代汉语"时期,现在"近代汉语"研究甚至成了一个独立的分支学科,而这一所谓"近代汉语"时期是连接上古汉语与现代汉语的。那么从理论上讲,近代汉语应该大致等同张先生这个分期里的中古期汉语,但实际跨度并不一样,相差还比较大。对近代汉语的起止时间和内部再分期都有不同看法,我的导师胡明扬教授也曾经提出过一个方案,虽然有较大影响,也只是一家之说。在读到本书的这一部分时,我想,张先生的方案对学界进一步确定近代汉语的起止时间和内部分期,或许仍然有重要的参考价值。

二、关于汉语语法的分类

张先生此著的汉语语法体系首先分为两个大板块:词法和句法。词法里按词类讲,一共分为十类。句法下分三方面讲述:词组、句子结构和句子成分、复句,实际是把句法分为词组、单句和复句三个板块。在语法部分的开头,张先生就说:"汉语词法的发展,主要指词类的发展。"可谓开宗明义,界定清晰。

现在讲汉语语法的著作(含本科用的《现代汉语》里的语法部分,下同),一般不明确划分词法和句法,或者说没有这种清晰的二分了。很多人认为这是进步,因为他们觉得像张世禄等学者的明确二分法,是模仿西洋"葛郎玛"(文法)著作的结果,有生搬硬套之嫌。我则认为,汉语语法的词法、句法二分法,很方便,也自有其道理,效果也很好,至少从教学的角度而言是这样的。其好处是:1. 框架很清晰。现在讲汉语语法的著作没有词法、句法的大框架,一上来就是具体词类、句子成分、短语、单句、复句等,第一层次就有很多类,说实在的其中有些类的并列是比较勉强的,或者说这样处理,层次感不强,甚至有点乱。从学习者(如本科生最初接触"现代汉语"这门课)的角度说,现在比较流行的分法不如张先生的分法那样方便、易记。2. 符合语言事实。汉语缺乏严格意义上的形态,但汉语是有词法的。词法到底是什么?当代汉语语法学界似乎有一个倾向,不敢讲汉语"词法",背后的原因恐怕主要是出于以下考虑:既然词法就是形态,那么给汉语讲词法等于直接讲形态,而一旦说到形态,似乎最容易想起的便是严格意义上的形态,如内部曲折(inflection)等,然而这种形态基本不符合汉语的实际,于是就觉得是生搬硬套了,于是就赶紧退避三舍了。

其实这种放弃词法的做法固然有其好处,但并不一定是很理想的方案。张世禄等老一辈学者明确地为汉语设立词法,将汉语语法内容置于词法、句法的大框架内,不但在当时有其理据,即使到如今也不见得就是过时的东西。首先,历来"morphology"就有两个译法:词法和形态。例如,布龙菲尔德的《语言论》(袁家骅、赵世开、甘世福译)就把它翻译为"词法",译者应该是充分考虑了汉语的实际情况。"词法"就是关于语素和构词(word formation)的,对汉语完全适应。其次,近些年来有的学者(如著名形态学家马克·阿罗诺夫等)重新界定形态,为形态界定确立了一个比较刚性的充要条件:(语素的)黏着性。这种做法实际扩大了形态的范围(但与方光焘等学者的诸如分布特征等广义形态并不一样)。汉语(尤其是现代汉语)里黏着语素也不少了,据此现在有人(包括有海外留学背景的年轻学者)开始主张汉语也有"丰富的形态"。我并不认同这种"汉语有丰富的形态"之说,但是大胆承认汉语的词法,将构词法大大方方地纳入"词法"名目下阐述、讲授,这有何不可呢?这不但在理论上站得住脚,也很实用。在我看来,张先生此著的这个汉语语法架构,非但不是其缺点,反而是其亮点!汉语语法学界有必要重新评估张先生等部分老一辈学者的这种明确的词法、句法二分的语法大框架,应给予充分的肯定。

三、对汉语发展脉络的梳理

本书对汉语发展演变史的叙述有鲜明特点,可以概括为:简明扼要,线索清晰、对比性强,便于记忆。

例如,介绍上古期的名词特点时,总结了五个特征,其中前三个是:名词的辅助成分很少见("辅助性成分"实际相当于词缀),如比较成熟的有加在前边的"有"("有虞""有商""有民"等)、初起而不常见的加在后面的有"阿""子""儿";名词,包括人称名词都没有数的范畴,没有表述单复数的语法形式;除了经常被形容词修饰外,还直接与数字相结合(数/名或名/数),数词后面不需要应用量词(第 329—330 页)。在介绍中古期的名词特点时,也讲了三条,分别是:名词的辅助成分得到发展(其中上古处于萌芽状态的辅助成分"阿""老""子""儿"等在汉魏以后的口语里得到广泛应用);人称名词有了数的萌芽(唐以后的"伟""弰"等);数量名结构得到发展(第 366—367 页)。讲近代期的名词时,对这几方面的情况又有更进一步的分析。整个发展脉络很清晰,这些内容对比着讲述,很有"发展""演化"感,内部逻辑性强,很清楚地揭示了某些重要语法现象或范畴的发展规律和轨迹,是地道的发展史。从教学效果上看,这种对比性阐释,能给人很深的印象,便于学生记忆。某些讲汉语史(包括语法史)的书,不太注意发掘或跟踪前后所议现象的内部关联、演变规律及轨迹,照应性不够,读之多少有脱节之感,相比之下,张世禄先生的这部汉语史就做得很好。

当然,总体看来,书中用于说明其结论的例证往往不算多,这显然与此书原系初稿(甚至是未整理稿)有关,尽管如此,这些例子一般很精到,说服力强,可谓少而精。在语法论证时,合适的例证当然是多多益善,但精湛的举例即使不多,也能很好地说明问题,而且作为给初入门的学生开设的讲义(而非精深的专著),这样做(即精选例证)甚至是必要的。这方面也可见张先生在遴选例证时的苦心孤诣,同时也反映了他的学识广博、功底扎实,一般人是很难做到的。

总之,该著特点鲜明,虽然只是初稿的整理本,但已经很有分量;深入浅出,很适合作教材。相信此书的出版,必将惠及学林。

今年是张世禄先生逝世 30 周年,明年是他诞辰 120 周年,谨作此文,表达后学对张先生的敬仰和缅怀。张先生开创的语言学事业后继有人,一定会发扬光大!

2021 年 8 月 25 日,苏州

（陈满华,中国人民大学文学院教授）

铭感师恩　砥砺前行

笪远毅

　　尽管我们从 1963 年秋季到 1968 年 12 月,用了近乎五年半在复旦大学求学,但是"文革"中断了既定教学计划的执行,心中的遗憾无法言表。毕业后,经过在军垦农场、安徽基层十年磨炼,1978 年,我调入南京师院镇江分院(1979 年教育部批准易名"镇江师范专科学校")任教。因为学业有亏,从事高等教育深感底气不足,不免心怀忐忑。但是在复旦大学光环笼罩下,当学校问及自愿选择课程时,立刻想起著名教授张世禄先生等老师主讲的"现代汉语"。我是该课程的课代表,学习特别认真,与先后任教的许宝华、汤珍珠、张世禄老师更多一层感情上的联系,毕业后坚持向老师请益,长期得到老师的呵护,老师们的言传身教使我受益终身。我坚信只要认真学习积极准备,一定能以一个复旦人的形象站稳讲台,不辱师门,为校争光。于是我选择了"现代汉语"。班主任高天如老师闻讯很快寄来了复旦大学中文系正使用的讲义,给学生以莫大的精神支持。我背倚母校的强大靠山,勇气倍增,以攻坚克难的精神投身教学,终于首战告捷。

　　1979 年学校委派几名青年教师到南京师院学习进修,准备接受后续课程任务。我有幸从训诂学大师徐复先生学习汉语史研究生课程。徐先生询问我在复旦大学的语言学课程的老师后,盛赞福崇先生是我国早期与世界接轨的中国语言学课程体系的重要建构者,有许多重要论著,编写了许多重要的语言学教材。先生毕业于南京国立东南大学,曾任中央大学、南京大学、金陵女子文理学院教授,在南京留下重要足迹,在学界具有很高威望。

　　回炉重修,殊为不易。我喜不自禁地冒昧给张先生写信,汇报种种。先生很快复信,勖勉有加,并嘱代向徐复、张拱贵先生致候。先生还指示:"南大方面,鲍明炜先生、洪诚先生等均系多年知交,希常与之过从,多多请益。"在恩师指引下,拜见诸位先生,并蒙亲切关照。进修两轮,累计两年,奔走于南京大学、南京师大两校,努力学习了音韵、文字、训诂,以及中国语言学史、《说文解字》专题诸多课程,返校为 1977 级顺利开设了"古代汉语"课程,并从此主要承担该课程的讲授,直至 2007 年在江苏大学退休。

先生 1979 年 3 月来信指示:"关于汉语研究,无论古代、现代,问题最多,还是在语法方面。我意首要的问题是语法体系的烦琐主义。"并寄来新撰论文,强调"内中述及现今语法体系,应力求精简",并询问"此种主张,符合教学实践否?盼望将不同意见告诉我"。拜读大作,似曾相识,亲切地回忆起,文章的主要语法思想早在先生当年为我班讲授"现代汉语"课时,已经作为教学挂图的内容辅助教学了。先生致力于中国语言实际,反对抄袭西洋语法,在他的汉语语法思想中烦琐的旧语法体系,在文中已然精简廓清,词类合理综合分类,结构形式和句子类型梳理得清晰了然,体现了先生的求实创新精神。先生的语法思想历久弥新,将指引后学不断前进。《关于汉语的语法体系问题》这篇文章后来发表于《复旦学报》(语言文字专辑 1980 年10 月)。

1980 年 4 月,先生应邀赴扬州师院讲学,27 日来信告知,29 日返程将专门访问镇江师专。我校除了我是先生复旦的学生,副校长钱璱之、中文系刘锦老师更是先生中大的学生,大家闻讯十分高兴。29 日师生欢聚一堂,畅叙别情,非常亲切,令人难忘!

开始在高校任教,除了教学,还须从事科研工作,紧张备课的同时,一直在思考科研选题。恰巧当时各地兴起编纂地方志,镇江市史志办公室委托我编写方言卷。想起复旦大学中文系许宝华老师讲授的语音分析和音系构成的知识,特别是当年饶有兴趣地学习的国际音标知识,我很乐于运用国际音标记录整理镇江方言音系,便接受了任务。在字音和词语的用字推敲时,有时煞费踌躇。因为这几年总在音韵训诂中钻研,知道其中有"矿",经过一番寻索,果然形成一篇方志编写的副产品《镇江方言本字考》。

1981 年江苏省语言学会成立后,1984 年学会的年会论文《语言研究集刊》(第一辑)问世。非常令人惊喜的是,张先生不仅拨冗应邀出席江苏省语言学会成立大会,还为《集刊》撰写了题为"从训诂学看古汉语的基本词"的文章。该书"编者的话"中说道:"在编辑过程中,得到语言学界的老前辈吕叔湘、张世禄两位教授的热情支持,各赐文一篇,特向他们表示感谢和敬意。"作为张先生的学生,柳士镇的《〈世说新语〉句法特点初探》和我的《镇江方言本字考》也在该辑发表,我们感到很光荣。我想,先生看到自己的学生在这个场合汇报学习成果,一定也很高兴吧。

我的镇江方言研究得到了张先生的至交南京大学鲍明炜教授垂爱,后来在编写《江苏省方言志》时,我也协助鲍先生有所贡献。鲍先生每与我谈起张先生,尊敬之情溢于言表。

20 世纪 80 年代初,为了系统学习中国传统语言学的几部基础要籍,我选择带着课题的方法不断自我鞭策,奋力前行。论证古汉语的复辅音声母,自 20 年代,即有中外学者从假说进而多方向钻研取证。我愿借研读《尔雅》《说文解字》《方言》《释名》《广雅》《广韵》诸书,旁及多方,从声训、代语(方言间的同义词)、异名、谐声、又音、传说诸角度,论证构拟上古汉语复辅音声母[ml-]。检索古籍,广泛查对,非常辛苦,但时有新材料发现,也获得科研之乐。1980 年秋撰就《古汉语复辅音声母[ml-]考》一文,成文后即呈张先生指导。先生 10 月 20 日复函肯定了材料的收集和分类,"深觉搜讨辛勤,收罗宏富,就材料分类,可称完备"。继而侧重具体指导:其一,材料还可以再加搜集;其二,"为着收集材料的便利,当然将材料分类编制;如果为加强说服力,似乎应当综合说明"。先生的意见直击我的软肋:我当时的认识,仅取证古有复辅音,对复辅音声母的存在,分化,解构过程,我还无力推论。后来在《古汉语复声母论文集》(1992 年编,1998 年出版)中拜读了先生与杨剑桥的大作《论上古带[r]复辅音声母》,文章提出上古汉语带[r]复辅音声母组合类型、四种演变规律,令人深为折服。

1980 年 11 月 16 日先生再次来信就复辅音研究,给予鼓励和指导:"论证古有复辅音,对于研究汉语语音发展的规律,对于确定古书中字音的双声关系等等,都有极重大的意义。复辅音在上古时期已逐渐趋于单化,这是与汉字单音节制的影响有关。希望你扩大研究,广为搜罗,特别是在少数民族的语言、现代方言中去搜集。"先生的激励是我前进的巨大动力,1986 年我撰写了《切音词和析音词》(载《安徽师大学报》1986 年第 1 期),从汉语词双音节化的音理角度分析了复辅音声母的解构。1988 年我又撰写了《古汉语复辅音声母[kl-]考》(载《镇江师专学报》1988 年第 4 期),材料的搜集范围更深更广,增加了亲属语言材料,运用了统计方法,对复辅音声母的分解过程,举例并作图示,努力作了说明。1990 年撰《释混》(载《镇江师专学报》1990 年第 4 期),通过对"混"的词族研究,论证了复辅音声母[kl-]在汉语词义声训方面的强大生命力。

　　1987 年 5 月复旦大学中国文学语言研究所编《语言研究集刊》第一辑出版。主编李振麟先生在《序》中写道:为了贯彻党的百花齐放,百家争鸣的学术方针,"学习兄弟院校、科研单位的先进经验,反映复旦大学语言学方面的研究成果,我们编辑出版《语言研究集刊》"。捧读《集刊》,全书汇集了许多尊敬的老师(张世禄、胡裕树、严修、许宝华、汤珍珠、陈炳迢等)的大作,承蒙母校老师的厚爱,拙文《古汉语复辅音声母[ml-]考》有幸作为复旦大学语言学方面的研究成果被收入,学生深感惶愧。无限感恩亲爱的母校! 感恩敬爱的老师! 特别感恩张世禄先生的勉励和栽培!

2021 年 11 月 5 日

(笪远毅,江苏大学人文社会科学学院副教授)

黉门遗泽　辞苑流芳

——记苏步青教授与张世禄教授二三事

王增藩

1980 年 3 月，苏步青教授任职复旦大学校长已有两年。在"拨乱反正"后，负责大学全面领导工作，任务十分繁重。年近八旬的苏老，急需一位助手。我服从学校领导安排，从党委办公室调至校长办公室，当上苏步青的专职秘书。之后，经常陪同苏老赴京参加"两会"，在校时从事文书写作工作。

为张世禄教授诞辰 120 周年写这篇纪念文章，还因为我是中文系的学生。1961 年我从福建考进复旦大学中文系，深知张教授是系里的十大教授之一，更是我国现代语言学先驱。大学三年级，在文学与语言专门化分班时，我选择了语言学。

一

身为中文系学子，我与系里关系密切。研究汉语的陈炳迢老师是福建人，联系较多，常听他说学语言今后会大有作为，我便决心花大力气，学好祖国语言文字。

在当秘书的日子里，我发现苏老与张老很有交情。1952 年全国高校院系调整，苏老从浙江大学来到复旦，张老也从南京大学至复旦，自此相识相交。不仅他们的孩子来往密切，二位夫人也常有交流。张瑞云夫人常常去他家找苏松本夫人聊天，叙家常。苏老很重视语言文字推敲，曾多次通过他们的孩子,向张老借阅《语文学习》杂志。其中刊载张老的文章,《音韵学的功用》《汉字的特性及其对社会、文化的作用》《怎样运用成语》等,苏老阅后还与张教授互相探讨。酷爱诗词的苏老,早晚都要吟诗写词,需要阅读有关修辞的知识。苏老说,张教授是语言文字大师,学了他的文章很有帮助。数学家如此看重著名的语言学家,重视语文学习,让我十分敬佩。

我听苏老多次说过,从小打好了语文的基础,对他学习其他学科提供了很大的方便。他在担任复旦大学校长发表就职讲话时说过:"如果允许复旦大学单独招生,我的意见是第一堂先考语文,考好后就判卷。不合格的学生,其他科目就不用考了。语文你都不行,别的学不通的。"

教授的居住条件即工作条件。"文革"后,学校在平凉路、景星路筹到一批公房,张先生和中文系的郑权中、吴文祺等教授都去现场看过。为教学方便,苏校长劝张先生不要搬离复旦九舍,不久住房就复原了。

1983 年张世禄先生在复旦大学第九宿舍书房工作

二

2005 年 3 月 25 日,《纪念张世禄先生学术论文集》由上海教育出版社出版。张老的儿子张小隽题赠我一册,阅后受益匪浅。

在这部文集中,我阅读了我老师写的文章,感受深刻的有,胡裕树老师的《语法的共性和个性》,濮之珍老师的《怀念张世禄先生》,许宝华、汤珍珠老师的《上海地区方言的升调系统》、周斌武老师的《近体诗的正格——汉语诗律丛谈之一》等。作为语言专门化的学生,读到老师的大作,心中特别感激。

苏老与张老的交情随岁月日益加深。在张世禄家中,为感谢朋友情谊,苏老写了一首《咏水仙花书呈世禄教授方家两政》的条幅相赠。

> 皇冠翠袖足清闲,淡泊生涯水石间。
> 南闽有家归梦远,西湖无庙属杯难。
> 闻香晓日春何早,听雨青灯夜更寒。
> 我是老僧偏爱静,案头不厌两相看。

这无疑是对先生品格和人生的真实写照,反映了老一代学者之间的深情厚谊。

三

张世禄先生于 1991 年 11 月 16 日去世,享年 90 岁。苏老寿高,得知噩耗陷入悲叹之中,并传话给张老家属,不便参加告别会。之前,要我陪同到张世禄家中慰问。我们一起来到第九宿舍六号三楼家属居家处,我扶着苏老上了三楼,对张世禄先生不幸逝世表达深切哀悼,并望家属节哀保重。

上海福寿园创建于 1994 年,被誉为"东方最美的墓园",现有 800 多位名人安息在那里。他们派人联系苏老,我负责接待工作。来人希望德高望重的苏老为高知墓区题字,苏老考虑之后,挥笔写下"文星园"三个字,以表达对逝者的敬重。

　　1997 年冬至,张世禄先生的骨灰安葬于上海福寿园之文星园,墓碑前为张政平教授题字,碑后为张世禄自题:"五音呼唤即至,四声不召自来。"在墓盖石上有苏步青先生题字:"黉门遗泽,辞苑流芳。"

　　(王增藩,复旦大学研究员)

跟随爸爸的搬迁

张小平

从孩提时代有记忆开始，我就跟随爸爸搬家，从重庆到南京，又从南京到上海，不断地搬家、搬家。我们姊妹有五人，整个 20 世纪 40 年代前半期正是日寇入侵我国南方之时。1939 年父亲取道香港，随任职的大学内迁，父母走一路生一路，从我们的名字就可以知晓：1940 年我哥小隽生在云南昆明，长我整一岁；次年 11 月我生于广东坪石，取名小平；妹小陵生在嘉陵江边重庆，小我三岁半；1946 年我弟"丕余"也生在重庆，他的名字是他干爸起的，意思是大大多余，告知不能再生了，大家也认为他是最后一个，我们都叫他的小名"毛弟"。可到新中国成立后政府又鼓励多生，50 年代新中国一切向苏联老大哥学习，要争当"母亲英雄"，妈妈又生了一个小妹，当时住在南京碑亭巷，所以取名小亭。在那战火纷飞的年代，想想父母生养我们姊妹五个，多不容易。

1945 年抗战胜利，日本侵略者无条件投降。原本我们这些为躲避战火内迁的大学教授及家属，应该立即搬回南京，但可能搬迁的人家太多，一直到 1947 年才轮到我们。

第一次坐飞机也是印象最深的一次搬迁。我们坐的是一架美式军用运输机，机舱里只有靠窗两排座，中间一条过道，几十个人面对面地挤在一起，飞机颠簸厉害，许多人都晕机，呕吐不止。机尾有个卫生间，用的人太多，大小便及呕吐物已漫出来，污水横流让人恶心。我只能倒在父母的怀中昏睡过去，也不知过了多久，飞机已到达目的地——南京。

我家搬进当时的中央大学的第一宿舍。这是一栋临时由教学楼改为家属宿舍的,过道就是各家的厨房。这不就是"筒子楼"吗?接着还有第二、第三宿舍呢。我们分配在第一宿舍的二楼,因孩子多,分得一大一小两间房,大房也许原先是教室,很宽敞,一张八仙桌、三张大床、爸爸的写字台都安顿好了,算解决了一家的食宿。每当深夜我偶尔醒来,总能看到爸爸还躬身在书桌前,他那高度近视的眼睛几乎贴上手中的书稿。好在爸爸记忆力好,过目不忘。

不久南京解放,为了看庆祝大游行,爸爸特地带我们到南京最繁华的市中心——新街口。我们到那里,街边已挤满了看热闹的人,游行开始时已是人山人海。游行队伍中有扭秧歌的、打腰鼓的,"解放区的天是明朗的天,解放区的人民好喜欢……"人们唱着新中国的歌,歌声锣鼓声响成一片,激荡人心。

随着新中国的成立,学校员工的居住条件也得到改善。我们从"筒子楼"搬到了碑亭巷。据说这里原是民国时总统府高级职员的家属院,居住条件当然好多了,爸爸也有了他专用的书房。但是书房在"亭子间"楼下是厨房、楼上是阳台,楼层又矮,简直像个蒸笼。

新中国成立后,中央大学更名南京大学,我当时就在"南大附小"上小学。

1952年全国大学院系调整,爸爸调到上海复旦大学中文系,我们全家也随之迁往上海。先是住在复旦大学第五宿舍。当时复旦的职工宿舍大多是日伪时期修建的,虽是二层楼房,但是日式的,很矮小。第二年我家就搬到第二宿舍,这里也叫"徐汇村",虽说是平房,但宽敞多了,而且每家有个院子,可以种自己喜爱的花草,所以"徐汇村"也是复旦最美丽的家属院。我家的院子有一块十来平方米的草坪,暑天夜晚,在这里边乘凉边听爸爸讲故事是孩子们的最爱。爸爸青少年时期看了不少"闲书",什么《西游记》中的孙悟空大闹天宫,一个跟头可翻十万八千里;《水浒传》中的打虎英雄武松、及时雨宋江、黑旋风李逵等人物,还有《三国演义》中的桃园三结义,诸葛亮空城计、借东风……他满肚子都是故事,而且讲起来绘声绘色,栩栩如生,乐在其中,听得我们如痴如醉,不亦乐乎!

50年代复旦大学兴建了教师宿舍——第九宿舍,我家是首批分配到新房的。新房九舍六号宽敞明亮,自那时起近70年了,我家就一直住这里。

2015 年 8 月 17 日上海市政府认定复旦大学第九宿舍为"优秀历史建筑",20 世纪 50 年代建的三栋多层公寓 1—48 号,我家也在其中。

虽然上大学和工作都在外地,但一有机会我就会回上海探亲访友或者看美展之类的,当然落脚之地就是复旦九舍六号。尽管 20 世纪 90 年代父母都仙逝了,但我还是一如既往地把复旦九舍当成自己上海的家。几十年来,我家两次大装修,但基本格局没有变,只是作了更实用的改造。如今一间朝北的大房仍堆放着爸爸的遗物——书柜、书桌和他教学用的讲义及大量书籍手稿等,一直在等待作适当的纪念性的处理。

小平,2021 年 8 月于深圳

和外公相处的日子

张耀辉

    1973 年的冬天,我和姐姐一起,从河南通许县到上海去看望外公、外婆。当时我只有 14 岁,第一次出远门,而且是到上海去看望从未谋面的外公、外婆,心里甭提有多高兴了。

    从小我就听妈妈讲外公的故事。每当我们学习不专心时,妈妈就会说到:你外公小时候读书时,墙外面过节耍花灯、敲锣打鼓都不会抬头的。在我的脑海里,外公是个大教授,大学者。在小伙伴中间,我经常说,我姥爷是复旦大学教授,一种自豪感油然而生。

    到了上海后,外公家住在复旦大学九舍六号,一幢灰色的三层还是四层楼,外公家在二楼右边一个单元里,好像有五六间房子。其中一间是另外一户人家。当时我感觉很别扭,后来才知道,“文革”期间,外公的家被分出一间让其他教师住,好像厨房、卫生间也成了公用的。外公见到我们后很亲切,问寒问暖,问我叫什么名字,怎么写? 我说叫耀辉,外公自言自语地说着我的名字,然后就说:“耀辉,耀耀,就叫耀耀吧!”从此,我在上海时候的名字,就成了耀耀。

    外公很幽默,有一次问我,河南人怎么称呼外公,我说叫姥爷。他笑着说:“不行,不行,老爷不能叫,那就成了资产阶级的老爷了,姥爷不能成为资产阶级的老爷。”说完他哈哈笑了起来。当时,四舅张小隽已经近 35 岁了,外公问起他的婚事,四舅说快好了。外公说道:“你可真是晚婚的模范啊!”记得那是一个星期天,外公、外婆带着我们去西郊动物园。到了动物园后,走了很多路也没找到熊猫馆,外公就问动物园的工作人员:“拥猫”馆在什么方向？工作人员莫名其妙，解释了半天，才弄清楚是找熊猫馆。我对外公说是熊猫，不是"拥猫"。外公哈哈大笑说："乡音未改，乡音未改啊。"

一天上午，我和姐姐送外公去上班，九舍距离复旦的大门很近，我们和外公边走边聊，我问外公："外公，像你这样的大学问家，应该有专车接送去上班。"外公笑着说："还接送上班呢？让我出来工作就很满足了，能为国家出点力，我已经很知足了。"当时，外公已经是 70 多岁的人了，望着外公向办公室走去的背影，我心里有一种说不出的感觉。

当时，外公家的房子被占用后，空间很紧张，靠近单元门的一间房子，既是客厅也是外公的书房，我们到外公家后，我就在这间房子里晚上搭张折叠床睡觉。往往是我睡了一觉睁眼看去，外公还在书案前看书写东西。外公的视力不好，高度近视，还有眼疾，常常借用放大镜看书。那种场景到现在还历历在目。一个月的时间很快就过去了，我们依依不舍地离开了上海。

我第二次见到外公是 1980 年的夏天。那时候我已经参军到福建了。由于我的父亲突然病故，我赶回河南通许县的家送别父亲。回部队时，我顺便去看望外公，并且把父亲病故的噩耗告诉了外公。由于部队的假期有限，我只能在上海待一个晚上。那一夜，外公坐在我的对面，问了好多关于父亲的事情，关心地问我母亲怎样了。外公语重心长地说："人有旦夕祸福，你要挺住，你是家里的长子。你现在是男子汉了，一定要站直了，在部队好好干，一定要好好学习。只有掌握了更多知识，将来才有更好的路。"那一夜我和外公几乎没合眼，第二天一早我就离开了上海。临别时，望着外公那种慈祥、爱怜的目光，我忍泪惜别了外公、外婆。

第三次见到外公，是在 1988 年的夏天。我到上海出差，去看望外公。那时候，外公已经患上帕金森病了。望着瘦骨嶙峋的外公，我的心一下悬了起来。外婆大声地对外公说："耀辉来看您来了。"只听外公含糊不清地念叨着："耀耀，耀耀。"后面说了什么，我听不清楚了。时隔几年，外公就这样变得老态龙钟了。我的心顿时沉重起来。外公是在 1991 年病故的，享年 90 岁。我和弟弟到上海参加了外公的葬礼。

外公永远活在我们心中。

（张耀辉，张世禄先生的外孙）

"是因循不改,继续受许多洋框框的紧紧束缚呢,还是起来革命,打破洋框框?"

——张世禄先生期待汉语学界的抉择

申小龙

"是因循不改,继续受许多洋框框的紧紧束缚呢,还是起来革命,打破洋框框,建立自己的语法体系呢? 这正等待着汉语学界的抉择。"这是张世禄先生的世纪之问。其内在逻辑我们分析如下:

一、独具慧眼:语言三要素研究的中西关系

张世禄先生对汉语研究各领域与西方语言学理论之关系有一个具有方向性、全局性的见解:

近年来,我认为汉语语言中语音、词汇、语法三种要素,基础不同,学习和研究的途径也有差异。语音在语言学中的物质性最强,与自然科学联系较紧密,各民族的语音规律往往有相同之处,所以学习汉语语音时,宜多多采用西方先进的技术和方法。至于语法,民族标志的作用特别显著,所以研究汉语语法时不应当生搬硬套西洋的语法学。至于词汇,它的性质和基础,我认为是介于语法和语音之间的,所以有一部分可以参考西洋词汇学,另一部分必须强调汉语的独特性,不应当一味

模仿西洋词汇学。根据"从汉语实际现象出发,寻其规律性"这样的认识,我认为目前汉语语法学界有些人强调完全学习西洋语法和语法学,实在是一种偏向,有纠正的必要。

二、本土化路径:凭语序而建立范畴,集范畴而构成体系

张世禄先生对汉语语法民族性的认识,早在 20 世纪 30 年代中国文法革新讨论中就形成了。在这次讨论中,张先生提出:

> 中国过去文法家过于因袭西洋,以致普通流行的文法书上有很多削足适履的地方;我们应该依据中国语文"特殊"的性质和现象,重新来建立中国文法的体系。
>
> 我认为现在研究中国文法,不妨把形态学上的关系暂时撇开,而专心注重措辞学上的关系,才可以达到"建立范畴"和"构成体系"的目的。

他主张"凭语序而建立范畴,集范畴而构成体系"。对汉语语法注重时间流程和本土化研究路径的这一理解,经过半个世纪的酝酿,形成了张世禄先生完整的汉语语法理论创新体系。

三、振聋发聩:挑战中国现代语法学的第一人

70 年代末、80 年代初,张世禄通过专论和演讲,首次发表了他的汉语语法体系,打破了汉语语法学在洋教条束缚下徘徊不前的沉闷,为当时呈危机状态的语法研究吹进了一股清新的改革之风。作为中国现代语言学的前辈,张世禄以其深沉的历史感和洞察力指出:

> 汉语语法学的建立从开始到现在已经快要一个世纪了。在这期间,研究、学习汉语语法的,几乎全部抄袭西洋语法学的理论,或者以西洋语言的语法体系作基础来建立汉语的语法体系,形成今天繁复臃肿的畸形发展局面。是因循不改,继续受许多洋框框的紧紧束缚呢,还是

起来革命,打破洋框框,建立自己的语法体系呢? 这正等待着汉语学界
的抉择。

张世禄对这个问题的回答是后者。在当代中国语言学者中,如此鲜明
地向积重难返的现代语法观念发起挑战的,张世禄是第一人。

四、功能主义:打破语法学的形式为纲

张世禄先生全面揭示了汉语语法体系中洋框框的束缚,把它归结为在
词类、结构形式和句子类型三个主要方面的三根绳索。这些论述多方面地
触及前人没有提出过的汉语语法特殊理论问题。

汉语语法学是在模仿西方语法体系并系统吸收西方语言学理论的基础
上建立的。西方语言分析的一个大原则是以形式为纲。这一条在汉语语法
分析中也顺理成章地被视为金科玉律。但是汉语又是一种缺乏形态变化的
语言,这就导致分析方法与语言事实的深刻矛盾。

张世禄从根本上否定了这个被印欧语研究视为天经地义的前提,提
出"汉语句子的成立要素不是属于语法结构形式"这一新颖而又深刻的
命题。

他认为,西方语言的语法里,不只是各个独立的句子,还有复杂句当中
的子句和复合句当中的分句,都要用以限定动词作谓语的主谓结构来构成,
所以西方语言里句子和非句子在语法结构上是分得很清楚的。

而汉语的情况不是如此。汉语是各种各样的结构都可以成为句子。句
子成立的要素不在结构形式。因此,依据语法结构来区分句子的类型,在汉
语里是牛头不对马嘴。

从这一观点出发,张世禄认为自西学引进以后汉语语法学接受的一整
套"单句""复句""子句""分句""句子形式"等名目都是不必要的。而所谓
"无主句""主谓谓语句"之类为适应汉语特点而采用的有调和色彩的名词用
语不过是对舶来品的改装。其认识依据仍是主谓结构才成为句子的观念。
把句子问题和结构问题纠缠在一起,凭空造出一些烦琐的名称、术语和分
类,结果不是毫无意义,便是矛盾重重。

那么,汉语句子的成立要素究竟是什么呢？张世禄提出"语气说",即汉语句子的根本性质及其所以成立的要素是语气。我们理解,这里所说的语气是指说话人对听话人的要求,对说话内容的态度和情感,即句子的表达功能。

五、语气层次：功能句型的系统建构

句子是言语交际单位。从本质上说,句子的完整与否,既不在于结构的繁简,也不在于意义的完整,而在于语气的完结与否。在西方语言中,语气是依附于动词的形态变化来表现的。这是因为动词在西方语言中是句子的结构和语义的核心所在,是理解句子格局的透视焦点。

汉语句子格局的视点不是机械地固定在某一点上,而是随着逻辑事理的顺序展开的。汉语的语气作为句子表达功能特有的标志,主要依靠句末(有时是句首或句中)语气词来体现。它传达的不是一个动词的语气,而是全句的语气。

张世禄认为,就像句法结构可以形成不同的层次一样,语气也可以作层次分析。汉语中不同的语气词连用就是表明这种层次的。直陈句中静态的语气往往属于内层,动态的语气往往属于外层,而最外层的语气词则指明全句的总调。这种语气的层次感表现出汉语语言哲学以相对的静态包含在绝对的动态之中的特点。

汉语语气的层次性与印欧语句子结构的层次性的不同不仅在于后者是主形(形式)的,前者是主"神"(功能)的,而且在于后者是定点地由上到下的纵向单一区分,前者是不定点地左右逢源的横向综合区分。因此汉语不同句型的格式可以根据内容表达的需要交织在一起。

这种交织往往以直陈语气为内层的基调,别类语气为外层的总调。如果语气词在句子后面出现,则最后一个语气词体现外层总调；如果语气词在句子前面或中间出现,则最前面的一个语气词体现外层总调。这种独特的句型面貌也许会使一些习惯"洋框框"的研究者大惑不解,但它无疑拓展、丰富了人类对语言的认识。

张世禄的句型语气层次,是以古代汉语句子为依据的。现代汉语没有古汉语这么丰富的语气词,但依然可以依据语气的本质——句子表达功能——来建立功能句型的层次。

六、体用不离:功能与结构的关系

其实,张世禄的语法学说与音韵学说表面上取径不同,实质上都是用现代科学的眼光在发展传统。张世禄认为汉语传统的语法研究往往从训诂学来解释虚词的意义,而不去观察虚词在句子结构中的组织功用,这是一大缺陷。他对语气词的研究则是联系整个句子结构形式的。

他把直陈句的一般结构作为其他句类内层的基调,也就表明汉语往往利用结构变化来表达特殊的语气和感情色彩。如单独的动词或动宾结构之于祈使句,倒装的动宾结构之于疑问句、反问句,倒装的主谓结构之于感叹句。

语法结构的变化和句子类型的特点有密切的关系。张世禄不认为汉语有任何脱离结构的功能,避免了传统研究在功能问题上的神秘主义倾向。

当然,形式与功能并不总是一一对应的。由于汉语缺乏形态变化,汉语句子的理解对语言环境的依赖很大,往往一种结构可以表现为多种功能,一种功能又可以映射多种结构。句子的表达功能决定与之适应的成分配置格局,句子表达功能与句子格局在语境作用下的非单值对应,这就是张世禄汉语语法研究的整个形式功能观。

(原载微信公众号《文化语言学新视野》2021 年 3 月 9 日)

张世禄先生学术生涯的
代表性著作及其影响

徐鲁燕

张世禄先生是我国现代著名的语言学家,在古汉语文字、音韵、训诂方面,在现代汉语的语音、语法、词汇、修辞方面及普通语言学方面都有较深的造诣。他的一生,为传授语言学知识、培养语言学人才、促进我国语言学发展做出了重要贡献。

张先生的主要学术生涯始于 1928 年到上海担任商务印书馆编译员及暨南大学兼职讲师。从 20 世纪 20 年代末到 40 年代,张先生的主要研究重点是汉语音韵学和普通语言学。他一方面系统介绍前人在传统音韵学上的成就,著有《中国声韵学概要》(商务印书馆 1929 年)、《中国古音学》(商务印书馆 1930 年)等;一方面积极介绍西方语言学理论,著有《语言学原理》(商务印书馆 1930 年)、《语言学概论》(中华书局 1934 年)、《语音学纲要》(开明书店 1935 年),译有英国福尔的《语言学通论》(商务印书馆 1937 年)、瑞典高本汉的《中国语与中国文》(商务印书馆 1931 年)和《汉语词类》(商务印书馆 1937 年)等。张先生对西方理论态度积极,接触时间早,接受程度高,研究成果也较早问世,是我国第一批研究普通语言学理论的学者中著作和译作最多的。何九盈先生在《中国现代语言学史》中赞其"在介绍西洋语言学理论方面,用力最勤,成绩突出"。同时,张先生对瑞典汉学家高本汉的音韵学方法及理论的译介和运用同样功劳赫赫,他所提倡的历史比较法和内部拟测法为现代音韵学开辟了广阔的前景。

这一时期,张先生学术研究的最大特点是运用西方语言学理论来研究中国传统音韵学,在这方面著有《广韵研究》(商务印书馆 1933 年)、《音韵学》(商务印书馆 1933 年)、《中国音韵学史》(商务印书馆 1938 年),是我国现代音韵学的先驱。其中,《中国音韵学史》是张先生在音韵学方面影响最大的一部力作。这部著作全面而系统地对各时代的韵书进行了详细介绍,论述了各个重要问题;援引了大量原始材料,同时也为今人成果作了提要,材料非常丰富。严修先生在《20 世纪的古汉语研究》中赞其是"第一部系统论述中国音韵学源流的通史","曾独领风骚数十年,直到现在,后继者也寥寥无几"。同时,张先生在现代文字学和现代训诂学上也有所成就,著有《中国文字学概要》(文通书局 1941 年)、《中国训诂学概要》(文通书局 1942 年)。

20 世纪 50 年代后,苏联语言学理论传入,张先生开始用马列主义观点和方法来研究汉语语言学,研究重点转移到汉语词汇学上。这一时期,张先生著有《小学词汇教学基本知识讲话》(浙江人民出版社 1956 年)、《普通话词汇》(上海新知识出版社 1957 年)、《小学语法修辞》(浙江人民出版社 1959 年);合著《现代汉语》(胡裕树主编,上海教育出版社 1962 年),负责词汇部分的编写。同时,在文字改革方面,还著有《汉字改革的理论和实践》(文字改革出版社 1957 年)等。

"文革"结束后,张先生成为我国高校文科第一批博士研究生导师,并先后担任《汉语大词典》《汉语大字典》、中国音韵学学会、中国训诂学学会、上海语文学会等的学术顾问。这一时期,张先生的研究重心转移到语法学,著有《古代汉语》(上海教育出版社 1978 年)、《张世禄语言学论文集》(学林出版社 1984 年)等。其中,《古代汉语》是张先生汉语研究的精华之作,对古代汉语的音韵、词汇、语法等方面提出了富有创见的学说,在语法学上提出了突破西方理论框架束缚的本土化改革思想和以语气及句子表达功能为基础的新语法体系。

张先生的学术生涯及代表作,被许多学术辞典和名人辞典所收录介绍。《中国当代社会科学家》(《文献》杂志编辑部、吉林省图书馆学会会刊编辑部,1986 年)第 7 辑收录了张先生的自传,并附有先生所有论著。《中国语言学人名大辞典》(陈建初、吴泽顺主编,岳麓书社 1997 年)、《中国近现代高等教育人物辞典》(周川主编,福建教育出版社 2018 年)等,同样尽量详尽地列举了张先生的专著。《世界当代文化名人辞典》(丁守和、马连儒主编,北京燕山出版社 1992 年)、《中国近现代人物名号大辞典》(陈玉堂编著,浙江古籍出版社 1993 年)等,主要提及的是张先生在音韵学和普通语言学方面的专著及译著。《中华文化名人录》(中外名人研究中心著,中国青年出版社1993 年)对"张世禄"词条的介绍则简要列举了《中国音韵学史》《中国古音学》《中国语与中国文》三部代表作。

《中国现代语言学家》(《中国语言学家》编写组,河北人民出版社 1981年)对张先生有较为详细的介绍,认为他是一位在语言学领域中相当全面的学者。该书分别总结了张先生在各个领域的代表作:音韵学上的是《中国音韵学史》和《广韵研究》,其中《中国音韵学史》影响最大,是 30 年代继王力先生《中国音韵学》后出现的又一部系统地用现代语言学理论来讲述的中国音韵学著作;普通语言学上的是《语言学原理》《语言学概论》《语音学纲要》;词汇学上的是《普通话词汇》;文字改革上的是《汉字改革的理论和实践》。同样关注到张先生所有领域代表作的还有《大辞海》(夏征农、陈至立主编,上海辞书出版社 2013 年)第 24 卷"语言学"卷(许宝华、杨剑桥等著)、《中国语言学大辞典》(陈海洋主编,江西教育出版社 1991 年)等。

由朱德熙先生任总顾问的《中国语言学大辞典》详细收录了"张世禄""《中国古音学》""《中国音韵学史》""《张世禄语言学论文集》"等有关张世禄先生的词条。其中申小龙主编的"语言学史"卷,在"当代古代汉语词汇学研究"词条中介绍了张世禄《从训诂学上来看古代汉语的基本词》和《"同义互训"与"同义并行复合词"》两篇论文,并指出张先生的第一个博士生黄志强的博士论文《西周、春秋时代汉语构词法》是古汉语词汇学第一部博士论文;在"当代音韵学研究"词条中介绍了张世禄《中国音韵学史》重印本和论文《汉语语音发展规律》;在"文法革新讨论"词条中介绍了张世禄先生的语法观点;在"古汉语词类活用研究"词条中介绍了张世禄先生《古代汉语》一书中的观点;在"汉语句型研究"词条中介绍了张世禄先生《古代汉语》根据语气划分句型的观点;在"中国语言学的普通语言学影响"词条中介绍了张世禄先生的《语言学原理》《语言学概论》;在"中国语言学的索绪尔影响"词条中指出 20 世纪 30 年代王古鲁《言语学》、张世禄《语言学原理》首先将索绪尔《普通语言学教程》日译本列为参考书;"语言学史"卷还专为张世禄学术思想列了"汉语基本词汇广义性说""语序说"两个词条。在《中国语言学大辞典》附录的《中国语言学记事》中,列有"1938年至1942年陈望道、方光焘、张世禄等开展文法革新讨论"。

此外,1936年至1939年间,商务印书馆陆续出版41种著作,组成了一套"中国文化史丛书",反映了当时学术界在中国文化史各领域的最新研究成果,开创了专题研究中国文化史的先河,这套丛书收录了张先生的《中国音韵学史》。之后《语言学百科词典》(戚雨村等编,上海辞书出版社1993年)、《中国学术名著提要》合订本(中国学术名著提要编委会,复旦大学出版社2019年)第6卷民国编也收录了"《中国音韵学史》"词条。

总体上看,张先生学术生涯中成就最高、影响最大的领域是古代汉语音韵学及语法学方面,主要代表作为《中国音韵学史》《古代汉语》以及译著《中国语与中国文》;其次是普通语言学方面的《语言学原理》和《语言学概论》。

(徐鲁燕,复旦大学中文系博士生)

附1:

《中国学术名著大词典·广韵研究》

张再兴

〔广韵研究〕音韵学著作。张世禄著。张世禄(1902—1991),字福崇。浙江省浦江县人。现代语言学家。1921年考入国立东南大学中文系,1926年毕业后任福建厦门集美学校语文教师。1928年至1932年在上海商务印书馆编译所任编译员,兼任暨南大学、复旦大学、中国公学等校文字学、语言学、语音学讲师。1932年以后,历任暨南大学中文系教授、系主任,复旦大学、无锡国专、诚明文学院、光华大学、云南大学、坪石中山大学、桂林师范学院、重庆中央大学、重庆大学、四川教育学院等校语言文字学教授。新中国成立后,任南京大学、金陵女子文理学院教授。1952年任复旦大学、华东师范大学教授。主要著作有《中国声韵学概要》《中国古音学》《语言学原理》《广韵研究》《音韵学》《语言学概论》《中国音韵学史》《语言学纲要》《中国文字学概要》《中国训诂学概要》《普通话词汇》《张世禄语言学论文集》等近 20 部,翻译了高本汉的《中国语与中国文》《汉语词类》等书。另外还发表了 100 多篇论文。

共五章。第一章,《广韵》之作述及其体例。论述了《广韵》一书的价值,音韵之学"尽建筑于《广韵》一书之上"。进而论及《广韵》之名称、作述者与其时代、详略两种版本的流传情况和各种版本的详略异同。关于《广韵》的体例,论述了《广韵》反切注音之法,最后论述了它的韵母和独用同用之例。第二章,《广韵》以前之韵书。论述韵书的起源,六朝韵书与隋唐异同,《广韵》与隋唐韵书之关系,认为"《广韵》分部,本诸陆、孙,而序次则依李舟","又集隋、唐韵书之大成也"。关于它的语音系统,认为"取兼蓄并包主义,萃古今、南北之语音于一编"。此外还介绍了《切韵》《刊谬补缺切韵》《唐韵》、李舟《切韵》等书和《一切经音义》等隋唐别派韵书。第三章,《广韵》之韵部。论述了《广韵》分部的标准是"参酌魏晋六朝之韵书,综合古今南北之音变,审察其四声,阴阳,开合呼等,而详为订定者"。认为"《广韵》平上去之分,以音调之不同为主;而阴阳入之分,则又在音质与音长之差异";"入声介于阴阳之间……故入声得兼承阴阳,与之通转;而阴阳二声,亦以入声为之介,得相对转"。关于《广韵》与等韵学的关系,论述了从切语下字分析韵类之法,根据主要韵母相同并为"韵摄"或"声类",以及它们之间的正转旁转关系;古本韵与今变韵之说的来源及内容;考察了《广韵》分部的地理关系,认为从又音与互见"亦可窥见历代、各地音读变迁之大略"。最后介绍了韵母之音读。第四章,《广韵》之声类。介绍了守温三十六字母系统及其来源,研究了《广韵》声类与它的关系。提出从两个方面考证《广韵》之声类:一是从切语上字考证,修正了陈澧的结论,得出四十一声类;二是从等韵学上考析,解释了五音、七音、轻浊声、音和、类隔以及门法等等韵学概念。作者认为:"今音四十一声类,实更有可以分析者在,不能遽认为定论也。"接着论述了古本声与今变声的学说;将慧琳《音义》与《广韵》切语比较,观察其中的方言成分;考订了《广韵》声类之音读。第五章,《广韵》以后的韵书。叙述了《广韵》以后一些韵书如丁度《集韵》、韩道昭《五音集韵》、刘渊《壬子新刊礼部韵略》、王文郁《平水新刊韵略》、黄公绍《古今韵会》、阴时夫《韵府群玉》之间的异同和源流关系,以及以《中原音韵》为代表的反映北方实际语音的元明韵书别派的兴起;并论述了"上承《中原音韵》《洪武正韵》之成绪,而下开国音字母之始基"的明清一派韵书。通过这些论述,阐明了《广韵》在近代音韵学上的地位和影响:"盖《广韵》一书,集合隋唐六朝诸家之大成,包含有古今、南北多种之语音系统,其应用,在学术上、文艺上、政治上,皆发生绝大之关系;实为韵书中最富有涵盖性与调和性者,最适合于中国人喜博大之心理,故能保持正统地位于千年之久。直待近今国语统一运动萌芽,《广韵》一书之势力,始渐成为过去矣。"

《广韵研究》各章节逐项论述,对有关《广韵》的内容从内部到外部进行了详细的研究,有明显的系统性和条理性。每章之后并附有参考书目,便于查检。此书在论述中广引各家之说,对它们做出精当的评价,并加入著者的见解,形成了系统的学说。

商务印书馆刊于 1933 年。

(原载《中国学术名著大词典》,汉语大词典出版社 2001 年版)

附 2:

《中国学术名著大词典·中国音韵学史》

受 鸣

〔中国音韵学史〕音韵学著作。张世禄(生平简介见《广韵研究》条)著。

分上下两册,共九章。上册五章。第一章,"导言"。第二章,"古代文字上表音的方法"。论述了汉语的演进和文字的性质,以及"形声""假借"和音义的关系。第三章,"周汉间的训诂和注音"。论述了"声训"的渊源和体例,"读若"和音义的关系,以及周汉间人的辨音。第四章,"'反切'和'四声'的起源"。论述了"二合音"和"双声""叠韵"的原理,字音的分析和"反切"的起源,以及"字调"的区别和"四声"名称的由来。第五章,"魏晋隋唐间的韵书"。论述了魏晋六朝的韵书和诸家的分部,以及陆法言《切韵》和唐代韵书的派别。下册四章。第六章,"'字母'和'等韵'的来源"。论述了"三十六字母"的系统和演成的由来,以及"等韵"的原理和它的起源。第七章,

"宋后'韵书'和'等韵'的沿革"。论述了从《广韵》到近代"诗韵"的发展，宋以后"等韵表"的演变，以及近代"北音韵书"的源流。第八章，"明清时代的'古音学'"。论述了"古音学"的起源和明清诸家的学说，以及近代对于《广韵》的研究。第九章，"近代中国音韵学所受西洋文化的影响"。论述了"反切"的改良和"国音字母"的产生，以及西洋语音学理输入后的中国音韵学。

作者从一般文化演进的角度来叙述中国音韵学的发展、变化，认为"要叙述中国音韵学的源流和它怎样的发展，我们必须知道中国在一般文化上曾经发生过两次的大变动，一次受了印度文化的影响，一次就是由于西洋文明的输入"，"过去中国音韵学上，如'反切'的注音方法，'四声'的名称，'韵书'的体例，以及'字母''等韵'的建立和排比，都是直接或间接由于梵文拼音学理的输入，并且受了翻译和转读佛经的影响而自然产生的。到了近代，国人更受西洋语言文字的熏陶，同时语音学、语言学和其他科学的知识陆续输进了中国，国人采取他们的方法和学理，用来探讨中国音韵的现象，又应用外国语音演变的事实作为中国音韵的比照，另一方面又扩大了研究的材料和途径；而国外的学者依着这种趋势来研究中国音韵的，也有很大的贡献，给国人以很多的启示。于是由反切的改良进而规定'国音字母'，由'国音'的分析进而调查各处的方音，由方音的比较研究进而拟测古代以至上古的音读"。作者说，"中国音韵学的进步，不能不归功于外来文化的影响"，这话应该说是有一定道理的。此书材料丰富，如论述"古音学"的起源和明清诸家学说时，就从汉魏间训诂家始言古今音之异讲起，谈了六朝音义家"协句""合韵"之说、陆德明"韵缓不烦改字"之说、唐代改经之陋习等，还介绍了吴棫、郑庠、陈第、顾炎武、江永、段玉裁、戴震、孔广森、王念孙、江有诰、严可均、钱大昕、王国维、章炳麟、黄侃等人的古音学说。全书对中国音韵学发展的情况，描述得很清晰，是汉语言学史，尤其是音韵学及音韵学史教学研究极有价值的一部参考著作。

此书为"中国文化史丛书"之一，商务印书馆 1936 年初版。1984 年上海书店重印，重印时经原作者作了校阅，改正了错字，并撰写了"重印后记"，对该书出版后近 50 年间关于音韵学发展的情况，分作"中古《切韵》音系的研究""上古音的研究""近代音的研究"和"汉语拼音文字的研究"四个方面加以系统、概略的叙述。

（原载《中国学术名著大词典》，汉语大词典出版社 2001 年版）

附 3：

《中国学术名著大词典·语言学概论》

邵敬敏

〔语言学概论〕语言学理论著作。张世禄（生平简介见《广韵研究》条）著。

此书前身为《语言学原理》，原书分四篇："语言与言语""语言的构成""语言的组织""语言的发生和变化"。此书改为六章："语言的概念""语言学的本质和起源""语言的构成""语言的组织""语言的分类和系统""语言的演变"。

作者自称"始终抱定一贯的宗旨，就是采取西洋语言学的原理，来说明中国语言和各种外国语的现象"，在理论上主要参考布龙菲尔德的《语言研究导论》。作者提出研究语言的方法和途径可分为"历史的研究"和"比较的研究"两种，然后在此基础上再分出"分析的研究"和"综合的研究"。此书最有特色的是在词的分类以及对文法学与措辞学的关系上。一、认为汉语没有实词的分类。认为中国语没有西洋语那种词性的区别，所以"中国语实在没有名词、动词、形容词、副词的分类"，因而主张"语词的分类，纯粹应当以意义为标准"，并特别强调心理和民族心理对语言的影响。二、提出要认真研究措辞学。认为"中国语没有形式变化，所以措辞学上语词的序次，非常重要"。并进而认为"研究语句上许多语词的相互关系，最主要的关系，就是推论上的表述作用及限制作用"，因此得出"中国语的文法几乎完全是措辞学上的事情"的结论。作者从汉语的性质和特点出发所提出的看法，有其合理的因素，但纯粹以意义给词分类，过分夸大词序作用，以及把文法学同措辞学混同起来的观点则是不可取的。

1934 年中华书局出版。

（原载《中国学术名著大词典》，汉语大词典出版社 2001 年版）

《百年浙江语言学家学术思想研究·张世禄卷》启动

王月婷

2021年度浙江文化研究工程重大课题《百年浙江语言学家学术思想研究》(第一辑)共八卷,"张世禄卷"列为第二(其他分别为唐兰卷、姜亮夫卷、陆宗达卷、陈梦家卷、周祖谟卷、许国璋卷、蒋礼鸿卷)。

"浙江文化研究工程",由习近平同志亲自倡导设立,并亲任指导委员会主任,定方向、出题目、提要求、作总序。自2005年启动,至今已坚持17年之久,围绕"今、古、人、文"四大主题,聚焦浙江的历史文化研究和当代发展研究两大板块,旨在系统梳理浙江文化的传承脉络,挖掘浙江文化的深厚底蕴,研究浙江现象,总结浙江经验,初步形成具有中国气派、浙江特色的当代"浙学"品牌。

浙江,历史上就是语言学研究人才辈出的地方,近现代以来更是名家迭出,当代学者则别开现代语言学之生面。可以说,浙江语言学家自古以来不仅数量众多,而且举足轻重,形成了群星闪耀、熠熠生辉的局面。这一文化现象业已引起部分学人瞩目,相继有单篇论文陆续发表,但时至今日仍未见关于浙江语言学家群体的专门、专书研究,不能不令人扼腕叹息!

有鉴于此,《百年浙江语言学家学术思想研究》课题意在用心研读前辈的优秀研究成果,认真总结他们的学术思想以及研究方法,深刻铭记他们在学术上的贡献,以期更好地发扬光大!

"浙江语言学家",以浙籍语言学者为主,也包括少量祖籍虽非浙江但长期在浙江生活工作并取得重大学术成就的学者。鉴于群星璀璨、人数众多,本课题暂限定在1900年至1940年间出生的大家名家,按时间顺序分为三期。第一期包括：唐兰(1901年)、张世禄(1902年)、姜亮夫(1902年)、陆宗达(1905年)、陈梦家(1911年)、周祖谟(1914年)、许国璋(1915年)、蒋礼鸿(1916年)，他们传承并发展着清末乃至民国以来浙江学者俞樾、黄以周、孙诒让、章太炎、罗振玉、王国维等学者的音韵、文字、训诂之学，并成功创立了语音学、文字学、敦煌学，开一代新学之风气。

（王月婷，浙江工业大学人文学院教授）

《张世禄全集》前言

申小龙

一、学术成长

张世禄先生,字福崇,1902 年 11 月出生于浙江省浦江县东乡礼张村一个书香家庭。那里山峦叠翠,白云缭绕,秀树掩映,溪水潺潺。他的祖父张有烈是清代贡生。父亲张道型、叔父张道垲都是前清秀才。张世禄幼承庭训,耳濡目染父辈教授的"四书""五经"一类的古书,从小就爱上了古文。在当时,"小学"是"通经"的基础,入门的工具。从乡办的小学到省立金华中学,他都以学习古文为主。这为他后来研究古代汉语打下了深厚的基础。他所读中学的校长是著名的语言学家金兆梓。金兆梓在古文方面的博识精断给了张世禄很大的影响。同时张世禄对当时新设的英文课程也深感兴趣。

五四运动兴起后,张世禄首次接触了白话文和英文。当时的思想文化界交织着中西古今的冲突,张世禄对传统语文研究方法和手段的严重局限感触很深。他开始意识到,中国传统的语言研究必须用西方语言科学的新知来加以革新、改造。1921 年,张世禄考入南京国立东南大学中文系,承师于著名学者胡小石、陈中凡、顾实、柳诒徵、竺可桢、梅光迪、吴宓等。在这里,张世禄对语言研究的功用和研究手段的科学化与精密化有了比较全面的认识。他广泛阅读了清代语言文字学家的著作,如段玉裁的《说文解字注》、朱骏声的《说文通训定声》等。在传统小学的文字、音韵、训诂三个门类中,他感到音韵学最难弄通,因此下了很大功夫研读。研读中段玉裁"音韵明而六书明，六书明而古经传无不可通"给他很大启发，他决心深入钻研音韵学。

张世禄是胡小石先生的嫡传弟子。在胡小石先生指点下，张世禄看了高元的《国音学》及赵元任、林语堂、刘复、唐钺等的著作。他参照比较中外语言学著作，逐渐把握了汉语传统音韵学的各种概念范畴，从此选择了用西方语音学理论来研究中国传统音韵学的科学研究道路。

在东南大学学习期间，张世禄还聆听了章太炎、梁启超等学者的讲学，并参加了东南大学著名词曲家吴梅为学生建立的研习词曲的"潜社"，作有词作《风入松·宋徽宗琴名松风》[1]、《桂枝香·扫叶楼秋禊》[2]、《霜花腴·红叶》[3]等。读书期间他还在《国学丛刊》《东南论衡》等杂志发表了《文字上之古代社会观》《日本藤原氏与春秋世族之比较》等六篇论文。

1926 年，张世禄大学毕业获文学士学位。次年他赴福建厦门集美学校任语文教师，开始了他漫长的语言研究与教学生涯。1928 年至 1932 年，张世禄在上海商务印书馆编译所任编译员期间，兼任暨南大学、复旦大学、中国公学等校文字学、语言学、语音学讲师。1932 年到 1939 年，张世禄任暨南大学中文系教授、系主任及复旦大学、无锡国专、诚明文学院、光华大学等校语言文字学教授。其间，于 1934 年，应日本中国语学会之邀赴日本讲学。这段时间，张世禄研究的重点是音韵学和语言理论，出版了一系列学术著作，包括《中国声韵学概要》(1929 年)、《中国古音学》(1930 年)、《音韵学》(1932 年)、《广韵研究》(1933 年)、《中国文艺变迁史》(1933 年)、《语言学概论》(1934 年)、《语音学纲要》(1935 年)、《中国音韵学史》(1938 年)，翻译出版了一系列外国语言学著作，包括《中国语与中国文》(1931 年)、《中文解析字典序》(1933 年)、《汉语词类》(1937 年)、《语言学通论》(1937 年)。

1940 年至 1947 年，张世禄为逃离汪伪陷害，携新婚妻子张瑞云离开上海到西南各省，先后担任昆明云南大学、坪石中山大学、桂林师范学院、贵阳大厦大学、重庆中央大学、重庆大学、四川教育学院等学校的语言文字学教授，并曾到中央研究院历史语言研究所从事研究工作。时逢战乱，举步维艰，在这些年间，张世禄先生在努力工作的同时，仍坚持学术研究，笔耕不辍，先后出版了专著《中国文字学概要》(1941 年)、《中国训诂学概要》(1942 年)，论文《文字学与语法学》(1940 年)、《训诂学与语法学》(1940 年)、《朱翱反切考》(1944 年)、《中国历史语音学之方法》(1944 年)、《字形孳乳说》(1945 年)等,翻译了高本汉的《老子韵考》(1939 年)、《诗经研究》(1939 年)以及房德里耶斯的《语言论》。

翻译房德里耶斯《语言论》的时候,张世禄先生正在坪石中山大学任教。据张瑞云师母的回忆,当时正值抗日战争时期,大儿子刚满周岁,女儿又出生了,生活十分艰辛。一家人吃的是夹有沙子、石子、杂粮的糙米饭,美其名曰"八宝饭";睡的是高低不平的硬板床;用的是一块破板两只长凳搁起来的"写字台";晚上照明用的是小碟子加上三根灯草的油灯。白天张先生备课编讲义,或上图书馆钻研业务,晚上就在油灯下翻译《语言论》。张师母为此退学操持家务,稍有空闲就用布兜背着老大,抱着老二出门游荡,只有这样才能让仅 10 平方米的出租房安静下来,让张先生静心工作。

张世禄先生 1943 年回到母校重庆中央大学文学院中文系,当时他的老师胡小石是研究所主任,汪辟疆是系主任,系里还有唐圭章、卢冀野、王玉章、杨潜斋、李长之等先生。由于张世禄先生的回归,语言文字学方面的阵容大大加强,张世禄成为胡小石先生的左膀右臂。在胡小石的支持下,中文系增设"语言文字组",约相当于后来的语言专门化或汉语专业。当时全国设这个专业的还有昆明的西南联合大学中文系。全国只此两家。

二、现代音韵学的先驱

张世禄自 1929 年开始发表音韵学著作,先后出版了《中国声韵学概要》《中国古音学》《广韵研究》《语音学纲要》《中国音韵学史》等著作。这些著作的一个共同特点,就是用现代语言学原理来研究和整理中国古代的音韵研究传统。在这方面,张世禄是我国现代语言学的先驱。

张先生的学生鲍明炜教授指出:

> 五四运动前后,几所主要大学中正在孕育着的新一代语言学者,已是呼之欲出。一批早期留学生从西方学成归来,他们在大学任教,加上一些新派学者也具有新的学术观点,在这些先进人物的培养下,自会有一批新人出现。下面是几位当时还是青年的学者出版专著的情况,专

著前为作者出生年份,后为出版年份。罗常培(1899 年;《中国音韵学导论》,1930 年)、王力(1900 年;《中国音韵学》,1936 年)、魏建功(1901 年;《古音系研究》,1934 年)、张世禄(1902 年;《中国声韵学概要》,1929 年)。诸先生应运而生,在 20 世纪二三十年代,他们的论文和专著接踵问世,形成一派崭新局面。1929 年张世禄先生的《中国声韵学概要》在商务印书馆出版,在这方面占了先声……这是先生平生第一部专著,全面系统地论述了纷繁万端的传统音韵学,庶几乃全国第一部运用现代语音学原理论述之音韵学专著,具有筚路蓝缕之功。[4]

20 世纪 80 年代北京大学王力先生来复旦大学作学术报告,看到张世禄先生坐在台下,王力谦逊地说:"我是读了张世禄先生的著作,受到启发,才走上语言学道路的。"

(一) 现代音韵学史的开山之作:《中国音韵学史》

张世禄于 1938 年写的《中国音韵学史》,是第一部用现代语言学思想写出的音韵学史专著。在写这部专著之前,张世禄先生作了一系列准备:

1929 年张世禄写了《中国声韵学概要》,"在新派汉语音韵学通论性著作中,这差不多是最早、最系统的一部,此后出版的汉语音韵学通论性著作都是依照这一基本框架"[5]。

1930 年张世禄写了《中国古音学》,"第一次对我国周秦两汉语音研究的历史作了全面清理",其方法是"尽量应用西洋发音学上、语言学上种种原理,或采用西洋学者研究中国古音之方法,使中国古音学完成为一种公认的科学"[6]。

1931 年张世禄的《中国音韵学史之鸟瞰》、1933 年张世禄的《等韵学派系统的分析》建构起汉语音韵学发展的基本框架。同年出版的《广韵研究》则系统研究了《广韵》及《广韵》一系的韵书。

1932 年张世禄撰著《音韵学》一书产生了更为广泛的影响,而 1935 年出版的《语音学纲要》是我国最早的普通语音学著作。

复旦大学中文系老主任陈允吉教授曾指出,"写出一代学术顶尖水平的论著"是复旦中文系前辈名师的一个特点,他说:"张世禄的《中国音韵学史》

也是中国音韵学的开山之作。而东南大学、中央大学的老师这种著作就比较少。他们的长处在其他地方,你比如说讲音韵学、训诂学,胡小石好得不得了,可是他没有写出能与之相称的书。"[7]

张世禄先生的学生李行杰教授认为,《中国音韵学史》"是一部最权威的音韵学史专著,直到 60 年后的今天,依然是治音韵学者必备的参考书"。其突出的优点有以下四个方面:一是全面系统:考镜源流,脉络清晰,条理畅达;二是资料赅博:每论一事,必穷搜博采,务求详尽无遗;三是论断科学:对传统音韵学各种术语条分缕析;四是具有历史观点:结合语音演变讲明韵书和等韵条例。

张世禄在这本书中认为,传统音韵学上的种种紊乱现象,究其根源在于它们都是使用方块汉字标音的,语音的变迁和纷歧无法在音读上反映出来。今天如果我们仍用汉字作标音工具而不运用现代科学的语音学方法来改造传统研究,那么我们只能认识一些同音的双声叠韵关系,而得不到各个字音里所包含的音素,得不到各个字音在某种语音系统里的确凿的读法,于是对于各种语音系统的析别和语音演变史上阶段的划分就容易发生淆惑和迷乱。因此,中国音韵学的进步,必须采用一种适当的音标字来作注音的工具,同时又根据现代语音学和语言学理论,辅以汉语以外的音韵材料,整理现代音,考证古代音。唯其如此才能有丰富的创获和科学的认识[8]。为此,张世禄在引进西方现代语音学理论方法和清理改造中国古代音韵学传统两方面都做了大量的开拓性工作。

(二)系统引进高本汉现代音韵学理论

在现代音韵学的各种学说之中,张世禄介绍最勤的是瑞典汉学家高本汉的学说。高本汉自 20 世纪初开始研究中国现代方音,继而用历史比较法构拟中古音系统,用内部拟测法测定上古音系统,并用词语形式研究的成果探求词源,以建立汉藏系比较语言学的基础,形成了一套将西方语言学原理同汉语音韵学传统有机结合的语音史研究方法。张世禄以他独到的见识认定高本汉的方法是汉语音韵学科学化、现代化的必由之路。为此他积极翻译出版了高本汉的《中国语与中国文》《汉语词类》《诗经研究》《老子韵考》等著作。

赵元任在一次见到张世禄时,把高本汉探讨词源的《汉语词类》同章太炎的《文始》相提并论。张世禄深不以为然。他指出,两书虽都由古音入手探究汉语词源,但在方法上却代表了两个时代。旧式的音韵学,因为工具、材料和方法上的缺陷,其词源研究只能是古典式的,拘牵于汉字字形的,因而是主观、武断,且不成系统的。而《汉语词类》以现代科学为基础,条分缕析、层层推进,处处和中国旧时代的学术相反照[9]。汉语音韵学要成为一门现代化的新学科,必须在现代科学理论的指导下运用新观点、新材料、新方法。

张世禄深信,章太炎、黄侃等前代学者虽然在古音研究上集前人之大成,似乎达到了顶峰而不可企及,但是一旦运用现代科学理论和方法就可以看出他们的局限,从而使音韵学突破传统语文的格局,走上现代科学的道路。在张世禄关于音韵的著述中,我们处处可以看到这种现代科学的精神。何九盈《中国现代语言学史》认为,任何学科的重大革新几乎都与方法论的革新密切相关。历史比较法、内部拟测法为现代音韵学开辟了广阔的前景。而"第一个运用历史比较法来全面研究汉语上古音的是高本汉,第一个运用内部拟测法来研究汉语上古音的也是高本汉"[10]。历史证明张世禄毕生为之奋斗的现代音韵学方向,是一个正确的方向。

(三)传统音韵学的现代阐释和批判

张世禄不仅重视引进、借鉴西方语音学的原理,而且重视用现代科学的知识来研究和阐释古代音韵学范畴。

例如"清浊"的概念在音韵学传统上歧义纷出,张世禄指出,陆法言、孙愐等所说的清浊系指韵部的分析,而非近代用以辨别声纽的"清浊",也非魏晋六朝用于刊明字调的"清浊"[11]。传统音韵学以音感上的相对区分来归纳范畴。从前用五音的名称来区别字调,虽然把音素的差异混在一起,但这种区分不是绝对的,而是相对的,所以字调的种类可以概括地用"清浊""轻重"一类的词语来指示。后来受了佛经转读的影响,又为适应语音的实际,把字调区别为四声,把音调的问题同音韵的问题分了开来。音素的差异虽然同乐音的高低没有关系,但在实际听感上,因声纽或韵素的影响也可以使整个字音发生高低的区别,于是原来用以表示音读上相对区别的"清浊""轻重"一类的词语,也转而表示音色方面绝对的差异[12]。在开始的时候,这种音色上的差异不区别元音和辅音的性质,把韵素差别和声纽种类混在一起,因而"清浊"又兼表示声和韵的相对区别。后来声纽上的种类和配列、韵部上的开合等呼等细目,都用体现声学上的相对差异的"清浊""轻重"来表示,其中便包含了各种标准。张世禄在吸收西方现代语言理论和方法的同时,用现代科学的解剖刀精辟地析解了汉语音韵学的传统。

由于在方法上高屋建瓴,张世禄对旧学的批判也就入木三分。

清代的古音学曾被认为是"前无古人,后无来者"的音韵学顶峰。张世禄却一针见血地指出,传统音韵学有两个通病:

一是材料上杂取《诗经》《离骚》、其他古书韵语和《说文》等书里的形声字系统,旁及假借、读若、声训。这些材料并非属于同一个系统,彼此间存在着时代和地域上的分歧。从这种混杂性的材料所归纳得来的音韵系统难免有许多字音出入相错。而为了解释这种矛盾变异现象,就不得不由"合韵说"进而为"异平同入说",再进而为"阴阳对转"及"正转""旁转"等曲为圆说。

二是将韵部的区别绝对化,以为一个韵部仅包含一种音值,于是对许多穿错易变的字音不得不立通转的条例。条例繁衍仍不能统括字音的转变,又不得不委之以双声相转[13]。

张世禄所指出的这两个古音学通病表明,研究古音,除了"考古"的方法,固然须注重审音,但在审音的时候,如果没有语音演变的时空观念,单把韵书和等韵的研究结果作为直接测定古音的依据,就必然会把后代的语音系统混入古音之中。正是在这一点上,张世禄对于作为"300 年间古音学研究之殿后"的"古本声""古本韵"说持批评的态度。他指出这一学说在材料上用代表魏晋隋唐间的读音系统的《广韵》来"考三代迄于六朝之音变";在方法上用明清等韵掩盖宋元等韵,又以这样的"读音"施加于《广韵》乃至周汉,把"音类"和"音值"混为一谈;在规律的认识上简单化地认定"古音简,今音繁",与现代语音学的科学认识多有不合。

正由于张世禄站在现代语言学的理论制高点上,所以他对汉语音韵学史的研究成为中国现代语言学史上的典范。

(四)汉语语音发展规律的全面总结

出版于 20 世纪 30 年代的《中国音韵学史》,在 80 年代初已难以见到。

山东大学殷焕先教授鉴于这本书很高的学术价值和研究生教育的亟需，建议张世禄先生重印此书。而台湾方面未经许可已先行重印。张世禄说："台湾方面重印，没有经过我的同意，我可以不负责任。在大陆重印，我就要负责了。几十年前的有些看法，本来就未必恰当，应当修订；这些年来，音韵学研究有了很大发展，新材料、新成果很多，都应该补充进去。不加修改，原封不动地重印，怎么好意思。要印，总得有几句新话。"[14] 1984 年新版的《中国音韵学史》在"重印后记"中系统论述了 30 年代以后海内外各家学者对上古音、中古音、近代音以及汉语拼音文字的研究，并对原版中一些提法作了修正和说明。这篇后记获得上海市社会科学优秀成果一等奖。

张世禄先生晚年一项重要的研究是提出具有总结性的汉语语音发展规律。其中包括：1. 起首辅音的失落和复辅音的单化；2. 浊音声母的清化和鼻音声母的简化；3. 鼻音韵尾的简化和闭口音的消失；4. 塞音韵尾的失落和开音节字的增多；5. 韵母中元音的混同化和呼等的简化；6. 音节里元音的逐渐占优势和音节结构的单纯化；7. 入声的消失和声调种类的减少；8. 声调上平仄短长关系的消失和轻重音的趋于重要地位[15]。

这八条规律体现出整个汉语语音的发展由繁入简的历史。它的提出是现代科学意义上汉语音韵学研究成熟的标志。

三、理论语言学的汉语汉字视角

在 20 世纪 30 年代，张世禄集中出版了一批理论语言学著作。其中有《语言学原理》《语言学概论》《语音学纲要》等，为在我国建立普通语言学理论做出了重要的贡献。何九盈《中国现代语言学史》在论述中国现代语言学早期理论建设中就指出："张世禄在介绍西洋语言学理论方面，用力最勤，成绩突出。王力、方光焘、岑麒祥等人也在大学开设过'语言学'，但都没有正式著作问世。"[16]

张世禄认为，中国的科学向来不很发达，过去对语言虽然有很多著述，但终究未曾组织成为一种科学。因此，我们要研究中国的语言和方言，必须有西方语言学理论做个基础；我们要考明汉语的性质和历史，也必须先具有世界语言学的知识[17]。但在这个借鉴和吸收的过程中，张世禄先生始终坚持从汉语事实出发,不机械套用西方的范畴和理论,不为西方语言理论削足适履。这成为张世禄普通语言学研究的鲜明的特色。

（一）关于人类语言发展的规律：繁化论,还是简化论?

关于语言变化的问题,张世禄首先指出语言作为一种社会的公器,它的变化是社会约定俗成的;然后区别了语言变化的种种类型;继而又指出,语言的变化大都由于自然的情势而起,其中意义的变化同社会事物的发展有关,形式的变化也是由于社会心理上对类别事物注意力的不断进步要求以相同的形式来表示相同的意义;声音的变化也是趋于便利。因此,语言的变化是一种进化。从本质上说,语言是一种社会习惯。如果它不适用于现实生活,它自然要起变化。

张世禄的语言进化的观点,不仅否定了 19 世纪西方某些学者的狭隘的语言进化论,而且从这点出发,在整个世界语言的发展大势上确立了汉语在人类语言中的地位。

一些西方语言学家从以形态繁简定优劣的偏见出发,把世界语言形态的孤立、黏着、变形三分看作语言进化的三个阶段。他们认定像汉语这样的孤立语是家族生活的民族所用,是最初等的;而印欧系语言的语词是有国家组织的民族所用,是最高等的;黏着语则为游牧生活的民族所用,介于两者之间。这种观点一笔抹杀了中国数千年的文明史,认为中国的文化和语言都停留在太古幼稚的状态。

张世禄吸取了叶斯柏森、高本汉等学者的观点,根据他对汉语历史发展规律的独到的洞见,针锋相对地指出汉语的发展恰恰是循着与三段进化论相反的由变形到孤立的途径。如果说变形语是一种高等语言,那么早在原始汉语就已达到了这样一个阶段。这一点可以从拼音文字记录的与汉语同系的古藏语形态得到证实。而今天汉语的"孤立"性质却又正是几千年汉语演变的结果。这一令人信服的论证使以民族偏见为前提,对科学事实削足适履的三段进化论不攻自破。

张世禄不仅用东方语言的事实驳倒了三段进化论,而且进一步指出西方语言的历史发展趋势也绝非三段进化,而是与汉语的发展趋势一致,由综合语趋向分析语。不但现代英语已大半成为分析语,即使拿从前的梵语和较后的希腊语、拉丁语,拿从前的拉丁语和现代的法语、意大利语分别比较,也可见形态变化的日渐减少,趋于孤立,只不过其演变速度较汉语为缓罢了。语言的应用在于思想表现的明确,分析语的表现手段比较显明简单,没有错杂纠纷的弊病,所以世界语言趋于分析是语言进步的现象。

张世禄指出,西方一些学者在语言理论上轻视东方民族及其语言,这是一种狭隘的民族心理,是因闭塞而自视甚高、轻视外族的太古遗俗在现代社会的折光。从世界语言的事实来看,常有语言的性质相近而文化的程度相悬殊的,也有文化不分高下而语言的性质完全异趣的。北美土著的语言和古代的梵语、希腊语、拉丁语同属形态语言。埃及、巴比伦、印度和中国都是古代文明大国,所用的语言却或是形态的,或是非形态的。可见人种和语言的关系不过是语言的殖民心理所产生的一种神话。"说我们所用的国语是世界上最劣等的,我们的民族固然不必因此而自馁;说我们所用的国语是世界上最优等的,我们也不因此而自豪。我们学过德语的人,就可以知道德语里对于名词阴性、阳性、中性的区别,最不合于理论,最不合于科学,我们当然不能因此断定德国人是不合于理论和科学的。"[18]

从张世禄对语言变化理论的阐述,我们可以看到他在筚路蓝缕地引进西方语言理论的同时,注意用汉语的事实来检验这些理论,注意把汉语放在世界语言发展的大背景上来考察,努力建立能够概括汉语事实的一般语言学理论,这是难能可贵的。

(二)关于字音演变:渐变,还是突变?

张世禄先生对中古音"浊上变去"的演变提出了字音渐变的理论,这是后世"词汇扩散"理论的先声,且先声夺人。

张世禄首次清晰地解释了"浊上变去"的内在音理,即全浊声母平仄声一起变送气次清声母,然后在仄声的次清声母因声调的影响,送气成分消失变为全清声母。对这一过程中十分关键的因素即声调的影响,张先生作了详细的考辨,并把整个音变解释为一个渐变而非突变的过程。这是因为汉语字音材料本身有不同的时间和空间的歧异,任何一刀切的"突变"的归纳总会存在种种字音例外。

张世禄在《中国音韵学史》中提出:古音学家建立的韵部无论怎样细密

都无法避免各部间相通的字音,盖因其依据的材料不仅有古书韵语、《说文》形声字系统,而且旁及假借、读若、声训等,这些材料并非完全属于同一个语音系统,彼此间存在时代和地域的纷变关系。张先生的学生赵克刚教授就此指出:西方语言学讲音变,不是以词而是以音位为最小单位,以为一个音位变了,凡是有这个音位的词都会整齐地变化。事实上字音的演变并不随音位的变化而"一刀切"地变化。张先生把浊上变去解释为渐变且在时空上有不平衡的发展,功莫大焉。不仅如此,"在全面论述清代古学时",张先生"也只有字词渐变观点,而无一刀切式的字词突变观点,这是讲音变只想随分韵部一刀横切过来的音韵学家所不可企及的最博大、最精深、最圆通的理论学说。王士元教授在美国提出了一个字词音变是渐变的理论,叫作词汇扩散论,在美国、欧洲、日本、印度等国家和地区成了新学说,很盛行。张世禄先生从早年到现在的著作,一直都把字词音变讲为渐变的,只不过没有叫作词汇扩散论罢了"[19]。

同样,赵克刚认为,上古汉语阴阳入互谐互押这个各家争论不休的问题,根据张世禄先生"审音时尤须抱定时地观念,深切认识语言演变的事实"的思想,也可以看作不同时代和地域中非同一个语音系统的读法。"在大杂混的材料中彼亦一是非,此亦一是非,谁能一之?若从老师近年来比较研究中外学说所持意见,先在各大方言区内部进行历史比较,拟测原始吴语、原始粤语、原始闽语,等等,再与《切韵》进行比较,并进而与文字谐声、《诗》《骚》押韵、《尔雅》通假、扬雄《方言》等古代资料进行比较,以拟测原始汉语,不是认识更正确,研究方法更好吗?"[20]

(三)关于词的原始义推定:西化,还是汉化?

汉语词源分析中有一种生搬硬套西方词源学的观点,由印欧系各种语言中"城"的原始意义"城堡""城墙"有防御敌人的意思,断言汉语的"城"也是如此。张世禄认为这种类推方法把外国语的帽子套在汉语头上,是不适合的。汉语的语义发展规律不能依据印欧语里的词源事实来类推。因为语义发展的规律性和语音对应现象一样,是在同系族的亲属语言中显现出来的。汉语和印欧语系的语言不同系族,怎么能依据它们的词源来类推呢?张世禄指出,汉语"成"和"城"等词有音义关系,它们的词源义应该是"成长"

"生聚""聚集",并依次引申出"茂盛""安定""堆积"等义,所以汉语的"城"和"城垣""城墙""城池"联系在一起[21]。

（四）关于汉字和汉语的关系：工具性,还是语言性?

面对西方文字理论对中国现代语言学的深刻影响,张世禄先生自觉清醒地面向汉语实际进行本土化反思。早在 20 世纪 30 年代的《研究中国文字的方法》一文中,张世禄就首次明确提出汉字作为表意文字适应中国语言的特点,这实际上是提出了汉字的语言性这个深刻的命题。他指出:"我以为要讨论这些问题——不管是关于中国文字的起源、构造、演变或价值等等问题——都要注意到中国语言上的现象。中国文字的这种特性,所谓表意文字,它的存在是以中国的语言为背景的;因之我们要解决中国文字上的任何问题,一方面固然要论到形体方面的现象,另一方面尤须注意中国语言的特点,以及它和文字演进的关系。"[22]

张世禄的这个观点,直到今天,都有深刻的启迪性。20 世纪 80 年代起,中国现代语言学去汉字化所造成的传统断层和全盘西化越来越受到关注和批评。不断有学者强调写意的汉字与写音的字母之间的文化差异,认为汉字具有深刻的语言性,要求对汉语、汉字文化特性重新评估,提出艺术、文学创作的"字思维"。20 世纪八九十年代的文化语言学正是"再汉字化"思潮的先声。文化语言学把汉语言文字看作汉文化存在和建构的基本条件,强调汉字汉语独特的人文精神,强调建立中国文化本位的语言学,在文史哲融通的大汉字文化格局中研究汉语。这一思潮在进入 21 世纪后逐渐汇通中国社会科学诸领域。"再汉字化"思潮的核心问题正是张世禄先生早就提出的汉字与汉语、汉字与汉文化的关系,以及汉字在这种关系中的本位性。

（五）关于语言研究的哲学思想：分割论,还是矛盾论?

张世禄的语言文字理论具有深刻的哲学思想。严修教授对张世禄先生学术研究中贯彻实践论、矛盾论思想有很深的体会。他列举张先生的一系列观点,例如:

"语言学的主要任务,在于研究语言内部发展的规律";

"语言是一种历史的产物,语言的规范也是在发展变化之中";

"语言里语音、文字、词汇、语法等各方面的现象也是彼此不能分割的";

"关于语言的整体性的理论,也必须在汉语教学当中体现出来";

"同音词的产生,是语言词汇的发展在语音上的相互'交接',而在词义上的彼此'分割';同义词的产生,却是词汇发展在词义上的相互'交接',而在语音上的彼此'分割'。这两种现象,似相反而实相成的,因为都是由于语音和词义两方面不平衡的发展而来的";

"因为用字和造字的矛盾,不得不应用借字标音的方法,这就是'假借'"。

从中可以看出张世禄努力运用历史唯物主义和辩证唯物主义来指导学术研究,用历史发展的观点、发展不平衡的观点、矛盾的观点、普遍联系的观点来分析语言现象[23]。

四、词汇学的新视域

建国以后,张世禄任南京大学、金陵女子文理学院教授。1952 年院系调整时,他到上海任复旦大学中文系教授,在复旦大学和华东师范大学开设了语言学概论、现代汉语、古代汉语、汉语史、汉语诗律学等课程。建国以来,张世禄的语言研究重点从他辛勤开拓的现代音韵学领域转向中国现代语言学的薄弱环节——词汇学领域。他出版了一系列词汇学方面的论著,其中有《普通话词汇》《小学词汇教学基本知识讲话》《词的构成与词汇的构成》《怎样正确地认识同音词问题》等。尤其他撰写的上海本《现代汉语》中的词汇部分,是他数十年词汇研究的结晶。张世禄词汇学说中最引人注目的是同义互训词理论、基本词理论和类义词理论。

(一)同义互训词理论

张世禄在研究古汉语词汇时发现汉语词汇的丰富同发达的训诂学有密切的联系[24]。汉语的同义词是一些在意义上有细微差别而所表示的基本概念和用法相类同的词,因而它们彼此可以联合起来表示一个共同的意义,如"脂膏""言语""饥馑""性情"等。这些同义词的联合结构,经过不断的使用,就凝固为"同义并行复合词"。这类词既然是同义词的联合,就与训诂学上的"同义为训"的体例密切相关。如《尔雅·释诂》"初、哉、首、基、肇、祖……始也",被释词与训释词"始"就常联合起来使用,凝结为"初始""首始""始基""肇始"等复合词。由于同义词相训释的过程实际上就是同义词相联合使用的过程,所以同义词在训诂上的作用与具有构词法意义的同义并行复合密切关联。于是,同义词的丰富性使词义解释上形成"同义为训"的体例,同义词在训诂学上的这种作用又促使同义词之间经常联合起来运用,产生大量同义并行复合词,更增加了同义词的丰富性。由此循环往复,相互推进,使得汉语越发展,词汇越丰富,用来解释词义的训诂体例也越发达,越完整。

从根本上说,训诂和构词,都是为加强语文的明确性,以阐明词义、通晓名物、沟通思想。构词上"单足以喻则单,单不足以喻则兼"(《荀子·正名》),化单为复,把构词成分结合起来,就像训诂上训释词与被训释词互相注释一样。因此一个同义并行复合词,就包含着一个"同义为训"的体例。张世禄以其独到的语义阐释眼光,将作为解释学的中国训诂与作为语汇建构的汉语构词法内在地联系起来,画出了一个以同义为训为圆心的释义构词之圆。这个圆的循环不已使人们强烈意识到中国训诂在文化阐释的同时是如何积极地参与中国语言的建构的。

(二)基本词理论

张世禄指出,基本词汇是语言词汇库中具有全民性、常用性、稳固性和极强的构词能力的主要部分。它在千百年的长时期中为全民族所普遍认识,普遍使用。对于这类词是用不着再加训释的。因而许多训诂学专书,如《尔雅》《方言》《广雅》之类,以及许多古籍当中的注解,往往略去对多数基本词的解释,而注重于古语词、方言词、专门用语的解释。不仅如此,基本词还经常作为训释词来解释"古今之异言,方俗之殊语"。由于训诂总是从已知推向未知,在这一点上它同词汇的派生孳乳过程和学习词汇的循序渐进过程相叠印。我们从这一契合点上就可以认定训诂的训释词汇与汉语历史上的基本词汇有着必然的内在联系。词汇学中作为基本词的条件,也就是训诂学中作为训释词的条件,即"同义为训"体例的本身将基本词和非基本词划分开来。

张世禄的这一见解是一个有着丰富的文化内涵的创见。基本词汇是反映人类特定集团的基本活动、基本特性、基本观念的符号群。通过"同义为训"认定历史上的基本词,这对研究民族文化心理中一些具有根本意义和永恒价值的观念形态,对研究不同历史时期民族文化的独特精神与结构,都有重要的意义。

张世禄还进一步从基本词之间同义为训、反义否定为训、相关义为训、本字为训及同音(同源)为训的体例中看出了汉语基本词汇的体系构成,从一种特殊的种属名为训的体例中看出了汉语基本词的一个不为人知的特性——广义性。张世禄为汉语词汇学的研究开辟了一个崭新的领域,也为汉语词汇研究突破西方词汇学的传统模式提供了一个成功的范例。

(三)类义词理论

类义词的研究是张世禄为汉语词汇学开辟的又一新领域。张世禄认为,词义具有两种主要的作用:一是概括作用,一是区别作用。同义词是彼此之间具有词义上相同或相近的概括作用和区别作用的不同的词。多义词则是在同一个词里包含多种意义,多种意义之间虽然各自的词义作用不同,但由于都从同一种词义分化发展而来,所以具有相类属的显著的联系性。多义词的"倒转",不是同义词,而是一种类义词。

类义词不同于多义词,它不是同一词里具有彼此相类属的不同意义,而是不同的词彼此之间在词义上具有相类属的关系。如果说多义词是"同词异义",那么类义词则是"同义异词"。

类义词又不同于同义词。因为词义上同属一类的事物不一定是相同相近的概念。但相同相近的概念又必定是包括在同一类事物内的,所以同义词包含在类义词之内。古代的同义词典往往既类聚同义词,又分别类义词。类义词在汉语的运用上具有重要的作用。

五、语法学的本土化创新

"文革"后,张世禄不顾年老体弱,振奋精神,进行学术上的"自我抢救"

工作,趁有生之年,为祖国语言科学再作努力,"以尽绵薄"。在这一时期,张世禄的研究重心又转向了汉语语法。这一转移是基于他对汉语研究各领域与西方语言学理论之关系的这样一种具有方向性、全局性的见解:

> 近年来,我认为汉语语言中语音、词汇、语法三种要素,基础不同,学习和研究的途径也有差异。语音在语言学中的物质性最强,与自然科学联系较紧密,各民族的语音规律往往有相同之处,所以学习汉语语音时,宜多多采用西方先进的技术和方法。至于语法,民族标志的作用特别显著,所以研究汉语语法时不应当生搬硬套西洋的语法学。至于词汇,它的性质和基础,我认为是介于语法和语音之间的,所以有一部分可以参考西洋词汇学,另一部分必须强调汉语的独特性,不应当一味模仿西洋词汇学。根据"从汉语实际现象出发,寻其规律性"这样的认识,我认为目前汉语语法学界有些人强调完全学习西洋语法和语法学,实在是一种偏向,有纠正的必要[25]。

(一) 系统地打破洋框框,建立中国特色的功能语法理论

张世禄先生对汉语语法民族性的认识,早在 20 世纪 30 年代中国文法革新讨论中就形成了。在这次讨论中,张先生提出:"中国过去文法家过于因袭西洋,以致普通流行的文法书上有很多削足适履的地方;我们应该依据中国语文'特殊'的性质和现象,重新来建立中国文法的体系。""我认为现在研究中国文法,不妨把形态学上的关系暂时撇开,而专心注重措辞学上的关系,才可以达到'建立范畴'和'构成体系'的目的。"[26]他主张"凭语序而建立范畴,集范畴而构成体系"。对汉语语法特点的这一理解,经过半个世纪的酝酿,形成了张世禄先生完整的汉语语法理论创新体系。

70 年代末、80 年代初,张世禄通过专论和演讲,首次发表了他的汉语语法体系[27],打破了汉语语法学在洋教条束缚下徘徊不前的沉闷,为当时呈危机状态的语法研究吹进了一股清新的改革之风。作为中国现代语言学的前辈,张世禄以其深沉的历史感和洞察力指出:汉语语法学的建立从开始到现在已经快要一个世纪了。在这期间,研究、学习汉语语法的,几乎全部

抄袭西洋语法学的理论，或者以西洋语言的语法体系作基础来建立汉语的语法体系，形成今天繁复臃肿的畸形发展局面。是因循不改，继续受许多洋框框的紧紧束缚呢，还是起来革命，打破洋框框，建立自己的语法体系呢？这正等待着汉语学界的抉择。张世禄对这个问题的回答是后者。在当代中国语言学者中，如此鲜明地向积重难返的传统语法观念挑战，张世禄是第一人。他全面揭示了汉语语法体系中洋框框的束缚，把它归结为在词类、结构形式和句子类型三个主要方面的三根绳索。这些论述多方面地触及前人没有提出过的汉语语法特殊理论问题。

汉语语法学是在模仿西方语法体系并系统吸收西方语言学理论的基础上建立的。西方语言分析的一个大原则是以形式为纲。这一条在汉语语法分析中也顺理成章地被视为金科玉律。但是汉语又是一种缺乏形态变化的语言，这就导致分析方法与语言事实的深刻矛盾。张世禄从根本上否定了这个被印欧语研究视为天经地义的前提，提出"汉语句子的成立要素不是属于语法结构形式"这一新颖而又深刻的命题。

他认为，西方语言的语法里，不但各个独立的句子，而且复杂句当中的子句和复合句当中的分句，都要用以限定动词作谓语的主谓结构来构成，所以西方语言里句子和非句子在语法结构上是分得很清楚的。而汉语的情况不是如此。汉语是各种各样的结构都可以成为句子。句子成立的要素不在结构形式。因此，依据语法结构来区分句子的类型，在汉语里是牛头不对马嘴。

从这一观点出发，张世禄认为自西学引进以后汉语语法学接受的一整套"单句""复句""子句""分句""句子形式"等名目都是不必要的。而所谓"无主句""主谓谓语句"之类为适应汉语特点而采用的有调和色彩的名词用语不过是对舶来品的改装。其认识依据仍是主谓结构才成为句子的观念。把句子问题和结构问题纠缠在一起，凭空造出一些烦琐的名称、术语和分类，结果不是毫无意义，便是矛盾重重。

那么，汉语句子的成立要素究竟是什么呢？张世禄提出"语气说"，即汉语句子的根本性质及其所以成立的要素是语气。我们理解，这里所说的语气是指说话人对听话人的要求，对说话内容的态度和情感，即句子的表达功能。句子是言语交际单位。从本质上说，句子的完整与否，既不在于结构的繁简，也不在于意义的完整，而在于语气的完结与否。在西方语言中，语气是依附于动词的形态变化来表现的。这是因为动词在西方语言中是句子的结构和语义的核心所在，是理解句子格局的透视焦点。汉语句子格局的视点不是机械地固定在某一点上，而是随着逻辑事理的顺序展开的。汉语的语气作为句子表达功能特有的标志，主要依靠句末（有时是句首或句中）语气词来体现。它传达的不是一个动词的语气，而是全句的语气。

张世禄认为，就像句法结构可以形成不同的层次一样，语气也可以作层次分析。汉语中不同的语气词连用就是表明这种层次的。直陈句中静态的语气往往属于内层，动态的语气往往属于外层，而最外层的语气词则指明全句的总调。这种语气的层次感表现出汉语语言哲学以相对的静态包含在绝对的动态之中的特点。

汉语语气的层次性与印欧语句子结构的层次性的不同不仅在于后者是主形（形式）的，前者是主"神"（功能）的，而且在于后者是定点地由上到下的纵向单一区分，前者是不定点地左右逢源的横向综合区分。因此汉语不同句型的格式可以根据内容表达的需要交织在一起。这种交织往往以直陈语气为内层的基调，别类语气为外层的总调。如果语气词在句子后面出现则最后一个语气词体现外层总调；如果语气词在句子前面或中间出现，则最前面的一个语气词体现外层总调。这种独特的句型面貌也许会使一些习惯"洋框框"的研究者大惑不解，但它无疑拓展、丰富了人类对语言的认识。

其实，张世禄的语法学说与音韵学说表面上取径不同，实质上都是用现代科学的眼光在发展传统。张世禄认为汉语传统的语法研究往往从训诂学来解释虚词的意义，而不去观察虚词在句子结构中的组织功用，这是一大缺陷。他对语气词的研究则是联系整个句子结构形式的。他把直陈句的一般结构作为其他句类内层的基调，也就表明汉语往往利用结构变化来表达特殊的语气和感情色彩。如单独的动词或动宾结构之于祈使句，倒装的动宾结构之于疑问句、反问句，倒装的主谓结构之于感叹句。语法结构的变化和句子类型的特点有密切的关系。张世禄不认为汉语有任何脱离结构的功能，避免了传统研究在功能问题上的神秘主义倾向。当然，形式与功能并不总是一一对应的。由于汉语缺乏形态变化，汉语句子的理解对语言环境的依赖很大。往往一种结构可以表现为多种功能，一种功能又可以映射多种结构。句子的表达功能决定与之适应的成分配置格局，句子表达功能与句子格局在语境作用下的非单值对应,这就是张世禄汉语语法研究的整个形式功能观。

1980 年,年近八秩的张世禄先生应邀到扬州师范学院作了四场学术报告,讲题包括"如何研究汉语音韵学""训诂学的意义""关于诗词的格律"等,而第一场报告的题目就是"关于汉语的语法体系问题"。听讲的扬州师院教师对张世禄为"打破洋框框"举的例子印象深刻:

> 旧体系"由于"是介词,"因为"是连词,于是"由于……使得……""因为……使得……"便被认为是结构残缺。实则二者均表面原因和结果,"毛选"中就有多处这样的句子,不能说是病句。汉语的介词和连词不必分,可以合并为关联词。
>
> "不破不立,不塞不流,不止不行","破""塞""止"表示条件,"立""流""行"表示结果。本身是完整的,简洁明白,显示出汉语的优点。但受西洋语法的限制,被称为"紧缩句",乃至被称为残破句。
>
> "下雨了",意思已经很明白,不必受西洋语法的影响,在"下雨"前加 it(it rains)。

在这些例子中,张世禄先生表现出深刻的功能主义语法观。

1978 年,张世禄出版了集他学术思想之大成的大学教材《古代汉语》。这部书鲜明地体现了他半个多世纪在汉语音韵、词汇、语法等领域探索、革新的精神及其独树一帜的成果。

1982 年开始,张世禄作为我国语言学首批博士生导师之一,亲手指导了上古汉语词汇和上古汉语语法两名博士研究生[28],在这两个领域系统、深入地贯彻了他的学术思想。他指导的我国第一部语法学博士论文《〈左传〉句型研究》出版后,在国内外汉语学界引起了强烈的反响。

(二)一生坚持实事求是的科学批判精神

张世禄在汉语语法研究上对西方语言理论主导的现代语言学表现出极其勇敢的批判精神和极其可贵的本土文化探索,是他一生坚持实事求是的科学精神的表现。

早在 20 世纪 30 年代他就积极参加了中国文法革新讨论,写出多篇学术争鸣的论文。

20 世纪 50 年代他发表对周祖谟先生《汉语词汇讲话》的不同观点。他的《古汉语里的偏正化主谓结构》一文对朱东润先生的《左传选》、杨伯峻先生的《文言语法》、吕叔湘和朱德熙先生的《语法修辞讲话》、王力先生的《汉语史稿》中的观点都提出了质疑。

20 世纪 60 年代他发表《汉语词源学的评价及其他——与岑麒祥先生商榷》,从十个方面与岑麒祥展开论辩。

在听说《辞海》三校把"语法"一律改称"文法"后,张先生亲自执笔,复旦中文系汉语教研组老师共同署名,给《辞海》编辑所写了公开信,从八个方面申诉应该使用"语法"术语的理由。我们知道陈望道先生主张采用"文法"有其"本土化"的理论考量,而张世禄先生坚持术语使用的社会性原则,敢于站出来和声望极高的望老商榷,表现出令人敬佩的科学精神和学术勇气。

李行杰 1962 年考取了张世禄先生的研究生,在先生的寓所客厅上课。第一次课,张先生指着墙上其胞兄张书旗(美术界与徐悲鸿齐名的著名画家)的花鸟画说:"为这幅画,一名很有才华的学生曾被家兄逐出师门。"这位学生有一次近半年未交作业,待作业交来一看,是这幅花鸟画的临摹品,临摹得惟妙惟肖,几可乱真。学生期待老师的称赞,不料张书旗怒斥道:"我没有你这样的学生!没出息。你跟在我后面亦步亦趋有什么意思?至多又成为一个张书旗,可是张书旗又算什么呢?"就这样,这位学生被张书旗断然逐出师门。后经徐悲鸿等先生再三劝说,张书旗才重新举行拜师仪式,收下这个弟子。李行杰说:"我们做研究生的第一课,就从这'逐出师门'的教诲中开始。""在以后的几年中,先生反复告诫我:要独立思考,走自己的路,不要轻信别人的结论,即使是老师讲的,也不能全认作真理,要多问几个'为什么'。""要在看来没有问题的地方发现问题,这样才会有新发现,作出的文章才会有意义,学术也才可能有发展。"

在看了李行杰写的《吴棫〈韵补〉与南宋声母》一文后,张先生说:"这篇文章,有几句话是别人没有说过的。要进一步复核、修改。要经得住推敲。"张世禄先生十分强调学术论文"有几句别人没有说过的话"。他说:"没有自己的话,老是重复别人的话,或者把别人的话拿来,改头换面再说一遍,对学术发展一点帮助都没有,只会浪费读者的时间。"[29]独立思考,实事求是,勇于创新是张世禄极其珍视的科学品质。复旦大学中文系许道明教授曾有这样的回忆和感慨:

　　20 世纪 80 年代末,我为撰写一本关于朱光潜的书稿向张先生求教,拿着他建国前发表于《国文月刊》上的《评朱光潜〈诗论〉》复印件到他的寓所。老人家眉开眼笑:"你今天还能找出这篇文章,一定辛苦啊,我都有些糊里糊涂了。"他的这番话让我相当受用,这远不是因为老师表扬了我,而是在这番话后老师又来了一番语重心长的忠告:做学问得有规矩,随心所欲不逾矩,在基本概念上不能放任自由。比如他说,讨论古代诗歌的节奏和声韵,要有音韵学的知识准备,得深入到音韵学的传统中间去。朱光潜先生是美学大家,自有其专长。但他对专门性的古代音韵问题的研究毕竟尚有不周。他好像把古音与今音的系统搞混了,所谓"诗的习惯,平不分阴阳"是依据中古时期的四声系统,而所谓"阴阳平已有悬殊",根据却又是近代语言学上的习惯。"笼统不行啊,学问有它普适性的规范啊!"

　　1991 年,当了一辈子教师的张世禄先生去了,我喜欢也多次说过一句话,天国里也需要教师。当今大概谁都不会怀疑张先生是个好教师,也许有更多的人会真正咂摸出他在那个荒诞的年代里为什么自况"没有资格当教师"。他生前经历过学术生命是如何粗暴地被糟蹋的,然而,他已经无法看到,学术前途在他身后又在经受新的考验。他似乎能够洞察在某些以"学术"谋名利的人眼中存在着一个无须胆怯的世界,面对学术的生命与前途正日渐被某些人"炒作"得近于失范,他也许会对我大喝一声:"我播下了龙种,却收获了一大堆跳蚤!"[30]

六、中国文学的语言学视角

　　张世禄的汉语研究充满了现代科学的探索精神。这种精神不仅表现在语言研究本身,而且表现在语言学与其他人文科学的贯通上。

（一）语言学与文学本是一家

语言学与文学，在许多研究者的作业中疏于贯通。研究文学的只注意文学现象的思想内容，研究语言学的则对语言规律之于文学的作用毫不关心。张世禄认为这两家本是一家。文学作品由口头而到笔写，本身原是一种语言的记载，同时也是一种语言的艺术。任何文学现象都有其语言的根据。例如五言、七言的律诗、绝诗，在体制上形成几种固定的规律——整齐字句，隔句押韵，谐调平仄。律诗又讲求对偶。这些规律的产生，其语言的根据在于汉字的一字一音制和汉语词性渐趋固定使整齐与对偶成为可能；汉语在单音词与双音词中又参杂了三音的复词，使四言诗演成五言、七言成为可能；六朝隋唐间的韵母系统可称为诗韵系统；六朝隋唐间的声调系统即指诗韵上的四声系统，平仄的分别就由此而来。因此，要欣赏某种文学就须明了它所根据的语言，要批评某种文艺作品就须在它的语言背景上作一个深切的观察。

（二）用语言学的观点研究文学

张世禄认为，用语言学的观点来研究中国文学，就是运用语言演变的史实来比照历史文学兴衰的现象，并根据语言发展的趋势建设新文学的理论。张世禄早年就运用这种方法研究了中国文艺发展史，出版了《中国文艺变迁论》一书。书中对《诗经》《楚辞》、汉赋、骈文迭相兴起的语言根源作了精辟的分析，并且讨论了宋词的语体化和散文化问题，宋词之异于元曲的语言特征，南北曲之语言异同，戏曲小说与八股文的关系等。

建国以后他又运用这种方法研究了汉语诗律的发展，并开设了独具一格的"汉语诗律学"课程。讲课中对汉语的特点及其对中国文学的影响作了深入的阐发，并系统论述了现代汉语与现代文学、汉语史与中国文学史、古代汉语与古典文学的关系，其中包括从语体风格来研究文体诗词，从语义学、词汇学来研究排偶句中的同义、反义、同音、多义词，从语法学来研究作品的词法、句法特点，从音韵上来研究平仄、押韵和语言的音乐性等。许威汉曾指出张世禄的《杜甫与诗韵》考证杜甫诗的用韵系统及其与隋唐语音和韵书的关系，是从语言学、音韵学角度研究杜诗的首创之作。"在占有充分材料基础上运用科学方法进行论证,分别指出杜甫的近体诗和古体诗的用韵系统,附录又细列杜甫近体诗中所见各韵独用、同用次数和杜甫古体诗中所见各韵独用、同用次数,都显示了其科学精神。"[31]

张世禄从这些研究中深刻揭示出语言作用于文学的一条规律:文学上的改革必须顺应语言演进的趋势。周汉间《诗》《骚》辞赋的递嬗,汉魏六朝时乐府古辞的产生,宋元以来词曲小说的发达,都是依语言演变来创造新文学的结果。而唐宋古文运动以至近代桐城派的"义法",由于不以实际语言作为基础,一味模拟和承袭古代的死语,因此它们束缚人民的思想,妨碍国家民族的进步,其影响是消极的。总之,文学之于语言,正如影之于形,亦步亦趋,相随不舍。

(三)用文学的材料研究语言

反过来,文学对于语言的影响也至深且巨。张世禄指出,文学促进了语言的艺术化,一方面使语言的表现作用更加丰富、深切,另一方面文学作为传播语言的利器,对于语言的材料也有一种洗练作用。文学作品本身更为语言研究提供了珍贵的材料。例如张世禄研究杜甫诗,发现杜甫"以秦音入诗",如佳、麻两韵的合并,去、上两声的通押,韵部的放宽,入声韵尾的逐渐失落等。从这些可以看出杜甫把当时最有势力的方音——唐代长安音加进诗歌语言中,这使我们可以从中考察唐代实际读音的情况。

张世禄认为,现存的杜甫诗歌大部分是他 40 岁后的作品。这时期的政治、社会变迁使他更关注人民的疾苦,他的作品也更贴近人民大众的生活,因而杜诗与实际活语言联系得更紧密是势所必然的。张世禄深刻地指出:"文学的生命是和语言的生命密切相结合的。杜甫作品当中,光芒万丈、价值最高的名篇,如《兵车行》《自京赴奉先县咏怀五百字》《哀江头》《北征》《洗兵马》"三吏""三别"等,大都属于古体诗。这些名篇,在内容方面最富于人民性,在形式方面格律比较自由,是反映当时实际的活语的。我们因此认识到,文学形式和内容的一致性,文学语言的联系性。文学作品吸取实际的活语,就可以加强作品本身的生命力。"[32]张世禄将文学的发展同语言的发展有机结合起来,将中国文学的生命力与中国语言的生命力紧密联系在一起,大大拓宽了中国现代语言学的视野,为汉语研究与中国历史文化研究的贯通与互相促进提供了有益的启示。

（四）张世禄语言文学贯通的思想深刻影响中文学科体制

张世禄关于语言与文学一源的思想及其教学与科研的实践，对我国中文学科语言与文学贯通的体制产生了深刻的影响。鲍明炜指出："张先生认为语言和文学本是一回事。文学作品由口头到书面，本是语言的记载，同时也是语言的艺术。任何文学现象都是以语言为基础的。文学上的诗、词、曲等各种形式，都和汉语的单音字和二、三音词的结构分不开；六朝隋唐间的音韵系统可称为诗韵系统，包括押韵和平仄规律，可知语言和文学是分不开的。因此要欣赏某种文学就必须了解其语言基础。"鲍明炜认为，在我国语言文学界，对这个问题的认识有个过程。就南大中文系而言，南高师时期叫国文部，东南大学叫国文系，中央大学叫中国文学系，新中国成立后改称中国语言文学系，表明我们在认识上终于明白了语言与文学的关系。就南大中文系的教学而言，1928 年黄侃先生来系任教，开始了小学时期。40 年代初张世禄先生到系任教，建立了"语言文字组"，从此开始了汉语语言学时期。其后方光焘、吕叔湘、周法高先后来系任教。新中国成立后南大中文系改称中国语言文学系，至此中文系成为现代语言文学兼备且并驾齐驱的学科，张先生的认识得以实现。

除了上述研究工作之外，张世禄还关心汉字和汉字改革的研究，他在三四十年代就出版了《中国文字学概要》《论中国文字之孳乳》《研究中国文字的方法》《汉字拉丁化批判》《汉字的简化运动》等论著，建国后又出版了《汉字改革的理论和实践》《汉语拼音方案的公布和语文教学的改进》《汉字的特性及其对社会文化的作用》等论著。他历任中国语言学会理事，《汉语大词典》《汉语大字典》、中国音韵学研究会、中国训诂学研究会、上海语文学会、全国高等学校文字改革学会、上海古籍整理小组等科研组织的学术顾问。他经常应各地高等院校和学术团体的邀请出去讲学，先后参加了全国文科教材、《辞海》(任语词分科主编)、"二十四史"校注、《汉语大词典》等科研项目的研究工作。

七、堪称典范的教学风格与方法

张世禄先生在复旦大学中文系是被老少同事们公认的"课上得最扎实、

最会带研究生"的老师。在繁忙的科研工作中,作为一位语言学前辈,张世禄先生从未忽略过对语言学人才的培养,在语言教学上呕心沥血,倾注了毕生的精力。

（一）最受学生欢迎的老师

凡是听过张世禄讲课的人,都对他讲课的生动平易、条理清晰留下深刻的印象。在他任教的各个大学,他都是最受学生欢迎的授课教师之一。他善于把艰涩、枯燥的语言学内容讲解得明快生动。许多学生正是在他的影响下走上了语言研究的道路。在学生眼里,"张世禄先生的文风是很值得称道的,他写文章、讲课,都是条理清楚,逻辑严密,语言洗练,观点和材料统一,即使是高深的理论、冷僻的音韵、繁细的训诂,他也能讲得深入浅出,通俗易懂"。严修指出:"语言学课程是非常枯燥的,但在他的课堂上,时常能听到阵阵笑声。他循循善诱,引人入胜。我很爱听张世禄先生上课,他上课,时间不知不觉就过去了。他的板书端正凝重,一笔一画,毫不苟且。他上课,每章每节之间总要有关联、照应,好像章回小说一样,'欲知后事如何,且听下回分解'(可翻阅他写的《古代汉语》,看其第二章"音韵"的第一、二、三、四节之间是如何衔接的)。由于张世禄先生文风好,教学方法好,所以教学效果非常好。"[33]

张世禄认为,一位好的老师,不但要会指点迷津,释疑解惑,而且要善于启发和引导,鼓励学生对学习产生强烈的兴趣。"好学生不是教出来的,而是学出来的。"因此张世禄在教学中十分注重深入浅出。

例如讲《切韵》残卷,他先以从北京猿人的头骨可以推知其身体的全部为例,说明事物的系统性;再引导学生从现代音的四声,如"鼾寒罕汉""欢还缓换",从其中的一声推知其他各声,已明了如果缺少其中一个,一定有规律可循;然后再讲在《切韵》残卷中碰到有平声韵而无仄声韵,有入声韵而无舒声韵时,如何根据语音的系统性,从残留的韵部中推知其全貌。

又如讲双声叠韵,举的例子是"丁令当郎"和"丁当令郎";讲诗歌的节奏,说平仄和对偶都是节奏;讲诗歌的押韵,说韵就像打锣鼓中的锣,敲到一定的时候,就"哐"那么一下子,这就是押韵。

张世禄对学生说:"大凡老师讲的你听不懂时,有两种情形:一种是你听得不专心;另一种则怕是讲的人自己没有弄明白。你听不懂的地方,也就是他糊涂的地方。你不要以为总是他的学问深,你水平低。"[34]

张世禄1943年到重庆中央大学中文系后建立的语言专门化的第一届6名学生之一鲍明炜回忆说:"张先生开课范围甚广,文字学、音韵学、语言学、语音学、《广韵》研究、古音学、训诂学等课均曾讲授。先生讲课平易轻松,有条不紊,不紧不慢,板书工整劲美,常会征引一些有趣例证,激发同学兴趣。语言文字学较为枯燥,音韵学尤甚,初学往往不易理解,老师以为很普通的道理,学生竟不能领会。遇此情况,先生总是仔细讲解,务求让大家听懂。当时文字学和音韵学是全系必修课,不能疏忽,张先生的课同学非常欢迎。"

复旦中文系老主任陈允吉回忆说:"张世禄先生执教复旦,开设过'语言学概论''现代汉语''古代汉语''汉语史''汉语诗律学'等课程,向以教学效果绝佳而获得学生的交口赞誉。1957年9月笔者初进复旦,即连续两学期在第一教学楼1237教室听张先生讲授'古代汉语'。1237是个可容纳200余人听课的大教室,每逢'古代汉语'上课,总是座无虚席。张先生的讲课广征博引,声情并茂,指事绘形,极具谐趣,在很轻松的气氛中让大家沐受其感染陶冶,愈能展露出他掌握课堂教学节奏的高度能力。日本著名社会活动家中田庆雄先生,青年时代曾在复旦跟班旁听中文专业的课程。他后来撰成的《寄语可爱的日本和中国》一书回忆当年情景,就说:'听张先生的古代汉语课,如听诗歌一样,是一种艺术享受。'"[35]

张世禄先生的学生乐秀拔教授回忆说:"一次,他在课堂上讲到古汉语中的'反训',随意举了一个例子说:'如入兰芷之室,久而不闻其臭'。这里的'臭'是'香'的意义,就是'反训',好比上海话中说小孩子听话,说他很'乖',是'乖孩子'一样,这'乖'也是'反训'。这样讲反训就很通俗易懂,印象深刻,一辈子也不会忘掉。"[36]

山东省特级教师宋遂良在《张世禄先生给我们上古代汉语课》一文中生动描绘了张先生讲课的情形:

> 张先生讲课,全力以赴,非常认真。他一手拿粉笔,一手拿板擦,边讲边写边擦,在讲台上、教室里走来走去,活跃得很,忙碌得很,紧张得

很,以致不时要用手帕擦汗。他吐字清楚,声音洪亮,抑扬顿挫,神采飞动。100 多双眼睛跟着他转。坐在前几排,可以清楚地看见他头发、眉毛、眼镜片上落满了粉笔灰。他讲《鸿门宴》樊哙进帐后说的那段话,像打机关枪一般一口气就讲了下来。"臣死且不避,卮酒安足辞"一句,威武极了。他说太史公讲项羽"喑呜叱咤,千人皆废"时,圆睁双眼,紧握拳头,语调铿锵,听得我们不觉也挺直了身子。他说,要是演《巨鹿之战》,锣鼓都得要敲破的。太史公的笔,得喻之(这是张先生常说的一个方言词,意即好像)一个大铁锤,敲了又敲。有一回,他解释《触龙说赵太后》中"徐趋"这个词,自己放低了身子,双脚快步移动,认真地做出了一个滑稽的老态龙钟的姿势。在大家的笑声中他问:为什么"徐"?(脚疼。)为什么"趋"?(表敬。)接着又说:"触龙腿上有风湿病,关节炎,所以只好'慢慢地快走'。"[37]

《解放日报》2000 年 7 月 26 日发表了许道明的《回忆中的张世禄先生》,其中生动描绘了 1965 年张世禄先生上"古代汉语"课的情形:

中等身材,一袭藏青旧西服,自然没有领带领结,此外,一张瓦爿样稍稍内凹的脸庞,颜面是青黑还是黄黑难以分辨,不太高耸的鼻梁上架着一副差不多随时可以滑落下来的深度眼镜。我们有些失望,多少有了些相仿鲁迅先生最初见到藤野先生时的感受。他把讲义放在讲台上,仿佛也是"用了缓慢而很有顿挫的声调,向学生介绍自己道:'我就是叫作张世禄的'"。说的当然不是藤野先生的日本话,而是一口字正腔圆的浙江官话。他接着说明教材,倒使我们大大地振奋了一番——"你们手上的是王力先生的《古代汉语》,这本书很有特点。但是我以为它更像是一种古代语文读本,作为《古代汉语》的教本好像杂芜了些,课程性质不够突出,将它作为你们课后的主要参考书是相宜的。上课我们另发由我编写的讲义"。那几句话,所以至今还记得,因为相当地满足了我们当时的情绪——表面批判而内里激扬的"大复旦主义"。不过,到底是远不若张先生达于学术的见识的。

几个星期下来,我们不止惊异于张先生学识的渊博,更被他废弃满堂灌、讲究基本概念的分明而叹服得目瞪口呆。每次他讲得那样少，可又结结实实。夹缠不清与他无缘，同多数大学教授的矜才炫学相去更远，全是些基本之基本，可供我们触类旁通和举一反三。他还拎着一只敞口人造革袋经常出现在我们的住处，算来是当时难得到学生宿舍辅导的教授。他也许识不得我们班上的所有人，然而我们班上几乎人人得到过他细微而精警的教诲。我们班大半是工农子弟，就当时的风气，他固然不敢怠慢，但在学问上好像从来没有迁就过，从来不敢姑息。虽说他会不时为我们的浅陋叹息皱眉，但最终不会使我们任何同学难堪得交不了差。

好像就在那个学期，陈望道校长邀请叶籁士和倪海曙来复旦讲学，题目是《关于普通话》。大批教师和比我们高些班次的同学都去乡下搞"四清"了，可以凑凑热闹参加听讲的就算我们这些人了。叶、倪两位都有不低的学术职务，荣誉在我们当时的趣味上是远胜于张世禄先生的。望老德高望重，简单的开场白过后，就端坐在讲台左侧的皮沙发上，叶、倪都是极有风度的人物，很是令人肃然起敬。叶籁士是主讲，一开口便是"陈望老和福崇先生"。哪来的"福崇先生"？听讲者在场内四处搜寻，终于发现张世禄先生在末排座位上躬身而起，一脸的谦恭。随后是倪海曙氏回答问题，他在"尊敬的望老"之后，"我的老师张世禄教授"竟然说了两遍。我再次回过头去，张世禄先生再一次从座位上躬身起来，依然一脸谦恭。我记得，我特别清晰地记得，那一刻，在将讲台上的陈望道校长的望之俨然，叶、倪两位的飞扬神采同"忝列"末座的张先生的一脸谦恭相较之后，我发现自己长大了许多，算是第一度酸楚地体味到学术地位是怎么一回事。然而，我同时也真切领略了学界优秀传统又是怎么回事，除岸然的道德原则和学术良心之外，我实在为我们的张先生骄傲。

（二）卓有成效的教学方法

20世纪40年代张世禄就在重庆中央大学中文系的学生中成立了语言文字组，这是我国大学设立的最早的语言学专业，开我国教育史上语言学专门化教育之先河。在长期的教育实践中,张世禄总结出一套以渐进性、对比性、科学性、理论性、实践性有机统一为特点的语言学教学方法。

渐进性指教学过程的循序渐进。张世禄认为,掌握古文没有捷径可走,主要依靠博览和精读,但初学者最好循序渐进,由浅入深。现在有些古文读本,包括流传甚广的《古文观止》,作品编排方法是先秦开首,明清收尾。这样做由源至流,能了然书面语的发展趋势,对于语言史的研究自有其一定道理。但它和教学与教材编排难度由浅入深的原则不符。张世禄提出在古文教学上"逆流溯源"更为有利。先读《聊斋》、明清小品,次读唐宋八大家散文,再读《史记》《汉书》《左传》《孟子》《论语》及其他先秦诸子,最后读《周易》《尚书》。这样循序渐进,适应性更强。

古汉语的教学,是在熟练掌握现代语言的基础上进行的。因此古汉语教学中的一个突出的矛盾,是现代汉语和古代汉语之间的异同。教学上的对比性就是要充分揭示古今语言的矛盾、差异。张世禄的教学往往采取对比的方法,从文言文教材和白话译文的对照中揭示古汉语在词汇形式、词义内容、词性活用、虚字用法、语法结构方面的特点。比较是为了便于区别和掌握。如果只注意古今矛盾的一面,容易使学生产生畏难心理。因此,张世禄又注意指出现代汉语在继承古代汉语上的同一性。在此基础上,引导学生探求古汉语特殊规律和古今变异的发展规律。

张世禄的汉语教学尤其注重科学性。他有感于我国传统的语文教育由感性知识入手,用大量时间让学生诵读,在读中学写的方法收效不大,提出现代语文教育应从理性知识入手,即从语言学的知识入手,掌握包括语音、文字、词汇、语法、修辞在内的语言规律,然后在这些语文知识的基础上,进一步学习各类书面作品的阅读和写作方法。这样用语言知识作向导来培养受教育者的语文能力,将语文教学建立在科学基础上,能够事半功倍,收到理想的教学效果。

另外,作为基础和向导的语言知识,又应简洁明了,不能繁复臃肿,这又涉及语言知识的科学性。张世禄认为现有语法知识的烦琐和不实用就是缺乏科学性的表现。为此他在《古代汉语》教材中提出了大大简化的语法体系。例如他将汉语所有的语气词分两大类。前者取代流行的所谓连词、介词、结构助词、时态助词、连接副词等名目,后者取代流行的所谓叹词、语气助词、语气副词、判断词等名目。这就将虚词体系简化了,虚词的功用也更明晰了。张世禄晚年又在报刊上发表文章,提出现代汉语课有个全国统一的语法教学体系,古代汉语却没有,这不利于教学工作的展开和提高。他建议制订古代语语法教学体系草案,并逐步修订完善,以加强教学的科学性。

汉语教学科学性的一个重要条件是教学的理论性。张世禄主张必须把普通语言学理论贯串到整个汉语教学之中。例如根据语言的现实性原理,就要到现实生活和实际工作中去观察分析汉语的现象,从而体验语言学上的抽象理论;根据语言的系统性原理,就要了解语音、文字、词汇、语法、修辞的内在联系,从而在教材编排和讲解中体现这种内在联系;根据语言的社会性原理,就要了解语言是一种社会的约定俗成,语言的规范就是根据这种社会共同性因势利导地制订语言标准,因而汉语教学要与推广普通话和语言规范化工作相互配合进行。

教学的理论性在张世禄先生课堂教学上最直观地表现为板书的井井有条。根据学生的回忆:

> 张先生上课喜欢板书。字很大,简明扼要,写得很快。他边讲边写,不知不觉,便成了一篇完整的提纲。
>
> 例如他讲《孟子·梁惠王上》随着课文进度,先后写下了这么几行字:
>
> 梁惠王问民何以不增多
>
> 战争之喻
>
> 王道之始
>
> 王道之成
>
> 不应归罪于凶年
>
> 最后在各行前面加上序数词,就成了这一课的提纲了⋯⋯
>
> 张先生板书,都是有计划的。他在黑板的一边,写固定的、提纲式的内容;临时性的、解释的内容写在另一边,随时可以擦掉。他不是一下子抄一黑板,而是让你在听中记,记中归纳和消化。教师讲完了,学生也就记完了。[38]

张世禄又十分重视教学的实践性。他指出,古代汉语是基础课、工具课,目的在于增进学生阅读古书的能力。因此在教学过程中必须注意使学生掌握古代汉语的规律,培养他们举一反三、独立处理问题的能力。课文的注释、练习都应为此服务。现有的《古代汉语》教材的练习项目不是没有就是很少,更难形成系统,这是一大缺陷。从实践性出发,张世禄主张教学中贯彻精讲多练的原则。教学不要从头讲到底而忽视了学生基本技能的训练,以致中文系的学生不会用《说文》,也没翻过《十三经注疏》,不知《广韵》为何书。学生成绩虽好,阅读查检古书的能力却不强。张世禄的这些观点是几十年教学经验的体会,切中汉语教学问题上的时弊。

张世禄先生堪称典范的教学使一代代听课学生受益无穷。在学生眼里,张先生"如同一位杰出的表演艺术大师","他的成就不只是体现在他的著述上,他几十年的教学实践,他在潜移默化中给学生的熏陶感染,本身就是一部没有形诸文字的教科书,需要我们学习和传承"[39]。

(三)以普及为己任的学术大家

张世禄不仅注重汉语教学方法的改进,而且十分关心语言学知识的普及。他的论著中既有为专业人士写的,更有为非专业人士写的,后者占论著总数的一半以上。这是难能可贵的。在语音方面,他为中小学教师写过《学习语音的方法》《怎样能使学员很快记住注音字母》《音韵学的功用》等文章;在词汇方面,他为中小学教师写过《小学词汇教学基本知识讲话》《反对利用拼法变化来区别同音字》《怎样运用成语》等论著;在语法方面,他为中小学教师写了《小学语法修辞》《建立词的观念》《古汉语里的偏正化主谓结构》《关于汉语的语法体系问题》等论著;在识字和语文教学方面,他为中小学教师写过《识字的方法》《怎样阅读古典作品》《古汉语入门》等论著。在他的论著中经常引用中学课本中的例子,便于读者理解和运用。胡竹安教授回忆说:

> 汉字的形、义关系如何适当而有效地利用,也是中小学语文教师关心和苦恼的问题。这里一方面关系到字形溯源和分析的知识,另一方面却关系到方法的运用。记得 60 年代一次语文学会的讨论会上,先生

就这个问题曾即席发言,提出了一些精辟的见解,还举了几个生动的例子。其中一个是"奋发""奋起""振奋"的"奋"(奮)字,他说,充分利用像"奋"这样的字形来进行教学,不仅可以把识字、解义合成一体,而且通过形象化的讲解,可以引起学生的兴趣,从而调动他们学习语文的积极性。说话时还用两手比着鸟在翅膀张开起飞的样子("奮"的形象)。这是一次生动的示范,给人留下永难淡忘的印象。

胡竹安高度评价张世禄先生"放眼社会、面向群众的风范和热忱",他说:"先生是学术界的权威,但他并没有某些学者那种不屑眼睛向下的高傲。相反,他看到国内语言学知识普遍贫乏的现状,认识到提高先得要有一个普及的基础,学问只有面向群众才有真正的意义,因而把很多的时间和精力尽先用在'雪中送炭'上。""先生对普及工作的重视,充分说明了他对我们时代的强烈的责任感。"[40]严修也说:"著名的学者、教授能够重视普及工作,这是十分可贵的高尚品德,这需要'大智大勇',还需要'俯首甘为孺子牛'的牺牲精神。"[41]

(四)教学与科研相得益彰

张世禄先生是把教学和科研紧密结合的典范。他十分强调从语言的本质认识汉语教学,提出一方面汉语教学须深刻反映语言的现实性、整体性、社会性和历史性,另一方面汉语教学须推动对汉语的科学研究。例如文言文的教学,首先要揭示古今汉语的矛盾性,其次要指出现代语言对古代语言的同一性和继承性,其三要从古今语言的变异探求语言的规律性。严修指出:"教学和科研,既有统一的一面,又有矛盾的一面。对这两者,有的人结合得比较好,有的人结合得比较差。张世禄先生能把教学和科研紧密地结合起来,既培养了大批人才,又发表了大量的学术论著。张世禄先生的教学任务一直是很重的。记得50年代学习苏联,实行教学工作量制,他每年都是超工作量的,而且超得很多。但他能带着教学中的问题进行深入的研究,又用研究成果充实了教学内容,提高了教学质量。而高质量的教材发表后,就是水平很高的论文和著作。例如他新中国成立前出版的一些著作,大部分是在教学的基础上写成的。张世禄先生还非常注意教学法的研究,《谈文学语言的教学问题》《从语言的本质上来谈汉语教学》《文言文的教学问题》《古代汉语教学中的几个问题》等论文,都是他的丰富的教学经验的总结。"[42]

(五)春风夏雨中的师生情谊

和张世禄先生注重教学方法相联系的,是他对教学的呕心沥血和对学生的无私奉献。张世禄对各方面来求学的学生真诚谦和,诲人不倦,深受学生的爱戴。即使在晚年视力很差,读写异常吃力的情况下,他依然对学生有求必应,看文稿几乎把文稿贴在面孔上。许多学生到了雪鬓霜鬟的年纪依然沉浸在浓浓的师生情谊中:

赵克刚曾回忆:"40 年代,在重庆中大中文系创设语言文字组,世禄先生为主任。日本投降,中大迁回南京,匆忙间,以毕业论文《释名声韵研究》呈世禄先生。新中国成立后,与先生消息隔绝。70 年代中期,先生从郭昭穆问我何在,在当时我任《汉语大字典》编委,即奉函请先生赐教。承先生寄还《释名声韵研究》稿本,嘱修改出版。不意历 30 年此稿犹为先生所保存,感激师谊崇高深厚,岂言语所能形容!"[43]

鲍明炜说:"新中国成立后,重庆师院的赵克刚同学不远几千里到上海复旦大学看望先生,其情其境令人泪下。1986 年张先生从事学术活动 65 周年庆祝活动在上海举行,开封河南大学的刘溶池同学来到南京邀我同去,我看他拖着老病之身,行动已有些不便,我说他太勉强了,他说:'我不亲自去看老师,心中是过不去的。'台湾的蔡国栋同学来到南京,随队去上海时和我说:'到上海一定要去看望张先生,若见不到老师,我这次回大陆就白来了。但是我们是集体行动,颇重纪律,万一因故不能看到老师,你一定代我把这 200 美元交给老师,以表心意。'"

严修回忆说:"1958 年开始,开展'插红旗,拔白旗'运动,对所谓资产阶级学术权威进行批判,语言学界的一些著名学者,如王力、吕叔湘、黎锦熙等均遭批判。当时我也奉命与其他老师合写了一篇批判张世禄先生的文章。这篇违心的文章发表后,我心头一直被一种'负罪感'压迫着。后来,我到张先生家向他表示歉意,而张先生却和蔼慈祥地一笑,说:'我的学术观点确实也有错误,何况这是搞运动。'他这句宽容的话,像和煦的春风,消融了梗塞在我胸中的心理障碍。"[44]

李行杰回忆说:"那时,每逢星期二,从晚上 7 点到 10 点,先生在家中的客厅里,手持讲稿,口操浓重浦江乡音的普通话,一丝不苟地为我们两个人讲授古音学。课后漫谈,往往持续到 11 点。大约过一年,古音学还没讲完,庆坪因眼疾休学,只剩我一个人听课了。尽管只有我一个学生,先生还是专门写了《等韵学讲话》的讲稿,依然是每周二晚上为我这一个学生讲三到四个钟点的课。"[45]这篇讲稿后经李行杰整理发表,何九盈《中国现代语言学史》在讨论等韵内外转一节,专门引用了张世禄对罗常培参照高本汉所构拟的各摄音值的修正意见[46]。

从 1978 年开始,张世禄以耄耋之年带了三届硕士研究生和两届博士研究生,直至他去世。他在 1982 年 1 月写给李行杰的信中真实叙述了自己繁忙的教学工作:"本学期有五六个研究生举行毕业论文答辩会,事前须将巨册论文评阅,事后须填写评语表格。下学期尚有三个研究生毕业论文须我指导,同时又招收硕士研究生四名,博士研究生两名。弟台劝我将一切杂务摆脱,事实上杂务正像狂风暴雨般的向我袭来。此外还有额外的杂务,例如应付出版社的审稿、约稿等,进修教师的带领等等,所剩余的时间实在无几了。修改'音韵学史'和编写'诗律学'的计划,不知何时能够实现!'日月逝于上,体貌衰于下!'只有自己叹惋。"正如中文系老主任陈允吉所说:"他对培养青年学子满怀真诚,细心煦育调教不遗余力,遂而给其教学生涯最后增添了一笔浓墨重彩。"[47]张世禄先生一生教书育人,桃李满天下,是我国教育界的一代名师。

1984 年,上海出版了 40 余万字的《张世禄语言学论文集》,集中了张世禄毕生著述之精华。1987 年,上海学术界隆重召开庆贺张世禄从事语言教学与研究 65 周年的大会。1991 年国务院授予张世禄有突出贡献的专家证书。张世禄毕生致力于对中国传统语言研究的继承、改造、发展和创新,筚路蓝缕地引进、消化、吸收现代语言学的理论和方法,与同时代的中国现代语言学前驱们一起,促成了传统语言研究全方位的质的更新,奠定了中国现代语言学的科学基础。他对祖国的语言科学怀着巨大的献身热忱,任劳任怨,默默耕耘,淡泊名和利,甘为孺子牛。他像春蚕吐丝一样,把自己的一切献给了祖国和人民,鞠躬尽瘁,死而后已。正像他在一首《自嘲》诗中所说的那样：

> 书剑飘零作客频，莲花落里探真情。
>
> 分明别有青云路，犹把儒冠自误身。

先生前半生颠沛流离无归处，后半生踽踽独行唯学术。他在一个人的"莲花落"里探索科学的真谛。严修谈到此诗时说："张世禄先生享年 90 岁，作此诗时为 45 岁，正值他人生中途。此诗是他前半生的总结，也是他后半生的预言。此诗真实地反映了张先生一生的生活轨迹。凭张先生的学识才华，完全可在青云路上飞黄腾达，然而他却不求闻达，心甘情愿地选择了清贫寂寞的教师职业。表面上看，张世禄先生不太关心政治，平日交谈，只谈学问，从不触及时事，但在关键时刻，在大是大非面前，他的立场是鲜明的。新中国成立前夕，国民党撤退，张先生所工作的学校已经替他准备好了飞机票，劝他到台湾去。但他根据长期来对中国社会的观察和体验，对中国未来的前途有明确的判断，他最终选择了社会主义的新中国，坚定地留了下来，为新中国的教育事业，贡献其后半生。"[48]

陈允吉说："'文革'中，先生说得很少，做得很多，对组织上分配给他的任务从不推诿，甚至连抄抄写写一类事情也做得特别认真。他指导过的后辈严修教授曾说，张先生晚年就像一头老牛。它任劳任怨，吃的是草，挤出的是奶，终日牵挽着超重的车辆，行走在一眼望不到尽头的山坡路上。"张先生的《自嘲》诗"抒泄出作者久填胸怀的人生感慨，也宣示了他对文化传承和教师职业道德的一份坚守"[49]。

"文革"后张世禄先生从艰难的处境中解放出来，重获一名老知识分子的人格尊严。他先后任《汉语大词典》《汉语大字典》学术顾问，任中国音韵学会、中国训诂学会、上海语文学会顾问，并在 1981 年被国务院学位委员会批准为高校文科第一批博士生导师。这是国家对张世禄先生学术地位和崇高声望的肯定。"晚天霁色好，荣景桑榆收。"1991 年，张世禄先生荣获国务院"为发展我国高等教育事业做出突出贡献专家"的荣誉称号和国务院特殊津贴。而这一年，先生因久病不愈，缠绵病榻，于 11 月 16 日在上海第一人民医院与世长辞。

张世禄先生已离我们而去,而先生毕生为之奋斗的事业永存。

张世禄先生的献身精神永远活在千千万语言学研究者的心中!

注:

[1] 吴梅编:《潜社词刊》第二辑。

[2] 吴梅编:《潜社词刊》第三辑。

[3] 吴梅编:《潜社词刊》第四辑。

[4] 鲍明炜:《敬爱的恩师张世禄先生》,《薪火九秩——南京大学中文系 90 周年系庆纪念文集》,南京大学出版社 2004 年版。

[5] 李行杰:《张世禄——学贯中西的语言学家》。

[6] 张世禄:《中国古音学》,商务印书馆 1930 年版,第 174 页。

[7] 陈允吉:《漫谈复旦中文系学术传统》,复旦大学校史研究室主编《校史通讯》2017 年 6 月 30 日。

[8] 张世禄:《中国音韵学史》,上海书店 1984 年重印本,第 329 页。

[9] 张世禄:《张世禄语言学论文集》,第 183 页。

[10] 何九盈:《中国现代语言学史》,广东教育出版社 2000 年版,第 238 页。

[11] 张世禄:《中国音韵学史》,第 144 页。

[12] 同上书,第 206 页。

[13] 同上书,第 288 页。

[14] 转引自李行杰:《新松恨不高千尺——张世禄先生治学回忆》,《语文建设》1994 年第 10 期。

[15] 张世禄:《汉语语音的发展规律》,《语文论丛》1979 年第 1 期。

[16] 何九盈:《中国现代语言学史》,第 63 页。

[17] 张世禄:《语言学概论》自序,中华书局 1934 年版。

[18] 张世禄:《中国音韵学史》,第 104 页。

[19] 赵克刚:《浊上变去论》,《重庆师范大学学报》1986 年第 3 期。

[20] 赵克刚:《张世禄先生的音韵学说》。

[21] 张世禄:《汉语词源学的评价及其他——与岑麒祥先生商榷》,《江海学刊》1963 年第 7 期。

[22] 张世禄:《研究中国文字的方法》,《学生杂志》1939 年第 19 卷第 2 期。

[23] 参见严修:《张世禄先生治学的特点》,《语文现代化》1989 年第 9 辑。

[24] 张世禄:《中国音韵学史》,第 544 页。

[25] 张世禄:《张世禄语言学论文集》,第 2 页。

［26］张世禄：《因文法问题谈到文言白话的分界》，《语文周刊》1939 年第 30、31、32 期。

［27］张世禄：《关于汉语的语法体系问题》，《复旦学报》1980 年语言文字增刊；又见张世禄《古代汉语》。

［28］张世禄亲自指导的上古汉语词汇方向博士生黄志强，1985 年 2 月毕业，博士论文为《西周、春秋时代汉语构词法》。张世禄亲自指导的上古汉语语法方向博士生申小龙，1988 年 2 月毕业，博士论文为《〈左传〉句型研究》（毕业时出版，书名为《中国句型文化》）。

［29］李行杰：《新松恨不高千尺——张世禄先生治学回忆》。

［30］许道明：《记忆中的张世禄先生》，《解放日报》2000 年 7 月 26 日。

［31］许威汉：《〈张世禄语言学论文集〉读后》，《江西师范大学学报》1986 年第 2 期。

［32］张世禄：《杜甫与诗韵》，《复旦学报》1962 年第 1 期。

［33］严修：《张世禄先生治学的特点》。

［34］转引自宋遂良：《张世禄先生给我们上古代汉语课》，《语文学习》1980 年第 11 期。

［35］陈允吉：《追怀故老——复旦中文系名师诗传》，商务印书馆 2019 年版。

［36］乐秀拔：《万花如海，松柏长青——缅怀恩师张世禄教授》，《联合时报》2012 年 6 月 29 日。

［37］宋遂良：《张世禄先生给我们上古代汉语课》。

［38］同上。

［39］同上。

［40］胡竹安：《世禄先生在普及语言学知识方面的贡献》，《语文现代化》1989 年第 9 辑。

［41］严修：《张世禄先生治学的特点》。

［42］同上。

［43］转引自严修《师情难忘——忆张世禄先生》，《文汇报》1997 年 1 月 26 日。

［44］同上。

［45］李行杰：《等韵津梁——〈等韵学讲话提纲〉评介》，《青岛师专学报》1990 年第 2 期。

［46］何九盈：《中国现代语言学史》，第 405—406 页。

［47］陈允吉：《追怀故老——复旦中文系名师诗传》。

［48］严修：《师情难忘——忆张世禄先生》。

［49］陈允吉：《追怀故老——复旦中文系名师诗传》。

附：《张世禄全集》目录

前言   申小龙

编后记   申小龙

第一卷　音韵学史

一、《中国音韵学史》

（一）导言

（二）古代文字上表音的方法

（三）周汉间的训诂和注音

（四）"反切"和"四声"的起源

（五）魏晋隋唐间的韵书

（六）"字母"和"等韵"的来源

（七）宋后"韵书"和"等韵"的沿革

（八）明清时代的"古音学"

（九）近代中国音韵学所受西洋文化的影响

（十）重印后记

二、《广韵研究》

（一）《广韵》之作述及其体例

（二）《广韵》以前之韵书

（三）《广韵》之韵部

（四）《广韵》之声类

（五）《广韵》以后之韵书

第二卷　古代汉语·音韵学
一、《古代汉语》
（一）文字

（二）音韵

（三）词汇

（四）语法

二、《音韵学》
（一）音韵学总论

（二）关于《广韵》的研究

（三）古音学上的问题

（四）等韵学的内容

（五）国音字母和国音系统

三、《朱翱反切考》
（一）声类考

（二）韵类考

第三卷　文字·音韵·训诂
一、《中国声韵学概要》
（一）语音总论

（二）声母与韵母

（三）历代声韵之变迁

（四）拼音

二、《中国文字学概要》
（一）文字学释义

（二）研究中国文字的材料和途径

（三）中国文字的起源

（四）中国文字的构造

三、《中国训诂学概要》

（一）训诂学之意义

（二）字体之演变与训诂

（三）音读之演变与训诂

（四）字义本身之演变与训诂

（五）语言之演变与训诂

（六）训诂之方法与术语

附录

四、《中国古音学》

（一）导言

（二）古音学溯源

（三）论叶韵之说

（四）吴棫之古音学说

（五）郑庠之古音学说

（六）陈第之古音学说

（七）顾炎武之古音学说

（八）江永之古音学说

（九）段玉裁之古音学说

（十）戴震之古音学说

（十一）钱大昕之古音学说

（十二）孔广森之古音学说

（十三）严可均之古音学说

（十四）江有诰之古音学说

（十五）王念孙之古音学说

（十六）张惠言之古音学说

（十七）刘逢禄之古音学说

（十八）章炳麟之古音学说

（十九）黄侃之古音学说

（二十）最近对于古读之考证

第四卷　语言学理论·等韵学

一、《语言学原理》

（一）语言学与语言

（二）语言的构成

（三）语言的组织

（四）语言的发生与变化

二、《语言学概论》

三、《语言学纲要》

四、《等韵学讲话提纲》

第五卷　词汇学·语言教学

一、《现代汉语》（胡裕树主编）词汇章

（一）词的构造

（二）多义词和同音词

（三）同义词和反义词

（四）词汇的构成部分

（五）词典、字典、现代汉语词典

二、《普通话词汇》

（一）普通话、普通话词汇

（二）基本词、基本词汇

（三）文言词、怎样对待文言词

（四）方言词、怎样对待方言词

（五）外来词、怎样对待外来词

（六）专门用语、怎样对待专门用语

（七）成语、怎样运用成语

（八）词汇的发展、变化及其规律

三、《小学词汇教学基本知识讲话》

（一）词和词汇

（二）词和语音

（三）词和意义

（四）词汇的变化和社会的发展

（五）基本词汇和构词法

（六）词汇的教学

四、《汉字改革的理论和实践》

（一）为什么必须进行汉字改革

（二）文字改革要采取怎样的步骤

五、《小学语法修辞》

（一）语法、修辞是什么，为什么要学习语法、修辞

（二）说话的目的和句子的分类

（三）语言的建筑材料——词和词汇

（四）虚词的用法和词组、句子的结构

（五）句子的成分和单句、复句的构成

（六）怎样运用词和词组

（七）怎样造好句子

（八）怎样把话说得生动有力

（九）怎样划分段落和组织篇章

（十）怎样使用标点符号

第六卷　论文集（上）

1923 年

文字上之古代社会观

1924 年

《诗经》篇中所见之周代政治风俗

1925 年

文字学上所见古代女子之地位

日本藤原氏与春秋世族之比较

1926 年

金石甲骨文字学者疑许书古文平议

印度前后弥曼萨派思想进化之比较

《文心雕龙·明诗篇》书后

1929 年

国语叹词的研究

从日本译音研究入声韵尾的变化

1930 年

中国语的演化和文言白话的分叉点

高本汉的中国语言学说

1931 年

中国音韵学史之鸟瞰

从"反切"到"国语罗马字母"

研究中国音韵与西洋语音学学理

编辑者工作与兴趣的问题

1933 年

等韵学派系统的分析

汉语在世界上之地位

日本民族和文化的来源

中国文学史概要

1934 年

言语学简述

言语演变的原则

释礼义廉耻

论中国民族与文学

1935 年

在东京参观各学校及文化机关记略

1936 年

中国语音系统的演变

国语上轻唇音的演化

1937 年

高本汉与中国语文

世界语和中国语

1938 年

识字的方法

研究中国音韵与西洋语音学学理

1939 年

因文法问题谈到文言白话的分界

向哪儿去开辟中国文法学的园地——敬答光焘先生

研究中国文字的方法

中国新文字问题

论中国文字之孳乳

研究中国方音的方法

中国音韵之研究

中国语音的演变与音韵学的发展

文言白话的区别

文言白话的异同问题

介绍高本汉先生

1940 年

文字学与文法学

训诂学与文法学

复我光荣洁白之身躯

联合政府

1941 年

太平洋局势

1942 年

中国文字孳乳例

注意几个字眼

为病者的呼吁

1943 年

朱翱反切声类考

新生活运动与中国民族

读书和作文

读了"中学国文教学法的出路"以后
学生的作文和思想问题
1944 年
中国历史语音学之方法
杜甫诗的韵系
新文字商榷
字义略说
中国文法论
语言与文学
国语与国文的离合
怎样学习国文
国语教育底学术意义
用语言学方法建设新文学的理论

第七卷　论文集（下）
1945 年
诗歌当中的平仄问题
字形孳乳说
1946 年
说党
应用文字的方式——读书和作文
1947 年
汉字拉丁化批判
语言变化与"同义异词"的现象
评朱光潜《诗论》
中国语言与文学
大学"中国文学系"之设置及其使命
论语言之演变与训诂
1948 年
汉字的简化运动

中国语言的研究与新文学理论的建设

西洋学者对于中国语音学的贡献

1949 年

造句的方法

读书与作文

1952 年

关于注音字母的拼音

怎样使学员很快地记住注音字母

怎样批改作文

1954 年

谈文学语言的教学问题——纪念《马克思主义与语言学问题》发表四周年

1955 年

汉字的改革和简化

学习语音的方法

1956 年

词汇讲话

词义和词性的关系

基本词汇的性质和范围

现代语里的古语词

不必拘泥于一个字母代表一个音素的原则

1957 年

汉语历史上的语音变化

汉语历史上的词汇变化

词义和字义

怎样正确认识同音词问题

解除我国文字语言上的障碍

从语言的本质上来谈汉语教学

怎样阅读古典作品

从不赞成到赞成

1958 年

语音和语音学

汉语拼音方案草案的公布和语文教学的改进

拼音字母比注音字母优越得多

汉语拼音方案和古典作品的讲读

建立词的观念

想想读者，问问自己

1959 年

古汉语里的偏正化主谓结构

怎样运用成语

1960 年

从《矛盾论》来看汉语语音的发展

1961 年

一定要把语言和言语分开来

汉语的发展与中国诗歌形式的变化

文言词是不是现代语的词

怎样在语言学界贯彻百花齐放百家争鸣的方针

1962 年

杜甫与诗韵

1963 年

汉语词源学的评价及其他——与岑麒祥先生商榷

1964 年

《黄侃论学杂著》前言

1978 年

文言文的教学问题

破除迷信，解放思想

1979 年

汉语语音发展的规律

1980 年

关于汉语的语法体系问题

汉语同源词的孳乳

音韵学的功用

焦点在"典"字上

1981 年

"同义为训"与"同义并行复合词"的产生

汉字的特性及其对社会、文化的作用

文字改革是近代和现代语文改革运动的中心环节

1982 年

从训诂学上来看古汉语的基本词

"字"和"义"

关于旧诗的格律

诗歌押韵和格律问题补议

1983 年

治学严谨的语言学家赵元任先生

第八卷　译文集

一、房德里耶斯《语言论》

二、高本汉《中国语与中国文》

（一）本书著者高本汉先生

（二）本书的价值

（三）译述的经过

（四）本书内容的基本问题

（五）中国语在世界上的地位

（六）中国语的起源和历史

（七）考求中国古语的方法

（八）中国语的特性——孤立的和单音缀的

（九）中国语演进的趋势——语音的单纯化

（十）语言原料实际的改造

（十一）文言和白话的分叉点

（十二）中国文言和文字的价值

（十三）中国文字的起源和构造

（十四）中国字典的编撰

（十五）书体的演进

（十六）中国语的语句结构

（十七）语句上语词的序次

（十八）学习中国语困难的情形

（十九）中国语上的修辞

三、高本汉《汉语词类》

（一）上古音里以舌尖辅音收尾的诸部

（二）上古音里以舌根辅音收尾的诸部

（三）转换的法则

（四）收尾的辅音

（五）起首的辅音

（六）中间的（中介的、附属的）元音

（七）主要的元音

（八）集合的转换

（九）最后应注意的几点

四、高本汉《老子韵考》

五、高本汉《诗经研究》

六、高本汉《中文解析字典序》

七、福尔《语言学通论》（与蓝文海合译）

（一）语言的起源

（二）书写的语词和口说的语词之研究

（三）口说

（四）听受和认识

（五）意义问题

（六）发音习惯

（七）语言的系族

八、布龙菲尔德《世界的语言》

第九卷　汉语史讲义(上)

前言　　　　　　　　　　　　　　　　　　　　　　　　　申小龙

一、汉语史·语音篇

第一部分　上古篇

第一章　概述

第二章　上古音的声母系统

第三章　上古韵母系统的发展

第四章　上古音的声调问题

第二部分　中古篇

第一章　概述

第二章　中古声母的发展

第三章　中古韵母的发展

第四章　中古声调的发展

第三部分　近代篇(从 13 世纪到 20 世纪)

第一章　概述

第二章　《中原音韵》的声母系统

第三章　《中原音韵》的韵母

第四章　《中原音韵》的声调

第五章　从中原音韵到北京音系

第六章　现代汉语方言概况

二、汉语词汇发展史

第一节　上古词汇发展

第二节　中古词汇发展

第三节　近代汉语词汇

第十卷　汉语史讲义(下)

一、汉语史·词汇篇

第一编　上古时期

第一章　词汇的时代特征

第二章　基本词汇

第三章　词的结构和词义变化

第四章　熟语　方言　外来词　同行语

第二编　中古时期

第一章　词汇的时代特征

第二章　外来词的大量输入

第三章　基本词汇的继承和发展

第四章　中古时期口语词汇的发展

第五章　词义的变化

第六章　熟语的继承和发展

第七章　词的结构

第三编　从元代到五四运动的词汇（1279—1919）

第一章　词汇的时代特征

第二章　北方词汇的发展

第三章　外来词

第四章　词的构成

第五章　词的变化

第六章　熟语的引用与继承

第七章　基本词汇和阶级同行语

二、汉语语法发展史

第一节　上古汉语语法

第二节　中古汉语语法

第三节　近代汉语语法

第十一卷　文艺学·历史学·其他
一、《中国文艺变迁论》

（一）国人对文艺观旧观念之谬误

（二）中国文艺变迁之痕迹与公例

（三）上古传疑之诗篇

（四）古代文艺发达之推测

（五）中国古无史诗之原因

（六）《诗经》作述之渊源

（七）《诗经》文辞之由来

（八）《诗经》之时代与地域

（九）《诗经》声律与音乐之关系

（十）《诗经》与周代社会之关系

（十一）《诗经》对于后代文艺之影响

（十二）战国时代与《楚辞》之发生

（十三）诗乐之衰歇与《楚辞》之兴起

（十四）楚国地理民族语言与《楚辞》之关系

（十五）《诗》《骚》赋三者之递嬗及其区别

（十六）汉赋之源流与派别

（十七）汉代词赋发达之原因

（十八）汉赋与文字学之关系

（十九）汉赋与后代骈文之关系

（二十）骈文利弊对于中古诗歌之影响

（二十一）中古诗歌写实与写景之二大潮流

（二十二）印度文化之输入与中古文艺思潮

（二十三）声律之发明与中古诗体之变迁

（二十四）唐代政俗与其文艺之关系

（二十五）音乐之变迁与乐府诗词之递嬗

（二十六）宋词之渊源与派别

（二十七）宋词之语体化与散文化

（二十八）宋词与元曲之关系及其区别

（二十九）元曲发达之由来

（三十）南北曲之异同

（三十一）元曲之派别

（三十二）元曲与小说之关系

（三十三）明清小说发达之由来及其派别

（三十四）近代戏曲小说与古文八股之关系

（三十五）中国过去文艺界之得失及今后之趋势

二、《德国现代史》

（一）绪论

（二）19 世纪以前之德意志

（三）19 世纪初德国之民族精神

（四）维也纳会议后德国之自由与统一运动

（五）普鲁士排奥之成功

（六）普法战争与日耳曼联邦帝国之成立

（七）德国统一后之内政与外交

（八）过去德国帝国主义之发展

（九）欧战中之德意志与其新共和国之发生

（十）欧战后近年德国之局势

三、诗词

（一）风入松·宋徽宗琴名松风（20 世纪 20 年代上叶）

（二）桂枝香·扫叶楼秋禊（20 世纪 20 年代上叶）

（三）霜花腴·红叶（20 世纪 20 年代上叶）

（四）自嘲（1947 年）

（五）雁荡杂诗三首（1961 年）

1. 宿北斗洞

2. 合掌峰与观音洞

3. 谒烈士墓并游三折瀑

（六）怀母赠甥杭生（1962 年）

（七）无题（二首）

（八）庆祝五届人代政协会议 纪念敬爱的周总理八秩诞辰（1978 年）

（九）敬挽吴定良学长先生（1979 年）

四、序言·讲话·其他

（一）《张世禄语言学论文集》自序《我和语言学》

（二）《张世禄语言学论文集》前言

（三）《翎毛集》前言

（四）《说文今读暨五家通检》序言

（五）《语言与语言教学论集》序言

（六）《韩愈诗选注》序

（七）《标点符号的多种实用价值》序言

（八）《汉文典》编译前言

（九）《中国句型文化》序

（十）《中国语言的结构与人文精神》序

（十一）《中国文化语言学》序

（十二）在江苏省语言学会成立大会暨第一次语言科学学术报告会上的讲话

（十三）读《学习》第四卷第四期

（十四）《汉语语法挂图》编制凡例及编务通信

（十五）《古文选注》暂拟编写计划及略例

（十六）"古代汉语"试题两套

（十七）"语言学论文选读"教学大纲

（十八）关于《古汉语词汇》一稿的下落和处理办法

（十九）复旦中文系汉语教研组就"文法""语法"之争致《辞海》编辑所公开信

（二十）对薛恭穆同志《楚辞语法初探》一文的意见

（二十一）先兄张书旗事略

（二十二）西泠石伽画传

五、信函

（一）致荣鼎

（二）致吴世昌

（三）致傅东华

（四）致倪海曙

（五）致李行杰

（六）致郭在贻

（七）致刘如瑛

（八）致潘庆云

（九）致堂弟张纪恩

（十）给申小龙论文集写的推荐信

附录

张世禄先生年表

后　记

申小龙

《张世禄全集》于 2020 年底出版,其后为纪念即将到来的张世禄先生诞辰 120 周年,《张世禄先生诞辰 120 周年纪念文集》也开始筹备。张世禄先生哲嗣张小隽先生不辞辛劳搜集了本文集中大部分纪念文章和照片资料,另一位哲嗣张丕余先生也提供了多篇亲属和学界友人的纪念文章。

收录在本书中的文章,按发表的年代(未发表的按撰写年代)排列。所收文章大致分为六类:

1. 对张世禄先生生平的回忆

(1) 学生的回忆

濮之珍《怀念张世禄先生》

严修《师情难忘——忆张世禄先生》

鲍明炜《敬爱的恩师张世禄先生》

李行杰《新松恨不高千尺——张世禄先生治学回忆》《善教者使人继其志——怀念恩师张世禄教授》

刘如瑛《恩师张世禄先生莅扬讲学记略》

乐秀拔《我国现代语言学大师——忆张世禄先生》

吴中杰《莲花落里探真情——记张世禄先生》

许道明《记忆中的张世禄先生》

宋遂良《张世禄先生给我们上古代汉语课》

陈四益《怀师》

笪远毅《铭感师恩,砥砺前行》

王增藩《黉门遗泽,辞苑流芳——记苏步青教授与张世禄教授二三事》

余志鸿《我师张世禄》

申小龙《张世禄与中国现代语言学——怀念我敬爱的导师》

申小龙《学术贵在独立与自由——纪念张世禄教授95岁华诞暨逝世五周年》

（2）亲属、家乡人的回忆

张暨生《怀念父亲——张世禄》

张小隽《此虫何虫》

张小平《由"音韵学入门"教案看父亲的治学精神》《跟随爸爸的搬迁》

张耀辉《和外公相处的日子》

张进贤《真正的学者，执着的追求——世禄老丈谈经典著作的校勘》

何保华《一代语言学大师张世禄》

2. 对张世禄先生学术思想的研究

（1）书评

许威汉《〈张世禄语言学论文集〉读后》

申小龙《评张世禄〈中国音韵学史〉（重印本）》

苏永延《张世禄〈中国文艺变迁论〉》

吴小强《秦汉时期词汇的时代特征再认识——读张世禄先生〈汉语史讲义〉》

陈满华《读张世禄〈汉语史讲义〉札记》

（2）学述

胡竹安《世禄先生在普及语言学知识方面的贡献》

许威汉《面向汉语实际的语言研究》《张世禄先生在文字学上的贡献》

赵克刚《张世禄先生的音韵学说》

鲍明炜《张世禄先生的语文教育思想》

严修《张世禄先生治学的特点》

许宝华、汤珍珠《张世禄先生对汉字改革的贡献》

李行杰《张世禄先生在汉语音韵学研究中的贡献》《张世禄——学贯中西的语言学家》

董树人《中国现代语言学家张世禄》

申小龙《张世禄与音韵学研究》《张世禄先生百年学述》《张世禄与中国

现代语言学——怀念我敬爱的导师》《中国本土语义研究的理论自觉》《中国语文与语文学相互塑造之文化奇观》《"是因循不改,继续受许多洋框框的紧紧束缚呢,还是起来革命,打破洋框框?"——张世禄先生期待汉语学界的抉择》《张世禄对汉语语言学的新探索》

陈瑜《张世禄:奠定中国现代语言学科学基础》

徐鲁燕《张世禄先生学术生涯的代表性著作及其影响》

(3)论文

王宁《谈古代汉语虚词类别的两分法》

申小龙、陈丹红《论张世禄语言哲学的民族性》

申小龙《训诂:中国文化阐释的前沿——评〈张世禄语言学论文集〉中的训诂学思想》

(4)硕士学位论文

赵文君《学贯中西——张世禄教授传论》

(5)短评

申小龙《海派语言学的文化选择》

3. 各界学人纪念张世禄先生的诗词

王力《长寿颂》

刘锐《金缕曲并序》

施南池《挽诗》

刘如瑛《禄师忆赞》

陈允吉《张世禄先生诗传》

4. 序言、前言、绪言

罗竹风《〈语苑新论——纪念张世禄先生学术论文集〉序》

张振德《〈历代语言学文献读本〉序》

申小龙《〈张世禄全集〉前言》

申小龙《张世禄先生〈汉语史讲义〉前言》

申小龙《汉语三千年发展中的历史和逻辑——张世禄〈汉语史讲义〉整理绪言》

5. 悼词

庄锡昌《在张世禄先生遗体告别仪式上的悼词》

6. 新闻报道

《张世禄教授从事学术活动 65 周年庆祝会在上海举行》

《〈张世禄全集〉编辑出版工作会议召开》

《〈百年浙江语言学家学术思想研究·张世禄卷〉启动》

以上这些文章凡是发表在报纸书刊或微信公众号上的，文末都有说明。限于时间和精力，本纪念文集的资料搜集仍有不够完备的地方。文集的出版并不代表资料搜集工作的终止，这项工作将继续下去。更重要的是，对张先生学术思想的研究和发展会不断深入。本文集中收录了我的硕士研究生赵文君研究张世禄先生学术思想的学位论文。我的博士生徐鲁燕的博士论文研究课题是"20 世纪中国语言学的复旦学派：文化传统与中国特色"，其中用专章研究了张世禄先生的学术思想及其传承和发展。我们希望张世禄先生开创的复旦汉语史研究传统人才辈出，硕果累累，无愧于我们新的伟大的时代。

2021 年度浙江启动重大课题《百年浙江语言学家学术思想研究》，这是习近平同志倡导并任指导委员会主任的"浙江文化研究工程"的一部分。课题分卷研究在 1900 年至 1940 年间出生的语言学家，第一期收入唐兰（1901年）、张世禄（1902 年）、姜亮夫（1902 年）、陆宗达（1905 年）、陈梦家（1911年）、周祖谟（1914 年）、许国璋（1915 年）、蒋礼鸿（1916 年），共八卷。当《张世禄卷》的负责人、浙江工业大学人文学院王月婷教授告诉我这个项目启动的消息的时候，祖籍浙江杭州的我非常激动。我们期待张世禄先生的学术思想在这一文化研究工程中得到新的阐释。张先生的科研硕果不仅是复旦语言学的优秀传统，而且是现代中国文化研究的珍贵遗产。

复旦大学中文系全力支持本纪念文集的编辑和出版，并将隆重纪念张世禄先生诞辰 120 周年。我的老师，协助张世禄先生指导我的博士论文的严修教授，以 88 岁高龄，为本纪念文集撰写了珍贵的序言，语挚情长，感人肺腑。

东方出版中心继 400 万字的《张世禄全集》出版后，又再次出版《张世禄先生诞辰 120 周年纪念文集》，一如既往地倾力支持我国优秀学术传统的传承和发展，我们表示深深的敬意和感谢！

2022 年 6 月于复旦大学

图书在版编目（CIP）数据

张世禄先生诞辰 120 周年纪念文集 / 复旦大学中文系
编. 一上海: 东方出版中心, 2022.11
　ISBN 978 - 7 - 5473 - 2084 - 6

　Ⅰ. ①张… 　Ⅱ. ①复… 　Ⅲ. ①张世禄-纪念文集
Ⅳ. ①K825.5 - 53

中国版本图书馆 CIP 数据核字(2022)第 193306 号

张世禄先生诞辰 120 周年纪念文集

编　　者　复旦大学中文系
出版统筹　郑纳新
责任编辑　刘玉伟
装帧设计　钟　颖

出版发行　东方出版中心有限公司
地　　址　上海市仙霞路 345 号
邮政编码　200336
电　　话　021－62417400
印 刷 者　上海盛通时代印刷有限公司

开　　本　710mm×1000mm　1/16
印　　张　25.25
插　　页　8
字　　数　337 千字
版　　次　2022 年 11 月第 1 版
印　　次　2022 年 11 月第 1 次印刷
定　　价　88.00 元